Basiswissen Soziale Arbeit

Band 12

Die richtigen Grundlagen sind essentiell für ein erfolgreiches Studium und einen guten Einstieg in die Berufspraxis. Orientiert an den Modulen der Studiengänge im Feld ‚Soziale Arbeit' bietet die Reihe in sich abgeschlossene Themenlehrbücher, die jeweils relevantes Wissen aufbereiten. In komprimierten Einführungen, die wesentliche Grundlagen in verständlichen Erläuterungen und klaren Definitionen enthalten, vermitteln kompetente Autorinnen und Autoren gesicherte Informationen, die im Kontext von Vorlesungen oder in Seminaren herangezogen werden können. Alle Bände ‚Basiswissen Soziale Arbeit' eignen sich hervorragend zur selbsttätigen Erarbeitung von Themen und zur Vorbereitung von Prüfungen: kompakt und kompetent.

Christine Meyer

Genussmittel und Soziale Arbeit

Eine Einführung zur Bedeutung von
Kaffee, Tabak und Zucker

 Springer VS

Christine Meyer
Universität Vechta
Vechta, Deutschland

ISSN 2512-0603   ISSN 2512-0611 (electronic)
Basiswissen Soziale Arbeit
ISBN 978-3-658-37138-8   ISBN 978-3-658-37139-5 (eBook)
https://doi.org/10.1007/978-3-658-37139-5

Die Deutsche Nationalbibliothek verzeichnet diese Publikation in der Deutschen Nationalbibliografie; detaillierte bibliografische Daten sind im Internet über http://dnb.d-nb.de abrufbar.

Planung/Lektorat: Stefanie Laux
Springer VS ist ein Imprint der eingetragenen Gesellschaft Springer Fachmedien Wiesbaden GmbH und ist ein Teil von Springer Nature.
Die Anschrift der Gesellschaft ist: Abraham-Lincoln-Str. 46, 65189 Wiesbaden, Germany

Inhaltsverzeichnis

Einleitung

1

Erst das Thema Essen, dann Hunger und jetzt Genussmittel?
Fragen nach der Bedeutung des Essens in der Sozialen Arbeit sind in den letzten Jahren doch zunehmend mehr gestellt und dementsprechend mit verschiedenen Fragestellungen theoretisch sowie forscherisch bearbeitet worden. Das Thema bekommt stetig mehr Aufmerksamkeit innerhalb der Disziplin und Profession seit der ersten relevanten Publikation von Lotte Rose und Benedikt Sturzenhecker (2009), in der die unterschiedlichen Aspekte des Essens für Soziale Arbeit aufgerissen wurden. Fragen des Hungers bzw. wie denn der Hunger individuell und gesellschaftlich befriedigt werden könnte, beschäftigt Soziale Arbeit traditionell, wenn diese Fragen nicht sogar als konstitutiver Bestandteil der Entstehung Sozialer Arbeit zu begreifen sind. In der Auseinandersetzung mit dem Hunger interessieren zum einen die Auswirkungen individueller und gesellschaftlicher Hungererfahrungen und zum anderen der Umgang mit dem Hungerbedürfnis in Institutionen, insbesondere in totalen Institutionen (Meyer 2021, S. 93 ff.), in denen das Hungerbedürfnis missbräuchlich genutzt wird und darüber hinaus noch einiges mehr an nahrungs- bzw. lebensmittelbezogenen bedeutenden Aspekten passiert: Die Bedeutung von Kaffee, Zigaretten und Zucker für die Insass*innen oder Patient*innen wird z. B. bei Goffman (1972) so auffällig, dass sich weitere Fragen bezüglich der Bedeutung von Genussmitteln über die totalen Institutionen hinaus auch für Soziale Arbeit stellten. In Goffmans „Asyle" wird exemplarisch deutlich, warum Genussmittel für die Soziale Arbeit so eine immense Bedeutung haben, wenn z. B. Zigaretten zur Handelsware werden oder wiederkehrend nach Feuer zum Anzünden gefragt werden muss. Kaffee gehört dabei zu den Getränken, die überwiegend mit einer Zigarette zusammen genossen werden. Der Zucker dient dann zum einen dem Süßen des Kaffees und zum anderen ist auch er ein beliebter Stoff, der gerne gehortet wird.

C. Meyer, *Genussmittel und Soziale Arbeit,* Basiswissen Soziale Arbeit 12, https://doi.org/10.1007/978-3-658-37139-5_1

Das Lehrbuch „Genussmittel und Soziale Arbeit – Eine Einführung zur Bedeutung von Kaffee, Tabak und Zucker in der Sozialen Arbeit" schließt an das im Jahr 2018 erschienene Lehrbuch „Essen und Soziale Arbeit – Eine Einführung" und das im Jahr 2021 veröffentlichte Lehrbuch „Hunger und Soziale Arbeit – Eine Einführung" sinnvoll an, indem es die Aufgaben Sozialer Arbeit in vielfacher Hinsicht in Bezug auf die Genussmittel und darin einige für Soziale Arbeit besonders bedeutsame Fragen ausarbeitet und in vielschichtige Zusammenhänge einordnet.

„Essen bereitet Lust und Genuss!" (Barlösius 2016, S. 81), und insbesondere Genussmittel scheinen dafür vorgesehen, dafür zu sorgen. Sie haben keinen Nährwert und sind deshalb eigentlich überflüssig in der täglichen Ernährung. Trotzdem haben sie sich seit ihrer Entdeckung im 16. Jahrhundert in fernen, exotischen Ländern zunehmend über Europa ausgebreitet und sind nicht mehr wegzudenken aus der täglichen Ernährung. Kaffee, Tabak und Zucker wurden zuerst als Arzneimittel eingeführt und verbreiteten sich zuerst vor allem in den oberen gesellschaftlichen Schichten, weil nur diese sich die teuren importierten Arzneien leisten konnten. Zunehmend wurden Tabak, Kaffee und Zucker populärer und führten z. B. zur Einführung ganz neuer Formen von Gastlichkeit oder zu neuen Mahlzeiten, und in den ersten entstehenden Kaffeehäusern wurden den dort verkehrenden Menschen jeweils gesellschaftlich-umstürzlerische Aktivitäten unterstellt. Neue Geselligkeitsformen entstanden mit dem Rauchen und dem Kaffeetrinken, während die Verbreitung des Zuckers zuerst an den vermehrten Kaffeegenuss gekoppelt war. Abgesehen davon hat der Zucker seine eigene Erfolgsgeschichte, wenn von der Entstehung der Süßigkeiten ausgegangen wird, die aus Zucker hergestellt werden.

Wieso Genussmittel als Thema für die Soziale Arbeit? Und: Wieso ausgerechnet Kaffee, Tabak und Zucker?
Tabak, Kaffee und Zucker als Genussmittel sind vor allem auch für die Soziale Arbeit bedeutsam, weil sich die Fachkräfte der Sozialen Arbeit wiederkehrend mit ihrem Konsum befassen müssen und zwar in ganz unterschiedlichen Perspektiven. (Zu viel) Zucker und Tabak in allen Variationen sind gesellschaftlich mittlerweile sehr geächtet und als gesundheitsschädlich entlarvt bzw. stigmatisiert. Die Folgen der gesellschaftlichen Ächtung erleben vor allem diejenigen, die sich in schwierigen Lebenslagen befinden, die weniger Gebildeten und die am wenigsten in der Gesellschaft angesehenen Menschen, denen unterstellt wird, „immer" noch zu rauchen, und/oder mit ihrem hohen Körpergewicht verdeutlichen, dass sie zu viel Zucker konsumieren und kaum dem eher angesagten, gesunden zucker- und

fettarmen Lebensstil folgen. Ein Großteil dieser Menschen begegnet in unterschiedlichen Kontexten Sozialer Arbeit und hat sich eventuell zum Konsum zu verhalten oder auch gesetzliche Rahmenbedingungen einzuhalten, wenn es z. B. um Rauchverbote in Innenräumen geht. Tabak, Rauchen und vor allem der Konsum von Zigaretten haben eine weitere besondere Bedeutung für die Soziale Arbeit vor allem in den verschiedenen Arbeits- und Handlungsfeldern und ihren dazugehörigen Institutionen, wie z. B. Strafvollzug oder Psychiatrien, die jenseits vordergründig relevanter gesundheitsbezogener Fragen bestehen. Zigaretten gelten dort als Luxusgut, vor allem vor dem Hintergrund wenig eigener verfügbarer Ressourcen, sodass Zigaretten zur Währung werden, mit ihnen gehandelt wird oder sich für den Zeitraum des gemeinsamen Konsums kleine exklusive Gemeinschaften bilden. Zigaretten gelten außerdem als Sedativum und Dämpfer von Hungergefühlen. Historisch wurde der Tabakkonsum wiederkehrend als gesundheitsschädlich bewertet und doch gleichzeitig auch immer wieder als notwendiges Lifestyle-Accessoire in die Mitte der Gesellschaft hineinkatapultiert. Aktuell eher abgedrängt an die Ränder der Gesellschaft, trifft der Genuss von Tabak täglich auf Soziale Arbeit und diese hat sich zu dem Konsum zu verhalten und Position gegen Stigmatisierungen zu beziehen.

Der Kaffee als Genussmittel hingegen wird derzeit weniger als gesundheitsgefährdend eingeschätzt und hat als Lifestyle-Getränk mit der Aufwertung eine explodierende Vielfalt als Ausdruck bestimmter Lebensstile entwickelt: von der einfachen Tasse schwarzen Kaffees bis hinein in die Luxusvarianten, die wiederum mit einem großen Equipment vom Mahlen bis zum Kaffeevollautomat einhergehen. Diese Ausdifferenzierung hat auch Auswirkungen auf Soziale Arbeit, vor allem dann, wenn der Kaffee als Gastlichkeitsangebot in jedem sozialpädagogischen Setting den Beginn der professionellen Beziehung markiert (Sandermann und Neumann 2018).

Genussmittel und ihre Verbindung zu Gastlichkeit, Gemeinschaft und gesundheitsbezogener Stigmatisierung bzw. Fragen sozialer Gerechtigkeit
Das Lehrbuch vertieft am Beispiel dreier für Soziale Arbeit auf unterschiedlichen Ebenen bedeutenden Genussmittel unterschiedliche Fragen der Professionalität hinsichtlich des Konsums, der Gastlichkeit, der gesundheitsbezogenen Stigmatisierung sowie des Zugangs und der Verteilung und damit auch Fragen sozialer Gerechtigkeit. Soziale Arbeit ist in der Verantwortung, sich darüber zu verständigen, ob und wie sie möchte, dass sich ihre Adressat*innen mit ausreichend qualitativ hochwertigen Nahrungsmitteln versorgen können, und ob auch der Zugang zu Genussmitteln dazugehört. Schorb und Rose (2017); Rose und Sturzenhecker (2009) und

Barlösius (2014) zeigen die benachteiligenden Verstrickungen Sozialer Arbeit auf in dem Diskurs um gesunde Ernährung und hohes Körpergewicht, die wiederkehrend vor allem im Hinblick auf Menschen mit niedrigerem Bildungsstand und auf eher von Armut betroffene Menschen erfolgen. Darüber hinaus ist mit jedem Genussmittel auch eine Vielzahl an nachhaltigkeitsrelevanten Aspekten von der Herstellung bis zum Konsum verbunden.

Da in jeder sozialpädagogischen Institution täglich Mahlzeiten geplant, angeboten und durchgeführt werden, ist Soziale Arbeit über die Bereitstellung ausreichender und ausgewogener Ernährung hinaus verantwortlich für die Genussmittel und deren Konsum, vor allem vor dem Hintergrund gesellschaftlich relevanter eingelebter Kulturen und Traditionen. Über den Gesamtzusammenhang von Genussmitteln im Zusammenhang mit Ernährung als grundlegende und voraussetzungsvolle Bedingungen sozialpädagogischen Denkens und Handelns reflektieren zu können, wird mit dem Lehrbuch ermöglicht. In allen Handlungsfeldern der Sozialen Arbeit sind Genussmittel auf unterschiedlichen Ebenen wiederkehrend ein Thema und können als täglich zu bewältigende Herausforderung eingeschätzt werden. Diese grundlegende Auseinandersetzung ermöglicht eine Bewusstmachung und damit auch fachliche Reflexionsmöglichkeiten für den individuellen und gesellschaftlich verantwortlichen sozialpädagogischen Umgang von Fachkräften mit Fragen rund um diese Genussmittel. Dieser dritte Band erweitert und vervollständigt die Vielfalt der relevanten Themen rund um Hunger, Essen, Ernährungsweisen und ihre bedeutsamen Auswirkungen auf die Fachlichkeit der Sozialen Arbeit ein wenig mehr.

Die Grundlagen aus den beiden Vorgängerbänden werden sinnvoll mit exemplarisch ausgewählten sozialpädagogisch relevanten Genussmitteln verbunden, weil über das physische Nahrungsbedürfnis hinaus angeknüpft wird an Fragen der Verwobenheit der Sozialen Arbeit mit individuell, gesellschaftlich und global bedeutenden Bedingungen von Nahrungs- bzw. Genussmittelproduktion, deren Verteilung und vor allem deren Konsum.

Die Gliederung legt einen thematischen Ausgangspunkt in Kap. 2 mit der allgemeinen Grundlegung der Genussmittel in der Gesellschaft und ihren Auswirkungen auf den gesellschaftlich bedeutsamen Geschmack. Ernährungswissenschaftlich wie auch soziologisch sind unterschiedliche Fragen z. B. entlang des Geschmacks bereits bearbeitet, während diese in der Sozialen Arbeit bisher weniger explizit in ihrer Bedeutung aufgegriffen wurden. Fragen des Geschmacks in Abgrenzung zu Hunger oder Appetit, zum Genuss in Abgrenzung zum Rausch oder der Entsagung betreffen Fragen der Teilhabe an Gesellschaft bzw. Zugehörigkeit zu Gemeinschaft über die Möglichkeit zum Konsum. Genussmittel und Geschmack stehen in wechselseitiger Abhängigkeit, wobei für die Soziale

Arbeit von Bedeutung ist, dass sowohl Genuss als auch Geschmack soziokulturell geprägt sind und erlernt werden in Erziehungs- und Sozialisationsprozessen. An solchen ist Soziale Arbeit in vielen Handlungsfeldern massiv beteiligt und daraus entsteht die Notwendigkeit, sich mit Fragen des Genusses und Geschmacks zu befassen, vor allem auch wenn es darum geht, Entscheidungen über den Zugang zu Genussmitteln zu ermöglichen, oder wenn es um die Vielfalt der zu ermöglichenden Geschmackserfahrungen geht. Soziale Distinktion und damit verbundene Geschmäcker betreffen sowohl Fragen der gerechten Verteilung als auch Stigmatisierungssensibilisierung, wenn bestimmte Genussmittel fast ausschließlich oder begierig konsumiert werden. Geschmack und Genuss stellen damit jedoch auch beeinflussbare Größen dar, mit denen gerechnet werden muss, vor allem auch dann, wenn Zugänge und Verfügbarkeiten betroffen sind oder sie sich im Konsum über den Lebenslauf verändern.

In Kap. 3 wird das erste der exemplarisch bearbeiteten Genussmittel vorgestellt und in sozialpädagogische Zusammenhänge eingeordnet. Aufsuchende Soziale Arbeit, wie z. B. Hausbesuche in ambulanten Settings oder Streetwork, aber auch weitere niedrigschwellige Angebote, wie z. B. psychosoziale Kontaktstellen oder Beratungseinrichtungen, verstehen sich entweder explizit als Gäste in der Häuslichkeit der Adressat*innen oder als Gast in deren Lebenswelt Straße. Oder sie werden zu Gastgeber*innen und arrangieren entweder die Begrüßung inklusive Ankommen und sich Niederlassen entlang gesellschaftlich erwarteter Gastlichkeitsvorstellungen oder das gesamte Setting erfolgt als Begegnung in einem Gast-Gastgeber*innen-Verhältnis. Zum Gastgeber*innen-Ritual gehört das Angebot eines Getränks, überwiegend Kaffee, manchmal auch mit ein paar Keksen oder Kuchen. Im professionellen Setting ist der Kaffee und die damit verbundene Gastlichkeit bisher wenig in den Blick genommen worden und kaum reflektiert im Hinblick auf seine Bedeutung für den weiteren Verlauf der Begegnung bzw. professionellen Beziehung. Das Kaffeeangebot wird zur Herausforderung, wenn die Ziele des*der Sozialarbeiters*in im Hausbesuch mit seiner*ihrer Gastrolle bzw. mit der Gastgeber*innenrolle des*der Adressat*in in Konflikt geraten. Die sozialpädagogische Gastlichkeit benötigt im Hinblick auf die aufsuchende Arbeit weitere intensive Überlegungen, um die Vielzahl an Ambivalenzen mehr zugunsten einer gelingenden Beziehung auflösen zu können. In den bestehenden Einrichtungen, die sich als niedrigschwellige, offene Einrichtungen der Sozialen Arbeit etabliert haben, unterstützt die Café-Atmosphäre das Ziel, Schutz und Sicherheit bieten zu wollen, und auch in diesem Setting bietet sich eine Fülle an Möglichkeiten, im Hinblick auf das Gelingen des Settings sozialpädagogisch relevante Fragen zu stellen.

In Kap. 4 steht das Genussmittel Tabak im Mittelpunkt der Betrachtung. Soziale Arbeit und Tabak sind miteinander verwoben in fast allen Arbeits- und Handlungsfeldern und zwar eben nicht medizinisch-gesundheitsbezogen und mit den damit gesellschaftlich selbstverständlich akzeptierten Gesundheitsgefahren, die vom Rauchen ausgehen und deren Erkenntnis dazu geführt hat, das Rauchen aus der Öffentlichkeit nahezu verbannen zu können. Mit der allgemein verbreiteten Ächtung des Tabaks und des Rauchens (historisch immer wiederkehrend) spitzt sich gleichzeitig die Stigmatisierung der noch dabeigebliebenen Raucher*innen zu. In der Regel werden sozial Benachteiligte mit niedrigem Bildungsniveau als Raucher*innen identifiziert und damit gleichzeitig als besonders gefährdet für abweichendes Verhalten eingeschätzt. „Wer raucht, der stiehlt auch!" ist ein bekannter Satz, der diesen Zusammenhang aufmacht und über lange Zeit als selbstverständlich galt. Damit wäre zumindest geklärt, warum Soziale Arbeit direkt mit dem Rauchen konfrontiert ist, und daraus ergeben sich unterschiedliche Betrachtungen, die über die Stigmatisierung hinausgehen und z. B. Fragen des Raums, der Gemeinschaftlichkeit, der Pluralisierung und in Bezug auf totale Institutionen die Bedeutung von Zigaretten eröffnen. Rauchen hat jedoch noch weitere Bedeutungen, die für Soziale Arbeit bemerkenswert sind und auch in sozialpädagogischen Beziehungen zur Anwendung kommen, wie z. B. Schutzfunktion, Zugehörigkeit und Beruhigung.

Kap. 5 befasst sich mit dem Zucker, der gesellschaftlich und medizinisch-gesundheitlich beinahe so geächtet ist wie der Tabak. Dem Zucker ist jedoch nicht so leicht auf die Spur zu kommen wie dem Tabakkonsum, denn Zucker ist in vielen Lebens- und Nahrungsmitteln enthalten, oft versteckt wie z. B. in Fertiggerichten, und ebenso werden viele Lebensmittel mit Zucker zubereitet oder konserviert, sodass das Vermeiden von Zucker erhebliches Ernährungswissen und -kompetenzen voraussetzt. In Erziehungs- und Sozialisationsprozessen wird zunehmend stärker auf den Zuckerkonsum geachtet, und vor allem für Soziale Arbeit bedeutet es, sich mit Fragen des Zugangs zu z. B. Süßigkeiten in ihren Arbeits- und Handlungsfeldern auseinanderzusetzen. Der fachliche Umgang mit dem Zugang und dem Konsum vor dem Hintergrund der Zuständigkeit für Aneignungsmöglichkeiten einer Hunger-Sättigungsregulation und dem Erkennen von Mangel- bzw. Hungererfahrungen der Kinder und Jugendlichen gehört zu den voraussetzungsvollen Aufgaben. Dazu gehört ebenfalls, sich darüber klar zu werden, wie mit Stigmatisierungen und Skandalisierungen von Mädchen und Jungen mit hohem Körpergewicht umzugehen ist. Denn Zucker wird auch als Suchtmittel diskutiert und als Hauptverursacher von hohem Körpergewicht stigmatisiert. Soziale Arbeit sieht sich also täglich fachlich herausgefordert angesichts des Konsums von Zucker und der daran gebundenen Anforderungen an die Fachlichkeit in Erziehungsfragen, die auch gleichzeitig zu Gesundheitsfragen, wenn nicht sogar zu gleich zu einem Gesundheitsregime erklärt werden und umso dringlicher zur fachlichen Auseinandersetzung anstehen.

Im letzten Kap. 6 werden die Erkenntnisse noch einmal unter dem gemeinsamen Dach der Sozialen Arbeit im Hinblick auf ihre relevanten Aspekte zusammengefasst. Dabei wird vor allem auf zwei weiter auszuarbeitende Schwerpunkte hingearbeitet. Zum einen wäre in Bezug auf die Genussmittel von Bedeutung, sich stärker innerhalb der Arbeits- und Handlungsfelder mit Fragen der Sozialen Gesundheitsarbeit auseinanderzusetzen, die sich bisher vor allem im Gesundheitswesen etabliert hat und zu wenig Beachtung findet als Querschnittsaufgabe in den Arbeits- und Handlungsfeldern der Sozialen Arbeit. Zum anderen wird angeregt, vor dem Hintergrund des Sensorial Turns in den Sozialwissenschaften den Einbezug aller Sinne für Forschungsfragen und -designs in Bezug auf Essensfragen zu denken (und sich nicht nur auf die bisher vermeintlich „höheren" Sinne des Hörens und Sehens zu beschränken). Beide Aspekte erweisen sich möglicherweise als sehr ergiebig im Hinblick auf die Weiterentwicklung von Theorie und Praxis der Sozialen Arbeit im Bereich Genussmittel und darüber hinaus in dem umfassenderen Kontext des Essens in der Sozialen Arbeit.

Zur Anleitung: Noch bevor Sie weiterblättern, würde ich vorschlagen, Sie holen sich eine Tasse oder einen Becher Kaffee und legen sich gleich noch ein paar Kekse dazu. Fall Sie noch rauchen, legen Sie sich auch gleich noch Feuer, Zigaretten und einen Aschenbecher bereit. Und dann geht's erst los. Dieses Lehrbuch will, wie jedes andere, zunächst einmal gelesen werden; von vorne bis hinten, kreuz und quer oder von hinten nach vorne, wie es gerade Spaß macht. Schön wäre es, wenn an der einen oder anderen Stelle, bei einem der Tipps, Fälle, Beispiele oder Reflexionsfragen weiteres Interesse geweckt wird und weitere Fragen entstehen, denen an anderer Stelle nachgegangen werden kann. Anregend soll es sein, neugierig machen, vielleicht wiederum auf weitere besonders interessante Aspekte jenseits der Genussmittel aufmerksam machen, und damit ist auch gleich der Verweis auf die weiteren Bände zum Thema gemacht: In den beiden Einführungen zu „Essen und Soziale Arbeit" und „Hunger und Soziale Arbeit" wurden noch weitere spannende Themen aus der Perspektive Sozialer Arbeit bearbeitet.

Literatur

Barlösius, Eva. 2014. *Dicksein: Wenn der Körper das Verhältnis zur Gesellschaft bestimmt.* Frankfurt/Main: Campus.
Barlösius, Eva. 2016. *Soziologie des Essens. Eine sozial- und kulturwissenschaftliche Einführung in die Ernährungsforschung.* 2., völlig überarb. und erw. Auf. Weinheim: Beltz Juventa (Grundlagentexte Soziologie).
Goffman, Erving. 1972 [1961]. *Asyle. Über die soziale Situation psychiatrischer Patienten und anderer Insassen.* Frankfurt/Main: Suhrkamp.
Meyer, Christine. 2021. *Hunger und Soziale Arbeit. Eine Einführung.* Wiesbaden: Springer VS.
Meyer, Christine. 2018. *Essen und Soziale Arbeit. Eine Einführung.* Wiesbaden: Springer VS.
Rose, Lotte, und F. Schorb, Hrsg. 2017. *Fat Studies in Deutschland. Hohes Körpergewicht zwischen Diskriminierung und Anerkennung.* Weinheim: Beltz Juventa.
Rose, Lotte, und B. Sturzenhecker, Hrsg. 2009. *„Erst kommt das Fressen…!" – Über Essen und Kochen in der Sozialen Arbeit.* Wiesbaden: VS Verlag.
Sandermann, Philipp, und Sascha Neumann. 2018. *Grundkurs Theorien der Sozialen Arbeit.* München: Ernst Reinhardt Verlag.

Genussmittel in der Gesellschaft – Sozial festgelegte Geschmacksurteile bestimmen das Genießen

2

Zusammenfassung

Soziale Arbeit hat in unterschiedlichen Konstellationen mit Genussmitteln zu tun. Zu den Genussmitteln zählen z. B. Kaffee, Tee, Zucker, Tabak und Schokolade. Alles Lebensmittel, die keine Träger lebenswichtiger Nährstoffe sind und deshalb eher als genussversprechender Zusatz zur Ernährung des Menschen zu verstehen sind. Ihnen kommen eine hohe Bedeutung und eine weite Verbreitung in der Gesellschaft zu. Die überwiegende Anzahl an Genussmitteln ist erst im 16. bzw. 17. Jahrhundert in Europa bekannt geworden, die Entdeckung neuer Welten und Kolonialisierungen bildeten die Voraussetzung für ihre Entdeckung und anschließende Verbreitung. Ausgehend von ihrer ursprünglichen Bedeutung als Arzneimittel, später als Luxusgut gehandelt bis hin zur weiten Verbreitung als Massenware, sind verschiedene Fragen in der Gesellschaft und insbesondere auch in der Sozialen Arbeit mit ihnen verknüpft. Dazu zählen zuerst einmal Fragen des Genusses sowie des Geschmacks und nachfolgend der Gastlichkeit, Gesundheit sowie Normierung bis hin zur Abgrenzung zu Rauschmitteln. Ernährungswissenschaftlich wie auch soziologisch sind unterschiedliche Fragen z. B. entlang des Geschmacks bereits bearbeitet, während diese in der Sozialen Arbeit bisher weniger explizit in ihrer Bedeutung aufgegriffen wurden. Fragen des Geschmacks in Abgrenzung zu Hunger oder Appetit, zum Genuss in Abgrenzung zum Rausch oder der Entsagung betreffen Fragen der Teilhabe an Gesellschaft bzw. Zugehörigkeit zu Gemeinschaft über den gemeinsamen Konsum und treffen damit auf grundlegende Fragen der Sozialen Arbeit.

C. Meyer, *Genussmittel und Soziale Arbeit,* Basiswissen Soziale Arbeit 12, https://doi.org/10.1007/978-3-658-37139-5_2

2.1 Die Bedeutung von Genussmitteln in der Gesellschaft – Auswirkungen auf Soziale Arbeit

1929 verlangt Siegfried Bernfeld im Rahmen seiner Ideen eines neuen Anstalts-systems für Kinder und Jugendliche auch eine Abkehr von Bestrafungen über Essensentzug neben Prügelstrafen oder Arrest (Bernfeld 1929b, S. 239). Ganz im Gegenteil fordert er sogar einen Anspruch auf ein Stück Luxus für alle, der sich unter seinen zeithistorischen Bedingungen, z. B. an der Erreichbar-keit von Schokolade, festmacht. „Kinder haben ein Recht auf Schokolade, auch arme proletarische Kinder, auch Heimzöglinge" (Bernfeld 1929b, S. 243). Als Konsequenz aus dieser Erkenntnis folgt, Schokolade auch erreichbar zu machen durch die Schaffung pädagogischer Situationen, in denen Kinder sich die Schokolade verdienen können, z. B. durch eine Theatergruppe und die daraus ent-stehenden Einnahmen. Ansonsten, so seine Schlussfolgerung, würden Kinder sich andere, vielleicht illegale Wege suchen, um an die Schokolade zu kommen.

Mit dieser Einsicht werden mehrere im Hinblick auf die Verwobenheit von Genussmitteln und Soziale Arbeit bedeutende Erkenntnisse möglich. In früheren Zeiten galt Schokolade als Luxuslebensmittel und war nicht für alle Menschen gleichermaßen erreichbar. „Als Genussmittel ist die Schokolade per definitionem dazu da, Freude zu bereiten und das historisch gewachsene Wissen um ihre Luxuriosität und ihr Prestige zu bestätigen" (Schirrmeister 2010, S. 189). Schirrmeister geht davon aus, dass mit dem Verzehr von Schokolade ausgelöstes Wohlbehagen und damit vermittelte positive Gefühle neben dem Geschmacks-erlebnis zum größten Teil an ihrer symbolischen Bedeutung liegen, zumal diese durch die Botschaften und Bilder der Werbeindustrie Verstärkung erfahren. „Der Genießer isst sie langsam und allein (…)" (Schirrmeister 2010, S. 189) ist eine weitere Botschaft, die mit dem Verzehr von Schokolade einhergeht und für Erwachsene zusätzlich mit einem Glas Rotwein zur Genusspotenzierung (Schirrmeister 2010, S. 189). Deutlich wird: Schokolade gehört zu den Genuss-mitteln, die sich nicht jede*r zu allen Zeiten leisten konnte und die Bernfeld als Stellvertreter für die Erreichbarkeit gesellschaftlichen Ansehens für arme, proletarische oder sich in Heimerziehung befindliche Kinder einsetzt. Denn auf-grund ihres Status als Luxuslebensmittel sollte sie erst recht für alle Kinder in schwierigen Lebenslagen erreichbar sein, damit diese Zugehörigkeit, vielleicht sogar Aufwertung erfahren. Wenn den Kindern Schokolade bzw. die Erreich-barkeit von Schokolade verwehrt würde, dann würde sich ihre gesellschaftliche Stigmatisierung als Kinder in schwierigen Lebensverhältnissen nur fortsetzen und nicht z. B. über Pädagogik durchbrochen werden können. Bernfeld bezieht sich vor allem auch auf die abwertenden Einstellungen der Pädagogik gegenüber den Ernährungsinteressen von Kindern. „Die Pädagogik pflegt gegenüber den Ernährungsinteressen der Zöglinge einen sehr einfachen Standpunkt einzunehmen: Maßlosigkeit, Gier, Naschhaftigkeit, Nörgelei, Disziplinlosigkeit usw. Nach dieser negativen Bewertung glaubt sie das Recht zu haben, sich ihren ,höheren Aufgaben' widmen zu können" (Bernfeld 1929a, S. 252).

Aktuelle Entwicklungen im Bereich der Schulverpflegung zeigen ganz ähnliche Einschätzungen mit sich inzwischen zunehmend differenzierenden Konsequenzen aus den Nahrungsmittelvorlieben der Schüler*innen. Aufgrund der Präferenzen von Schüler*innen für Süßigkeiten und Softdrinks neben Pizza, Pasta und Pommes werden Ernährungsbildung oder pädagogische Impulse zur Habitualisierung gesundheits- und genussorientierter Ernährungsmuster beim Schulessen für notwendig gehalten (Lülfs und Spiller 2006 S. 2 f. nach: Seehaus und Gillenberg 2014, S. 209). Dabei stehen die Vermittlung von Kompetenzen im Mittelpunkt, um die eigene Ernährung selbstständig, genussvoll, gesundheitsverträglich, politisch mündig und sozial verantwortlich gestalten zu können (Methfessel 2009, S. 103 nach: Seehaus und Gillenberg 2014, S. 209). Zugunsten der eigenen Gesundheit sollten Schüler*innen ihr eigenes Essverhalten reflektieren, praktische Fertigkeiten und Kompetenzen erlernen (Ellrott 2013, S. 60 nach: Seehaus und Gillenberg 2014, S. 209) sowie Sinnes- und Genusserfahrungen im Setting Schule machen (Seehaus und Gillenberg 2014, S. 209). Gesundheit und die Vermittlung von Kompetenzen, die eigene Ernährung vielseitig und genussorientiert gestalten zu können, werden als zunehmend dringlichere Aufgaben in (schul-)pädagogischen Settings eingeschätzt.

In familiären Settings arbeiten Familien rational an ihren Regeln, Gewohnheiten und Vorlieben. Entsprechend wird Nahrung ansprechend arrangiert, „(…) wodurch die Nahrungsaufnahme nicht nur eine Notwendigkeit darstellt, deren Erfüllung am Tisch möglich ist, sondern der Genuss am Essen betont wird. Das Essen selbst wird nicht zum Thema bei Tisch und die Selbstverständlichkeit, genügend und Gutes zu sich nehmen zu können, wird durch die Beiläufigkeit der Nahrungspräsentation und der Nahrungsaufnahme sowie zusätzlich durch die lockere Körperhaltung beim Essen unterstrichen. Die Auswahl und das Arrangement der Speisen zeigen bereits eine Selbstdisziplin, der alle Familienmitglieder entsprechen, die eingespielt und selbstverständlich zu sein scheint und in der ein entspannter Umgang mit der Notwendigkeit, Nahrung zu sich zu nehmen, möglich wird" (Audehm 2016, S. 83). In diesem Setting wird aus einer gesunden Ernährung eine vernünftige Ernährung, die eine Balance von Notwendigkeit und Genuss anstrebt, in der weder zügelloser Luxus noch zügelloses Verhalten entsteht. „Die Vernünftigkeit des Essens trägt den Charakter einer impliziten Norm" (Audehm 2016, S. 83), die nicht (mehr) explizit zum Thema werden und begründet werden muss. Die Regeln, Gewohnheiten und Vorlieben sind bereits mit jeder familiär stattgefundenen Mahlzeit eingelebt worden (Audehm 2016, S. 83).

Diese Beispiele aus der Schulverpflegung und familiären Settings verdeutlichen bereits die Verwobenheit der Ernährung mit Fragen der Sozialen Arbeit. Am Beispiel einiger ausgewählter Genussmittel, zu denen Schokolade nach wie vor gehört und zu Zeiten Bernfelds selbstverständlich als Luxuslebensmittel Fragen nach gesellschaftlicher Verteilung und Zugehörigkeit aufwarf, lassen sich weitere bedeutende Aspekte für Ernährungsfragen von Adressat*innen und Perspektiven Sozialer Arbeit herausarbeiten. Dazu gehören z. B. Fragen der Prägung von Vorlieben im Rahmen von Erziehungs- und Sozialisationsprozessen, damit verbunden Fragen danach, wie Menschen zu Genießer*innen werden, und im weiteren Sinn Fragen nach dem individuellen Geschmack, der ebenfalls eng verknüpft ist mit gesellschaftlichen Bedingungen. Diese werden am Beispiel der explizit ausgewählten Genussmittel Kaffee, Tabak und Zucker (Süßigkeiten z. T. auch Schokolade) analysiert und ihre herausragende Bedeutung für essensbezogene Kernfragen in der Sozialen Arbeit, wie z. B. Genuss, Geschmack, Gastlichkeit und Verteilung bzw. (fairer und nachhaltiger) Konsum, werden tief greifend sichtbar.

▶ Genussmittel

Generell lässt sich über Genussmittel als Lebensmittel feststellen, dass ihr Nährwert für die Ernährung eines Menschen entweder keine Bedeutung hat oder kaum von Bedeutung ist. „(…) Genussmittel dienen weniger zur Ernährung als vielmehr zum Genuss und damit fällt das Hauptgewicht auf die Lust, die den Genuss begleitet und darin eingeschlossen ist, jedoch nicht als Hauptmerkmal gilt" (Hengartner und Merki 2001, S. 15). Genussmittel sind Lebensmittel, die abhängig von Angebot und soziokulturellem Kontext entweder als Nahrungs-, Sucht- oder Heilmittel bewertet oder gedeutet werden. „In der Regel dominiert der Genusswert über den Nähr- und Heilwert, ja viele Genussmittel besitzen überhaupt keinen Nährwert" (Hengartner und Merki 2001, S. 15). Genussmittel werden aus unterschiedlichen Gründen konsumiert: Genussmittel sind weitverbreitet aufgrund ihrer als angenehm empfundenen anregenden oder dämpfenden Wirkung auf das Nervensystem, die Geschmacksorgane, das Gefäßsystem und die Verdauungsdrüsen und/oder aufgrund ihrer symbolischen Aufladung. „Im Unterschied zu anderen (optischen, haptischen, olfaktorischen, auditiven) Genüssen werden Genussmittel eingenommen und verschluckt, d. h. gekaut, geraucht, gegessen oder getrunken, wobei der entsprechende Genuss durchaus eine synästhetische Dimension haben kann – so ist das Tabakrauchen auch ein olfaktorisches oder die Feuerzangenbowle auch ein optisches Vergnügen" (Hengartner und Merki 2001, S. 16).

Genussmittel sind sowohl geografisch als auch historisch omnipräsent, und die Bestimmung haben Hengartner und Merki entlang folgender unterschiedlicher Kriterien vorgenommen. Hengartner und Merki zählen zu den Genussmitteln vergessene Heilkräuter und Heilmittel, außereuropäische Genussmittel, wie z. B. Qat, Coca, Betel oder Peyote, Kawa und Kola. Ihre Auswahl betrifft vor allem solche Genussmittel, die mindestens einmal während längerer Zeit und in größerer räumlicher Streuung als Genussmittel gegolten haben. Dazu gehören weder „reine" Nahrungs- noch „reine" Suchtmittel. „Auf Zucker und Tabak trifft diese Beschreibung, auf Heroin jedoch nicht. Der Tabak, der seit den 1950er Jahren zunehmend und mittlerweile vielerorts fast ausschließlich als Suchtmittel bewertet wird, galt in Europa anfänglich als Heilmittel, während der längsten Zeit seiner (europäischen) Geschichte jedoch als Genussmittel" (Hengartner und Merki 2001, S. 16). Die Genussmittel müssen ursprünglich auf natürlicher bzw. auf pflanzlicher Basis hergestellt worden sein. Die wichtigsten Genussmittel sind pflanzlichen Ursprungs, gelangen jedoch nicht unverarbeitet zu dem*der Endverbraucher*in, vielmehr durchlaufen sie erst komplizierte und kapitalintensive Fabrikationsprozesse. „Das Raffinieren des Rohzuckers, das Gären des Traubensaftes oder das Fermentieren der Tabakblätter sind alte Techniken, die im Laufe der Jahrhunderte verbessert und schließlich auch verwissenschaftlicht worden sind" (Hengartner und Merki 2001, S. 17).

Die grobe Einteilung verläuft entlang Trinkbarem, Rauchbarem und Essbarem: Alkoholika, wie z. B. Bier, Branntwein und Wein, die Kolonialwaren Kaffee, Kakao und Tee, Rauchwaren wie Tabak, Opium und Cannabis sowie die Gewürze Honig und Zucker werden kulturgeschichtlich von Hengartner und Merki bearbeitet und vorgestellt (Hengartner und Merki 2001, S. 17). Genussmittel, die erst im 20. Jahrhundert Bedeutung erlangt haben, wie die Kolagetränke, Kaugummi oder Orangensaft, bleiben vorerst unberücksichtigt (Hengartner und Merki 2001, S. 17).

Aus Perspektive der Neuen Kulturgeschichte ist es mithilfe der Genussmittel relativ einfach möglich, eine modellhafte Verbindung zwischen den Sehnsüchten des Alltags, der wirtschaftlichen und kommerziellen Entwicklung und den Handlungsebenen der Politik herzustellen (Sandgruber 1986, S. 10). „Stellt man den Konsum (...) ins Zentrum der Aufmerksamkeit, geht es um die Wechselwirkungen zwischen kultureller Praxis und symbolischer Repräsentation, um die Spannungen zwischen individuellem Bedarf und budgetären Restriktionen, um die unterschiedliche Nutzung zunehmend homogenisierter Produkte oder um den Eigensinn, der sich mit dem Konsum kriminalisierter Ware ausdrücken lässt. Hier bietet sich also die Möglichkeit, dem individuellen Handeln und Deuten einen breiten Stellenwert einzuräumen, genauso wie den kulturell fundierten Werten, die diesem zugrunde liegen" (Hengartner und Merki 2001, S. 18).

Von besonderer Bedeutung erscheinen darüber hinaus die vielfältigen Beziehungen der einzelnen Genussmittel im Hinblick auf die Aspekte Produktion, Handel, Konsum sowie ihrer Bewertung. So führte erstens bei der Produktion der Zusammenbruch der Kaffeepreise vor einigen Jahrzehnten zu einem Boom der kolumbianischen Schlafmohn-Produktion. Zweitens beim Handel: „Der US-amerikanische Tabakkonzern Philip Morris, der in seinem Heimatland durch die Antitabakbewegung bedrängt wird, hat 1990 den Kaffee- und Schokoladen-hersteller Jacobs übernommen und entwickelt sich zu einem global tätigen Genuss-mittelkonzern; 3. Konsum: in Großbritannien gewinnt das kontinentaleuropäische Kaffeetrinken immer mehr Anhänger – auf Kosten des Tees" (Hengartner und Merki 2001, S. 20), wobei bereits Ende der 1980er-Jahre Mennell auf die Ver-treibung des „echten Kaffees" zugunsten der qualitativ niedriger bewerteten lös-lichen Kaffeepulvervariante hingewiesen hat. „Und heute eine Generation nachdem Instant-Kaffee echten Kaffee aus der englischen Küche gründlicher vertrieben hat als irgendwo sonst auf der Welt, ist es nicht ungewöhnlich, auf Leute zu treffen, die diesen Geschmack dem doch ganz anderen des echten Kaffees vorziehen" (Mennell 1988, S. 22 f.). Der Geschmack und seine Bewertung können sich also verändern und eben noch gesellschaftlich hoch bewertete Genussmittel abwerten. Daran lässt sich wiederum der nicht unbedingt zugrunde liegende physiologisch bedingte Zusammenhang von Genuss und Geschmack erkennen.

Genussmittel umfassen auch Sucht- bzw. Rauschmittel, die innerhalb der Sozialen Arbeit vor allem im Kontext von Krisen oder Grenzerprobungen im Bereich der Adoleszenz Bedeutung erlangen oder im Arbeits- und Handlungs-feld Sucht(krankenhilfe) Fragen der Kriminalisierung oder der akzeptierenden Drogenarbeit umfassen.

▶ Rausch- und Suchtmittel

Rauschmittel
Ganz allgemein werden unter dem Begriff Rauschmittel Substanzen gefasst, die erregend oder lähmend auf das zentrale Nervensystem bei Menschen wirken und häufig zu Bewusstseinsveränderungen führen (Leder 2020, S. 39). Sie sind

Wirk- oder Naturstoffe und beeinflussen die Stimmung, rufen Entspannung oder Stimulation hervor oder lösen Halluzinationen aus. Dazu gehören z. B. Opioide, Alkohol, Cannabis, Nikotin, Amphetamine, Cocain, halluzinogene Pilze und LSD. Gründe für den Konsum können Stressabbau, Gruppendruck, die euphorisierende Wirkung, zur Selbsttherapie psychiatrischer Erkrankungen oder zur Vermeidung von Entzugssymptomen sein. Unerwünschte Wirkungen von Rauschmitteln sind die Entwicklung einer Abhängigkeit, Sucht oder der Tod. Legale Rauschmittel (z. B. Alkohol, Nikotin) können rechtlich von verbotenen Substanzen (z. B. viele Halluzinogene, einige Amphetamine, Opioide) unterschieden werden. Zu den Hauptwirkungen der unterschiedlichen Gruppen gehören:

- „Stimmung, Emotionen: Euphorie, Stimmungsaufhellung, Steigerung des Selbstbewusstseins, Erhöhung der Empathie, Eskapismus
- Entspannung: Dämpfung, Beruhigung, Schlafförderung, Angstlösung
- Stimulation: Anregung, Energie, Förderung der Wachheit
- Halluzinationen: Wahrnehmungsstörungen, Dissoziation, Ich-Auflösung
- Sexualität: Aphrodisierende Wirkung

Wirkstoffe (Auswahl): Alkohol, Lösungsmittel, Schnüffelstoffe, Amphetamine und andere Stimulantien, Anästhetika, Antihistaminika (1. Generation), Barbiturate, Benzodiazepine, Cathinonderivate, Cannabis, Cannabinoide, Halluzinogene, K.o.-Tropfen, Medikamente, Medizinische Gase, Nachtschattengewächse (Solanaceae), Opioide, Tabak, Nicotin" (pharmawiki o. J.).

Der Begriff Rauschmittel wird oft synonym mit Suchtmitteln gebraucht. Aber nicht alle Rauschmittel haben ein hohes Suchtpotenzial, hinsichtlich der Cannabisprodukte herrscht Einigkeit, dass der Konsum keine körperliche Abhängigkeit erzeugt, und auch das Potenzial, eine psychische Abhängigkeit hervorzurufen, wird als gering eingeschätzt (Leder 2020, S. 40). Hirschfelder bearbeitet historisch den Rausch am Beispiel von Alkohol (Hirschfelder 2005).

Suchtmittel

Zu den Suchtmitteln gehören solche Substanzen, die entweder aus pflanzlichen oder chemischen Grundstoffen gewonnen werden und die den natürlichen Ablauf des Körpers über Stimmungen, Gefühle und Wahrnehmungen beeinflussen. Über 100 Suchtmittel sind im Betäubungsmittelgesetz aufgelistet und ihre Herstellung, Besitz, Gebrauch sowie Vertrieb sind verboten. „Legale und illegale Suchtmittel können zu Missbrauch, Abhängigkeit und Gesundheitsschäden führen. (…) Entscheidend sind hierfür die psychische und physische Ausstattung und Verfassung des Konsumenten, die Wirkungsintensität des jeweiligen Sucht-mittels auf den menschlichen Körper und die Einnahmemenge und -art eines Stoffes" (sucht.de o. J.). Über die Beeinflussung der Gefühle und Stimmungen entsteht sowohl die Gefahr einer körperlichen Abhängigkeit, die mit körperlichen Entzugserscheinungen verbunden ist, als auch eine psychische Abhängigkeit. Diese äußert sich in einem starken Verlangen nach der Einnahme des Sucht-mittels und gilt als entscheidend für die Aufrechterhaltung der Sucht. Alkohol, Tabak/Nikotin, Schlaf- und Beruhigungsmittel, Schmerzmittel, Ecstasy, Heroin, Cannabis, Methamphetamin (crystal meth) werden als Suchtmittel aufgelistet (sucht.de o. J.). Die Auseinandersetzung mit Sucht- und Rauschmitteln gehört zu den traditionellen Arbeits- und Handlungsfeldern der Sozialen Arbeit, die mit Sucht, ihrer Kriminalisierung und Akzeptanz in der Gesellschaft, z. B. über die akzeptierende Drogenarbeit, populär geworden sind.

Genuss-, Rausch- und Suchtmittel haben also Überschneidungsbereiche, und vor allem Fragen rund um Rausch- und Suchtmittel können als grundlegend für Soziale Arbeit eingeschätzt werden. Diese werden im Rahmen sozial-pädagogischer Zuständigkeit bereits seit langer Zeit in ausgewiesenen Kernfragen bearbeitet. Mittel bzw. Substanzen, die überwiegend im Bereich Lebensmittel bzw. Ernährungsweisen etabliert sind, betreffen Arbeits- und Handlungs-felder der Sozialen Arbeit im Handlungsalltag bzw. in den Lebenswelten der Adressat*innen selbstverständlich, ohne bisher jedoch in ihrer Bedeutung für disziplinäre und professionelle Fragen aufgefallen und thematisiert worden zu sein. Dabei könnten Forschungen zu Genussmitteln einen bedeutenden Bei-trag zu einem besseren Verständnis der sozialen, ökonomischen und kulturellen Komponenten und ihres Zusammenwirkens in den Phänomenen Genuss und Konsum leisten. Damit würde auch die Möglichkeit geschaffen, über Stigmatisierungen, Kulpabilisierungen, Idyllisierungen oder Glorifizierungen einzelner Genussmittel hinaus entscheidende und langfristig wirksame sozio-kulturelle Faktoren sichtbar zu machen (Hengartner und Merki 2001, S. 24). Diese Betrachtung könnte explizit auch für einige Genussmittel nützlich sein, die wiederkehrend in der Sozialen Arbeit von Bedeutung sind. In der französischen Bezeichnung excitant und/oder stimulant zeigt sich die pharmakologisch-physio-logische Komponente, denn Genussmittel können körperlich anregende, mit-unter jedoch auch dämpfende Wirkung haben. „Genussmittel regen jedoch nicht nur den Körper an, sondern vor allem auch den Geist, sei dies zu einem kraft-spendenden Zwischenhalt in Form einer Kaffeepause oder tea time, sei dies Transzendieren der Wirklichkeit (…), sei dies zur Flucht in den (Alkohol-)Rausch oder zu einem Trip mit Hilfe anderer, psychoaktiver Substanzen. Es ist denn auch schwer – und in gewissen Sinne müßig –, Genuss und Sucht, Genussmittel und Droge streng voneinander scheiden zu wollen" (Hengartner und Merki 2001, S. 13). Darüber hinaus überschneiden sich die französischen Bezeichnungen mit dem herkömmlichen Drogenbegriff. In einem weiten Sinne sind in diesem alle Substanzen eingeschlossen, mit denen ein veränderter Zustand des Bewusstseins oder der Körperempfindlichkeit und damit ein subjektiv verändertes Erleben von Wirklichkeit herbeigeführt werden kann (Renggli und Tanner 1994, S. 8 nach: Hengartner und Merki 2001, S. 13). Kaffee, Tee und Kakao gehören dazu, ebenso wie Tabak und Alkoholika. „Gerade die stets neu auszuhandelnde Grenzziehung zwischen Genuss- und Suchtmitteln bzw. (kriminalisierten) Drogen illustriert eindrücklich das Auseinanderklaffen zwischen den chemisch-physiologischen Eigenschaften dieser Substanzen einerseits und deren kulturelle Bewertung andererseits" (Hengartner und Merki 2001, S. 13).

Hengartner und Merki unterscheiden in ihrer Kulturgeschichte der Genussmittel grundsätzlich Trinkbares, Essbares und Rauchbares entlang bestimmter ausgewählter Kriterien voneinander. Die für die Soziale Arbeit in diesem Zusammenhang bedeutsamen Genussmittel wurden ebenfalls entlang dieser Kategorien ausgewählt: Kaffee als Trinkbares, Zucker als Essbares und Tabak als Rauchbares werden exemplarisch in ihrer Bedeutung für Soziale Arbeit erarbeitet, weil sich an ihnen interessante Aspekte typischer Aufgaben in der Sozialen Arbeit sichtbar machen lassen. Auf der Seite der Rauschmittel und in Bezug zur Abhängigkeit bzw. Sucht sind diese bearbeitet und ausführlich betrachtet worden mit ihren sozialen, kulturellen, ökonomischen, kriminalisierenden, stigmatisierenden Folgen für die Konsument*innen, während die Genussmittel im „legalen" und vor allem alltäglichen Bereich des Konsums bisher eher übersehen wurden. Mit ihrer Betrachtung geraten jedoch verschiedene komplexe und miteinander verwobene Aspekte in den Mittelpunkt, z. B. in Bezug auf Gastlichkeitsaspekte in professionellen Beziehungen, die Herstellung kleiner sozialer Gemeinschaften beim Rauchen oder das gesellschaftliche Selbstverständnis darüber, dass der Konsum von zu viel Zucker gesundheitsschädlich sei und vor allem unter armen Menschen weitverbreitet ist.

Die von Hengartner und Merki vorgenommene Unterscheidung der Genussmittel in Trinkbares, Essbares und Rauchbares wurde für den vorliegenden Zusammenhang übernommen, und jeweils ein Genussmittel aus den drei Kategorien erweist sich für die Soziale Arbeit als grundlegend in seiner Bedeutung. Die Auswahl erfolgte entlang der Genussmittel, die für die Soziale Arbeit auf der Basis von Ernährungs- und Esskulturfragen aus unterschiedlichen Gründen an Wichtigkeit gewonnen haben und mit denen sich sehr viele sozialpädagogisch relevante Fragen aufwerfen und bearbeiten lassen.

In der Alltags- und Lebenswelt aller Menschen haben Genussmittel ihren selbstverständlichen Platz eingenommen, und insbesondere im Hinblick auf die Adressat*innen eröffnet der quantitativ bzw. qualitativ beobachtbare Konsum von Kaffee, Tabak und Zucker fachliche Deutungsspielräume, während vonseiten der Fachkräfte der Sozialen Arbeit Genussmittel selbstverständlich aktiv und gezielt eingesetzt werden, um sozialpädagogisches Arbeiten zu unterstützen.

Beispiel

Am Beispiel der folgenden Situation, die von Sandermann und Neumann in ihrem „Grundkurs Theorien der Sozialen Arbeit" konstruiert wurde, um den konstitutiven Zusammenhang von Theorie und Praxis zu verdeutlichen, kommt dem Kaffee bzw. dem Anbieten eines Kaffees eine bedeutende Rolle in theoretischer wie auch praktischer Hinsicht zu. Sie schaffen gedanklich eine Beratungssituation, in der eine bestimmte Atmosphäre geschaffen werden soll. Diese muss erst einmal sozialpädagogisch gedacht werden, bevor sie beinahe mühelos als offene, gastfreundliche, niedrigschwellige Situation wahrgenommen werden kann. „Wenn man z. B. die Auffassung vertritt, dass es für den Aufbau einer sog. ‚helfenden' Beziehung zu einer Klientin, die man in einer Beratungssituation adressieren will, wichtig ist, sich Zeit zu nehmen, eine ruhige Atmosphäre zu schaffen sowie konzentriert und zugewandt zu sein, so ist diese Auffassung nicht ganz so bedingungslos ‚praktisch' wie sich das vielleicht zunächst anfühlt. Und zwar nicht deshalb, weil damit bereits tiefgreifende theoretische Vorstellungen von entscheidenden Kriterien eines ‚sozialpädagogischen Beziehungsaufbaus' verbunden sind, sondern auch schon einer viel banaleren Ebene. Denn um z. B. überhaupt so etwas wie eine ‚ruhige' ‚Atmosphäre' schaffen zu können, braucht man eine theoretische Vorstellung davon, was das sein könnte. Nur so kann man sich bei der Herstellung einer entsprechenden Situation zumindest grob orientieren" (Sandermann und Neumann 2018, S. 23). Diese viel banalere Ebene bezieht sich auf das Angebot eines Kaffees, der erst einmal ein Ankommen ermöglicht und Ruhe vermittelt.

„Man hat dann bspw. die konkrete Vorstellung im Kopf, dass es für die Herstellung von ‚ruhiger Atmosphäre' förderlich ist, zunächst einen Kaffee anzubieten, sie dabei ‚in Ruhe ankommen' zu lassen und nicht direkt mit Fragen und Angeboten oder Problembeschreibungen, die einem in Bezug auf den ‚Fall' wichtig erscheinen, zu konfrontieren. Die Aspekte des Kaffeeanbietens und Nicht-viel-Sprechens sind somit nicht einfach Tatsachen, sondern eben theoretische Vorstellungen einer ‚ruhigen Atmosphäre', die eine Person zu ihren Zwecken nutzen will. Erst vor dem Hintergrund dieser Vorstellungen nimmt man die Tätigkeit des Kaffeetrinkens oder Zunächst-nichts-Sagens also im Moment des Geschehens als ‚ruhige Atmosphäre' wahr" (Sandermann und Neumann 2018, S. 23). Das Kaffeeangebot und die Tätigkeit des Kaffeetrinkens werden von Sandermann und Neumann als theoretisch reflektierte Tätigkeit für den Beginn einer Beratungssituation völlig selbstverständlich als sozialpädagogisch relevante Aufgabe beschrieben. Dafür legen sie verschiedene Annahmen einer kulturellen Übereinstimmung der sozialen Praktik „Kaffeeangebot und Kaffee trinken" zugrunde: Zeit haben, förderliche Atmosphäre, Ruhe, Konzentration und Zugewandtheit signalisieren. Diese Inszenierung betrifft eine banale Ebene, die dennoch theoretisch überlegt sein muss, um sie einsetzen zu können. Das gewählte Beispiel setzt dabei voraus, dass für alle Leser*innen ebenfalls die Bedeutung ohne weiteres Wissen oder Reflexion nachvollziehbar ist. Doch davon wird in diesem Zusammenhang erst einmal nicht ausgegangen. Gleichzeitig ist der theoretisch hoch relevante Einsatz eines Kaffees in der Sozialen Arbeit damit festgelegt worden. ◄

Hausbesuche, die seit 150 Jahren selbstverständlich in das Repertoire der Sozialen Arbeit gehören, können als weitere theoretische Herausforderung im Hinblick auf die Gestaltung der Atmosphäre eingeschätzt werden (Urban-Stahl 2015). Mit dem Hausbesuch ist einerseits das Eindringen in die Privatsphäre der*s Adressaten*in verbunden, das als kontrollierend oder übergriffig empfunden werden kann, und andererseits geht an dieser Stelle die Möglichkeit verloren, an kulturell eingelebte Gastlichkeitsrituale anzuknüpfen, denn der*die vor der Tür stehende Sozialpädagoge*in kann nicht für eine einladende Atmosphäre über ein Kaffeeangebot sorgen. Sie*er ist im Gegenteil darauf angewiesen, die Schwelle in die eigene Häuslichkeit der*des Adressaten*in zu überwinden.

Eine Projektgruppe mit dem Namen „Ein Leben aus dem Warenkorb. Überprüfung der ‚Bedarfsgruppe Ernährung' im Sozialhilferegelsatz" hat sich zu Beginn der 1980er-Jahre im Rahmen einer Untersuchung mit der Angemessenheit des seinerzeit zugrunde liegenden Warenkorbs auseinandergesetzt. Die Regelsätze der Sozialhilfe basierten auf der Berechnung des zugrunde gelegten Warenkorbs, dem sog. Sozialhilfewarenkorb. In ihm waren fünf Bedarfsgruppen festgelegt, u. a. zur Ernährung mit einer Vielzahl an einzelnen Positionen, die bis aufs Gramm genau festgelegt sind. In einem Selbstversuch haben die Studierenden der Projektgruppe den Warenkorb getestet. Im Bereich „Genussmittel", die hier nicht explizit ausgewiesen werden, sind jedoch zwei Tassen Kaffee pro Tag vorgesehen, 1170 g Zucker, 155 g Schokolade sowie 110 g Fruchtbonbons pro Monat/30 Tage (Projektgruppe „Ein Leben aus dem Warenkorb" 1982). Das

Warenkorbmodell wurde 1989 aufgrund seiner normativen Vorstellungen, was zum Lebensunterhalt dazugehören sollte, abgeschafft. Es erfolgt der Wechsel zum Statistikmodell mit einer Bezugnahme auf die alle fünf Jahre erhobene Einkommens- und Verbrauchsstichprobe des Statistischen Bundesamtes mit der Hoffnung auf eine objektivierte und realitätsgerechtere Regelbedarfsermittlung (Aust et al. 2020, S. 7). Für „Nahrung und alkoholfreie Getränke" werden mit derzeit monatlich 35 % der Gesamtleistung veranschlagt (RBEG-E 2021), während die Ausgaben für Alkohol und Tabak als Genussmittel nicht anerkannt werden und entsprechend in die Kritik aus Sicht des Paritätischen geraten sind (Aust et al. 2020, S. 16).

Beispiel

Eine weitere kurze Szene aus der sozialpädagogischen Praxis in sozialen Institutionen: In vielen Einrichtungen der Sozialen Arbeit lässt sich beobachten, dass Adressat*innen in den ihnen angebotenen Kaffee auffallend viel, meistens mehrere Löffel Zucker nehmen (dazu gibt es keine empirischen Forschungen, diese Erkenntnis ist eine erfahrungsbasierte, die von Sozialarbeiter*innengeneration zu Sozialarbeiter*innengeneration weitergegeben wird). Eine der Deutungen dazu ist, dass die Zuckermenge im Kaffee ein Gradmesser für die in der Vergangenheit oder im Aufwachsen fehlende Liebe und Zuneigung im Leben darstellt. Wer jemals ein Praktikum in einer sozialen Einrichtung gemacht hat, wird als eine der ersten Erzählungen diese im Zusammenhang mit einem Löffel Zucker zu viel im Kaffee der Adressat*innen hören. ◄

Beispiel

Eine weitere interessante Beobachtung in diesem Zusammenhang: Wer kennt nicht das Vorurteil Sozialarbeitenden gegenüber, sie würden doch sowieso nur reden und Kaffee trinken? Im Blog der Internationalen Hochschule IUBH wird unter der Überschrift „Vorsicht Vorurteil: Weltretter im Sitzkreis" mit Vorurteilen Sozialarbeiter*innen gegenüber aufgeräumt, unter anderem mit der rhetorischen Frage: „Und wer glaubt, Soziale Arbeit gleicht dem bezahlten Kaffeetrinken, den darf ich an dieser Stelle gerne enttäuschen" (blog.iubh.de o. J.). Früher gehörte zu diesem Vorurteil bzw. Bild einer*s Sozialarbeiters*in noch obligatorisch die selbst gedrehte Zigarette dazu. Inzwischen gehört sie zu jenen Genussmitteln, die gesellschaftlich so geächtet wurden, dass sie selbst für das Vorurteil als nicht mehr zeitgemäß erscheint und nicht mehr verstanden würde. Darüber hinaus lässt sich inzwischen ein Ansatz zum aktiven

Netzwerken in beruflichen Zusammenhängen finden, der unter dem Begriff „systematisch Kaffeetrinken" Kontakte auf informelleren Ebenen anstrebt (lvq.de o. J.). ◄

Diese verschiedenen Beispiele unterschiedlicher Settings zeigen plakativ das spezifische Verhältnis der Sozialen Arbeit zu Genussmitteln und insbesondere zum Konsum von Kaffee, Tabak oder Zucker, der überall dort stattfindet, wo auch Soziale Arbeit stattfindet. Die sozialpädagogisch interessanten Besonderheiten lassen sich entlang verschiedener relevanter Themen, die die einzelnen Genussmittel kennzeichnen, aufmachen. Kaum eine sozialpädagogische Anfangs- bzw. Begrüßungs- oder Schwellenüberwindungssituation kommt ohne ein Kaffeeangebot aus, und es könnte sein, dass das Maß des Zuckerkonsums verschiedentlich gedeutet wird, z. B. als Gradmesser fehlender Zuwendung oder Integration. Der Zuckerkonsum wird darüber hinaus auch immer Thema, wenn es darum geht, den Zuckerkonsum zu reduzieren, z. B. durch weniger Süßigkeiten oder Reduzierung der zuckerhaltigen Softdrinks, während der Konsum von Tabak inzwischen vor allem bereits als gesundheitsschädigendes Suchtmittel stigmatisiert ist. Mit dem weitgehenden Aussperren des Rauchens als eine Form, Tabak zu konsumieren, wird der aushäusige Konsum sehr sichtbar, wenn Raucher*innen in Gruppen vor Gebäuden stehen, in denen das Rauchen nicht mehr erwünscht ist. Dadurch erfolgen einerseits über die Sichtbarkeit Ausgrenzung und Stigmatisierung, während sich gleichzeitig temporäre Gemeinschaften bilden, deren Bedeutung gar nicht so wirklich wahrgenommen wird. Gemeinsam eine Zigarette zu rauchen außerhalb des Gebäudes, in dem beide Parteien in unterschiedlicher Perspektivierung einer sozialpädagogisch relevanten Tätigkeit nachgehen, erleichtert den Sozialarbeiter*innen und Adressat*innen den (sozialpädagogischen) Beziehungsanfang eventuell genauso, wie es auch mit dem angebotenen Kaffee beabsichtigt wird: Die gemeinsame Tätigkeit egalisiert und verbindet.

Das Verb „genießen" steckt in der Bezeichnung Genussmittel und es stand ebenfalls Pate für den Begriff „Genosse" (Sandgruber 1986, S. 9 nach: Hengartner und Merki 2001, S. 15). Sprachgeschichtlich sind „Genossen" Angehörige einer Gruppe, die miteinander entweder einen bestimmten Genuss oder Nutzen teilen und gewissermaßen gemeinsam genießen. Diese Bedeutung verbirgt sich auch in der Bezeichnung Genussmittel, denn wiederkehrend wurden und werden diese zum Ausdruck gemeinschaftsbildender Prozesse. Der gemeinsame Konsum bekräftigt die (temporäre) Kohärenz einer sozialen Gruppe, die verschiedene Formen ausprägen kann, z. B. ein Kaffeekränzchen,

Stammtisch, biertrinkende Runde oder das Kreisen-lassen eines Joints. „Bei diesen gemeinschaftsbildenden und -versichernden Prozessen, in deren Zentrum ein Genussmittel steht, handelt es sich um ein ubiquitäres Phänomen. Der sozial integrierte und somit tolerierte Gebrauch der Genussmittel (…) basiert auf einem komplizierten Regelwerk. Dieses umfasst sowohl institutionelle Normen (…) als auch andere gesellschaftliche und kulturelle Übereinkünfte (wie Verhaltens-anforderungen, Gepflogenheiten und Gewohnheiten)" (Hengartner und Merki 2001, S. 15).

Die Genussmittel Kaffee, Kakao[1], Zucker und Tabak hängen jenseits ihrer Bedeutung für sozialpädagogische Zusammenhänge bereits historisch zusammen. Ihnen allen ist ihre außereuropäische Herkunft gemein (im 17. Jahrhundert kennen es die meisten Wörterbücher noch nicht) und erst mit dem Kolonialzeit-alter begann ihre Weltkarriere. Das gilt für die südamerikanische Kakaopflanze genauso wie für den aus Amerika stammenden Tabak und den aus Ostafrika stammenden Kaffee. Diese Güter mussten importiert werden, da sie in Europa nicht gediehen, und aufgrund dessen waren sie anfangs teuer. „Erst als Arznei, im 17. Jahrhundert dann als alkoholfreie Heißgetränke für Wohlhabende und seit dem 18. Jahrhundert als Massengüter revolutionierten sie die europäische Trink-kultur, machten den alteingesessenen alkoholischen Genussmitteln Bier und Wein bald Konkurrenz und führten zu einer neuen, geselligen und diskursiven Gast-stättenkultur, die des nüchternen Charakters wegen zur Aufklärung und zur Ver-wissenschaftlichung der Gesellschaft beitrugen; allerdings auch zu einer neuen Kategorie von Folgekrankheiten, denn parallel zu den alkoholfreien und bitteren Heißgetränken begann der aus Melanesien stammende und dann in Südamerika und in der Karibik angebaute Zucker die Welt zu erobern" (Hirschfelder 2018, S. 7). Kaffee, Tee, Kakao und Zucker gewannen ausgehend vom 17. Jahrhundert an Bedeutung in Europa und lösten die besondere Stellung der Gewürze ab, die diese bis dahin als Geschmacks- bzw. Genussstoffe innehatten. Als sog. Kolonial-waren wurden sie die wichtigste Warengruppe im Fernhandel und entwerteten die Gewürze sowohl ökonomisch als auch kulturell ab. Sie bildeten die Grundlage für eine neue Formation des europäischen Geschmacks (Schivelbusch 2005, S. 63).

---

[1] Der Kakao als Genussmittel wird im weiteren Verlauf nicht im Schwerpunkt bearbeitet, sondern vor allem in diesem Kapitel mit dem Ausgangspunkt Bernfeld und seiner Forderung nach einem Recht auf „Schokolade für alle" einbezogen. Kakao als Getränk und in der weiteren Verarbeitung als Schokolade greift über in den Bereich der Süßwaren bzw. Süßigkeiten und wird in Kap. 5 noch einmal aufgegriffen.

Die Genussmittel sind also auch untereinander miteinander verwoben und hängen voneinander ab in ihrer gesellschaftlichen Verbreitung. Für den Geschmackswandel in Richtung zum Süßen war das Aufkommen der ersten täglichen Heißgetränke, Kaffee, Kakao und Tee, seit der Mitte des 18. Jahrhunderts ausschlaggebend. Aufgrund ihres bitteren Geschmacks wurden sie mit reichlich Zucker gewürzt. Darüber hinaus entstand ein neues Angebot an süßem Gebäck und Kuchen. Die gesamte Geschmackspalette sowie die Speise- und Mahlzeitenordnungen veränderten sich in der Folge, z. B. auch mit dem Entstehen von süßem Likör, Schokolade und anderen Süßwaren (Teuteberg 2003, 43 f.).

Im frühneuzeitlichen Europa wurde der koloniale Rohrzucker zu einem Statussymbol sozialer Eliten und damit lässt sich auch die Präferenz erklären. Die kulturgeschichtliche Forschung über den Zucker hat gezeigt, dass sich die aus Bengalen stammende Zuckerrohrpflanze schon lange vor der Zeitenwende nach China, Vorderindien und Persien ausbreitete. Durch die Vermittlung der Araber*innen gelangte sie in den Mittelmeerraum. „Der Rohrzuckersaft wurde im alten Ägypten verarbeitet und war den antiken Hochkulturen gut bekannt. Durch die Kreuzzüge und vor allem durch die Venezianer wurde er auch den übrigen Völkern Europas zugänglich. Entscheidend wurde jedoch, dass durch die Verpflanzung des Zuckerrohrs auf die spanische Antilleninsel San Domingo (heute Kuba), dann durch die Portugiesen nach Südamerika und durch die Holländer und Engländer in ihre Kolonien die aus dem Orient importierten Gewürze, hauptsächlich der Pfeffer, als soziokulturelle Repräsentationsmittel in der höfischen Welt des Abendlandes zwischen dem 16. und 18. Jahrhundert ihre Bedeutung verloren" (Teuteberg 2003, S. 43 f.).

Im Europa des Mittelalters gab ihr die hippokratische Medizin Auftrieb und so wurde Zucker ursprünglich als Medikament verwendet und über Jahrhunderte als eine der wichtigsten Arzneien der Apotheker vom 13. bis zum Ende des 18. Jahrhunderts in ganz Europa das meistverschriebene Nahrungsmittel. Zucker galt als sehr wirksam zur Linderung und Befeuchtung der Zunge, des Mundes, der Kehle und Luftröhre. Gegen trockenen Husten und andere Erkrankungen der Lunge kam Zucker ebenfalls zur Anwendung (Mintz 1987, S. 135 nach: Kaufmann 2006, S. 25, Fußnote). Zucker entwickelte sich zu einem raffinierten für die Masse der Bevölkerung unerreichbaren Luxusgut. Aufgrund seines hohen Preises konnte er über lange Zeit nur in königlichen, adligen und reichen patrizischen Haushalten verzehrt werden. Der Zucker diente zur Herstellung von Konfitüre, Konfekt, Likör oder Marzipan und es wurden kunstvolle Zuckerplastiken als Tafelschmuck geschaffen. Damit trat insbesondere der demonstrative Schaucharakter des Süßen zum Vorschein (Teuteberg 2003, S. 43 f.).

Beispiel

Folgendes Beispiel von einem Fest am Versailler Hof verdeutlicht das hohe Prestige der verschiedenen Genussmittel und die Möglichkeiten ihrer Inszenierung, die sich mit ihnen boten. „Bei einem Fest am Hof von Versailles saßen die Gäste verkleidet in der Rolle der Jahreszeiten am Tisch, wo sie neben dem pompösen Essen auch Springbrunnen vorfanden (Blond und Blond 1965, S. 278). Im Sog des faszinierenden Orientalismus ausgelöst durch die Getränke Schokolade, Tee und Kaffee ließ man im 18. Jahrhundert afrikanische und indische Kinder als Mohrenpagen [sic] die entsprechenden Köstlichkeiten servieren; am Versailler Hof trugen die Zofen in türkischen Gewändern den Kaffee auf; Tee reichten sie hergerichtet als Chinesinnen. (…) Die Schokoladengesellschaften am Königshof, ‚chocolat du roi', entwickelten sich seinerzeit zum schicken Moderitual, eine Einladung verhieß hohen Prestigegewinn" (Schirrmeister 2010, S. 138). Mit den Genussmitteln Kaffee, Tee und Schokolade (unter Verwendung von Zucker wurde aus Kakaobohnen das genießbare süße Getränk) entstand viel mehr als nur neue Lebensmittel. Sie wurden entsprechend inszeniert und in einen viel größeren Zusammenhang gesetzt, wie z. B. dem Orientalismus, und orientiert an ihnen wurden Verkleidungen vorgenommen oder sogar Menschen, die diesen Vorstellungen entsprachen, eingesetzt. ◄

Für die arbeitende Bevölkerung hingegen waren die hochpreisigen Kolonialwaren meist unerreichbar. Entweder verzichteten sie auf diese Produkte oder sie behalfen sich mit Surrogaten: Zichorienkaffee aus der Zichorienwurzel oder Malzkaffee aus Getreide ersetzte den Bohnenkaffee. Rübenzucker wurde als heimische Alternative zum kolonialen Rohrzucker genutzt (Schirrmeister 2010, S. 53). Genetische oder sinnliche Hinweise reichen nicht, um die hohe gesellschaftliche Akzeptanz zu erklären. Die zunehmende Verschränkung der Gesellschaft über den Prozess der Zivilisation zog einen Zwang zur funktionalen Habitualisierung und Nachahmung von Verhaltensmustern der höheren Sozialschichten nach sich (Teuteberg 2003, S. 45). Wer sich Zucker leisten konnte, markierte mit dem Gebrauch des Zuckers den gelungenen Aufstieg auf der gesellschaftlichen Stufenleiter. Der braune Kandiszucker wurde bei bäuerlichen Hochzeiten auf den Milchreis gestreut und so konnte ihn jede*r sehen.

Agrarreformen, die Industrialisierung sowie eine veränderte Zollpolitik ließen das rasche Absinken des Zuckerpreises im 19. Jahrhundert sowie den selbstverständlichen Zuckerkonsum der Mittelschichten und zuletzt auch der Unterschichten zu. Aus Arbeiterhaushaltsrechnungen um 1900 lässt sich ersehen, dass sich spätestens um diese Zeit der Zucker veralltäglicht hatte. Sein hoher gesellschaftlicher Symbolgehalt war damit verloren. „Der Zucker hat damit wie früher einmal das Salz die tägliche Nahrungszufuhr von Grund auf revolutioniert und gehört zu den größten Geschmacksinnovationen der Neuzeit" (Teuteberg 2003, S. 43 f.). Aufgrund des Mangels an tierischem Fett und Eiweiß für den Großteil der Bevölkerung hat der hochwertige Kalorienträger Zucker auch bestehende Kaloriendefizite beim täglichen Verzehr in bestimmtem Umfang ausgeglichen. Zudem übernahm er bei langen monotonen Arbeitsvollzügen in der Fabrik die Funktion eines „Zeittöters" und trug damit ebenfalls zur Beliebtheit des Zuckers bzw. der Zuckerwaren bei (Teuteberg 2003, S. 45). Unter dem Aspekt der Ernährung hat dann auch die Wissenschaft des 19. Jahrhunderts neue Argumente gefunden, um ihn weiter vorzuschreiben, und zu Beginn des 20. Jahrhunderts wurden Sportler*innen und Soldat*innen äußerst zuckerhaltige Diäten verordnet, die allerdings angesichts der Nebenwirkungen heftige Auseinandersetzungen entfachten (Kaufmann 2006, S. 25, Fußnote).

An diesem kurzen Ausschnitt zum Zusammenhang der Genussmittel Zucker, Tee, Kaffee und Kakao einerseits und der Verbreitung des Zuckers seit seiner Einführung als Medikament andererseits verdeutlicht sich die jeweilige somato-psycho-soziale Einheit, die Nahrungsmittel bilden. „Essen besitzt nicht nur einen Nähr-, sondern immer auch einen Genuss- und Symbolwert" (Gniech 2002 nach: Stummerer und Hablesreiter 2013, S. 165).

▶   Kennen Sie Nahrungsmittel mit einem bestimmten Genuss- und Symbolwert? Welche zählen für Sie dazu und wie oft verzehren Sie diese und aus welchen Gründen?

Die verschiedenen Begriffe für Genussmittel, wie sie im Deutschen, Englischen oder Französischen gebraucht werden, erweisen sich als aufschlussreich bezüglich weiterer gesellschaftlicher Bedeutungen. Mit dem englischen Begriff „luxury food" wird auf die sozioökonomische Bedeutung verwiesen, während die französischen Bezeichnungen „excitants" oder „stimulants" die pharmakologisch-physiologische Bedeutung hervorheben, während der deutsche Begriff primär auf die soziokulturelle Komponente verweist. „Tatsächlich wurden Genussmittel immer wieder als Verschwendung, als überflüssig und unnötig eingestuft (und tatsächlich sind sie auch, rein physiologisch gesehen, weitgehend entbehrlich). In einer Gesellschaft, die sich selbst als Überflussgesellschaft bezeichnet, ist der Begriff des luxury food dabei, seinen Sinn einzubüßen: die Veralltäglichung der damit bezeichneten Genüsse bringt deren luxuriösen Nimbus zwangsläufig zum Verschwinden. Der Champagner und die Praline mögen nach wie vor zum

Luxuskonsum zu zählen sein, der Zucker hat dieses Charakteristikum schon an der Wende zum 20. Jahrhundert eingebüßt, ja mittlerweile handelt es sich bei ihm um das Gegenteil von Luxus, nämlich um ein sogenanntes inferiores Gut – sein Verbrauch nimmt tendenziell ab, obwohl das Volkseinkommen wächst" (Hengartner und Merki 2001, S. 11 f.). Die Bewertung, wann ein Genussmittel als solches gilt bzw. als Luxusgut, das für viele unerreichbar scheint, unterliegt starken zeitlichen und räumlichen Schwankungen. Genussmittel waren in der Frühen Neuzeit wichtige Statussymbole hoher gesellschaftlicher Schichten, und gegenwärtig lässt sich immer noch z. B. mit einem gut geführten Weinkeller ein hohes Prestige erreichen und damit eignen sie sich auch immer noch zur sozialen Distinktion. Die Wertschätzung der Genussmittel in der Gesellschaft wurde sowohl durch einen hohen Preis als auch ihre exotische Herkunft hergestellt. Genussmittel eigneten sich hervorragend für die Stilisierung der Lebenswelt und für „demonstrativen Konsum" (Veblen 1986 nach: Hengartner und Merki 2001, S. 12). Vorlieben für ein bestimmtes Genussmittel basieren zu einem nicht unerheblichen Teil auf geschmacklichen Präferenzen. Diese gehen auf sozialisations- und milieubedingte Erfahrungen und Gewohnheiten zurück (Bourdieu 1982; Schulze 1992 nach: Hengartner und Merki 2001, S. 10). Innerhalb einer bestimmten Biografie und darüber hinaus auch innerhalb einer bestimmten Kultur verfügen diese über eine erstaunliche Beharrungskraft, obwohl Genussmitteln keine ihnen immanente, quasi transhistorische Bedeutung innewohnt. Vielmehr werden diese permanent ausgehandelt und (re-)definiert. „Die Zuschreibungen, welche die Genussmittel auf sich ziehen, ändern sich nicht nur im Laufe der Zeit; sie variieren darüber hinaus auch geographisch und sozial (d. h. alters-, gruppen- und geschlechtsspezifisch) und schwanken beispielsweise zwischen legal und illegal (Schmidt-Semisch 1994), legitim und illegitim, zwischen Genuss und Nahrung. Genuss ist also zu weiten Teilen ein soziokulturelles Konstrukt (…)" (Hengartner und Merki 2001, S. 10). Damit stellt sich auch die grundsätzliche Frage nach der Entscheidung über essbar oder genießbar in gesellschaftlichen Zusammenhängen.

Die grundlegende Frage nach der Genießbarkeit von Stoffen – Gesellschaftliche Bestimmung von Stoffen als Lebensmittel
Essbar oder genießbar sind zwei synonym verwendete Begriffe, die sich noch erweitern ließen mit z. B. verträglich, bekömmlich, verzehrbar, unverdorben oder ungiftig. Damit wird auf unterschiedliche Hintergründe verwiesen, einerseits auf die grundlegende Möglichkeit, etwas zu

einem Lebensmittel zu erklären und es für essbar zu halten, weil es sowohl für den Menschen verträglich und bekömmlich ist als auch ungiftig oder unverdorben. Andererseits wird genießbar genau in dieser Bedeutung oft genutzt und trotzdem kann der Begriff darüber hinaus auch auf eine Wertung hinweisen, wie sie sich z. B. auch mit schmackhaft bezeichnen lässt. Vom Gesetzgeber wurden solche Stoffe als Lebensmittel definiert, „(...) die dazu bestimmt sind, in unverändertem, zubereitetem oder verarbeitetem Zustand von Menschen verzehrt zu werden. Davon ausgenommen sind Stoffe, die überwiegend dazu bestimmt sind, zu anderen Zwecken als zur Ernährung oder zum Genuß verzehrt zu werden" (Setzwein 1997, S. 43). Die Zwecke, zu denen Lebensmittel dienen sollen, sind Ernährung und Genuss. Stoffe, die zur Vorbeugung oder Heilung von Krankheit verzehrt werden, sind Arzneimittel, und Stoffe, deren Verzehr das Aussehen beeinflussen soll, können als kosmetische Mittel von Lebensmitteln unterschieden werden. Mit der Begriffsbestimmung erfolgt eine weitere Eingrenzung über die Bestimmung zum Verzehr durch den Menschen. Zum Lebensmittel wird etwas, weil „(...) Menschen es essen, trinken, kauen oder es auf andere Weise ihrem Magen zuführen wollen. Wasser ist bspw. kein Lebensmittel, wenn wir es zum Abwaschen benutzen oder den Rasen damit sprengen, füllen wir jedoch ein Glas mit Wasser in der Absicht, es zu trinken, wird es zum Lebensmittel" (Setzwein 1997, S. 43 f.). Die Eigenschaft als Lebensmittel endet entlang dieser Zweckbestimmung, wenn der betreffende Stoff einer anderen Verwendung zugeführt wird. Der Status als Lebensmittel verfällt, wenn ursprünglich für den menschlichen Verzehr vorgesehene Produkte als Tierfutter deklariert und bereitgestellt werden. Im Rahmen dieser juristischen Definition bleibt offen, von wem und wann ein Stoff dazu bestimmt wird, von Menschen verzehrt zu werden. Die Entscheidung über die Stoffe, die zu Zwecken der Ernährung und des Genusses dienen sollen, können variieren. Die nahrhafte und genüsslich verzehrte Heuschrecke gilt bisher noch als relativ ungewöhnliches Lebensmittel, während das Hundeschnitzel in der Pfanne vielleicht niemals zum Lebensmittel bestimmt wird (Setzwein 1997, S. 43 f.).

Setzwein hat sich aus soziologischer Perspektive mit Nahrungstabus, Meidung und Verboten auseinandergesetzt. Dabei geht es immer erst einmal auch um die grundlegende Frage nach der Genießbarkeit. Ob wohl das, was vor einem liegt, auch ess- bzw. genießbar im Sinne des physisch

Verträglichem und Verwertbarem ist und es so beschaffen ist, dass es ohne gesundheitliche Bedenken verzehrbar ist. Diese Deutung weicht von der Unterscheidung von Genuss und Ernährung ab, wenn Genussmittel ansonsten eher solche Lebensmittel umfassen, die jenseits der lebensnotwendigen Versorgung mit Nährstoffen verzehrt werden und sich gesellschaftlich als Luxuslebensmittel eingelebt haben.

Im Gegensatz dazu steht die Ablehnung bestimmter Speisen und Getränke, z. B. Genuss- und Rauschmittel, die z. B. medizinisch, ethisch, ökologisch oder ökonomisch diskutiert und begründet werden. Diese können als Nahrungsmeidungen und -verbote eingeordnet werden und sind ein kulturell und historisch zu differenzierendes Phänomen (Setzwein 1997, S. 13). Weitere Meidungen bzw. Verbote bestimmter Genussmittel lassen sich altersbezogen auffinden, z. B. für die Lebensphase Kindheit und Jugend wie auch für die Lebensphase Alter(n). Das Jugendschutzgesetz regelt den Genuss von Alkohol und Tabak angepasst an das für das Lebensalter bemessene Maß. Im Rahmen der Sozialisation werden über die Ernährungserziehung eine Vielzahl an Nahrungs- und Genussmitteleinschränkungen vorgenommen. „Im Rahmen von Initiationsriten werden ebenfalls Nahrungsenthaltungen eingesetzt, wird mit dem Verbot bzw. der Erlaubnis der soziale Status als minderwertiges bzw. vollwertiges Gesellschaftsmitglied gekennzeichnet" (Setzwein 1997, S. 16). Im Alter(n)prozess werden vor allem abhängig von gesundheitlichen Einschränkungen Meidungen von Genussmitteln angepasst.

Daran anschlussfähig ist die bedeutende Ausdifferenzierung der Festlegung dessen, was abhängig von der gesellschaftlichen Schichtung gegessen werden sollte, erlaubt oder verboten ist. Mit dem Kastensystem in Indien liegen z. B. explizite Regeln vor, bestimmten Kasten sind bestimmte Speisen erlaubt und andere werden ihnen vorenthalten. Der Genuss von nur einer Kaste empfohlenen Nahrungsmitteln ist außerhalb dieser Kaste stehenden Personen verboten. Jenseits dieser Regeln variieren Meidungen in Gesellschaften schichtspezifisch, beobachten lassen sich ihre historische Wandelbarkeit und die zeitlich überdauernde Wirksamkeit. Gegenwärtig lassen sich nur noch schwerlich „soziale Kosttypen" ausfindig machen. Im 19. Jahrhundert fiel diese Zuordnung sehr leicht, weil durch die soziale Distinktion sehr einfach nachzuvollziehen war, wer sich welche Nahrungs- und Genussmittel leisten konnte. Dennoch gilt der Geschmack nach wie vor als Sozialisationsprodukt und weist schichtspezifische Unter-

scheidungen auf. Die Verknüpfung der sozialen Bewertung von Nahrungsmitteln mit dem ihnen zugeschriebenen Prestige lässt sich z. B. an der
Definition bestimmter Lebensmittel oder Gerichte als „Arme-Leute-Essen"
nachvollziehen. „Die wechselvolle Entwicklung von hellem und dunklem
Brot gibt dafür ein gutes Beispiel ab: Das feine Weißbrot, das seit dem
Mittelalter in den abendländischen Oberschichten beliebt und verbreitet
war, wurde von der Bevölkerung der unteren Schichten als erstrebens-
wertes Gut angesehen, während das bei diesen übliche dunkle Roggen-
brot von den Oberschichtangehörigen gemieden wurde. Die Meidung
wurde gar mit biologischen Argumenten begründet, indem behauptet
wurde, der aristokratische Magen eignete sich nicht zur Verdauung des
dunklen Brotes. Nachdem das Weißbrot in der Gesellschaft eine breitere
Verteilung fand und auch der Bevölkerung der unteren Schichten zugänglich geworden war, tauchte das dunkle Brot in den höheren Schichten auf,
von wo aus es sich wiederum – im Zuge der ‚Vollkornbrot-Mode' – auf die
gesamte Gesellschaft ausbreitete" (Setzwein 1997, S. 17 f.).

Im Hinblick auf Zeit und Raum gibt es Beschränkungen des Nahrungs-
verzehrs. Mit der Dreiteilung des Tages und mit ihr der Nahrungsaufnahme
oder andersherum – über die Nahrungsaufnahme erfolgt die Tages-
strukturierung – werden Beschränkungen geschaffen, die z. B. nächtliches
Essen nur in Ausnahmefällen akzeptieren. Die warme Mahlzeit des Tages
und damit die Zuschreibung der Hauptmahlzeit variiert inzwischen stärker
zwischen Mittag- und Abendessen und gilt als gesellschaftlich akzeptiert.
Die warme Mahlzeit hingegen bereits zum Frühstück zu sich zu nehmen,
würde als Abweichung von der in unserer Gesellschaft akzeptierten
Regel bewertet. Darüber hinaus ist das Essen an sozial definierte Zeiten
gebunden, zum einen an chronologische im Hinblick auf die Abfolge
und zum anderen an chronometrische, die sich auf bestimmte Zeit-
räume beziehen. Der Ort des Verzehrs bzw. der soziale Raum sind ebenso
zu berücksichtigen. Nahrungsaufnahme erfolgt akzeptiert in Küchen,
Stuben, Restaurants, Imbissbuden, auf Grillplätzen etc. Sozialräum-
liche Beschränkungen sind gegeben z. B. in „Museen oder Bibliotheken,
auf Toiletten, Friedhöfen und in Kirchen, in welchen nur ‚der Leib und
das Blut Christi' verzehrt werden dürfen (und dies weder immer, noch in
beliebiger Form)" (Setzwein 1997, S. 19).

Die Ablehnung bestimmter Nahrungsmittel kann als Sozialisationsprodukt betrachtet werden:

- in Form von erlernter Unlust (Genussfähigkeit wird gelähmt),
- als Ausdruck einer vorgerückten Peinlichkeitsschwelle (Angst vor Übergewicht, Blähungen, Mundgeruch, Verdrängung des Tötens etc.) und
- als Zwang zur sozialen Distinktion (Angst vor gesellschaftlicher Herabsetzung) (Setzwein 1997, S. 184).

Jenseits der physischen Genießbarkeit eines Nahrungsmittels als gesundheitliche Verträglichkeit sind die weiteren Ablehnungen, Tabus, Verbote
oder Meidungen bestimmter Lebensmittel sozial begründet, vor allem
entlang des Lebensalters und sozialer Schichtung. Darüber hinaus sind
Beschränkungen zeitlich und räumlich gebunden. Grundlegend werden
Stoffe zu Nahrungsmitteln sozial bestimmt. Neben dem Jugendschutzgesetz finden sich rechtliche Verzehrbeschränkungen vor allem im Lebensmittelrecht.

Die These des soziokulturell konstruierten Genusses fordert die wissenschaftliche Beschäftigung mit Genussmitteln und ihrem Konsum geradezu heraus,
sich eben aus Sicht der Kultur-, Sozial- und Geisteswissenschaften nicht länger
vor einer Auseinandersetzung mit diesem Gegenstand zu scheuen, denn die Ent-
schlüsselung der historischen Entwicklung jener Kontexte im Umgang mit einer
bestimmten Substanz sowie ihrer jeweiligen Bewertung erscheinen sehr bedeutsam für die soziale Konstruktion der Gesellschaften (Hengartner und Merki
2001, S. 10). Jenseits der Forderung, Genussmittel in ihrer sozialen Konstruktion
stärker zu beforschen, lässt sich für Europa und Nordamerika beobachten, dass
inzwischen das genetisch gesteuerte Hungergefühl und der erlernte Appetit in
zunehmend größere Gruppen auseinandergefallen sind. Über die Nahrungssicherheit bzw. das Entstehen von Überflussgesellschaften zeigen sich zwei konträre
Folgen dieser Entwicklung: „Einerseits essen die meisten Menschen dort mehr,
als ihnen zuträglich ist; andererseits nutzen sie die Wohlhabenheit als Chance,
ihren Geschmackssinn zu verfeinern. Essen hat für viele heute bekanntlich mehr
mit Genießen als mit bloßem Sattwerden zu tun; so verfügen auch immer mehr
Feinschmecker über die Kunst, durch Kauen, Schmatzen oder Schlürfen den
Geschmack einer Speise voll auszukosten" (Thimm und Wellmann 2003, S. 9).
Mehrere Zusammenhänge werden an diesem Punkt aufgemacht, die im weiteren

Verlauf noch Aufmerksamkeit erlangen werden. Dazu gehören die grundlegende Unterscheidung von Hunger und Appetit sowie der Zusammenhang zwischen Genuss und Geschmack, der für Soziale Arbeit aufgrund der soziokulturellen Bestimmung sowohl von Genuss als auch Geschmack noch genauer zu betrachten ist aufgrund seiner Bedeutung für die Bewertung von Genussmitteln.

▶ **Der Zusammenhang von Hunger, Appetit, Genuss und Geschmack**
Menschen essen nicht nur, um sich mit den lebensnotwendigen Kalorien und Nährstoffen zu versorgen, vielmehr schmeckt es ihnen und sie haben Freude am Essen. Speisen werden sogar in den seltensten Fällen nach dem Hunger ausgewählt. Meistens entscheiden sich Menschen „nach ihrem Appetit für diese oder jene Mahlzeit, für dieses oder jenes Lebensmittel" (Fehrmann 2009, S. 20). Der Appetit spielt neben dem Hunger die entscheidende Rolle im Essverhalten. Hunger ist häufig eher unspezifisch, während Appetit auf ein bestimmtes Lebensmittel oder eine besondere Mahlzeit ausgerichtet sein kann. Mit Appetit ist eher die Lust auf ein bestimmtes Lebensmittel verbunden und weniger das dringende Verlangen, etwas essen zu müssen (Fehrmann 2009, S. 20).

Heckmann versteht Hunger als Naturgewalt, solange die Nahrungsaufnahme nur zum Erhalt des Lebens diente: „Zu den frühesten Anzeichen von Zivilisation gehört die Nahrungsverfeinerung. Erst wenn es genügend zu beißen gibt, differenziert sich der Geschmack und Tafelluxus kommt auf. Kochen wird zur Kunst" (1993, S. 413). Hunger hingegen lässt Menschen wahllos sein in Bezug auf Geschmack oder Lebensmittel: „Für Hungrige stellt jedwede Nahrung einen Glücksfall dar, ob sie nun wohlschmeckend ist oder nicht. (...) wer einen quälenden Hunger hat, besitzt gar nicht die Fähigkeit feinschmeckerischer Unterscheidung, wenn er ihn plötzlich stillen kann. Auf die Sättigung allein kommt es ihm an. Hat einer jedoch genügend zu essen, wird er wählerisch" (Heckmann 1993, S. 413). Über die Lebensnotwendigkeit, den Hunger zu stillen, ermöglichen Nahrungssicherheit und -verfügbarkeit Ausdifferenzierungen, die vielmehr auf die Ausprägung von Geschmack und Appetit abzielen. Zu den wichtigen Empfindungs- und Gefühlsvariationen werden Hunger und Durst, Appetit und Sattheit, Genuss und Ekel sowie Widerwillen gezählt. Allen Menschen scheint die Fähigkeit gemeinsam zu sein, die Variationen zu fühlen und zu empfinden. „Mit welchen Lebensmitteln oder Esssituationen sie jeweils assoziiert sind, ist allerdings Produkt individueller Erfahrungen und darum höchst unterschiedlich. Vor welchen Speisen man sich ekelt, welche man genießt, ist darum weder körperlich vorbestimmt noch eine Eigenschaft der Lebensmittel, bis auf sehr wenige Ausnahmen. Die Assoziierung mit bestimmten Gefühlen ist eine individuelle Reaktion, die allerdings oft sozialen Üblichkeiten oder Gebräuchen folgt" (Barlösius 2016, S. 53 f.).

Hunger, Appetit und Geschmack stehen in Zusammenhängen. Der Hunger ist der stärkste aller Triebe, bei Nahrungsknappheit wird der Mensch weniger wählerisch. Wenn Menschen genug zu essen haben, dann wird der Geschmack wichtig. „Geschmack beim Essen, wie in den anderen Bereichen der Kultur, setzt Unterscheidung voraus, Standards des Guten und Schlechten, die Billigung des einen, die Ablehnung des anderen. Die gute Küche schärft den abgestumpften Appetit" (Mennell 1988, S. 40). Der Appetit ist weder mit dem Hunger noch mit dem Essen gleichzusetzen, und Hunger, Appetit sowie Essen sind nicht in einer einfachen Kausalkette vorstellbar. In Rückbezug auf Herbert Blumer wird deutlich, was vor sich geht. Innerlich vollziehen sich eine ganze Reihe von Prozessen: „Zuerst muss eine Person ihren Hunger wahrnehmen. Wer sich seines Hungergefühls nicht bewusst wird, fühlt sich bloß unwohl und unruhig und koordiniert sein Handeln nicht für die Suche nach Nahrung. Dann muss er seinen Hunger dahingehend bestimmen, ob dieser ein Handeln erfordert. Vielleicht zeigt ein Blick auf die Uhr ihm an, dass bis zur nächsten Mahlzeit nur eine halbe Stunde fehlt, so dass er entscheiden kann, bis dahin nichts zu unternehmen. Vielleicht denkt er daran, dass er zur Zeit Diät hält und sagt sich: ‚Du musst wohl leider auf eine Mahlzeit verzichten', so dass er gar nichts gegen seinen Hunger unternimmt. Oder er beschließt zu essen. Wenn er das tut, muss er weitere Schritte zur Herbeiführung seines Handlungsaktes unternehmen. Mithilfe von Bildern malt er sich verschiedene Handlungsmöglichkeiten aus – die Auswahl unter verschiedenen Arten von Lebensmitteln, die unterschiedliche Herkunft derselben, und die verschiedenen Möglichkeiten, sie zu beschaffen. Indem er verschiedene Dinge an seinem geistigen Auge vorbeiziehen lässt, formt er vielleicht den Wunsch nach einer besonders köstlichen Mahlzeit. Möglicherweise bedenkt er dann, dass er nur wenig Geld zur Verfügung hat und fasst deswegen eine andere Handlungsweise ins Auge. Er kann auch das Wetter in Betracht ziehen, die Unbequemlichkeit, vor die Tür zu gehen oder das Essen im Kühlschrank, oder das Buch, das er noch lesen möchte" (Blumer 1955, S. 95 nach: Mennell 1988, S. 41). Von Bedeutung bei Blumer ist die ausführliche Schilderung dessen, was alles zwischen Hunger und dem Essen treten kann. Mennell räumt jedoch ein, dass es keineswegs so kühl vom Intellekt bestimmt vor sich gehen wird und der Handelnde wahrscheinlich weniger selbstbeherrscht vorgeht. Denn: „Man möchte kaum ahnen, was für ein zwingendes Gefühl der Appetit sein kann" (Mennell 1988, S. 40 f.). Hunger und Appetit sind verbunden in dem, was mit dem Begriff „Appestat" bezeichnet wird und einen komplexen psychologischen Kontrollmechanismus zur Regulierung der Nahrungsaufnahme bezeichnet. Der zugrunde liegende Hungertrieb bestimmt dabei nicht unbedingt, was und wie viel bis zur Sättigung gegessen wird. Vielmehr spielen sehr komplexe psychologische Prozesse eine Rolle, in denen soziale Bedingungen wichtig sind, wie z. B. das wahrgenommene Körperbewusstsein, oder das zugrunde liegende soziale Körperleitbild beeinflusst die Nahrungsaufnahme (Mennell 1988, S. 41).

Die Food Designer Stummerer und Hablesreiter betonen das unglaubliche Maß an Fantasie, Kreativität und Erfindungsgeist, die von Anbeginn der Menschheit eingesetzt wurden, um natürliche Grundprodukte zu verändern. Essen kommt in einer scheinbar endlosen Fülle unterschiedlicher Rezepturen, Zubereitungsarten, Farben und Formen auf den Tisch (Stummerer und Hablesreiter 2013, S. 162). In der Geschichte des Food Designs erkennen sie eine alte Disziplin, die ganz klare Muster und Strategien entwickelt hat zur Hervorbringung der Geschmacks- und Formenvielfalt des Essens. Der Begriff „Food Design" wird verstanden als Entwicklung und Gestaltung von Lebensmitteln mit der Motivation, das Spektrum der vorhandenen Nahrung ständig zu erweitern. „Darunter verstehen wir die Summe aller Prozesse und Entscheidungen, die dazu dienen, Essen erfolgreich reproduzierbar zu gestalten. Das betrifft längst nicht nur das optische Erscheinungsbild einer Speise oder eines Produkts, sondern auch die geschmackliche Gestaltung, die Konsistenz, die Textur, die Oberfläche, das Kaugeräusch, den Geruch und vieles mehr" (Stummerer und Hablesreiter 2013, S. 163).

Drei gestalterische Hauptziele verfolgt Food Design: Lustgewinn, Funktion und Kultur. Diese drei Oberbegriffe befassen sich beim Lustgewinn mit der Steigerung des sinnlichen Genusses beim Verzehr, hinter der Funktion mit der Erfüllung funktionaler Aspekte aller Art sowie im Rahmen der Kultur mit der Übermittlung kultureller Werte (Stummerer und Hablesreiter 2013, S. 164). Geschmack als kulturelle Kategorie dient dabei als Parameter, den Lebensstil widerzuspiegeln, wobei jede Zeit und jede Epoche ihren eigenen Geschmack entwickelt (Stummerer und Hablesreiter 2013, S. 165). Genuss wird an diesem Punkt mit Lust und Steigerung von Lustgewinn verbunden und eröffnet die Verbindung zum sinnlichen Genießen jenseits der soziokulturellen Einordnung, wie sie bisher vor allem von Hengartner und Merki (2001) eingeordnet und für den vorliegenden Zusammenhang hervorgehoben wurde. Denn: Genuss und Geschmack sind miteinander sowohl auf der soziokulturell als auch auf der sinnlichen Ebene verbunden. Die sinnliche Ebene wird relativ schnell nachvollziehbar, denn mit dem Essen wird nicht nur Materie aufgenommen, um biologisches Leben zu erhalten, weil deren Nährstoffe dem Menschen Energie zuführen. Über den Geschmacks- und Geruchssinn in Verbindung mit den Erfahrungen,

die individuell und soziokulturell geprägt sind, erhält das Gegessene einen
Bedeutungscharakter. „Essen kann zum Genuss, Nahrung bzw. zubereitete
Speisen können als schmackhaft oder nicht schmackhaft empfunden werden.
Dabei setzt der jeweilige kulturelle Kontext, in dem der Mensch lebt, ihm feste
Markierungen dafür, was als allgemein schmackhaft gilt und was nicht. Diese
Rahmenbedingungen werden in den einzelnen sozialen Gruppen noch weiter
differenziert, schließlich existiert ebenfalls die ganz individuelle Geschmacks-
ebene, besser gesagt, ‚Erfahrungsebene' des Einzelnen" (Schirrmeister 2010,
S. 22). Nicht selten wird ein bestimmtes Nahrungsmittel bevorzugt, dass nicht
einmal als schmackhaft empfunden wird, vielmehr entspricht sein Verzehr
dem kulturellen bzw. gesellschaftlichen Geschmack. Aus der symbolischen
Bedeutung resultiert das Auslösen von Genuss und weniger aufgrund des Essens
(Schirrmeister 2010, S. 22). Kein Mensch füllt sich nur so einfach den Magen,
„(…) er ißt Sinne und Bedeutung" (Engelbrecht 1999 S. 11 nach: Schirrmeister
2010, S. 22).

▶   In dem Zusammenhang von Geschmack, Essen und Bedeutungen
     fragt Trattnigg nach der Erinnerung an einen Geschmack aus der Kind-
     heit. „Erinnern Sie sich noch an einen Geschmack aus Ihrer Kindheit?
     Oder ein bestimmtes Essen, dass es nur zu besonderen Anlässen gab?
     Eine Speise, mit der Sie Umsorgtsein, Trost, Verständnis, Liebe oder
     Schutz, Beruhigung, nährende Berührung, Zuwendung oder Heimat
     in Verbindung bringen?" (Trattnigg 2018, S. 46) Welche Nahrungs-
     mittel oder Gerichte sind nach wie vor geschmacklich mit emotionaler
     Bedeutung belegt, die vielleicht auch nur individuell geprägt wurden?

In der Erinnerung ist Geschmack sehr stark mit auf Ambiente bezogenen Sinneseindrücken verbunden. „Der Hamburger Ethnologe Andreas Hartmann hat in
seinem Buch ‚Zungenglück und Gaumenqualen' eine Vielzahl von Geschmackserinnerungen gesammelt. Er stellt fest, dass eben diese Geschmackserinnerungen
von ‚bestechender Sinnlichkeit' sind. Sie verbinden uns mit unserer eigenen
Geschichte. Die Erinnerungen sind häufig so stark, dass in gewissem Grad alle
einst beteiligten Sinne lebhaft einbezogen sind. Das ‚Interieur einer Küche', das
‚Licht eines Frühlingstages', die ‚Handgriffe der Großmutter beim Teigrühren',
die ‚Stimmen der Eltern, der Geschwister'. Eine besondere Bedeutung scheint
dem Geruchssinn zuzukommen, weil dieser besonders eng mit den vom Gehirn
gespeicherten Emotionen verbunden ist" (Schönberger 2005, S. 41).
   Die Wahrnehmung eines genussvollen Geschmacks ist unabhängig von den
natürlichen Eigenschaften der Lebensmittel und Speisen. Bis auf wenige Ausnahmen

ist Genuss oder Abscheu als Ergebnis kultureller Zuschreibungen einzuschätzen. Esser*innen orientieren sich an diesen und übernehmen sie weitgehend. Genuss-vorlieben verändern sich gesellschaftsbezogen, historisch und ebenfalls im Lebens-lauf entlang den für eine Gesellschaft charakteristischen sozialen Merkmalen, z. B. Geschlecht, sozialstrukturelle Zugehörigkeit, Religion sowie Ethnizität. „Diese kulturellen Zuschreibungen sind so mächtig, dass die Erinnerung an die bevorzugten Lebensmittel und Speisen als Genussversprechen erlebt wird. Bevor sie gekostet werden, sind die Sinne darauf eingerichtet, Genuss zu vermitteln. Genuss stellt eine ‚gerichtete Aneignungshandlung' dar (Wierlacher 2008, S. 165). Der Geschmack prüft dann nicht mehr, ob die Speise genussvoll ist, sondern ob sie hält, was sie ver-spricht. Dies entspricht der spezifischen Wahrnehmungsweise des Geschmacks: zu verifizieren, ob das Tatsächliche dem Erwarteten entspricht" (Barlösius 2016, S. 96 f.).

Barlösius verbindet Küche, Geschmack und Genuss miteinander zu einem Produkt eines langen Abstimmungsprozesses, bei dem die Küche die Aufgabe übernommen hat, Geschmacks- und Genusserwartungen jeweils praktisch umzu-setzen. Die vermittelten sinnlichen Erlebnisse fließen wiederum in Rezepturen und das Kochen ein. „Aus sinnlicher Sicht ist die Küche ein kulturelles Werk, welches dem Geschmack möglichst viel Genuss entlocken will. Geschmack und Genuss spielen keineswegs eine Nebenrolle in der Küche; ganz im Gegenteil, sie zu erleben ist ein zentrales Motiv der Speisenzubereitung. Der überwiegende Teil der Nahrung könnte aus körperlicher Sicht ohne aufwändiges Kochen und Würzen gegessen, aber wohl kaum genossen werden. Nicht wenige Koch-techniken erzielen ernährungsphysiologisch betrachtet suboptimale Ergebnisse und sind der Gesundheit nicht eben zuträglich, aber hervorragend geeignet, den gewünschten Geschmack zu erzeugen" (Barlösius 2016, S. 96 f.).

Die Küche kann als kulturelles Regelwerk definiert werden, das dazu anleitet, wohlschmeckende und genussvolle Speisen zuzubereiten. Küchen verfolgen das Ziel, die Lebensmittel so zu kochen, dass innerhalb des sozialen und kulturellen Umfeldes den Esser*innen diese auch schmecken. Die Festlegung des Wohl-schmeckenden und Genussvollen gestaltet sich regional und sozial von Küche zu Küche sehr unterschiedlich. Nur selten jedoch wird der Küche bewusst die ausschließliche Absicht unterstellt, Genuss zu erzeugen. Der Stellenwert des Genussaspekts in der Küche folgt einer Bandbreite gradueller Abstufungen. „Sie reicht von dem Wunsch, dass das, was gekocht wird, auch schmecken soll, bis hin zu einer gesteigerten Ästhetisierung der Küche, die aber zweckgebunden bleibt, insofern sie essbar sein und sättigen muss. In den Regional- und Alltags-küchen wird die Art des Kochens häufig mit Sitten und Bräuchen begründet. Die Koch- und Zubereitungsweise gründet darum auf Üblichkeiten, und es werden keine kulturellen Begründungen angegeben, warum etwas so und nicht anders zubereitet wird, außer denen, dass es so am besten schmeckt. In Festtagsküchen und insbesondere in den kulturell dominanten Küchen werden dagegen die Rezepturen permanent mit dem Ziel der Genusssteigerung weiterentwickelt" (Barlösius 2016, S. 96 f.). Am Beispiel der Geschlechterunterscheidung bei Kochstilen verdeutlicht sich die Differenz, die zwischen Genuss- und Geschmacksorientierung einerseits sowie auf Sättigung orientierte Ernährung andererseits vorgenommen wird. „Die Genuss- und Geschmacksorientierung der Restaurantküche gilt als männlich, die auf Sättigung hin ausgerichtete Alltagsküche als weiblich" (Barlösius 2016, S. 131). In diesem Verständnis liegen mehrere bemerkenswerte Aspekte. Zum einen werden die als weiblich zugeschriebenen Aufgaben und Tätigkeiten als weniger wertvoll betrachtet und eine hierarchische Geschlechterordnung zu deren Abwertung vorgenommen und zum anderen wird die viel weiter verbreitete alltägliche Küche als weniger genuss- und geschmacksorientiert ausgerichtet eingeschätzt, wobei diese doch dem überwiegenden Anteil der Bevölkerung mehrfach am Tag zur Verfügung steht. Der von Frauen gestaltete Essensalltag gilt genau deshalb als weniger schmackhaft, weil es sich um täglich mehrmals stattfindende Sättigung handelt, während die Restaurantküche vielmehr auf Genuss und Schmackhaftigkeit sowie auf die Optimierung dieser Aspekte ausgerichtet ist.

Die Küche wird also nur eingeschränkt entlang der Genusschance ausgerichtet. In der Grande Cuisine Frankreichs wurde der sinnlich-ästhetische Geschmack zum dominanten gestaltenden Prinzip erklärt und war an etliche soziale Bedingungen geknüpft. Mit der Orientierung an der Genusschance als kulturellem Ereignis gehen auch soziale Folgen einher. „Die kulinarische Verfeinerung des Essens ist besonders geeignet, Geschmack zu zeigen, und der Geschmack stellt als Beurteilungsvermögen ein bevorzugtes Mittel dar, um soziale Unterschiede zu bezeichnen. Die historisch geknüpfte Verbindung von Sinnen- und Klassengeschmack (Bourdieu 1979) scheint unaufhebbar und populärer denn je zuvor, um soziale Distanzen zu behaupten" (Barlösius 2016, S. 99). Nur die Küche schmeckt, die den Einzelnen aufgrund seiner*ihrer sozialen Position zugemutet wird, und dabei bleibt die Frage offen, ob neben der sozialen Festlegung der Sinnengeschmack beim Essen nicht auch einer eigenständigen Genusslogik folgt (Barlösius 2016, S. 99). Dabei ist in der Genusschance die Einmaligkeit des Essens enthalten und eben das, was dieses Lebensgebiet von anderen unterscheidet. Denn die Küche und das Essen einzig an der Genusschance auszurichten und zu entfalten, würde die Eigengesetzlichkeit (Weber), die Eigenlogik (Habermas) oder das feldspezifische Nomos (Bourdieu) dieses Lebensgebiets erst entstehen lassen und damit aus sozialen Einbindungen und Verpflichtungen, aus politischen Regulierungen und Reglementierungen, aus kultureller Inanspruchnahme oder gesundheitlichen Aufforderungen entlassen. „Die Nutzung der Genusschance vollzog und vollzieht sich im sozialen Insistieren darauf, dass das, was Menschen essen und trinken, auch schmecken soll und dass das, was sinnlichen Geschmack vermittelt, sozialem Wandel unterliegt" (Barlösius 2016, S. 99).

Die Bedeutung der Genussmittel in der Gesellschaft im Allgemeinen und insbesondere in der Sozialen Arbeit lässt sich nicht ohne Fragen nach der grundsätzlichen Genießbarkeit als essbar ausgewählter Stoffe bearbeiten. Darüber hinaus sind Genussmittel mehr als nur für essbar erklärte Stoffe. Denn mit ihnen kommen Fragen der Exklusivität und der sozialen Schichtung in die Lebensmittel und damit auch Fragen nach dem Geschmack. Genussmittel, die als solche bezeichnet werden, schmecken nicht unbedingt nach dem ersten Genuss. Am Schmecken sind sowohl der Geruchs- und Geschmackssinn beteiligt als auch die soziokulturelle Beschaffenheit der Gesellschaft. Denn diese entscheidet zuerst einmal, was Mitgliedern schmeckt und welche Stoffe als Lebens- und Genussmittel entlang der sozialen Beschaffenheit der Gesellschaft verteilt sind. Der sinnliche Geschmack ermöglicht eine Vielzahl an Empfindungen, die auch das Genießen oder Schwelgen bezüglich kulinarischer Genüsse ermöglichen und in ihren Wechselwirkungen mit der soziokulturellen Überformung zu Unsicherheiten führen können. Was einem Menschen schmeckt, hängt eng mit der Erziehung und Sozialisation in die bestehende Gesellschaftsform und deren soziale Schichtung zusammen. Genießen und Genussmittel sowie Schmecken und Geschmack sind in einem komplexen Zusammenhang miteinander verwoben, und bevor Nahrungsmittel genossen werden können, muss erst einmal die Frage danach geklärt werden, ob ein Nahrungsmittel eigentlich schmeckt und wem welches Nahrungsmittel überhaupt schmecken kann aufgrund seiner sozialen Zugehörigkeit.

2.2 Der Geschmack als Grundlage für den Genuss – Zwischen sinnlichem Schmecken-können und gesellschaftlichem Schmeckenlernen

Mehr als viele andere Tätigkeiten erscheint die Nahrungsaufnahme dazu bestimmt, Lust und Genuss zu bereiten. Die Erzeugung lust- und genussvoller Erlebnisse wird dabei jedoch unterschiedlich erklärt. Für die erste Lebensphase weisen vor allem psychoanalytische Erklärungen darauf hin, dass die orale Stillung des Nahrungsbedürfnisses mit der Befriedigung des Lustbedürfnisses

vergesellschaftet ist. Mit dem Auseinanderdriften von Sexualität und Nahrungsaufnahme in späteren Lebensphasen bleiben sie dennoch verklammert. Essen und
Lust werden weiterhin eng miteinander assoziiert. Die Sinnestheorien liefern eine
andere Erklärung, indem sie die Verknüpfung von Essen mit Lust und Genuss mit
der besonderen Qualität der sinnlichen Empfindungen herstellen, wobei vor allem
der Geruchs- und Geschmackssinn bei der Nahrungsaufnahme in den Vordergrund gestellt werden. Dabei gelten diese beiden Sinne, seit Kant sich mit ihnen
im Rahmen des ästhetischen Geschmacks auseinandergesetzt hat, als niedere
und leibnahe Sinne, weil sie unmittelbare Gefühle und Stimmungen hervorrufen.
Damit bieten sie allerdings kaum die Möglichkeit zur reflexiven Distanzierung
aufgrund ihrer großen Nähe zu Lust und Genuss (Barlösius 2016, S. 81). Insgesamt sind bereits mehrere bedeutende Perspektiven aufgemacht, die für den
vorliegenden Zusammenhang von Bedeutung sind und intensiver bearbeitet
werden. Die Entstehung und Herausbildung eines individuellen Geschmacks wird
dabei abhängig von der gewählten Perspektive – ob natur- oder sozialwissenschaftlich – als physiologisch wie auch gesellschaftliche Prägung erklär- und
bewertbar.

Ausgehend von der grundlegenden hierarchisierten Priorisierung motivierten
Verhaltens kommt dem Erhalt der Art weniger Bedeutung zu als dem des
Individuums, sodass gewöhnlich die folgende Reihenfolge Anwendung findet:
„Trinken kommt vor Essen, Essen vor Sex. Die Hierarchie entspricht der
Bedeutung der unterschiedlichen Verhaltensweisen für das Überleben, das des
Individuums hat Vorrang vor dem der Art" (Meyerhof 2018, S. 63). Menschen
müssen sich mit dem, was sie trinken und essen können bzw. wollen, jedoch aus-
einandersetzen, da sie als „Omnivore" grundsätzlich über ein offenes Nahrungs-
spektrum verfügen und sich ihnen damit unzählige Möglichkeiten des Essbaren
bieten. Vor allem aufgrund des offenen Nahrungsspektrums liegt die Unterscheidung zwischen „essbar" und „nicht-essbar" in der kulturellen Bestimmung.
Menschen könnten mehr Nahrung nutzen, als bisher kulturell als Nahrung gilt,
sodass die Nahrungsauswahl vorherrschende Normen und Werte widerspiegelt.
„Nahrung ist kulturelles und soziales Zeichen, Tabus verraten Herkunftsmythen
und Weltsicht; Geruch und Geschmack dienen der sozialen Distinktion. Was ‚essbar' und ‚nicht essbar' ist, unterliegt unterschiedlich starkem Reglement (vom
Tabu bis zu Moden in spezifischen (Sub-)Kulturen)" (Methfessel 2014, S. 191 ff.;
Setzwein 1997). Ob und welcher Stoff zum Lebens- bzw. Nahrungsmittel in einer
Gesellschaft wird und ob daraufhin eine weitere Ausdifferenzierung zum Genuss-
mittel Lust und Genuss beim Verzehr hervorbringt, hängt also entscheidend ab
von dem jeweilig vorherrschenden Geschmack der gesellschaftlichen Struktur.
Daran hängt auch die Verbreitung, denn nicht jede*r Mensch hat gleichen

Zugang bei der Verteilung der jeweiligen Genussmittel. Daran wiederum hängt die Möglichkeit, das Genussmittel auch mit allen Sinnen genießen zu können. „Nur wenn alle Sinne zugleich grünes Licht geben, stellt sich das erhoffte Wohlbefinden ein. Stimmt der Gesamteindruck nicht – ein Raum wirkt schmuddelig, ein fremder Geruch hängt in der Luft, eine unerwünschte Person ist anwesend – wird sich mit Abstufungen kein Wohlbefinden einstellen. Essen und Trinken bieten uns, neben dem Sex, einen sinnlichen Gegenpol zur Virtualisierung unseres Alltags" (Schönberger 2005, S. 42). Die Sinne werden über Erziehungs- und Sozialisationsprozesse auf das Erreichen von den jeweilig gesellschaftlich vorgegebenen Bedingungen des Wohlbefindens über die Befriedigung unterschiedlicher Bedürfnisse sensibilisiert.

Doch bereits ohne die gesellschaftliche Möglichkeit der Geschmacksbeeinflussung ist der Geschmack sehr viel komplexer als angenommen, wenn er als naturgegeben betrachtet wird. „Natürlich beruht er auf (taktilen, thermischen) Geschmacksempfinden (und elementaren Aromen), die in Wirklichkeit ziemlich einfach sind. Aus diesem Grund bildet er sich erst, wenn er sich mit einer Reihe anderer sinnlicher Empfindungen vermischt, besonders dem Geruchssinn, der sehr viel feiner und nuancierter ist. Nicht zu vergessen auch die Augen, Ohren und Tastsinn, die ebenfalls Informationen (die auf unterschiedlichen Wegen im Gehirn zusammenkommen) zu diesem wahrhaften Geschmackssystem der Sinne beitragen, von dem das Schmecken im engen Sinne nur ein ganz spezieller Bestandteil ist. Und die verschiedenen kognitiven Netze, die an der Bildung des Geschmacks beteiligt sind, funktionieren nicht auf dieselbe Weise und haben auch nicht dieselbe Geschichte. Die Empfindungen unserer Geschmacksknospen unterliegen offensichtlich am meisten biologischer Determination. (…) Jenseits des Geschmackssystems der Sinne bildet sich der Geschmack wirklich nur, wenn er ‚gut zu denken', das heißt durch den Filter mentaler Kategorien gegangen ist, selbst dann, wenn der Esser sich der Logik des reinen Genusses hingibt" (Kaufmann 2006, S. 47). Der Geschmack lenkt also bedeutend weniger als allgemein angenommen und sehr viel mehr „(…) lenken wir also diesen Geschmack, von dem wir meinen, dass er uns lenkt" (Kaufmann 2006, S. 47).

Damit verbunden ist auch, dass der Geschmack allein kaum Verhalten regelt, abgesehen von kurzen Phasen, indem er sich mit kollektiven Gewohnheiten verbindet. Diese sind dann jedoch von entscheidender Bedeutung. „Der Geschmack entstand bei der Entdeckung des Genusses und seiner Subversivität. Und noch heute ist er mit der Vorstellung des Genusses verknüpft und der möglichen Zerstörung der Ordnungen, die Zwang auf die Praktiken ausüben wollen. Geschmack an einem Nahrungsmittel haben, ruft Verlangen und Genuss hervor" (Kaufmann 2006, S. 45). Das Verlangen und der Genuss sind absolut unkontrollierbar und sowohl beim Essen als auch in der Liebe befreien sie z. B. vom „(…) Gewicht der Institutionen, zerstören die vorgeschriebene Zukunft und ermöglichen die Entdeckung neuer Welten" (Kaufmann 2006, S. 45). Der Geschmack lässt einen dadurch auch aus sich selbst heraustreten und steht in dieser Deutung von Kaufmann gleich neben der Gier nach einem bestimmten Lebensmittel. Denn nach Walter Benjamins folgender Beschreibung hat niemand je eine Speise erfahren, „(…) nie eine Speise durchgemacht, der immer Maß mit ihr hielt. So lernt man allenfalls den Genuß an ihr, nie aber die Gier nach ihr kennen, den Abweg von der ebenen Straße des Appetits, der in den Urwald des Fraßes führt. Im Fraße nämlich kommen die beiden zusammen: die Maßlosigkeit des Verlangens und die Gleichförmigkeit dessen, woran es sich stillt. Fressen, das meint vor allem: Eines, mit Stumpf und Stiel. Kein Zweifel, daß es tiefer ins Vertilgte hineinlangt als der Genuß. So wenn man in die Mortadella hineinbeißt wie in ein Brot, in die Melone sich hineinwühlt wie in ein Kissen, Kaviar aus knisterndem Papier schleckt und über einer Kugel von Edamer Käse alles, was sonst auf Erden eßbar ist, einfach vergißt" (Benjamin 1930, S. 77 nach: Mennell 1988, S. 30). Jenseits des Genusses steht für Benjamin also die Gier, die vielleicht einmal mit Genuss begonnen hat und einfach tiefer hineingeht. Die Gier kann dabei auf langen Verzicht des besonderen Stoffes hinweisen oder auf das Muster der Erreichbarkeit zwischen Alltags- und Festtagsspeisen hindeuten.

▶   Kennen Sie dieses Gefühl „Gier"? Wie würden Sie Gier nach einem
     Lebensmittel bzw. nach einer Speise beschreiben? Wie deuten Sie
     diese in ihrem alltagsweltlichen Kontext? Und: Gibt es Ähnlichkeiten
     zu dem, was Sie mit einem Rausch verbinden?

Weg von der Gier in Abgrenzung zum Genuss oder Rausch, hin zu dem Beginn des Lebens, an dem erst einmal eine geschmackliche Vorliebe angeboren zu sein scheint: Der süße Geschmack wird bevorzugt, während der bittere instinktiv abgelehnt wird.

Zu Beginn des Lebens – Zuerst süß und neophob
Zu Beginn des Lebens bestimmt fast ausschließlich das physiologische Bedürfnis nach Nahrung das Essverhalten und dennoch werden bereits Geschmacksvorlieben anerzogen. Ökonomische oder soziale Überlegungen beim Essverhalten sind für Neugeborene keine Treiber, ihnen geht es einzig und allein um die Befriedigung ihrer Grundbedürfnisse Hunger und

Sättigung. Dennoch lassen sich bereits in diesem Alter Geschmacksvorlieben bzw. Abneigungen erkennen, von denen angenommen wird, dass sie
einem angeborenen Überlebensmechanismus entsprechen. Neugeborene
bzw. Säuglinge reagieren mit einem deutlichen Widerwillen gegen Bitterstoffe. Diese Aversion ist wahrscheinlich genetisch bedingt, um vor giftigen
und ungenießbaren Stoffen zu schützen, die häufig bitter schmecken. „Auf
süße Substanzen reagieren bereits Säuglinge dagegen ausgesprochen
positiv. Auch diese angeborene Vorliebe lässt sich aus der Evolution der
Menschen erklären. Kohlenhydrate, d. h. Zucker, sind eine sichere und
schnelle Energiequelle, die lebensnotwendig für den gesunden Organismus sind. Es wundert daher nicht, dass Muttermilch deutlich süß schmeckt
und der Säugling allein durch den Geschmack zum Trinken animiert wird"
(Fehrmann 2009, S. 24). Die angeborene Präferenz für Süßes und die
Ablehnung von Bitterem wird auch als Sicherheitsgeschmack bezeichnet,
weil süß eben ein Hinweis auf ungiftige und energiereiche Nahrung
(Kohlenhydrate) ist, während Bitteres als giftig und ungenießbar erscheint
(Matullat 2013, S. 30). Bereits im Mutterleib beginnt das Ungeborene
mit dem Schmeckenlernen (Schirrmeister 2010, S. 20), denn durch die
Exposition mit verschiedensten Geruchs- und Geschmacksstoffen findet
schon im Mutterleib eine sensorische Prägung statt (Matullat 2013, S. 30).
Der Geschmack ist also ein sehr früh vorhandener Sinn beim Menschen.

Über die angeborenen Präferenzen hinaus werden Geschmacksvorlieben jedoch hauptsächlich anerzogen. Das Süßempfinden von Babys
kann abstumpfen, je mehr sie von sehr süßer Babynahrung bekommen,
die eben auch noch einmal deutlich süßer schmeckt als Muttermilch. Ihre
Sympathie für den süßen Geschmack ist jedoch so groß, dass Babys sehr
süße Babynahrung derjenigen vorziehen, die weniger süß schmeckend ist.
„Je süßer ein Säugling bereits in den ersten Lebensmonaten ernährt wird,
umso höher ist seine Akzeptanz für Süßes im Kindes- und Erwachsenen-
alters. Der Grundstein für die Gier nach stark zuckerhaltigen Lebensmitteln
wird oft also bereits in den ersten Lebensmonaten gelegt" (Fehrmann 2009,
S. 24 f.). Abgesehen davon bleibt die Präferenz für süß bei Kleinkindern
unverändert bestehen, während im Alter von etwa fünf bis neun Jahren die
Präferenz für sauer zunimmt und ein Bewusstsein für den Salzgeschmack
entwickelt wird. „Bei Kindern ist das gustatorische System noch in der
Entwicklung. (…) Im Vergleich zu Erwachsenen benötigen Kinder höhere
Reizstimuli. Kinder müssen das Schmecken erst erlernen" (Matullat 2013,

S. 38). Im Lebensverlauf verändert sich die sensorische Wahrnehmung, und Veränderungen der Sinne beeinflussen auch die gesamtsensorische Wahrnehmung eines Lebensmittels mit der Folge, anderen Lebensmitteln den Vorzug zu geben als den bisher gewohnten (Matullat 2013, S. 43).

Die Neophobie, also die Abneigung gegen Neues, gehört zur Überlebens-Grundregel. Mit vorsichtigem Knabbern werden zusätzliche unbekannte Nahrungsquellen erschlossen. Der Körper hat im Verlauf der Evolution ein Sicherheitssystem gegen Gifte entwickelt. Bei fauligem Geruch schlägt die Nase Alarm, die Zunge und der Gaumen reagieren mit Vorsicht auf Bitteres und begeistert auf Süßes. Die Erfahrung zeigt, dass es kaum etwas Giftiges gibt, was auch süß schmeckt. Die Neophobie spielt bei der sensorischen Entwicklung von Kleinkindern eine bedeutende Rolle: Unbekannte Lebensmittel und Geschmäcker werden gemieden und insbesondere im Alter zwischen 18 und 24 Monaten wird dieses Verhalten ausgeprägt. Kinder beginnen jetzt zu laufen und mit ihrer daraus resultierenden Eigenständigkeit geht Vorsicht einher. Die Neophobie gilt als klassische Schutzfunktion, denn mit dem Respekt vor unbekannten Geschmäckern entsteht ein Schutz vor dem Verzehr schädigender Lebensmittel (Matullat 2013, S. 37).

▶   Probieren Sie ein Lebensmittel, dass Sie zuvor noch nie gegessen haben. Welches wählen Sie warum aus? Was ist Ihr erster Eindruck? Wie nähern Sie sich dem Lebensmittel? Wie reagieren all Ihre beteiligten Sinne?

Der Mensch erhält durch seinen Körper nur vage Hinweise hinsichtlich dessen, was er an Nahrung bedarf, da das menschliche Nahrungsbedürfnis und dessen Befriedigung weder instinktiv noch genetisch festgelegt sind. Körpersignale offenbaren einen Deutungsraum, der ausgelegt wird und ausgelegt werden muss. „Man hat Hunger und vielleicht Lust auf eine bestimmte Speise oder Geschmack. Konkrete Anhaltspunkte, welche Nährstoffe jeweils benötigt werden, gibt der Körper jedoch nicht. Auch sind die körperlichen Signale, die ein Bedürfnis nach Nahrung anzeigen, nicht immer deckungsgleich mit dem jeweils vorliegenden ernährungsphysiologischen Bedarf" (Barlösius 2011, S. 45 f. nach: Schmidt 2014, S. 19). Die in diesem Zusammenhang genannte Lust auf eine Speise und dem damit verbundenen Geschmack als Vorliebe, die jedoch im umgekehrten

Fall auch eine Abneigung sein kann, wenn eine Speise verabscheut wird, wird von Menschen erlernt. Davon ausgehend, dass angeborene Instinkte nur eine untergeordnete Rolle spielen und nur eine geringe Anzahl an Geschmackskennzeichen von Geburt an erkannt wird, entsteht Geschmack erst dann, wenn jemand gelernt hat, seine Wahrnehmung zu deuten. Mennell bezieht Ergebnisse von Experimenten ein, deren Ergebnisse eher auf eine Art Vor-Geschmack deuten, weil die Reaktionen auf unbekannten Geschmack so zufällig waren (Mennell 1988, S. 16). Die angeborenen Geschmacksrichtungen süß, salzig, bitter, sauer und als letzte hinzugekommene umami (würzig) sind diejenigen, die als Vor-Geschmack bezeichnet werden. Mit ihnen ist das Überleben verbunden, denn Süßes ist meist nicht giftig und gilt als Kennzeichen für den Kalorienbedarf des Körpers; salzig ist ein angeborener Zeiger für den Bedarf an Natrium-Ionen und vielleicht auch allgemein für Minerale; die Geschmacksrichtung sauer zeigt meistens fehlende Reife an, und bitter als Geschmack der Gifte wird von Kindern zunächst abgelehnt und erst langsam erlernt. Umami als letzte hinzugekommene Geschmacksrichtung, auch als würzig bezeichnet, wird von Methfessel als Geschmack der Aminosäuren eingeordnet und weist auf das lebenswichtige Eiweiß hin (Mennell 1988, S. 15; Methfessel 2014, S. 181 ff.). Der Geschmack umami als spezifischer Geschmacksrezeptor wurde erst im Jahr 2002 ergänzt, obwohl es noch einiges Unbekanntes um ihn herum gibt und er dadurch in der Erkenntnis auch verkürzt erscheint (Lemke 2007, S. 162 ff.). Diese Auflistung ist vielleicht auch noch nicht beendet, wenn die verschiedenen Disziplinen, die am Geschmack beteiligt sind, in tiefere Auseinandersetzungen gehen und die Linien zwischen biologischer Determination, kultureller Prägung und individuellem Empfinden neu ziehen (Wagner 2009, S. 135 nach: Schirrmeister 2010, S. 21). „Die Sinneseindrücke des Menschen und deren Umsetzung im Gehirn scheinen überdies noch recht wenig erforscht" (Schirrmeister 2010, S. 21). Die Komplexität, die damit einhergeht, liegt in der engen Verbindung von Essen und Emotionen, die in der Erziehung und Sozialisation vom ersten Tag an miteinander verwoben sind. Die angeborenen Geschmackspräferenzen werden geformt, überformt oder wie Mennell es ausdrücken würde: Der Vor-Geschmack wird, einem leeren Blatt gleich, beschrieben, und mit jedem neu hinzukommenden Geschmack eines Nahrungsmittels oder Gerichts wird dem Mensch ein weiterer Geschmack eröffnet, der es ihm*ihr ermöglicht, seine*ihre Wahrnehmung zu deuten (Mennell 1988). Dieser Wahrnehmungsraum wird größer und die Möglichkeit seiner Wahrnehmung und damit auch die Ausprägung von Präferenzen und Abneigungen. Präferenzen und Abneigungen gegenüber Geschmäckern, Nahrungsmitteln und Speisen entwickeln sich also in Abhängigkeit von sozial-kulturellen Systemen. Bereits beim Stillen wird nicht nur der quälende Hunger gestillt, zugleich vermittelt die Nähe der Mutter Sicherheit und Geborgenheit. Die entstehende enge Verbindung von Essen und Emotionen begleitet das Essverhalten ein Leben lang. „Was einem Menschen schmeckt oder nicht schmeckt, ist nicht vorrangig durch die angeborenen Präferenzen bestimmt, sondern durch die emotionale Besetzung bei seinen Geschmackserfahrungen. Die Verknüpfung von Geschmack und damit verbundenen Wertungen (Süße mit Lohn oder Trost, bitter mit Erwachsenwerden wie beim Bier) bestimmen die Akzeptanz" (Methfessel 2014, S. 181 ff.).

Verbindung der Lebensmittelprüfung über die Sinne zum Geschmack – naturgebunden
Die Befriedigung des Nahrungsbedürfnisses verläuft grundlegend perzeptiv, vor allem zwei Wahrnehmungssinne, der Geschmack und Geruch, sind daran beteiligt. Zu den weiteren beteiligten Sinnen gehören der akustische, visuelle sowie der Tastsinn. Der Geschmackssinn ist aufgrund der Oralität der Nahrungsaufnahme während der Nährstoffzufuhr unmittelbar beteiligt. „Die Stoffe, die der Mensch im Rahmen seiner Nahrungsaufnahme zu sich nimmt, enthalten Reize, die von den Sensoren in der Mundhöhle erfasst werden, den sog. Geschmacksrezeptoren. Diese Rezeptoren befinden sich insbesondere auf der Zunge und lassen die orale Aufnahme der Substanzen zu einem Geschmackserlebnis werden" (Schmidt 2014, S. 18). Der Geruchssinn erhält ebenfalls eine hohe Bedeutung, denn die Substanzen der Nahrungsaufnahme enthalten zugleich Reize, die von den Sensoren der Nase erfasst werden. Im Rachen verbinden sich Mund- und Nasenraum, sodass der Geruchs- und der Geschmackssinn miteinander in Wechselbeziehung kommen (Schmidt 2014, S. 18).

In der Mundhöhle entsteht der Geschmack über Geschmacksrezeptoren. Diese befinden sich vorwiegend auf der Zunge, vereinzelt auch am Gaumen und im Rachenraum. „Die Zunge eines erwachsenen Menschen trägt etwa 2000 bis 5000 Geschmacksknospen, die sich ihrerseits in der Mundhöhle und den sicht- und spürbaren ‚Noppen‘, den Papillen, auf der Zungenoberfläche befinden" (Schirrmeister 2010, S. 18 f.). Auf die im Mund gelösten Geschmacksstoffe der aufgenommenen Materie reagieren die Geschmacksrezeptoren und melden diese Sinnesreize über das vegetative System an das Gehirn. Mit dem Hinunterschlucken werden Rezeptoren der Riechschleimhaut beteiligt, weil Mund- und Nasenraum im Rachen miteinander verbunden sind. Durch die Kombination der beiden

Tab. 2.1 Prüfungsschritte für den sensorischen Gesamteindruck von Lebensmitteln

Prüfungsschritte	Sensorischer Eindruck
Prüfung 1: Gesichtssinn	Bevor die Entscheidung für ein Lebensmittel getroffen wird, wird es zuerst mit dem Gesichtssinn geprüft. Die sensorischen Eigenschaften werden erfasst, die durch das Sehen wahrnehmbar und messbar sind: Aussehen, Farbe, Form und Struktur. Der Gesichtssinn beeinflusst sofort die Produktwahrnehmung, und anhand des Aussehens kann Verdorbenes erkannt werden. Das Lebensmittel wird schon jetzt als gut oder schlecht eingeschätzt. Mit bekannten Vorstellungen verbundene Reize sprechen parallel den Geschmackssinn an
Prüfung 2: Geruchssinn	Im nächsten Schritt wird das Lebensmittel zum Mund geführt und erst einmal daran gerochen, bevor abgebissen wird. In diesem Moment kommen alle mit der Nase sensorisch erfassbaren Eigenschaften zum Einsatz, indem die riechbaren, gasförmigen Stoffe entweder mit der eingeatmeten oder mit der ausgeatmeten Luft an die Rezeptoren herangeführt werden. Intensivere Geruchsreize werden erreicht durch „Schnüffeln". Entspricht der Geruch des Lebensmittels der Erwartung, wird hineingebissen. Bei der Wahrnehmung von z. B. wachsigem, ranzigem oder schimmligem Geruch wird vom Verzehr Abstand genommen und ein anderes Lebensmittel ausgesucht
Prüfung 3: Geschmackssinn	Der Kontrollpunkt Mundhöhle wird nach dem Hineinbeißen erreicht. Nun entscheiden die (Oberflächen-)Beschaffenheit des Lebensmittels, die Temperatur sowie das Vorkommen bestimmter chemischer Stoffe darüber, ob das Lebensmittel geschluckt wird und somit als zum Verzehr geeignet angesehen wird oder nicht Durch das nun folgende Kauen erfolgt die mechanische und chemische Verarbeitung durch Zähne, Zunge, Gaumen sowie Speichel, und geschmacksaktive Substanzen und Aromen werden aus dem Lebensmittel freigesetzt. Mit dem Geschmackssinn werden diese wahrgenommen. Als Geschmacksgrundarten werden süß, sauer, salzig, bitter und umami wahrgenommen. Wenn das Lebensmittel den geschmacklichen Erwartungen entspricht, erfolgt die weitergehende Prüfung im Mund

(Fortsetzung)

Tab. 2.1 (Fortsetzung)

Prüfungsschritte	Sensorischer Eindruck
Prüfung 4: Geruchssinn/Aroma	Mit dem Kauprozess werden Aromen freigesetzt und dem Geruchssinn kommt ein weiteres Mal Bedeutung zu bei der retronasalen Wahrnehmung. Während des Kauens sorgt der Luftstrom dafür, die Aromen von hinten an die Riechschleimhaut heranzuführen, sodass sich Riechen und Schmecken gegenseitig beeinflussen
Prüfung 5: Gehör	Das Ohr ist ebenfalls beteiligt und mit dem Ohr werden sensorisch wahrnehmbare Eigenschaften des Lebensmittels erfasst. Vor allem Geräusche, die beim Abbeißen oder Kauen entstehen, beeinflussen die Beurteilung von Lebensmitteln, wie z. B. Gebäck, Äpfel oder Chips. Die Beurteilung erfolgt dann entlang des erwarteten typischen ‚krachenden' oder ‚knackigen' Geräuschs
Prüfung 6: Getast	Zu verschiedenen Zeitpunkten unterstützt auch der Hautsinn bei der sensorischen Beurteilung des Lebensmittels. Mit dem Tasten werden die über den Hautsinn wahrnehmbaren und messbaren Eigenschaften sensorisch geprüft. Aussagen über die Konsistenz, die Struktur, die Textur und über die verschiedenen Formen eines Lebensmittels werden dadurch möglich. „Unser Hautsinn ist aufgeteilt in Mechanorezeptoren, Thermorezeptoren und Nozirezeptoren (Schmerz). In der Mechanorezeption erfassen wir zum einen taktile Eindrücke, also Berührungseindrücke, die wir mit Händen und Mund wahrnehmen können (z. B. glatt, rau). Zum anderen erfassen wir kinästhetische Eindrücke. Damit sind dynamische Sinneseindrücke gemeint, die durch Hand- und Kaubewegungen entstehen (z. B. zäh, körnig, knusprig). (…) Zum Hautsinn gehören außerdem der Temperatursinn und der Schmerzsinn. (…) Mit dem Temperatursinn ermitteln wir, ob das Lebensmittel die richtige Temperatur zum Verzehr hat. (…) Der Schmerzsinn vermittelt meist unangenehme Empfindungen über die Haut oder über das Gewebe wie Prickeln, Brennen oder Kratzen" (Matuallat 2013, S. 30 f.)

(Quelle: Matullat 2013, S. 28–31

Sinne entsteht ein umfassendes und differenziertes Geschmackserleben. „Die im Riechkolben des Gehirns ankommenden Signale leiten sich weiter zu Hirnregionen, die eine Kartographie von Emotionen und Erinnerungen entwerfen und speichern und die empfangenen Signale an bestimmte in der Vergangenheit erlebte Gerüche und Geschmacksbilder rückkoppeln. Das Geschmacks- und Geruchsempfinden wird mit den Erfahrungen des Individuums in Verbindung gebracht" (Schirrmeister 2010, S. 18 f.).

Matullat hat die Nahrungsaufnahme in mehrere Schritte der Prüfung unterteilt (Tab. 2.1) und alle Lebensmittel werden diesen unterzogen, bevor sie gegessen werden. Zu diesem Prozess gehören sechs Schritte, die nach einem ähnlichen Schema ablaufen. Die einzelnen Schritte können in unterschiedlicher Reihenfolge und auch gleichzeitig ablaufen. Damit entsteht der sensorische Gesamteindruck, dessen Wahrnehmung sich über den Lebenslauf verändert (Matullat 2013, S. 27 ff.). Matullat hebt für die Betrachtung des Geschmacks von Lebensmitteln die gesamt-sensorische Wahrnehmung hervor, da beim Essen eben viel mehr als Schmecken passiert. „Vom Lebensmittel gehen gustatorische (Geschmack), olfaktorische (Geruch), haptische (Tastbares), visuelle (Aussehen) und auditive (Geräusche) Eindrücke aus. All diese Sinneseindrücke bestimmen die gesamtsensorische Wahrnehmung. Sie beeinflussen auch unsere Präferenzen und damit das, was wir täglich essen" (Matullat 2013, S. 28). Zu den sechs Prüfungsschritten kommen der Gesichtssinn, der Geruchs-sinn, der Geschmackssinn, das Gehör und das Getast zum Einsatz.

Lebensmittel werden also über das Aussehen, den Geruch, den Geschmack, die Konsistenz sowie die Geräusche wahrgenommen und beeinflussen den sensorischen Gesamteindruck (Matullat 2013, S. 28 ff.). Der Geschmackssinn gilt als phylogenetisch ältester Sinn, und der wahr-genommene Geschmack der im Mund befindlichen Substanz prägt jede Esshandlung. Mitunter wird das Schmecken als der intimste Nahsinn klassifiziert (von Randow 2005, S. 80 nach: Schirrmeister 2010, S. 18). Das Zitat von Rousseau „Tausend Dinge sind dem Getast, Gehör, Gesicht gleichgültig, fast nichts aber dem Geschmack" betont diese Intimität des Geschmacks, denn wird das Nahrungsmittel bereits geschmeckt, ist es in den Körper bereits eingedrungen und kann bei Nicht-Gefallen eigentlich nur noch ausgespuckt werden (Rousseau nach: von Randow 2005, S. 80). Über die orale Erfahrung des Einverleibens von Stoffen oder Substanzen durch den Mund steht die Wahrnehmung des Geschmacks während der

Esshandlung im Vordergrund. Eine Ausnahme bildet ein hungernder Mensch, denn der wird auf den Geschmack als einziger wenig Wert legen, die Sättigung rückt in den Vordergrund (Schirrmeister 2010, S. 18).

▶ Versuchen Sie einmal, diese Prüfungsschritte einzeln nachzuvollziehen! Probieren Sie es mit einem Lebensmittel, das Sie besonders gerne mögen, und mit einem, was Ihnen eigentlich nicht so schmeckt. Variieren Sie Ihre Erfahrung, indem Sie sich beim Essen die Nase zuhalten. Welchen Unterschied bemerken Sie?

Die im Gehirn gespeicherten Sinneseindrücke geben eine unmittelbare Rückmeldung darüber, „(…) ob das was unsere Sinne wahrnehmen, was wir hören z. B.: den Klang der Stimme, Geräusche, sehen z. B.: Körperform, Farben, Einrichtung, tasten z. B.: Händedruck, Raumtemperatur, Tasse, riechen z. B.: Körpergeruch, Parfum, Umgebungsgerüche und schmecken z. B.: das Getränk, Haut, Speichel als angenehm oder unangenehm empfunden wird. Wir fühlen uns wohl, wir können gut ankommen oder eben nicht. Wir treffen eine zum großen Teil unbewusste Wahl, die mit den Erfahrungen zusammenhängt, an die das gegenwärtige Erleben gekoppelt ist. (…) Die Fähigkeit Essen genießen zu können, geht mit der Fähigkeit zur Ruhe zu kommen, einher. (…) Die Fähigkeit genießen zu können, steht jener der zwanghaften Mäßigung gegenüber" (Trattnigg 2018, S. 49 f.). Das Ende des Ost-West-Konflikts um 1990 sowie das Ende der bis dahin geltenden Ideologien eröffnete die Möglichkeit zu einem vermehrten Ausdruck von Weltanschauungen und Lebensstilen über Ernährungsstile. Vor diesem Hintergrund werden Vorlieben für vegetarische oder genussorientierte Ernährung als erwünschte Komplexitätsreduktionen gedeutet, „(…) wobei die differenzierten Blicke auf die Vielfalt der Ernährungspraxen auch als Resultat eines globalen Arbeitsmarktes in einer digitalen Welt gelesen werden können" (Hirschfelder 2018). Die Slow-Food-Bewegung als Beispiel genussorientierter Bewegung wurde in Italien gegründet und hat sich inzwischen weltweit verbreitet. Sie setzen sich für unterschiedliche Ziele ein, vor allem erst einmal für den Zugang zu Nahrung für jeden Menschen. Gleichzeitig geht es um den Erhalt der Umwelt, das Wohlergehen der Konsument*innen sowie der Produzent*innen. 1992 wurde Slow Food e. V. in Deutschland als eingetragener Verein gegründet. Slow Food, auch als Gegenpol zum Fast Food, steht nicht nur für den Genuss, der beim unmittelbaren Verspeisen von Nahrungsmitteln entsteht, vielmehr geht es um

den Gesamtzusammenhang von der Produktion über den Vertrieb, den Zugang zu Nahrungsmitteln für alle sowie die Zubereitung, die Verzehrsituationen sowie das Wissen um den Gesamtzusammenhang bis zur Verantwortung, die für alle daraus erwächst.
„Slow Food

- ist eine weltweite Vereinigung von bewussten Genießern und mündigen Konsumenten, die es sich zur Aufgabe gemacht haben, die Kultur des Essens und Trinkens zu pflegen und lebendig zu halten.
- fördert eine verantwortliche Landwirtschaft und Fischerei, eine artgerechte Viehzucht, das traditionelle Lebensmittelhandwerk und die Bewahrung der regionalen Geschmacksvielfalt.
- bringt Produzenten, Händler und Verbraucher miteinander in Kontakt, vermittelt Wissen über die Qualität von Nahrungsmitteln und macht so den Ernährungsmarkt transparent (…)" (slowfood.de o. J.).

Genießen von wohlschmeckender Nahrung ist sehr viel komplexer und voraussetzungsvoller als zuvor angenommen. Die Veränderung der Geschmackspräferenzen am Beispiel von Zucker gewähren einen weiteren Einblick in die Verwobenheit der angeborenen Möglichkeit, Süßes zu schmecken, und des sich daraus entwickelnden ausdifferenzierenden Geschmacks unter soziokulturellen Bedingungen.

Auf- und Abstiege in der Geschmackspräferenz am Beispiel Zucker
Am Zucker und seiner gegenwärtigen Unbeliebtheit lassen sich leicht nachvollziehbar erklärbare Auf- und Abstiegsprozesse gesellschaftlich bedingter Geschmacksvorlieben zeigen. Zucker steht bereits seit einigen Jahrzehnten als Kariesverursacher in keinem guten Ruf (und nicht nur für diese Krankheit wird er verantwortlich gemacht), während der lange verachtete Honig als „Bio-Kost" in der gesellschaftlichen Stufenleiter wieder hochgeklettert ist (Teuteberg 2003, S. 45).
Auf Basis der Analyse zu den emotionalen Einstellungen der Grundelemente süß, sauer, salzig und bitter versucht Teuteberg, gesellschaftliche Geschmacksfragen nachvollziehbar zu machen. Die Geschmacksrichtung „süß" neben der Erforschung des Zuckers und der Süßwaren, aber vor allem auch die relativ gut erforschte Geschichte des Honigs bietet sich dafür an. Die offenbar angeborene Vorliebe für das Süße wird dem Milchzucker in der Milch einschließlich der Muttermilch zugeschrieben. Die Beliebtheit sucrohaltiger Nahrungs- und Genussmittel zeigt sich ebenfalls bei vielen

anderen Völkern aus unterschiedlichen Zeiten. Dem liegt die Annahme zugrunde, dass die Bevorzugung von Süßem auf der Erkenntnis beruhe, es handele sich um ein für den Organismus genießbares bzw. verwertbares und vor allem ungiftiges Naturprodukt. Die Erkenntnis, dass ein Naturprodukt körperlich bekömmlich ist, wenn es süß schmeckt, hat sich mit diesem Geschmack verbunden. „Interessanterweise nutzte man schon in den früheren Epochen der Menschheit den Bienenhonig, den aus Kokos- und Dattelpalmen gewonnenen Palmzucker sowie das aus einer Tamariskenart gewonnene und in der Bibel erwähnte ‚Manna‘, ferner den Extrakt der Blütenesche, des Zuckergummibaums und des Ahorns zum Süßen von Speisen und Getränken" (Teuteberg 2003, S. 42).

Der Bienenhonig verlor an Bedeutung mit der Ankunft des Zuckers und dem ersten entscheidenden Element in der Geschichte des Zuckers: dem Prozess der Herausbildung sozialer Unterschiede. Aufgrund der Seltenheit und dem hohen Preis des Zuckers wurde er zum „Kennzeichen des guten Geschmacks" vor allem für das mit dem Adel rivalisierende Großbürgertum. Der Zucker fand eine Art „natürlichen" Platz in der asketischen protestantischen Ethik englischer Führungsschichten, die zur Verbreitung des Kapitalismus führte (Weber 2004 nach: Kaufmann 2006, S. 49). Darüber hinaus hegte auch die religiöse Askese keinerlei Vorbehalte gegen das Süße (Andlauer 1997 nach: Kaufmann 2006, S. 49 f.). „Eine überraschend günstige Fügung: Der Zucker, dessen Verzehr so angenehm war und mit dem man sich vom Gewöhnlichen abheben konnte, erwies sich zur selben Zeit als ein privilegiertes Mittel zum Ausbau der Handelsbeziehungen" (Kaufmann 2006, S. 49 f.). England setzte das Monopol gegen Portugal im weltweiten Zucker- handel durch auf dem Rücken der Sklav*innen (Mintz 1987 nach: Kaufmann 2006, S. 49 f.). Die enge Verbindung von Produktion und Konsumtion förderte die Weiterentwicklung, und der Zucker lieferte mühelos die Kalorien, um z. B. die harte Fabrikarbeit der Industrialisierung durchzuhalten, und bereitete nebenbei überhaupt keine Mühe in der Zubereitung. Gleichzeitig hatte Zucker für den Einzelnen etwas Spielerisches und Befreiendes (Kaufmann 2006, S. 49 f.).

Die nach wie vor anhaltende, unwiderstehliche und sogleich verheerende Wirkung in der „Übermoderne" war so nicht vorhersehbar. Im Zucker konzentriert sich der kleinste gemeinsame Nenner dessen, was für jede*n Einzelnen geschmacklich akzeptabel ist. Darin sieht Kaufmann das Haupt- werkzeug zur Schaffung eines Ernährungsstandards, der bei den Esser*innen der Moderne einer potenziell unendlichen Nachfrage begegnet. „Es geht nicht nur um den Genuss des Süßen an sich, sondern um den Genuss der beruhigenden Süße angesichts der sozialen Aggression, des Stresses, der mentalen Erschöpfung. Und vor allem um das heimliche Verlangen nach Befreiung von den immer komplizierter werdenden Berechnungen und nach einer schnellen und einfachen Befriedigung des Nahrungsbedürfnisses. Kurz gesagt: darum, sich von den Notwendigkeiten und Zwängen der Ernährung zu befreien, um in einer Welt ohne Ecken und Kanten, einer leichten, flüssigen Moderne (Baumann 2003), einer kindlichen Zauberwelt dahinzufließen" (Kaufmann 2006, S. 50). Die Bestrebungen des autonomen Individuums in gegenwärtigen Gesellschaften befinden sich in vollkommener Übereinstimmung mit dem auf Zucker beruhenden englischen Ernährungsmodell. Diese beruhen nach wie vor auf dem Traum, die verbliebenen Ketten zu sprengen und sich immer mehr zu befreien (Kaufmann 2006, S. 50).

Die wechselvolle Geschichte der Verbreitung des Zuckers, die mit ihm verbundenen gesellschaftlichen Bedeutungen zu unterschiedlichen Zeiten der Entwicklung und seine hohe Bedeutung für die kapitalistische Entwicklung, verbunden mit der Befreiung aus gesellschaftlich bedingter Distinktion, lassen sich nicht schmecken, weder mit einem Stück Würfelzucker – hergestellt aus Rüben – noch, wenn er versteckt ist in einem Fertiggericht oder im Tomatenketchup. Darüber hinaus sind in den letzten Jahren noch viele andere alternative Süßungsmittel auf den Markt gekommen, die den schädlichen Einfluss des (Rüben-)Zuckers scheinbar abwenden sollen, wie z. B. Sirupe, Agavendicksaft, Stevia, Kokosblüten- oder Birkenzucker, diese bedienen jedoch nach wie vor die Geschmacksvorliebe: süß. ◄

Das Beispiel Zucker[2] hat vor allem gezeigt, wie komplex Fragen rund um den Geschmack sind und welche Auswirkungen angeborene Präferenzen mit sich bringen können. Dabei sind einige weitere bedeutende Fragen bereits angeklungen, die im Folgenden noch intensiver zu betrachten sind. Zum einen betrifft dies die Frage nach dem richtigen Geschmack entsprechend gesellschaftlicher Festlegung und daraufhin die Bedeutung der Zugehörigkeit zu einer sozialen Schicht. Zum anderen wird nach dem gesellschaftlich richtigen Geschmack bei Lemke (2007) die Frage laut, ob denn nicht eigentlich eine Theorie des Geschmacks neue Verhandlungsbedingungen und -spielräume in die

---

[2]Einige dargestellte Aspekte rund um den Zucker werden in Kap. 5 noch einmal aufgegriffen und vertieft, um entsprechend weitere relevante Fragestellungen jenseits des Auf- und Abstiegs bzw. der Geschmackspräferenzen zu bearbeiten.

gesellschaftlich enge Sichtweise einbringen könnte. Am Beispiel der Begrenztheit der Ästhetik sowie der Aisthetik wird die Essthetik als mögliche Chance betrachtet.

2.3   Der kulturell festgelegte Geschmack als soziale Distinktion: Über Geschmack lässt sich bekanntlich nicht streiten – die einen haben ihn, die anderen erreichen ihn nicht!

Die Ambivalenz rund um Fragen, die mit dem Geschmack verknüpft sind, hat etwas mit seiner Doppelbedeutung zu tun, sich nämlich einerseits als angeboren auszugeben und andererseits fortlaufend kultivierte Dispositionen zu produzieren. Geschmack als Fähigkeit zur Unterscheidung jeweils spezifischer Geschmacksrichtungen von Nahrungsmitteln ist untrennbar von der Fähigkeit, über ästhetische Qualitäten unmittelbar und intuitiv zu urteilen. Die Vorliebe für bestimmte Nahrungsmittel ist damit impliziert sowie die historisch geknüpfte Verbindung von Sinnes- und Klassengeschmack (Bourdieu 1982 nach: Greißl 2017, o. S.). Der Gaumen wird erzogen, denn die Kultur hat die Kontrolle über Geschmacks- und den dazugehörigen Geruchssinn übernommen. Aus Sicht Douglas gibt es keinen Grund, an der Idee festzuhalten, „(…) daß ein Nahrungsmittel aufgrund irgendeiner Eigenschaft akzeptiert wird, die das Ding von Natur aus hat" (Douglas 1978, S. 59 nach: Mennell 1988, S. 22). Der Geschmack beim Essen dient vor allem als kulturelles und soziales Distinktionsmittel. In anderen alltäglichen Lebensbereichen ist Geschmack jedoch auch eine Kategorie, die gesellschaftlichen Gruppen ermöglicht, sich voneinander zu unterscheiden. Die alltagsweltliche Annahme, Geschmack sei eine zutiefst individuelle und persönliche Angelegenheit, stimmt also nicht.

Die Redensart „Über Geschmack lässt sich nicht streiten" (die auch sehr bekannte lateinische Version „de gustibus non est disputandum" findet sich zuerst in dem Buch „Gastrosophie" von Friedrich Christian Eugen Baron von Vaerst (1851) sowie bereits 1825 in Spanisch beim französischen Philosoph und Gastronomiekritiker Jean Anthelme Brillat-Savarin) untermauert zwar die höchst individuelle Vorliebe für etwas, doch gleichzeitig wird übersehen, dass der Geschmack als zentraler Bestandteil des Habitus betrachtet werden kann. In diesem System von Dispositionen kommen die Wahrnehmungs-, Denk-, Beurteilungs- und Handlungsschemata zum Einsatz, die sich in Abhängigkeit von einer jeweils ganz spezifischen Soziallage herausgebildet haben und auf unterschiedlichen z. B. materiellen sowie kulturellen Existenzbedingungen basieren (Greißl 2017, o. S.). Über das Essen tritt soziale Abgrenzung sogar besonders deutlich zutage, auch in seiner überaus dauerhaften Manifestation, weil das elementare physiologische Schmecken mit dem kulturellen und sozialen Geschmack verknüpft ist (Barlösius 1999, S. 47 nach: Greißl 2017, o. S.). Der kulturell und sozial bedeutsame Geschmack jenseits der Sinneswahrnehmung und dem Sinnesorgan umschreibt eine Lebensweise mit dem ihr eigenen Wertesystem. Mit der Formierung der bürgerlichen Gesellschaft der Moderne seit dem 17. Jahrhundert beginnt die Wortbedeutung dieses metaphorischen Geschmacksbegriffs. Ideengeschichtlich spiegelt sich diese Entwicklung z. B. in Balthasar Gracians Lehre vom bon gusto, Christian Thomasius Theorie eines gesitteten Geschmacks und schließlich in Kants Geschmacksästhetik wider. Seitdem scheint diese Sprachregelung gerechtfertigt, die nicht nur den Diskurs der philosophischen Ästhetik, vielmehr auch den allgemeinen Sprachgebrauch beherrscht. „In der Blütezeit des Bürgertums hatte sich ein sehr detailliertes Ideal des ‚guten Geschmacks‘ herausgebildet, das den ‚bürgerlichen Lebensstil‘ diktierte und die Alltagsästhetik der herrschenden Klasse von der Lebensweise der sozialen Unterschichten (als ‚proletarisch‘ bzw. ‚unästhetisch‘) abgrenzte – und gleichzeitig zu deren normativen Richtmaß erhob" (Lemke 2007, S. 173). Der ästhetische Geschmacksbegriff hat keinerlei Bezug zum kulinarischen Geschmack. Wenn die Rede davon ist, jemand habe aber Geschmack, wird in der Regel damit seine*ihre Art, sich zu kleiden gemeint oder seine*ihre Beschäftigung mit Schönem oder seine*ihre Wohnungseinrichtung oder auch die Fähigkeit „geistreich" über Dinge zu urteilen (Lemke 2007, S. 173).

In der umfangreichen Studie von Pierre Bourdieu wurde der soziale Distinktions- und Herrschaftscharakter des bürgerlichen „Klassengeschmacks" für das Nachkriegs-Frankreich analysiert und die historische Relativität der Geltung enthüllt. Aus der Perspektive eines kultursoziologischen Blicks auf die Gegenwart zeigt sich, dass das gesellschaftliche Ideal eines im modern-bürgerlichen Sinn „guten Geschmacks" inzwischen eher zugunsten einer postmodernen Beliebigkeit von Lebensstilen und Geschmäckern in den Hintergrund getreten ist. Trotz dieser Vervielfältigung des gesellschaftlichen Geschmacks gibt es dennoch eine bemerkenswerte Kontinuität im Gebrauch des Geschmacksbegriffs. Nach wie vor werden Dinge des Lebensstils, z. B. der Lebenskunst oder der Alltagsästhetik, mit der Kategorie Geschmack umschrieben. „(…) bis heute wird dabei nicht an den kulinarischen Geschmack, nicht an die Praxis des Essens als (möglicher) Lebenskunst und als (mögliches) ästhetisches Urteilsvermögen gedacht. So kommt es, dass die Beurteilung des ‚Geschmacks‘ einer Zeit oder einer Person immer noch selten mit dem kulinarischen Lebensstil und der fraglichen

Ästhetik ihrer Küche in Verbindung gebracht wird" (Lemke 2007, S. 173 f.). Für Lemke liegen zwei bedeutsame Aspekte in seiner Analyse zum Geschmack, zum einen betrifft dies die nach wie vor gesellschaftlich bedeutsame Vorstellung eines „guten Geschmacks", nicht zuletzt wirkmächtig in Bezug auf gesellschaftliche Werturteile, und zum anderen sind der kulinarische Lebensstil und die Ästhetik der jeweiligen Küche jedoch nicht bedeutsam genug, um überhaupt in gesellschaftliche Geschmacksfragen einbezogen zu werden.

Bourdieu hingegen hat in seinen Studien den Geschmacksbegriff auch explizit auf die kulinarische Lebenskunst bezogen und anhand des Geschmacks des Essens (bzw. des individuellen und kollektiven Ernährungsstils) die soziale Position und kulturelle Identität der betreffenden Person oder Bevölkerungsschicht rekonstruiert (Lemke 2007, S. 175). Ende der 1970er-Jahre hat Bourdieu schichtspezifische Unterschiede beim Essen wie den Hinweis auf Essen als Distinktionsmittel herausgearbeitet und die Ausprägungen „Luxusgeschmack" oder „Notwendigkeitsgeschmack" als Schichtzugehörige einer hohen oder niedrigen sozialen Schicht ausgemacht, die sich über diese Geschmacksstile voneinander abgrenzen (Täubig 2016, S. 213). Von Bedeutung bei der grundlegenden Opposition von Luxus- und Notwendigkeitsgeschmack ist jedoch die Berücksichtigung der Aufgliederung in ebenso viele besondere Gegensatzformen, um sich von der Arbeiterklasse und deren Primärbedürfnissen abzusetzen. Entsprechend den jeweils zur Verfügung stehenden Machtmitteln gibt es auch die Ausprägung, gegenüber den elementaren Zwängen der Notwendigkeit auf Distanz zu gehen, was für Bourdieu jedoch auf dasselbe herauskommt wie bei den Gegensatzformen.

Innerhalb der herrschenden Klasse macht Bourdieu drei Konsumenten aus, verteilt auf drei Hauptposten. Dazu gehören 1) Ausgaben für Nahrung, 2) für Kultur sowie 3) für Selbstdarstellung und Repräsentation. Zu den besonderen Ergebnissen im Hinblick auf Nahrung werden im Folgenden einige herausragende dargestellt. Tendenziell lockern sich zwar die ökonomischen Fesseln zwischen den einfachen Arbeiter*innen, Vorarbeiter*innen, selbstständigen Handwerker*innen und Kleinhändler*innen bis zu den Unternehmer*innen in Industrie und Handel, ohne dass sich das Grundprinzip veränderte, auf dem Entscheidungen für den Nahrungskonsum getroffen werden. „Der Gegensatz beider Extreme findet nun seinen Ausdruck im Armen und im (Neu-)Reichen, im ,Essen' und im ,Fressen'; die konsumierten Speisen und Getränke werden immer reichhaltiger (bzw. immer teurer und immer kalorienhaltiger) und immer schwerer verdaulich (Wild, Gänseleberpastete). Gerichtet aufs Leichte und Feine und Raffinierte, konstituiert demgegenüber der Geschmack der Angehörigen der freien Berufe und der höheren Führungskräfte den der Arbeiterklasse negativ als Geschmack fürs Schwere, Fette, Grobe. (...) Der Geschmack für seltene, ‚vornehme' Speisen neigt zur traditionellen Küche, reich an teuren und seltenen Zutaten (Frischgemüse und Frischfleisch etc.). Die höheren Lehrkräfte und Professoren schließlich, mit größerem kulturellen und ökonomischen Kapital und aus diesem Grunde auch in allen Bereichen zu asketischem Konsumverhalten gedrängt, heben sich quasi mit voller Absicht und Bemühen um Originalität zu geringsten finanziellen Unkosten, das sie zu kulinarischem Exotismus (italienische, chinesische Küche etc.) und Populismus verleitet (Bauernplatten), von den (Neu-)Reichen und deren reichhaltiger Nahrung ab, von den Käufern und Konsumenten des ‚großen Fressens', jenen, die man zuweilen die ‚Dicken' nennt, weil dick an Körperfülle und grobschlächtig im Geist, die über die materiellen Mittel verfügen, mit einer als ‚vulgär' wahrgenommenen Überheblichkeit an einem Lebensstil festzuhalten, der – was materiellen und kulturellen Konsum angeht – dem der einfachen Schichten der Bevölkerung weithin ähnlich geblieben ist" (Bourdieu 1979, S. 300). Die tendenzielle Aufhebung ökonomischer Beschränkungen bringt jedoch gleichzeitig die gesellschaftliche Zensur hervor, in der Grobheit und Dicke zugunsten der Distinktion und Schlankheit untersagt werden. Das Körperbild innerhalb einer sozialen Klasse bedingt in der Entwicklung den Geschmack für bestimmte Speisen und Getränke. Ebenso die Vorstellung über die Folgen einer bestimmten Nahrung für den Körper, wie z. B. Kraft, Gesundheit und Schönheit des Körpers und den damit verbundenen Kategorien zur Beurteilung dieser Wirkungen, die eben nicht in allen sozialen Klassen gleich sind. Klassenspezifische Rangstufen der Folgen können erstellt werden. „So sind die unteren Klassen, denen mehr an der Kraft des (männlichen) Körpers gelegen ist als an dessen Gestalt und Aussehen, nach gleichermaßen billigen wie nahrhaften Produkten aus, während die Angehörigen der freien Berufe den geschmackvollen Erzeugnissen, die gesundheitsfördernd und leicht sind und nicht dick machen, den Vorzug geben. Der Geschmack: als Natur gewordene, d. h. inkorporierte Kultur, Körper gewordene Klasse, trägt er bei zur Erstellung des ‚Klassenkörpers'" (Bourdieu 1979, S. 305). In der historisch geknüpften Verbindung von Sinnes- und Klassengeschmack, die Bourdieu mit seinen Untersuchungen in den Mittelpunkt der Betrachtung gerückt hat und die sich vor allem in der Gegenüberstellung der zwei einander distinktiv gegenüberstehenden Geschmacksvarianten (goût de luxe und goût de nécessité) wiederfindet, wird als zentrale grundlegende Erkenntnis wiederkehrend im (sozial)pädagogischen Diskurs verhandelt (Schmidt 2014, S. 22; Täubig 2016, S. 213). Seine Bedeutung unterscheidet entlang der Gliederung alle Alltagsgebiete in „Antithesen von

Quantität und Qualität, Materie und Manier, Substanz und Form" (Bourdieu 1982, S. 288 nach: Greißl 2017, o. S.). Der Zusammenhang zwischen Essstil und sozialer Lage erweist sich jedoch keinesfalls als deterministisch. Zwischen dem Habitus beim Essen und der sozialen Position besteht zwar eine Homologie (Barlösius 1999, S. 109), aber Essen und Ernährung mit symbolischer Bedeutung aufgeladen lassen sich durchaus als eine Form sozialen Handelns analysieren. Durch den Konsum werden typische Bedeutungen transportiert und dadurch bestimmte Menschen einander angenähert, während andere voneinander getrennt werden. Die Nahrung selbst gerät unter diesem spezifischen Blick zu einem Kulturgut (Greißl 2017, o. S.).

Der Geschmack ist als zentrale Erkenntnis von Bourdieu wesentlich an der Herstellung sozialer Unterschiede im Bereich des Essens beteiligt. Mehr als jedem anderen menschlichen Sinn wird dem Geschmack eine verallgemeinerungsfähige Urteilskraft (senus communis) zugetraut (Barlösius 1999, S. 80 nach: Greißl 2017, o. S.). Wenn die kulturelle Höherbewertung spezifischer und in der Konsequenz meist teurer Lebensmittel begründet wird, basiert die Begründung überwiegend auf dem Geschmack. Aus soziologischer Perspektive lässt sich jedoch festhalten, dass z. B. Hummer, Austern und Kaviar erst einmal nur anders schmecken als die wesentlich preiswertere Portion Pommes und Currywurst. Hummer, Austern und Kaviar repräsentieren aufgrund ihres symbolischen Gehalts in der Gesellschaft einen wertvolleren oder distinguierten Geschmack. Aus der Materie der Produkte heraus gibt es keine Erklärung dafür. Die Höherbewertung von Hummer, Austern und Kaviar gilt als Ausdruck eines historischen Prozesses, in dessen Verlauf sich bestimmte gesellschaftliche Werthaltungen ihnen gegenüber als höherwertig gegenüber anderen, die als minderwertig gelten, durchgesetzt haben (Greißl 2017, o. S.).

▶   Welches Lebensmittel gibt es auf Ihrem täglichen Speisenplan, von dem Sie sagen würden, es drückt Ihren „guten" Geschmack aus?

Hoch bewertete Nahrungsmittel mit Geschmacksfragen als Herkunftsfragen einschätzen zu können, erscheint inzwischen beinahe überholt und trotzdem kennt jede*r vermutlich die Ausdrucksweise bezüglich des Geschmacks bei Personen der unteren Schichten als „gewöhnlich" und bei Angehörigen der höheren Schichten als „kultiviert" (Mennell 1988, S. 30). Kaufmann bezieht sich auf die Erkenntnisse der bilateralen Studie von Pfirsch, um die unterschiedlichen Bewertungen von Geschmack im Ländervergleich zu zeigen.

Beispiel

Die vergleichende Studie von Pfirsch (1997) zeigt die Unterschiede zwischen zwei Kulturen bzw. zwei Ländern, die einander geografisch und kulturell doch so nahe sind wie Frankreich und Deutschland. Die Franzosen verbinden gesunde Nahrungsmittel auch mit Genuss, während die Deutschen zwei unterschiedliche Beurteilungskriterien aufmachen, die sogar im Gegensatz zueinanderstehen können. Die untersuchten Deutschen verfügen über eine sehr genaue Definition, „(…) während die Franzosen die Definition verschwommener halten müssen, um ihre magisch wirkende Funktion zu schützen" (Kaufmann 2006, S. 41). Die ernährungswissenschaftliche Beurteilung ist im deutschen Teil ein Beurteilungskriterium, während der gute Geschmack sich davon sehr unterscheiden kann: „Nicht alles, was gut schmeckt, ist auch gesund!" ist die im Hintergrund stehende Erkenntnis, während auf der französischen Seite alle Genüsse in die Kategorie des ethisch Korrekten hineinpassen sollen. „(…) daher mogeln sie bei den Kategorisierungen (jede Menge Arten von Natürlichem) oder bearbeiten die Gelüste, um sie den verstandesmäßigen Kategorien anzupassen" (Kaufmann 2006, S. 41). Kaufmann zieht den Schluss aus der Untersuchung, dass die Gruppe der Deutschen rationale Urteile fällt, die mehr den Tatsachen entsprechen, und die französische Seite eher eine Formung des Genusses und des Geschmacks vornimmt, „(…) eine Formung des Geschmacks des Genusses", wie er es nennt (Kaufmann 2006, S. 41). Entscheidungen für Nahrungsmittel basieren auf verstandesmäßigen oder moralischen Überzeugungen. Menschen können Geschmack an etwas finden, was zunächst allein aus z. B. ernährungswissenschaftlichen Gründen als gesund eingestuft wurde, und es genießen. „Die meisten Geschmacksempfindungen resultieren aus einer individuellen interaktiven Konstruktion: Erst wenn man davon überzeugt ist, dass Kaviar und ein trockener Martini etwas Köstliches sind, kann man den Geschmack daran finden (Becker 1981). Und danach kann man einen ‚Geschmack' verinnerlichen, der, wenn er einmal festgelegt ist, selbst zum Handlungsantrieb wird, der die Praktiken lenkt. Der Geschmack, der Genuss erzeugt, ist sehr viel plastischer als man glaubt" (Kaufmann 2006, S. 42). ◄

In historischer Perspektive gibt es einige weitere Beispiele, die Auffälligkeiten zur Kenntnis nehmen und zum Teil harte Urteile über verschiedene kulturelle Ausprägungen bezüglich der verschiedenen Geschmäcker der Kulturen fällen und auch nicht die soziale Herkunft außen vor lassen.

Beispiel

Das erste Beispiel betrifft von Rumohr, dem bereits in der ersten Hälfte des 19. Jahrhunderts die unterschiedliche Nahrungswahl verschiedener Kulturen auffällt. „Stumpfsinnige, für sich hinbrütende Völker [sic] lieben mit schwerverdauliche, häufiger Nahrung gleich den Maststieren sich anzustopfen. Geistreiche, aufsprudelnde Nationen lieben Nahrungsmittel, welche die Geschmacksnerven reizen ohne den Unterleib zu sehr zu beschweren" (von Rumohr 1966, S. 28 nach: Schirrmeister 2010, S. 95). Aus seiner Sicht lassen sich auf Basis des Essens und dem damit verbundenen Geschmack Rückschlüsse auf den Volkscharakter ziehen, wenn im weiteren Verlauf die „gute deutsche Hausmannskost" für das Hervorbringen „gesunde kräftiger Deutscher" verantwortlich gemacht wird (von Rumohr 1966, S. 28 nach: Schirrmeister 2010, S. 95). Über die kulturelle Bedingtheit des Wohlgeschmacks und seine Wandelbarkeit hat sich Dallas bereits Ende des 19. Jahrhunderts ausgelassen und zwar anhand des Vergleichs der Vorlieben unterschiedlicher Gesellschaften und dem „raffinierten" Geschmack des Gourmets in der eigenen Gesellschaft. Ausgehend von der Feststellung, dass es unter Erwachsenen vielleicht überhaupt keinen reinen und natürlichen Geschmack gebe, da er immer mehr oder weniger beeinflusst durch äußere Einflüsse sei, „(…) bis ein erworbener entsteht, über den man nicht mit sich reden und der sich nicht verleugnen lässt. Der Grönländer mag Talg; der Südfranzose schwelgt in Knoblauch; der Inder nimmt Pfeffer im Überfluß. Kein logisches Argument wird ihnen beweisen können, dass ein anderer Geschmack besser wäre; sie alle haben einen erworbenen Geschmack, der sein Recht verlangt" (Dallas 1877, S. 12 f. nach: Mennell 1988, S. 22 f.). Dabei ist der „erworbene Geschmack" keineswegs nur ein Privileg des wählerischen Feinschmeckers. Ebenfalls im 19. Jahrhundert fand eine Untersuchung heraus, dass die über Jahrzehnte mit giftigen Zutaten gepanschten Brote, Tees und Konserven der englischen Arbeiterschicht von ihnen so lieber gemocht wurden als im Naturzustand (Burnett 1966, S. 86 nach: Mennell 1988, S. 22 f.). ◄

Das 19. Jahrhundert brachte eine Vielzahl an verschiedenen Auseinandersetzungen über gutes Essen und Geschmack unter dem Begriff Gastrosophie hervor. Ein Gastrosoph wird von Vaerst als eine Person beschrieben, „(…) die aus gutem Essen stets das Beste auswählt – ein Experte für Qualität, Zubereitung, Tischsitten und Esskultur" (Vaerst 1851, S. VII nach: Schirrmeister 2010, S. 95). Der Genuss des Essens stand für die Gastrosophen im Mittelpunkt ihres „Parlierens" und sie postulierten die Feinschmeckerei als „alleiniges Privileg des Menschen" (Brillat-Savarin 1962, S. 32 nach: Schirrmeister 2010, S. 95).

Die drei Phasen der Geschichte des Geschmacks

Nach Kaufmann lässt sich die politische Geschichte des Geschmacks, die aus seiner Perspektive zu den spannendsten überhaupt zählt, in drei Phasen zusammenfassen. Die erste Phase ist gekennzeichnet allein durch die (religiöse) Ordnung der Nahrungsmittel. Geschmacksempfindungen werden nur selten zum Ausdruck gebracht und jede*r sollte sich streng nach der vorgegebenen, verinnerlichten Ordnung richten. In der zweiten Phase kommt der subversive Genuss auf und wird von Kaufmann als rudimentäres Anzeichen für die Moderne betrachtet, die in der Folge Individuen den schwerfälligen Institutionen entreißt, ihnen Möglichkeiten eröffnet und das soziale Schicksal in eine Bewegung verwandelt. Am Ende des Mittelalters wird diese Entwicklung zunehmend stärker und um das 17. Jahrhundert herum mündet diese in eine offene Befragung der Gesellschaft hinsichtlich des Geschmacks ein. Dieser steht nun im Mittelpunkt und wird zum Gegenstand legitimer Reflexionen und Diskussionen in der Gesellschaft. „Angesichts der etwas zügellosen Explosion des Genusses legt diese immense, in den konkreten Praktiken verwurzelte Debatte Kodes und Hierarchien fest und prägt den Begriff des ‚guten Geschmacks‘, der zum Instrument für die Klassifizierung und die Einführung der sozialen Unterschiede wird" (Kaufmann 2006, S. 43). In der Folge gilt für den Geschmack des Essens, dass er nach den allgemeinen Prinzipien geregelt wird, die auch die Regeln und Normen der Beurteilung oder Einschätzung von Taten oder Verhaltensweisen festlegen (Flandrin 1986 nach: Kaufmann 2006, S. 43). „Der Genuss wird dann in geordnete Bahnen gelenkt, nicht mehr in einer festgefügten Ordnung wie einst, sondern in einer beweglichen Ordnung, in der man zum Ausdruck bringen muss, dass man Genuss empfindet (und ihn auch kontrolliert), um daraus Vorteil in Form von sozialen Unterschieden zu ziehen" (Kaufmann 2006, S. 43). Zentrale Bedeutung wird dem guten Geschmack auch für das Handeln zugewiesen.

Bisher wurde jedoch ein Aspekt möglicherweise vernachlässigt und der bezieht sich auf die historische Wende, die ebenso in Bezug auf den guten Geschmack selbst stattgefunden hat. Der Geschmack lässt sich allerdings nicht auf ein System von Normen reduzieren, die dem Individuum von außen auferlegt werden, gesellschaftlich hergestellt durch den immensen Prozess der sozialen Unterscheidung. Denn der Geschmack verwandelt sich in eine unbewusste individuelle Selbstkontrolle, resultierend auf der Inkorporation kollektiver kultureller Elemente und Reaktionen auf

äußere soziale Zwänge (Pfirsch 1997, S. 18 nach: Kaufmann 2006, S. 43).
„Gesellschaftlich wird der Geschmack in einem Feld geregelt, das ent-
gegengesetzte Positionen festlegt (Bourdieu 1982), während er selbst das
individuelle Essverhalten regelt, wenn das Umfeld keinen Bezugsrahmen
mehr bietet. Als Führer des Sinns des Lebens durch Sinne" (Kaufmann
2006, S. 44).

Gegenwärtig findet die dritte Phase statt. Neben die soziale Bewegung,
die den guten Geschmack definiert, sind eine Menge anderer Dynamiken
getreten und haben die Wahlmöglichkeiten vervielfacht. Der*die Esser*in
muss also seinen*ihren Geschmack noch stärker festlegen, um drohender
Unentschiedenheit zu entgehen. Damit einher geht eine zutiefst vor-
handene Überzeugung, die ihm*ihr kontinuierliche Gewissheit verschafft,
wobei nicht reflektiert werden sollte, „(…) dass der Geschmack, eigentlich
aus einer auf dem Zufall beruhenden Konstruktion hervorgegangen ist. Je
mehr unterschiedliche Handlungsmöglichkeiten es gibt, desto notwendiger
wird es, den Geschmack als internen Regulator festzulegen. Wir können
daher beobachten, dass der Geschmack ganz massiv als objektiv, naturgegeben und essenziell betrachtet wird. Keiner glaubt, dass er selbst seinen
Geschmack definiert, sondern dass der Geschmack ihn definiert. (…) Der
Esser versucht, sich von der Festgelegtheit des Geschmacks, die wiederum
ihn festlegt, zu überzeugen. (…) Auch wenn er seine Verhaltensgewohn-
heiten ablegt, glaubt er an seinen Geschmack, der ihn weiterhin leitet. (…)
Denn das Verhalten tanzt nicht allein nach der Pfeife des Geschmacks,
dieses mächtigen inkorporierten sozialen Regulators. Konkurrenz macht
ihm dabei vor allem die Reflexivität, diese äußerst freie, von den Praktiken
unabhängige Schicht des Geistes, die sich aus einem immer umfassenderen
Stimmengewirr von Informationen zur Ernährung speist. In Wirklichkeit ist der Esser ständig hin und her gerissen zwischen seinem Denken
und seinem Geschmack" (Kaufmann 2006, S. 44 f.). Sein*ihr Geschmack
entspringt dabei erstens einer langen, von ihm*ihr verinnerlichten Vergangenheit, an deren Bildung und Veränderung Familie und Freund*innen
beteiligt sind sowie weitere unzählige verschiedene Institutionen in aktiven
Interaktionen.

„Der Esser steht im Kreuzfeuer unendlich vieler Einflussnetze"
(Kaufmann 2006, S. 47), sodass gar nicht alles, was sich gut essen lässt,
zuerst auch gut zu denken sein kann, wie sich Kaufmann fragt. Seine
Antwort ist eindeutig: „Unmöglich heutzutage. Trotz der Annäherungen,

Manipulationen und Zauberformeln, die sich der arme Esser zusammen-basteln, hält ihm die Gesellschaft unablässig eine ganze Reihe von (fetten, süßen, chemischen) Produkten vor die Nase, die zweifellos schlecht zu denken, aber ebenso auch köstlich sind. Die mühsam errichtete, fragile und nur wenig kohärente kognitive Ordnung ist zudem allzeit von den Attacken der Begierde bedroht" (Kaufmann 2006, S. 41). Der Geschmack, so die Erkenntnis über die drei von Kaufmann analysierten historischen Phasen, hat sich verändert und geht zum einen jeweilig in der Ambivalenz zwischen physiologisch und sozial geprägt und zum anderen in der gesellschaftlichen Wertigkeit des Geschmacks selbst zu jeweilig unterschiedlichen Zeiten auf.

In der permanenten Unsicherheit der vielfältigen Potenzierung geschmack-licher Auswahlmöglichkeiten einerseits und der gegenwärtig vorherrschenden Reduzierung auf die geschmackliche Auswahl an überwiegend fetten, süßen sowie chemischen Produkten andererseits stehen zudem nach wie vor die geschmacklichen Bewertungen des herkunftsbezogenen sozialen „guten Geschmacks" im Raum, die wiederkehrend für Zuschreibungen und daraus folgende Abwertungen oder Beurteilungen sozialer Gruppen sorgen, weil sie diese Produkte ausschließlich und in großen Mengen konsumieren. Der Geschmack hat eine lange Geschichte aufzuweisen mit einer Vielzahl an komplexen Ideen und Deutungen, die sich verselbstständigt haben im Hinblick auf den „guten Geschmack", der irgendwo auf dem Kontinuum und der daraus erwachsenden Vielfalt vom Luxus- zum Notwendigkeitsgeschmack angesiedelt ist und von der einen sozialen Gruppe noch als deutlich umrissen erkannt wird, während er für andere noch nie erreichbar oder sogar noch nicht einmal erkenn-bar ist. Darunter liegt als Basis die physiologische Kompetenz des Geschmack-lichen, die es wiederzuentdecken und auszuformulieren bzw. zu schmecken gilt.

2.4 Zur Aufgabe eines sachkundigen Disputs über Geschmack auf Basis der Herausbildung eines ästhetisch-kulinarischen Geschmacks

Vor dem Hintergrund einer Theorie des kulinarischen Geschmacks befasst sich Lemke grundlegender mit der Entstehung des „guten Geschmacks" im Zusammenhang mit der Abwertung des Geschmackssinns. Lemke geht von einer gegenwärtig vorherrschenden Reduzierung des Geschmackssinns auf den physiologischen Zusammenhang von Fragen der Zuträglichkeit und Wohlbekömmlichkeit bzw. Abträglichkeit und Ungenießbarkeit des geschmacklich Wahrgenommenen aus. Den menschlichen Geschmackssinn darauf zu verkürzen, dass die Objekte lediglich danach unterschieden werden, „(…) ob sie genießbar und ungenießbar, wohlschmeckend oder ekelerregend seien, verkürzt wahrnehmungstheoretische und geschmacksästhetische Fragen auf diätetische und biologische Sachverhalte, so als würde der Gesichtssinn nur zwischen Schönem oder Abscheulichem differenzieren können und das Gehör lediglich Lautes oder Leises vernehmen" (Lemke 2007, S. 158).

Der Begriff „Geschmack" gehört in der philosophischen Ästhetik zu den zentralen Grundbegriffen, die sich im Laufe der Jahrhunderte in die Umgangssprache eingebürgert haben. Bei der Beurteilung von ästhetischen Dingen redet jede*r ganz selbstverständlich vom Geschmack und darüber, ob etwas dem eigenen Geschmack nun entspricht oder nicht, so als wären es jeweilig nur subjektive Urteile. Abgesehen davon werden ebenso ästhetische Urteile als „Geschmacksurteile" bezeichnet, ohne dass in der geläufigen Rede jemals vom „Geschmack" und „Geschmacksurteil" im ästhetischen Kontext an den wahren Sinn des Wortes gedacht wird. Der kulinarische Geschmack ist von Geschmacksurteilen vollkommen losgelöst (Lemke 2007, S. 151). „Die Ästhetik des Geschmacks, die historisch mit Kant entsteht und heute zum gültigen Kanon gehört, handelt von allerlei Dingen und allen voran vom Geschmack an schöner Kunst – nur nicht vom Geschmack des Essens oder von der kulinarischen Ästhetik und Lebenskunst. Doch ein gastrosophisches Nachdenken über Ästhetisches und mithin ein ästhetisches Nachdenken übers Essen beinhalten notwendig auch Überlegungen zum Geschmack im eigentlichen Sinne" (Lemke 2007, S. 151). Ausgangspunkte für Fragen des Geschmacks führen von der Ästhetik weg zu den Sinnen, die einer Neubetrachtung und -bewertung unterzogen werden sollten.

▶ **Ästhetik**

Die „Ästhetik" ist die Lehre von der sinnlichen Wahrnehmung und von der Bestimmung des Schönen. Im wörtlichen Sinne ist sie die die Sinne betreffende Wissenschaft. Zu ihren traditionellen Leitsinnen zählen seit jeher Gesicht und Gehör. Wenn es um Fragen der Ästhetik und darauf aufbauend den „guten Geschmack" geht, stehen vor allem Gesicht und Gehör als die Sinnesfelder im Mittelpunkt, weil sie als „intellektuelle" Sinnesfelder gelten. Entlang der herkömmlichen Einteilung der menschlichen Sinnlichkeit stellen sie die sogenannten „höheren" Sinne des Menschen dar (Merkle 2001, S. 8).

Die Vernachlässigung der sinnlichen Eindrücke beim Riechen, Tasten, Schmecken in der Ästhetik wird mit dem „Material" dieser Sinne begründet. Ästhetische Diskussionen über einen Duft oder einen Geschmack scheinen ausgeschlossen aufgrund des zu flüchtigen, zu unfreiwilligen, zu körperlichen Eindrucks. Diese Erfahrungen sind zu sehr an menschliche Bedürfnisse gebunden und von daher eher nicht als ästhetische Fragen diskutierbar, vielmehr kommt ihnen nur im Zusammenhang mit moralischen Fragen eine Rolle zu. „Es ist eine Paradoxie, daß ausgerechnet derjenige Sinn des Menschen in der Ästhetik keine Rolle spielt, der dem ‚Geschmack' (der Fähigkeit, Dinge hinsichtlich ihrer Schönheit zu beurteilen) seinen Namen gegeben hat, daß der konkrete Geschmack der Dinge also keine Frage des sogenannten ‚guten Geschmacks' ist. Der Zusammenhang zwischen konkretem Schmecken und Urteilen, Geschmacksbildung und ‚höherem' Geschmacksurteil ist mittlerweile fast in Vergessenheit geraten. Die (freilich nur beim ersten Hören!) lapidare Feststellung ‚Der Geschmack liegt auf der Zunge' ist daher vorzüglich geeignet, daran zu erinnern, daß das Schmecken die erste sinnliche Erfahrung des Menschen ist, bei der die Fähigkeit zur Differenzierung und Beurteilung ausgebildet wird, und daß der konkrete Geschmack unser ursprünglichstes Urteilsvermögen ist" (Merkle 2001, S. 8 f.).

In der traditionellen Sinneslehre wird das Schmecken, neben dem Riechen und Tasten, den unteren Stufen innerhalb der Hierarchie der Sinneswahrnehmungen zugeordnet. Das Schmecken als ein „niedriger Sinn" stellt das Gegenteil zum Sehen her aufgrund seiner Nähe und Subjektivität. Die Unterscheidung des Geschmackssinns als „Nahsinn" unterscheidet sich vom optischen Distanzsinn in der direkten körperlichen Berührung des Objekts mit dem wahrnehmenden Subjekt. „Wegen dieser sinnlichen Nähe des Wahrnehmenden zum Wahrgenommenen scheint, wie Aristoteles bemerkt, die Geschmacksempfindung letztlich eine Art von Tastsinn zu sein, insofern der Wahrnehmungsakt ein leibliches Abtasten und Erfühlen bedeute" (Lemke 2007, S. 154). Das Sehen steht als Erkenntnis bringender Sinn an erster Stelle. Die Minderwertigkeit des Geschmackssinns wird mit seiner unmittelbaren Nähe des Wahrgenommenen, die damit einhergehende Subjektivität sowie Distanzlosigkeit zum Objekt begründet. „In der Vermittlung zwischen der Außenwelt und dem Sinneserleben scheint der Geschmackssinn keine interpretative, sozusagen geistige Arbeit zu benötigen, wenn er diese nicht gar verhindert, so die antike Philosophie. Der Mensch, zwangsläufig passiv, hat keine andere Wahl, als das im Mund Befindliche zu schmecken" (Schirrmeister 2010, S. 20).

In der westlichen Kultur besitzt der Geschmack als subjektive Sinneswahrnehmung gegenüber dem Postulat der objektiven Welterkenntnis wenig Prestige. Im 17. Jahrhundert definiert Gracian Geschmack als das „(...) durch

Erfahrung und unablässige Introspektion zur Vollkommenheit gebrachte Vermögen, in allen Bereichen und Situationen des Lebens immer die rechte Wahl zu treffen und alle Dinge frei von subjektiver Täuschung nach ihrem wirklichen Wert zu beurteilen" (Gracian 2012 nach: Merkle 2001, S. 12 f.). Die kulturphilosophisch verwurzelte Beurteilung des Essens gründet in der Feststellung, den menschlichen Geist über die „niederen" physischen Bedürfnisse und Notwendigkeiten zu stellen (Schirrmeister 2010, S. 20). Kant versteht unter „Geschmack": „Nur wo es ein ‚interesseloses' und ‚freies' Wohlgefallen gebe, sei es möglich, einen Gegenstand hinsichtlich seiner Schönheit zu beurteilen. ‚Kein Interesse, weder das der Sinne, noch das der Vernunft' darf im Spiel sein, erklärt Kant in der ‚Kritik der Urteilskraft', weil dies unsere Wahrnehmung verzerrt und unser Urteil dann ‚sehr parteilich' ist und nicht frei" (Kant 1991 nach: Merkle 2001, S. 12 f.). Kant argumentiert mit dem Hungerbedürfnis, um den Einfluss des Begehrens auf das Urteil zu verdeutlichen: „‚Hunger ist der beste Koch, und Leuten von gesundem Appetit schmeckt alles, was nur eßbar ist; mithin beweiset ein solches Wohlgefallen keine Wahl nach Geschmack. Nur wenn das Bedürfnis befriedigt ist, kann man unterscheiden, wer unter vielen Geschmack habe, oder nicht'" (Kant 1991 nach: Merkle 2001, S. 12 f.). Kant unterstellt dem Schmecken, Tasten und Riechen immer ein Interesse, sodass die nahen Sinne von ihm übergangen wurden, ohne sie jedoch explizit auszuschließen, während er für seine Analyse exemplarisch dem Gesichtssinn und Gehör den Vorzug gab (Merkle 2001, S. 12 f.). In diesem Zusammenhang erscheint die Bemerkung folgerichtig, dass sich viele große Denker gerade mit dem Thema Speisenabscheu beschäftigten und ihrerseits die Frage erörtert haben, was es denn nun mit dem Ekel auf sich hat, ob er nur mit den niederen Sinnen Geschmack und Geruch oder auch mit den höheren Sinnen Gesicht und Gehör etwas zu tun habe (Teuteberg 2003, S. 50).

Der ungerechtfertigten Herabsetzung des Geschmacks-, Geruchs- und Tastsinns als „niedere" Sinne entgegnet Merkle die angemessenere Unterscheidung in „körpernahe" und „körperferne" Sinne, denn dadurch würde ein wirkliches Charakteristikum der Sinne beschrieben. „Körperferne Sinne sind Gesicht und Gehör in zweierlei Hinsicht: Beim Sehen und Hören sind wir nicht darauf angewiesen, daß sich ein Reiz in unserer näheren Umgebung befindet, sondern wir können ihn auch über eine größere Entfernung hinweg wahrnehmen. Die visuelle und akustische Wahrnehmung geht immer mit einer räumlichen Distanz einher; es gehört zur Natur dieser Sinne, daß zwischen uns und dem, was wir sehen oder hören, ein bestimmter Abstand besteht. Das Sehen und Hören sind zudem unserer Körperlichkeit fern; sie stehen nicht in einem unmittelbaren Zusammenhang mit den Bedürfnissen des menschlichen Körpers. Schmecken und Tasten sind also körpernahe Sinne: Um etwas ertasten zu können, darf es nicht weiter als eine Armeslänge von uns entfernt sein, und die Berührung mit dem, was wir fühlen, ist ‚hautnah'. Im Vergleich mit dem Tastsinn ist der Geschmack sogar noch ein Stückchen ‚körpernäher' – was wir schmecken wollen, müssen wir uns einverleiben, in uns hineinnehmen" (Merkle 2001, S. 10). Die Körpernähe von Schmecken und Tasten steht in enger Verbindung mit den lebensnotwendigen Handlungen der Ernährung und Fortpflanzung und betont damit noch einmal mehr die fehlende Distanz der körpernahen Sinne. In der Körpernähe besteht der Hauptgrund dafür, warum die Sinne bisher nicht für ästhetische Erörterungen in Betracht gezogen worden sind. Der Anspruch an ästhetische Geschmacksurteile beruht auf einem gewissen Abstand zu der Sache, die hier nicht gegeben scheint. Die Einstufung der körpernahen Sinne als „eher primitiv" bestärkt das Urteil, wobei Merkle sich für die Bezeichnung der „konkreteren" und „sinnlicheren" Sinne des Menschen ausspricht (Merkle 2001, S. 10 f.).

Lemke befasst sich vor dem Hintergrund seiner kulinarischen Theorie des Geschmacks mit Fragen der Distanzierung, die von Merkle ebenfalls aufgeworfen werden, um der bisherigen Unterscheidung und Wertung in der Ästhetik zu entkommen und die Möglichkeiten der Distanzierung für den Geschmacks- und Geruchssinn aufzudecken. „Distanz zum Schmecken? Was für Spielräume könnte es geben, damit man wie beim Hören und Sehen von einer freien und schönen Erfahrung sprechen kann? Der gewagte Versuch, auf dem Gebiet des konkreten Geschmacks nach Formen einer ästhetischen und interesselosen Einstellung Ausschau zu halten, zeigt, daß man fündig werden kann, wenn man nur genau genug hinsieht, daß es sowohl beim Schmecken selbst als auch bei den Umständen des Mahles, bei den Vorkehrungen und Ritualen, die zum gemeinsamen Essen und Trinken gehören, Anzeichen ästhetischen Abstands gibt" (Merkle 2001, S. 12 f.). Ästhetischer Abstand wird also erst einmal vor allem in der Esskultur selbst gesehen und weniger beim konkreten Essen.

Die Beschäftigung mit der Wahrnehmungstätigkeit der Sinne wird seit einigen Jahren stärker für philosophische Ästhetik gefordert, um die bislang vorherrschende einseitige Ausrichtung auf die Künste mehr in Richtung der ursprünglichen Bedeutung des griechischen Begriffs Ästhetik als Bezeichnung für sinnliche Wahrnehmung, aisthesis, zu lenken. Aisthetik im Sinne von Welsch bedeutet, die Thematisierung von Wahrnehmungen aller Art, sinnenhaften ebenso wie geistigen, alltäglichen wie sublimen, lebensweltlichen wie künstlerischen (Welsch 1989, S. 9 nach: Lemke 2007, S. 152). „Doch trotz des regen Interesses an einer Theorie der Wahrnehmung wird in den einschlägigen Beiträgen kein nennenswerter Gedanke über die geschmackssinnliche Wahrnehmung verschwendet" (Lemke 2007, S. 153). Das Auge und der Gesichtssinn rangieren seit Aristoteles an höchster Stelle des menschlichen Wahrnehmungs-vermögens. Unverändert wird noch von Kant die herausragende Eigenschaft der optischen Wahrnehmung vertreten. Bei Hegel gelten Gesicht und Gehör auch als die Möglichkeit eines rein theoretischen Vorgangs durch die Werkzeuge des Gesichts- und Gehörsinns, weil das Gehörte und Gesehene so gelassen wird, wie es ist. In der Anthropologie der Sinne findet sich bei Plessner kein Wort über den Geschmack und die gustatorische Wahrnehmung (Lemke 2007, S. 153). „In dieser systematischen Vernachlässigung des Geschmacks innerhalb der gängigen philosophischen Aisthetik setzen sich die anthropologischen Prämissen der Sinnenlehre und deren logozentrisches Wertesystem unverändert fort, welches keinen Sinn für das Tasten, Riechen und Schmecken hat" (Lemke 2007, S. 153). Die traditionelle Vorrangstellung des Sehens und des abendländischen Okular-zentrismus wird sogar noch von Hans Jonas zugespitzt mit der Behauptung, „das Auge sei ‚der philosophische Sinn schlechthin', wie in jedem der drei erwähnten Merkmale (objektive Distanz, Nichtaffiziertheit, Intelligibilität) ‚die Basis für einen Grundbegriff der Philosophie' stecke: Objektivität, Theorie, Erkenntnis. Daher lautet die panoptische Formel der traditionellen Aisthektik: ‚So ging der Geist, wohin das Sehen zeigt'" (Lemke 2007, S. 154).

Der angebliche Adel des Sehens wird begründet mit der physischen Distanz und der körperlichen Ferne des Gesichtssinns und des Gehörs gegenüber dem Gegenstand seiner Wahrnehmung im Unterschied zum Geschmackssinn (und dem Geruchs- und Tastsinn). Das wahrgenommene Objekt der Außenwelt wird in seinem Dasein vom erkennenden Subjekt nicht angetastet und nicht ver-zehrt, sodass es sich bei der optischen Wahrnehmung um eine „objektive Wahr-nehmung" handelt. Ein weiterer Aspekt betrifft die Wahrnehmung, die durch das „(…) Sehen (und Hören) im Gegensatz zum Schmecken (und Riechen und Tasten) nicht von rezeptiven und gefühlsmäßigem Empfinden begleitet sei und nicht von körperlichen Lust- bzw. Unlusterfahrungen ‚affiziert' werde, sei ihre distanzierte Wahrnehmungsweise auch ‚freier' und folglich mit ‚mehr Geist' ver-bunden. Weil das Auge (und das Gehör) das Wahrgenommene nicht körpersinn-lich unmittelbar aufnähme und erleide, sei der Fernsinn affektloser, neutraler, nicht praktischer, sondern ‚theoretischer Sinn'" (Lemke 2007, S. 154).

Aus der Perspektive der traditionellen Aisthetik wird der Geschmackssinn als „affektiver, subjektiver Nahsinn" bezeichnet aufgrund des physischen Ein-wirkens der wahrgenommenen Dinge auf den Menschen und des Eindringens der Außenwelt auf das Leibinnere. Der schmeckende Mensch erfährt sich selbst als ein der äußeren Materie unfreiwillig ausgesetztes und Außendinge notwendig aufnehmendes, „sinnliches Wesen", das wiederkehrend in Abhängigkeit gerät. Damit wird seine „höhere" Bestimmung als einem „geistigen Wesen" erniedrigt, weil diese „Sinnlichkeit" des schmeckenden Menschen zu einem die Außenwelt „unfreiwillig" aufnehmenden und essen müssenden, natürlicherweise passiv „erleidenden" Wesen macht. „Für Kant ist die Wahrnehmung des Geschmacks niedrig und subjektiv auch in der Hinsicht, dass die Wahrnehmung ‚mehr die des Genusses, als der Erkenntnis des äußeren Gegenstandes' ist. Damit wird (...) auch die epistemologische Behauptung aufgestellt, dass die geschmackliche Wahrnehmung, der Genuss, keinen Erkenntnischarakter habe, sondern bloß körperliche Grundfunktionen der Nahrungsaufnahme erfülle" (Lemke 2007, S. 155). Ganz entgegen dieser epistemologischen Behauptung stellt Lemke eine neue auf, die davon ausgeht, dass es sich beim Schmecken und Riechen nicht um minderwertigere Sinnestätigkeiten handelt. Vielmehr sind sie dem Sehen und Hören gleichrangig, weil sie erst recht Erkenntnissinne darstellen. Lemke wagt die These, dass vielleicht sogar der gut ausgebildete „feine Geschmack" eher die hohe Auszeichnung verdiene, der philosophische Sinn schlechthin zu sein und nicht länger das „trügerische Auge" (Lemke 2007, S. 156). Um diese Behauptung zu untermauern, wird eine gastrosophische Aisthetik notwendig, um die Behauptung der Gleichrangigkeit, wenn nicht sogar der höheren Wertigkeit des gut ausgebildeten „feinen Geschmacks" nachvollziehbar argumentieren zu können. Der Ausgangspunkt einer gastrosophischen Aisthetik des Geschmacks reduziert das Wahrgenommene nicht auf das Abstraktum eines „sinnlich Gegebenen" und setzt es auch nicht gleich mit einem Sinnesreiz. Der Gegenstand des kulinarischen Geschmacks stellt nicht nur etwas Materielles als solches dar und seine sinnlichen Qualitäten sind nicht unmittelbar gegeben. Dieser Sinn hat eine Kunst zum Gegenstand: die Kochkunst (bzw. die Landbaukunst) und ihr Gegenstand ist ein kulinarisch (agrarisch) erzeugtes Produkt. „Wenn ‚das Sinnliche' in einem erzeugten Produkt wie einem Kunstwerk ausschließlich mit ‚dem Ideellen des Gedankens' verbunden ist, wie Hegel in diesem Punkt ganz richtig sieht, dann gilt dies gerade für die Geschmackssache: Das geschmacklich Wahrgenommene ist stets ein Kunstwerk, dessen Hervorbringung nicht ohne Begleitung von tausenderlei Gedanken und Kenntnissen zustande kommt. Allen kulinarischen Werken, allen zum Genuss produzierten Dingen, die wir essen, liegt ein geschmackssinnliches Denken zugrunde, das um die Essbarkeit und Schmackhaftigkeit der hergestellten Speisen weiß und dieses Wissen in sein Werk setzt" (Lemke 2007, S. 168 f.). Damit sind im Prinzip auch unzählige Geschmacksbegriffe denkbar, die bisher durch die Grenzen einer Sprache und der individuellen oder kollektiven Kenntnisse (Begriffe) eingeschränkt sind. Schmecken bezieht sich in diesem Denken auf die Identifikation von etwas Bekanntem. „Darum heißt ‚etwas wahrzunehmen' auch, es als ein bestimmtes, gewusstes, wahres Etwas wahrzunehmen und es gleichzeitig als dieses (so-und-

so) zu erkennen, zu verstehen, zu wissen. Deshalb sind Sinneswahrnehmungen
per se Erkenntnisprozesse und deshalb ist der Geschmack als Sinnestätigkeit der
Geschmack des jeweils Wahrgenommenen, sofern der Wahrnehmende einen Sinn
dafür hat, ein Verstehen, Wissen, Kenntnisse davon hat: Diese müsste der Grund-
gedanke einer philosophischen Aisthetik des Geschmackssinns sein, welche die
Verkürzungen sowohl der traditionellen Metaphysik und deren Sinnestheorie
als auch der naturwissenschaftlichen Sinnesphysiologie umgeht, um sich der
phänomenalen Welt des Essens zu öffnen" (Lemke 2007, S. 169 f.).

Für Lemke ist die Reduzierung der Frage des Geschmacks auf einen
gustatorischen Reiz der Zungenpapillen, um damit sinnlich Gegebenes, wie
z. B. die Unterscheidung von süß oder salzig, bitter oder sauer zu treffen, das
Verkennen des Wesentlichen, nämlich der kulinarisch relevanten Dinge an sich.
Bereits die folgende kurze Liste alltagsweltlicher Geschmacksfragen zeigt den
Umfang einer Theorie des Geschmacks, die nicht auf den Genuss bereits fertig
zubereiteter Dinge gestutzt werden kann. Das herkömmliche Bild vom Feinschmecker lege zwar die Vorstellung nahe, „(…) der Wahrnehmende, das
Subjekt des Geschmacks sei jemand, der Kochkunst bloß rezipiert und Speisen
wahr- bzw. zu sich nimmt, die ihm irgendwie gegeben sind, d. h. von Anderen
zubereitet und serviert werden. Doch der schmeckende ist nicht nur das
genießende Selbst, der Essende. Auch der Kochende und Einkaufende gebraucht
seinen Geschmackssinn, ist ein schmeckender Mensch. Weit stärker als bei der
genießenden Geschmackswahrnehmung wird geschmackliche Urteilskraft bei
der Essenszubereitung aktiviert und ausgebildet (und bei der Essensbesorgung
als Verstandestätigkeit benötigt und eingesetzt). Während der Genießende – der
Feinschmecker im herkömmlichen Verstand – sinnlich gegebene Geschmackssachen bloß beurteilt, indem er das Vorgegebene nur noch ,nachschmeckt', dringt
das kulinarisch tätige, kochende Selbst – der neue Feinschmecker oder Gastrosoph – in komplexere Regionen der Geschmackswelten und ihrer Begriffe vor:
Der Selbstkochende schafft Geschmäcker" (Lemke 2007, S. 170). Selbstverständlich wird jede*r Kochende sein Werk am Ende auch genießen, mit Ausnahme der Berufsköch*innen. Das kulinarisch tätige Selbst wird erkennbar an der
geschmacklichen Wahrnehmungstätigkeit, die sich als Kreativität und spontane
Aktivität charakterisieren lässt und von all denen praktiziert und kultiviert wird,
die kulinarisch tätig sind. Der Geschmackssinn ist auf dieser Basis nicht reduzier-
bar auf eine primitive Rezeptivität und affizierte Passivität (Lemke 2007, S. 170).

Mit einem Verständnis von Kochen als eine Form des Schmeckens, da Kochen
auf Auswahl, Veränderung und Kreation von Geschmäckern beruht, wird eine
weitere Komponente eines gastrosophischen Geschmacksverständnisses sichtbar.
Mit der Geschmacksidee eines*r Kochs*Köchin noch vor jeder Wahrnehmung

(Perzeption) beginnt das gastrosophische Geschmacksverständnis, weil der Gegenstand sich mitunter nicht in sinnlicher Nähe befindet, sondern in imaginärer Ferne. Der Geschmackssinn beinhaltet auch die gedankliche, wissensmäßige Vorwegnahme (Antizipation) des Schmeckens, denn der imaginäre und fantasievolle Geschmack liegt der kulinarischen Kreativität zugrunde. Damit geht er weit über die unmittelbare Wahrnehmung von sinnlich gegebenen Geschmackssachen hinaus. Das Ideelle des Geschmacks weitet sich zudem über das Kochen und Genießen hinaus auf den Einkauf aus. Das Einkaufen stellt ebenfalls ein Schmecken dar, einen Vorgeschmack. Der angeblich primitive Geschmackssinn zeigt im vorschmeckenden Einkauf vielleicht am deutlichsten, dass er auf Wissen und vielen Kenntnissen basiert, den ihm zugrunde liegenden weltumspannenden Realitäten und Kausalitäten, die eine differenzierte Auswahl erforderlich machen. Der Geschmack ist ein theoretischer Sinn, der von Erkenntnis und begrifflichem Wissen lebt (Lemke 2007, S. 171).

Einer gastrosophischen Ästhetik geht es dann darum, jedem Menschen zu ermöglichen, über ein möglichst großes Wissen verfügen zu können und in diesem Sinne einen guten Geschmack ausbilden zu können. Unabhängig von der Frage und der Schwierigkeit, ob sich solch ein guter Geschmack allgemeingültig bestimmen lässt oder bestimmen lassen muss, ist ein ganz anderer, grundlegender Sachverhalt hervorzuheben. „Die Tatsache nämlich, dass die geschmackliche Wahrnehmung auf recht komplexem Wissen und detailreichen Sachkenntnissen, gewissermaßen auf einer eigenen, essthetischen Wissenschaft beruht, die solche weitreichenden Lebensvollzüge wie das Einkaufen, das Kochen und das Tafelvergnügen ermöglichen" (Lemke 2007, S. 171). Die geläufige Vorstellung vom Geschmack als einem niedrigen Sinn ist damit widerlegt. Ein gastrosophisches Geschmacksverständnis bietet darüber hinaus noch die Möglichkeit zur begrifflichen Erfassung des sachlichen Zusammenhangs zwischen Essen und Wissen (Lemke 2007, S. 171). Eine Theorie des kulinarischen Geschmacks ist als eine Ästhetik zu formulieren, „(...) die das Essen, also die Dinge des Schmeckens, in den Kontext einer Lebenskunst stellt. Aus dieser Perspektive wird begreiflich, dass der gesellschaftlich und individuell ausgebildete Sinn für Geschmack den Menschen allererst jene ‚sinnliche' Wahrnehmungsfähigkeit verleiht, ohne die sie nicht wüssten, was sie schmecken – ohne die das Geschmeckte sinnlos wäre" (Lemke 2007, S. 172).

Zum ästhetischen Geschmack werden im Allgemeinen nicht Fragen nach der Ernährung, welche Küche gelebt wird und wie gegessen wird, gestellt. Damit bleibt der kulinarischen Lebensweise auch verwehrt, was die Kunst selbstverständlich erlebt: populäre Wertschätzung. „Doch es scheint in weiter Ferne zu liegen, wenn es überhaupt jemals dazu kommen sollte, dass Kochen und Esskultur als gesellschaftlich angesehene und wertgeschätzte Ausdrucksformen der ‚Hochkultur' gelten. (…) Die beschränkte, ungastrosophische Vorstellung von Kultur (im Sinne von ‚Hochkultur' und ihren Ausdrucksformen des ‚gesellschaftlichen' Geschmacks), die sich in dieser Politik niederschlägt, dominiert auch die Lehre und Forschung an Hochschulen und anderen Bildungseinrichtungen. Schon an der Tatsache, dass jede ernsthafte, theoretische Beschäftigung mit dem Essen als unwissenschaftliche Neigung belächelt wird und vom Kanon der etablierten Wissensformen ausgeschlossen ist, lässt sich ermessen, wie weit entfernt der kulinarische Geschmack bzw. der ganze Themenkomplex des Essens, seiner Erzeugung, Bereitstellung, Beschaffung, Zubereitung und Verspeisung von der ihm gebührenden, gastrosophischen Anerkennung und gesellschaftlicher Selbstverständlichkeit liegt" (Lemke 2007, S. 174). Dem kulinarischen Geschmack als kultureller Leistung sollte mehr Wertschätzung und nötige Anerkennung zukommen, da sich in der Küche und im kulinarischen Geschmack Kultur, verstanden als allgemeine gesellschaftliche Lebensweise, abbildet und sogar mehr noch als in der Kunst und im Kunstgeschmack, die in der Produktion und Rezeption nicht zu den wichtigen Dingen des Lebens zählen (Lemke 2007, S. 175).

Der Hinweis von v. Engelhardt, dass für alle Künste Sehen und Hören konstitutiv sei, indem Bilder betrachtet würden und Musik gehört würde sowie Literatur ebenfalls mit den Augen oder den Ohren aufgenommen würde, jeweils aber weder gerochen noch geschmeckt oder gefühlt, wirft die Frage danach auf, warum eigentlich nicht (von Engelhardt 2005, S. 19) und welchen Beitrag das Schmecken, Riechen und Tasten zur Hochkultur haben könnte.

Lemke geht auf das Beispiel der gesellschaftlich weitverbreiteten Auffassung ein, über Geschmack ließe sich nicht streiten, weil es aus seiner Perspektive die lebenspraktische Bedeutung des Geschmacks als Ausdrucksform und Indikator der eigenen Lebensweise bestätigt. Damit wird die subjektive Perspektive hervorgehoben und gleichzeitig die mitunter geübte Kritik am physiologischen Geschmacksverständnis unterstützt. Für ihn gilt: Wenn es jedoch stimmen sollte, dass jede*r einen eigenen Geschmack hat, dann ist die Überzeugung von nur vier oder fünf Grundgeschmäckern unzutreffend, weil es so viele Geschmäcker und subjektive Grundgeschmäcker gibt, wie es Menschen gibt. „Mit der Vorstellung vom geschmäcklerischen Subjektivismus verbindet sich indessen auch die Behauptung, dass Geschmackssachen wegen ihrer Relativität kein Gegenstand allgemein verbindlicher Bewertungen seien. Denn, wenn jeder einen anderen Geschmack hat, dann kann es keinen, von Allen geteilten, richtigen oder falschen, guten oder schlechten Geschmack geben. Demnach wäre der eigene Gusto frei von normativen Geboten, moralischer Verantwortung und sachlicher Begründung:

Über Geschmack und erst recht über kulinarischen Geschmack lasse sich nun einmal nicht streiten. Den Gemeinplatz, dass ‚jeder einen eigenen Geschmack habe', konsequent zu Ende gedacht, führt zu der unplausiblen Schlussfolgerung, dass es demnach überhaupt keinen allgemeinen und nicht-subjektiven Geschmack geben kann und jene subjektiv-allgemeine Wahrheit oder Intersubjektivität eines ästhetischen Geschmacksurteils, die sich der Vernunfttheoretiker Kant als erste klarmachte, eine ‚Schnapsidee' sei. Das Erstaunliche an dem gut gepflegten und gerne bemühten Topos vom Relativismus des subjektiven Geschmacks ist seine leicht durchschaute Unwahrheit" (Lemke 2007, S. 175). Denn jede Mensa, jede Kantine, jeder noch intakte Familientisch, jedes Festessen und alle anderen Formen von Gemeinschaftsmählern und Mahlgemeinschaften belegen den Gemeinsinn, den intersubjektiven Konsens des kulinarischen Geschmacks und widerlegen zugleich die geläufige Behauptung, jeder habe einen anderen Geschmack und nur seinen eigenen subjektiven Geschmack (Lemke 2007, S. 175 f.).

Subjektivismus liegt vor allem entweder in physischer Unverträglichkeit oder in geschmacksbezogenen Vorlieben. Diese beiden Fälle schließen jedoch nicht den für eine gastrosophische Ästhetik entscheidenden Sachverhalt aus, dass jede*r den Geschmack an bestimmten Gerichten, wie z. B. Salzkartoffeln, teilen kann, unter der Voraussetzung, dass über derlei Dinge geredet wird und zu philosophieren gewusst wird. Dann könnte darüber übereingekommen werden, dass die Salzkartoffeln entweder zu salzig, zu fest, zu wässrig, zu mehlig oder Ähnliches sind und deshalb nicht „gut schmecken". „Entscheidend ist: Um die Frage, ob uns der Geschmack dieses kulinarischen Werkes (wie jedes anderes Essen) ‚gut gefällt', müssen wir in einen praktischen Diskurs treten und können unser Tischgespräch dazu nutzen, um über diese ‚Geschmacksfragen zu disputieren' – wer redet von Streit? Über Geschmack ist nicht zu streiten, sondern ein sachkundiger Disput zu führen" (Lemke 2007, S. 175).

Zwei Grundhaltungen werden für eine gastrosophische Ästhetik benötigt, um sie sowohl mit dem Kulinarischen als auch mit dem Essen als Lebenspraxis erörtern zu können: den kulinarisch-ästhetischen und den nicht-ästhetischen Geschmack (Lemke 2007, S. 175).

Ästhet*innen bestimmen den Sinn für das Kulinarische ausschließlich über die Lust am Geschmack und weniger über das funktionelle Interesse an der Sättigung. „Die programmatische Gegenüberstellung von einer rein ästhetischen und einer nicht-ästhetischen Haltung, die sich aus Kants Systematik für eine Philosophie des kulinarischen (des essthetischen und nicht-essthetischen) Geschmacks gewinnen lässt, kann indessen nicht ohne Korrekturen übernommen werden. Die kantianische Prämisse, dass wir zur Ermöglichungsbedingung einer ästhetischen Einstellung zum Essen gar kein Interesse daran haben dürfen, ob es sättigt, sondern es ‚rein' danach zu beurteilen (sollen), ob es geschmacklich gut gefällt und insofern ein schönes Essen ist, geht über sein Ziel hinaus. Dass die kulinarische Ästhetik auf die Kosten der Sättigung geht, mag vielleicht im Kontext der wegen ihrer kleinen Portionen berühmt-berüchtigten Nouvelle Cuisine stimmen" (Lemke 2007, S. 177 f.). In der Alltagspraxis jedoch, in der es um eine gute Alltagsküche geht, ist ein Essthetizismus mit der Idee und dem Reiz an einer ästhetischen Haltung am Essen überzogen. Der Sinn für kulinarisch Gutes, der auch sättigt und dem leiblichen Wohl schmeichelt, gehört auch zur Ästhetik des Essens. Essthetischer Geschmack sollte auf keinen Fall, anders als bei Kant, in einem kategorischen Widerspruch zu leiblich-sinnlichen Interessen stehen (Lemke 2007, S. 177 f.).

Deshalb gehört für Lemke auch unbedingt dazu, Geschmacksunterricht in Erziehung und Bildung anzulegen und an Schulen einzuführen, um die Lust an kulinarischer Kreativität zu wecken und den realen Nutzen von Bildung für das eigene Leben gerade anhand des faszinierend facettenreichen Wissens eines guten Welt-Essens begreifbar zu machen (Lemke 2007, S. 191). Für die Herausbildung eines kulinarisch-ästhetischen Geschmacks ist die Grundbedingung, Wissen darüber erlangen zu können. „Ein Grunderfordernis für die Ausbildung und Verfeinerung des essthetischen Geschmackssinns besteht deshalb in der fortgesetzten Aneignung entsprechender, gastrosophischer Kenntnisse und in der von Mahl zu Mahl – im buchstäblichen Sinne: aufgrund aller zubereiteter und genossenen Mahle realisierten – allmählichen Verfeinerung eines erfahrungsgesättigten Sachverstandes. (…) Eine Ethik des guten Essens, des gastrosophischen Selbstseins liegt einer gelebten Ästhetik des kulinarischen Geschmacks zugrunde" (Lemke 2007, S. 179). Zunehmend finden in öffentlichen Bildungseinrichtungen, wie z. B. in Ganztagsschulen oder Kindertageseinrichtungen, gemeinsame Mahlzeiten statt, die dazu genutzt werden können, all das im kulinarischen Unterricht zur Herausbildung eines kulinarisch ästhetischen Geschmacks Gelernte gemeinsam für die gemeinschaftliche Verpflegungssituation auszuprobieren. Die Kinder und Jugendlichen bringen ohnehin eine Vielfalt ihrer lebensweltlich diversen Varianten des familialen Essens mit. Bisher trifft diese Vielfalt von Essgewohnheiten vor allem aufeinander und das vor dem Hintergrund einer Vielzahl an Ansprüchen bezüglich eines „richtigen" Essens sowie der „richtigen" Esssituation (Schütz 2016; Seehaus und Gillenberg 2014), zu denen der Geschmack und das Essen der Lebenswelten der Kinder und Jugendlichen nicht durchgängig passen. Damit verbundene Fragen von Ungleichheit und Diversity, insbesondere zum Essen in öffentlichen Bildungseinrichtungen, werden bisher noch kaum betrachtet, während gesundheitsbezogene bzw. glaubensgemeinschaftlich bedeutende Speisevorschriften eher thematisiert werden (Giesenkamp et al. 2013 nach: Täubig 2016, S. 214).

Aus der analytischen Perspektive der Sozialen Arbeit wird vor allem der gesellschaftlich erwünschte Geschmack des Gesunden wiederkehrend kritisch hervorgehoben, wenn es um Geschmackserziehung in zahlreichen Handreichungen z. B. der Schulverpflegung geht. Die Handbücher setzen sich insbesondere ausführlich mit der „Geschmackserziehung" auseinander, damit die Gewöhnung der Schüler*innen an gesundes Essen gelingt. Der „standardisierte Geschmack" in Form von Geschmacksverstärkern, künstlichen Aromen und Zuckerstoffen soll vermieden werden und stattdessen eine Vielzahl an Angeboten zugunsten der „Förderung des sensorischen Gedächtnisses" (DGE 2011, S. 12) durchgeführt werden. Damit sind alternative Erfahrungen des Geschmacks, aber auch zu „Geruch, Konsistenz, Aussehen und Hörerlebnissen" von Speisen gemeint. Diese neuartigen Erfahrungsquellen sollen den Konsum erwünschter Lebensmittel befördern. „Die Gefahr, dass die kindlichen Akteure solche Umgewöhnungsversuche jedoch verweigern könnten, wird offenbar antizipiert, denn es werden sanfte, ‚geschmackliche Übergänge' (DGE 2011, S. 27) vorgeschlagen (…). Auch die zu präferierenden vollwertigen Varianten von Lebensmitteln sollten allmählich durch mehrmaliges Probieren ‚schmackhaft' gemacht werden und hin und wieder auch das beliebte Fast Food angeboten werden (AID/ DGE 2010, S. 1/15). Leitend ist die Vorstellung, dass Menschen ihr vertrautes Essen nicht so leicht ‚loslassen' und von daher radikale Umstellungen unmöglich sind oder zumindest – geschickt – abgemildert werden müssen" (Seehaus und Gillenberg 2014, S. 212). Geschmackslust und Gesundheit stehen einander nicht selten gegenüber und haben nicht unbedingt etwas miteinander zu tun, wenn es um den unterstellten „standardisierten Geschmack" von Kindern und Jugendlichen geht. Darin steht bereits fest, dass der erlernte Geschmack gar nicht den Ansprüchen einer gesunden Ernährung genügen kann. Die von Rose formulierte „Spannung zur Geschmackslust" (Rose 2009, S. 289) im Hinblick auf allgemeine Informationen zur gesunden Ernährung bildet für Homfeldt den Ausgangspunkt, sich vor dem Hintergrund der vielfältigen Angebote bei Nahrungsmitteln und den mit ihnen verbundenen Optionen sich doch auf den eigenen Geschmack zugunsten der eigenen Handlungsfähigkeit zu verlassen. „Diese Sichtweise läuft den gängigen Ernährungspräventionen zuwider, da sie sich zumeist an den Normen ausgewogener Ernährung, nicht aber am ‚Eigensinn des Geschmacks' (Rose 2009, S. 290) orientieren. An dieser Stelle ergeben sich vielfältige Anknüpfungsmöglichkeiten für eine sich an Lebenslagen orientierende agencyorientierte Soziale Arbeit" (Homfeldt 2016, S. 46).

Geschmack, Benimmregeln und Sprache gelten als paradigmatische Manifestationen des Habitus und sie spielen beim Schmecken, beim praktischen Umgang mit den Speisen sowie beim Tischgespräch tragende Rollen für den sozialen Vollzug des Essens in der Familie. Das Essen kann als eine der zentralen Inszenierungen des Familienhabitus eingeschätzt werden (Krinninger 2016, S. 97; Reitmeier 2013). Neben dem Sichtbarwerden der „Pädagogik der Familie" (Krinninger 2016, S. 97) erfolgt über die Verknüpfung von Geschmack und Emotionen innerhalb des familialen und sozialen Umfeldes der Austausch von Liebe und Fürsorge. Wohlige Gefühle eines guten Essens können sich positiv auf die Beziehung zwischen denen, die das Essen zubereiten, und den Essenden auswirken (Methfessel 2014, S. 197). Geschmack ist darüber hinaus kulturell mit Gefühlen verbunden, wenn es um den Geschmack geht, der z. B. tröstend wirkt oder Ekel vor einem bestimmten Stoff auslöst (Methfessel 2014, S. 200).

Die hohe Bedeutung des Essens und darin dem Geschmack sowie die Anforderungen an die Vielfalt der Entscheidungen, die getroffen werden müssen zwischen dem Eigensinn des Geschmacks und Normierungsversuchen über die Essensauswahl, fordert vor allem das Essen und zugehörige gastrosophische Wissen mit seinen zahlreichen Welt- und Selbstbezügen heraus, denn das gehört überhaupt nicht zur selbstverständlichen Allgemeinbildung. Bedeutende Kenntnisse z. B. über die agrarische Erzeugung, die Lebensumstände der Nutztiere, die industrielle Verarbeitung, die Zubereitungsweisen und alle weiteren Variablen, die bei der Entstehung des Geschmacks oder Nicht-Geschmacks der Dinge mitwirken, sind überwiegend aus dem Alltag verschwunden und an Spezialist*innen, wie z. B. die Food Designer*innen, Flavourist*innen, Geschmacksmanipulator*innen, Aromamacher*innen, Molekularmagier*innen sowie weitere Gastrotechnolog*innen und Diätfuturist*innen delegiert worden. „Eine nicht-essthetische, sich selbst gastrosophisch entmündigende und entfremdete Haltung zum Essen kommt fürwahr mit wenig Wissen aus (…)" (Lemke 2007, S. 180 f.), so die deprimierende Bilanz im Hinblick auf gastrosophisches Wissen, die so nicht bleiben kann. Für Lemke geht es darum, den kulinarischen Genuss als im wahrsten Sinne sinnliche Erkenntnis zu würdigen und als gastrosophische Ethik eines guten Geschmacks mit den daraus erwachsenden Aufgaben bereits in der Erziehung und Bildung zur Aufgabe zu machen (Lemke 2007, S. 181). „Eine gastrosophische Theorie des Geschmacks versteht sich nicht zuletzt deshalb bewusst und programmatisch als eine Ästhetik, weil speziell die tafelgemeinschaftliche Beurteilung des Essens und der Genuss der kulinarischen Praxis auf einer sinnlichen Erkenntnis beruht. Die Besonderheit des essthetischen Sinns liegt darin, dass es sich bei ihm (…) um keine kopflastige Leistung handelt, die sich ins bloß Kognitive einer ausschließlich theoretischen oder wissenschaftlichen

Erkenntnistätigkeit vereinseitigt. Im Unterschied zur ‚sinnlichen Erkenntnis' durch die Kunst (…) verbinden sich im Falle des kulinarischen Geschmacks komplexer Sachverstand und beurteilende Reflexion wirklich mit der Sinnlichkeit des Schmeckens, Riechens, Sehens, Fühlens und Hörens" (Lemke 2007, S. 182). Die Theorie der kulinarischen Intelligenz mit ihren vier Phasen ermöglicht dabei eine Orientierung, wie das sinnliche Erlebnis des Schmeckens zu einer reflektierenden Einheit der kulinarisch-ästhetischen Erkenntnis die Sinnestätigkeit des Schmeckens, Riechens, Hörens, Fühlens und Sehens erfordert und die Erkenntnis auf Basis der distinkten Schmeckakte, aufschlussreichen Wechselwirkungen sowie Horizontverschmelzungen nachvollziehbar und reflektierbar werden lässt (Lemke 2007, Seite 185 f.). Die ästhetischen Studien von Lemke bezeichnen den erforderlichen Lernprozess als eine „gastrosophische Kunst" des guten Lebens, die im Einzelnen eine Vernunft zu aktivieren vermag, vermittelt durch einen affektiv-leiblichen Zugang zum Essen. Bei der Bildung des Geschmacks bilden die kindlichen Sinne und der Mund Erkenntnis- und Identifikationsinstanzen, die dem Kind ein ästhetisches Urteilen über Präferenzen, Abneigungen oder Ekel ermöglichen. „Lemke sieht in jenem sensual-affektiven Zugang zum Essen ein unermessliches Potential hinsichtlich ästhetischer und – so möchte ich ergänzend hinzufügen – emotionaler (Grunert 1993) Vernunft- und Urteilsbildung" (Seichter 2014, S. 108). Die hohe Bedeutung der erziehungs- und bildungstheoretischen Funktion von Geschmack liegt damit nicht mehr nur aufseiten gastrosophischer Überlegungen, vielmehr wächst mit der erziehungswissenschaftlichen sowie sozialpädagogischen Thematisierung die Bedeutung des Geschmacks in allen Arbeits- und Handlungsfeldern, sich auch mit essthetischen Fragen auseinanderzusetzen.

Fazit

Genussmittel und Geschmack stehen in wechselseitiger Abhängigkeit, wobei für die Soziale Arbeit von Bedeutung ist, dass sowohl Genuss als auch Geschmack soziokulturell geprägt sind und erlernt werden in Erziehungs- und Sozialisationsprozessen. An solchen ist Soziale Arbeit in vielen Handlungsfeldern massiv beteiligt und daraus entsteht die Notwendigkeit, sich mit Fragen des Genusses und Geschmacks zu befassen, vor allem auch wenn es darum geht, Entscheidungen über den Zugang zu Genussmitteln zu ermöglichen, oder wenn es um die Vielfalt der zu ermöglichenden Geschmackserfahrungen geht. Soziale Distinktion und damit verbundene Geschmäcker betreffen sowohl Fragen der gerechten Verteilung als auch Stigmatisierungssensibilisierung, wenn bestimmte Genussmittel fast ausschließlich oder begierig konsumiert werden. Geschmack und Genuss stellen damit jedoch auch beeinflussbare Größen dar, mit denen gerechnet werden muss, vor allem auch dann, wenn Zugänge und Verfügbarkeiten betroffen sind oder sie sich im Konsum über den Lebenslauf verändern. ◄

Fragen zur Wiederholung

1. Wie unterscheiden sich Genussmittel von Suchtmitteln?
2. Welche grundlegenden Fragen bestehen zwischen Genussmitteln und Sozialer Arbeit?
3. Gibt es den richtigen Geschmack? Wovon hängen Geschmacksfragen ab?
4. Wie unterscheidet sich Ästhetik von Essthetik?
5. Warum sind Fragen der Essthetik von so hoher Bedeutung?

Literatur zur Vertiefung

Barlösius, Eva. 2016. *Soziologie des Essens. Eine sozial- und kulturwissenschaftliche Einführung in die Ernährungsforschung. Grundlagentexte Soziologie.* 2., völlig überarbeitete und erweiterte Auflage. Weinheim: Beltz Juventa.
Hengartner, Thomas, und Ch. M. Merki. 2001. *Genussmittel. Eine Kulturgeschichte.* Frankfurt/Main/Leipzig: Insel.
Lemke, Harald. 2007. *Die Kunst des Essens. Eine Ästhetik des kulinarischen Geschmacks.* Bielefeld: Transcript.

Literatur

Andlauer, J. 1997. Les Saintes tables. Preparer et manger le repas chez le contemplatives. *Ethnologie francaise 27.*
Audehm, Kathrin. 2016. Tischrituale in Familien. In *Essen im Erziehungs- und Bildungsalltag,* Hrsg. Vicky Täubig, 73–91. Weinheim und Basel: Beltz Juventa.
Aust, Andreas, J. Rock, und G. Schabram. 2020. *Der Paritätische Warenkorb. Regelbedarfe 2021. Alternative Berechnungen zur Ermittlung der Regelbedarfe in der Grundsicherung.* Deutscher Paritätischer Wohlfahrtsverband – Gesamtverband e. V. Paritätische Forschungsstelle. Berlin.
Barlösius, Eva. 2011a. *Soziologie des Essens. Eine sozial- und kulturwissenschaftliche Einführung in die Ernährungsforschung. Grundlagentexte Soziologie.* 2., völlig überarbeitete und erweiterte Auflage. Weinheim: Beltz Juventa.
Barlösius, Eva. 2011b. *Soziologie des Essens. Eine sozial- und kulturwissenschaftliche Einführung in die Ernährungsforschung.* Grundlagentexte Soziologie. Weinheim: Juventa.
Baumann, Zygmunt. 2003. *Flüchtige Moderne.* Frankfurt/Main: Suhrkamp.

Becker, Howard S. 1981. *Außenseiter. Zur Soziologie abweichenden Verhaltens.* Frankfurt/Main: Suhrkamp.

Benjamin, Walter. 1930. *Das Kunstwerk im Zeitalter seiner technischen Reproduzierbarkeit.* Stuttgart: Reclam.

Bernfeld, Siegfried. 1929a. Die Ernährungsfrage in Erziehungsanstalten – Zur Psychologie der Revolten. In *Siegfried Bernfeld, Sämtliche Werke: in 16 Bänden*, Hrsg. U. Herrmann, Band 11, 249–255. Weinheim/Basel: Beltz.

Bernfeld, Siegfried. 1929b. Strafen und Schulgemeinde in der Anstaltserziehung. In *Siegfried Bernfeld, Sämtliche Werke: in 16 Bänden*, Hrsg. U. Herrmann, Band 11, 239–249. Weinheim/Basel: Beltz.

Blog.iubh. o. J. Vorsicht-Vorurteil-Weltretter. https://blog.iubh.de/vorsicht-vorurteil-weltretter-im-sitzkreis/. Zugegriffen: 12.06.2021.

Blond, Georges, und G. Blond. 1965. *Der Mensch war schon immer genüßlich. Eine Kulturgeschichte des Essens.* Wien/Hamburg: Paul Zsolnay.

Blumer, Herbert. 1955. *Symbolic Interactionism: Perspective and Method.* Englewood Cliffs: Prentice-Hall.

Bourdieu, Pierre. 1982. *Die feinen Unterschiede.* Frankfurt/Main: Suhrkamp.

Bourdieu, Pierre. 1979. Drei Arten des Sich-Unterscheidens (1979). In *Theorien des Essens*, Hrsg. Kikuko Kashiwagi-Wetzel und A.-R. Meyer. 2017, 298–325. Frankfurt/Main: Suhrkamp.

Brillat-Savarin, J. A. 1962. *Physiologie du goût. Deutsche Version von 1885.* Ausgewählt, übersetzt und eingeleitet von E. Ludwig. Frankfurt/Main.

Burnett, John. 1966. *Plenty and Want.* London: Nelson.

Dallas, Eneas Sweetland. 1877. *Kettner's Book of the Table.* London: Dulau.

Deutsche Gesellschaft für Ernährung (DGE) 2011. DGE-Qualitätsstandard für die Schulverpflegung (3. Aufl.). Online-Dokument. www.schuleplusessen.de/qualitaetsstandard.html. Zugegriffen: 11.12.2017.

Douglas, Mary. 1978. Culture. *Annual Report 1977–78 of the Russell Sage Foundation*, 55–81. New York.

Ellrott, Thomas. 2013. Perspektiven der schulischen Ernährungsbildung. In *Vitamine Schulkantine. Gute Verpflegung in Kitas und Schulen*, Hrsg. VFED – Verband für Ernährung und Diätetik e.V., 59–60. Aachen: Eigenpublikation.

Engelbrecht, Beate. 1999. *Von armen Rittern, Falschen Hasen und Verlorenen Eiern. Gerichte, die sich Namen machten.* München: Deutscher Taschenbuch Verlag.

Engelhardt, v. Dietrich, und R. Wild. Hrsg. 2005. *Geschmackskulturen. Vom Dialog der Sinne beim Essen und Trinken.* Frankfurt/Main: Campus.

Fehrmann, Susanne. 2009. *Die Psyche isst mit. Wie sich Ernährung und Seele beeinflussen.* München: Knaur Taschenbuch.

Flandrin, J.-L. 1986. Pour une histoire du goût. In *La Cuisine et la table*, Hrsg. J. Ferniot und J. Le Goff. Paris.

Giesenkamp, Johanna-Elisabeth, E. Leicht-Eckardt und T. Nachtwey. Hrsg. 2013. *Inklusion durch Schulverpflegung. Wie die Berücksichtigung religiöser und ernährungsspezifischer Aspekte zur sozialen Inklusion im schulischen Alltag beitragen kann. Interreligiöse Perspektiven.* Berlin: LIT Verlag.

Gniech, Gisela. 2002. Schokoladenzauber – Schokoladenglück. In Schokolade. Geschichte, Geschäft und Genuss, Hrsg. Hartmut Roder, 100–103. Bremen: Edition Temmen.

Gracian, Baltasar. 2012. *Handorakel und Kunst der Weltklugheit.* Zürich: Manesse Bibliothek.

Greißl Kistina. 2017. „Du isst, was Du bist" – Ein soziologischer Kommentar zum Essen als Gegenstand sozialer Differenzierung am Beispiel der Fernsehserie „Das Perfekte Dinner", https://soziologieblog.hypotheses.org/10410. Zugegriffen: 03.05.2021.

Grunert, S. C. 1993. *Essen und Emotion.* Weinheim: Beltz Juventa.

Heckmann, Herbert. 1993. Die Weisheit des Magens. In *Speisen, Schlemmen, Fasten. Eine Kulturgeschichte des Essens,* Hrsg. U. Schultz, 403–417. Frankfurt/Main: Insel.

Hirschfelder, Gunther. 2018. Facetten einer Ernährungs-Globalgeschichte Esskultur als Resultat historischer Prozesse. *APuZ 1–3:* 4–11.

Hirschfelder, Gunther. 2005. Die Betäubung der Sinne. Die Suche nach dem Rausch zwischen kulturellem Zwang und individueller Freiheit. In *Geschmackskulturen. Vom Dialog der Sinne beim Essen und Trinken,* Hrsg. Dietrich von Engelhardt und Rainer Wild, 218–238. Frankfurt/Main: Campus.

Homfeldt, Hans Günther. 2016. Essen/Trinken und Ernähren – (sozial-)pädagogische Miniaturen zu einer gesundheitsbezogenen sozialen Bildung. In *Essen im Erziehungs- und Bildungsalltag,* Hrsg. Vicky Täubig, 31–52. Weinheim und Basel: Beltz Juventa.

Kant, Immanuel. 1991. *Kritik der Urteilskraft.* Hrsg. von G. Lehmann. Stuttgart: Reclam.

Kaufmann, Jean-Claude. 2006. *Kochende Leidenschaft. Soziologie vom Kochen und Essen.* Konstanz: UVK.

Krinninger, Dominik. 2016. In *Essen im Erziehungs- und Bildungsalltag,* Hrsg. Vicky Täubig, 31–52. Weinheim und Basel: Beltz Juventa.

Leder, Angelina. 2020. *Amerikanische Drug Treatment Courts. Ein Vergleich mit deutschen Regelungen zum Umgang mit betäubungsmittelabhängigen Straftätern.* Schriften zur Kriminologie 17. Baden-Baden: Nomos.

Lülfs, Frederike, und A. Spiller. 2006. *Kunden(un-)zufriedenheit in der Schulverplfegung: Ergebnisse einer vergleichenden Schülerbefragung.* Göttingen.

Lvq.de. o. J. Karriere-blog. https://www.lvq.de/karriere-blog/artikel/arbeitsmarkt-verdeckter/wie-systematisch-kaffeetrinken-wirklich-funktioniert-netzwerken.html. Zugegriffen: 12.06.2021.

Matullat, Imke. 2013. Alles anders oder gleich? Geschmacksentwicklung vom Baby bis zum Greis. In *Käsebrot mit Marmelade – Geschmack ist mehr als schmecken,* Hrsg. Dr. Rainer Wild-Stiftung, 27–47. Ebersdorf: 1–2-Buch.

Mennell, Stephen. 1988. *Die Kultivierung des Appetits. Die Geschichte des Essens vom Mittelalter bis heute.* Frankfurt/Main: Athenäum.

Merkle, Heidrun. 2001. *Tafelfreuden. Eine Geschichte des Genießens.* Düsseldorf/Zürich: Artemis & Winkler.

Methfessel, Barbara. 2014. Essen geben und Essen lehren: Von der Ernährungserziehung zur Esskultur-Bildung. In *Nahrung als Bildung. Interdisziplinäre Perspektiven auf einen anthropologischen Zusammenhang,* Hrsg. Birgit Althans, Friederike Schmidt und Christoph Wulf, 190–204. Weinheim: Beltz Juventa.

Methfessel, Barbara. 2009. Anforderungen an eine Reform der schulischen Ernährungs- und Verbraucherbildung. In *Kinderernährung aktuell. Schwerpunkte für Gesundheitsförderung und Prävention,* Hrsg. M. Kersting, 102–116, Sulzbach: Umschau Verlag.

Meyer, Christine. 2018. *Essen und Soziale Arbeit. Eine Einführung.* Wiesbaden: Springer VS.

Mintz, Sydney. 1987. *Die süße Macht.* Frankfurt/Main: Campus.

Pfirsch, J.-V. 1997. *La Saveur des societés. Sociologie des gouts alimentaires en France et Allemagne.* Rennes.

Pharmawiki. o. J. Rauschmittel. https://www.pharmawiki.ch/wiki/index.php?wiki= Rauschmittel. Zugegriffen: 30.05.2021.

Projektgruppe „Ein Leben aus dem Warenkorb". 1982. *Überprüfung der „Bedarfsgruppe Ernährung" im Sozialhilferegelsatz. Materialien zur Sozialarbeit und Sozialpolitik.* Frankfurt/Main: Fachhochschule Frankfurt/Main.

Randow, v. Gero. 2005. *Genießen. Eine Ausschweifung.* München: Deutscher Taschenbuchverlag.

Reitmeier, Simon. 2013. *Warum wir mögen, was wir essen. Eine Studie zur Sozialisation der Ernährung.* Bielefeld: Transcript.

Renggli, René, und Jakob Tanner. 1994. *Das Drogenproblem. Geschichte, Erfahrungen, Therapiekonzepte.* Berlin:

Rose, Lotte. 2009. Gesundes Essen. Anmerkungen zu den Schwierigkeiten, einen Trieb gesellschaftlich zu regulieren. In *„Erst kommt das Fressen...!" – Über Essen und Kochen in der Sozialen Arbeit,* Hrsg. Lotte Rose und B. Sturzenhecker, 281–295.Wiesbaden: VS Verlag.

Rumohr, von Karl Friedrich. 1966. *Vom Geist der Kochkunst.* Frankfurt/Main.

Sandermann, Philipp und Sascha Neumann. 2018. *Grundkurs Theorien der Sozialen Arbeit.* München: Ernst Reinhardt Verlag.

Sandgruber, Roman. 1986. *Bittersüße Genüsse.* Kulturgeschichte der Genussmittel. Wien/Köln/Graz: Böhlau.

Schirrmeister, Claudia. 2010. *Bratwurst oder Lachsmousse? Die Symbolik des Essens – Beobachtungen zur Esskultur.* Bielefeld: Transcript.

Schivelbusch, Wolfgang. 2005. *Das Paradies, der Geschmack und die Vernunft. Eine Geschichte der Genußmittel.* 6. Auflage. Frankfurt/Main: Fischer.

Schmidt, Friederike. 2014. „Wat essen heißt. Und wie wichtig das is." Über Essen und die Gaben der Nahrung. In Nahrung als Bildung – Interdisziplinäre Perspektiven auf einen anthropologischen Zusammenhang, Hrsg. Birgit Althans, F. Schmidt, und Ch. Wulf, 16–33. Weinheim: Beltz Juventa.

Schmidt-Semisch, Henning. 1994. *Die prekäre Grenze der Legalität. DrogenKulturGenuß.* München: AG SPAK.

Schönberger, Gesa. 2005. Sinne und Sensorik, Essen und Ambiente. In *Geschmackskulturen. Vom Dialog der Sinne beim Essen und Trinken,* Hrsg. Dietrich von Engelhardt und Rainer Wild, 14–47. Frankfurt/Main: Campus.

Schulze, Gerhard. 1992. *Die Erlebnisgesellschaft.* Frankfurt/Main/New York: Campus.

Seehaus, Rhea, und T. Gillenberg. 2014. Nahrungsgaben als Bildungsgaben. Eine diskursanalytische Untersuchung zum Schulessen. In *Nahrung als Bildung Interdisziplinäre Perspektiven auf einen anthropologischen Zusammenhang,* Hrsg. Birgit Althans, Friederike Schmidt und Christoph Wulf, 205–218. Weinheim und Basel: Beltz Juventa.

Seichter, Sabine. 2014. Partizipation beim Essen? Oder: Zur Erziehung zwischen Fremd- und Selbstbestimmung. In *Nahrung als Bildung – Interdisziplinäre Perspektiven auf einen anthropologischen Zusammenhang,* Hrsg. B. Althans, F. Schmidt, und Ch. Wulf, 104–116, Weinheim: Beltz Juventa.

Setzwein, Monika 1997. *Zur Soziologie des Essens. Tabu. Verbot. Meidung.* Opladen: Leske & Budrich.

Slowfood.de. o. J. wir über uns. http://www.slowfood.de/wirueberuns/slow_food_deutschland/der_verein/. Zugegriffen: 15.11.2017.

Stummerer, Sonja, und Martin Hablesreiter. 2013. Mehr Genuss durch Food Design? In *Käsebrot mit Marmelade – Geschmack ist mehr als schmecken,* Hrsg. Dr. Rainer Wild-Stiftung, 161–171. Ebersdorf: 1–2-Buch.

Sucht.de. o. J. Suchtmittel-Stoffkunde. https://www.sucht.de/suchtmittel-stoffkunde.60.html. Zugegriffen 30.05.2021.

Täubig, Vicky. 2016. *Essen im Erziehungs- und Bildungsalltag.* Weinheim und Basel: Beltz Juventa.

Teuteberg, Hans Jürgen. 2003. Kulturpsychologie des Geschmacks. In *Essen ist menschlich. Zur Nahrungskultur der Gegenwart,* Hrsg. Utz Thimm und Karl-Heinz Wellmann, 42–51. Frankfurt/Main: Suhrkamp.

Thimm, Utz und Karl-Heinz Wellmann. Hrsg. 2003. *Essen ist menschlich. Zur Nahrungskultur der Gegenwart.* Frankfurt/Main: Suhrkamp.

Tratnigg, Daniela. 2018. Soul_cuisine – das psychodramatische Arrangement des sinnlichen KOCH_DIALOGS. Brot und Spiele. Die Rollen des Essens im psychodramatischen Fokus. *Zeitschrift für Psychodrama und Soziometrie, Sonderheft 10/2018, 45–67.* Wiesbaden: Springer VS.

Urban-Stahl, Ulrike. 2015. Hausbesuche. In *Handbuch Allgemeiner Sozialer Dienst (ASD),* Hrsg. Joachim Merchel, 247–256. München: Ernst Reinhardt.

Vaerst, Eugen Baron. 1851. *Gastrosophie oder die Lehre von den Freuden der Tafel.* 2 Bd. Leipzig: Avenarius & Mendelssohn.

Veblen, Thorstein. 1986. *Theorie der feinen Leute. Eine ökonomische Untersuchung der Institutionen.* Frankfurt/Main.

Wagner, Daniela. 2009. Semantische Dimensionen von Geschmacksadjektiven: Eine Skizze zum Adjektiv „würzig". In *Food and Language. Sprache und Essen,* Hrsg. Eva Lavric und C. Konzett, 135–147. Frankfurt/Main: Peter Lang.

Weber, Max. 2004 [1920]. *Die protestantische Ethik und der Geist des Kapitalismus.* München.

Welsch, Wolfgang. 1989. *Grenzgänge der Ästhetik.* Stuttgart: Reclam.

Wierlacher, Alois. 2008. Oralität und Kulinaristik von Geschmack und Genuss. In *Kulinaristik. Forschung – Lehre – Praxis,* Hrsg. Alois Wierlacher und Regina Bendix, 157–171. Berlin: LIT Verlag.

Die Bedeutung von Kaffee im professionellen Alltag der Sozialen Arbeit – Perspektiven auf Gastlichkeit

3

Zusammenfassung

Aufsuchende Soziale Arbeit, wie z. B. Hausbesuche in ambulanten Settings oder Streetwork, sieht sich entweder als Gast in der Häuslichkeit der Adressat*innen oder als Gast in der Lebenswelt Straße. Niedrigschwellige Angebote, wie z. B. psychosoziale Kontaktstellen oder Beratungseinrichtungen, werden zu Gastgeber*innen und arrangieren entweder den Besuchsbeginn, wie z. B. Begrüßung, Getränkeangebot, oder eben gleich das gesamte Setting als Begegnung in einem Gast-Gastgeber*innen-Verhältnis. Zum eingelebten Gastgeber*innen-Ritual gehört jedoch ohnehin die Erwartung, einen Kaffee angeboten zu bekommen, vielleicht auch mit ein paar Keksen oder Kuchen. Im professionellen Setting ist der Kaffee und die damit verbundene Gastlichkeit bisher zu wenig in den Blick genommen worden und zu wenig reflektiert im Hinblick auf seine Bedeutung für den weiteren Verlauf der Begegnung bzw. der professionellen Beziehung. Das Kaffeeangebot beim Hausbesuch wird jedoch zur Herausforderung, wenn die Aufgaben der Fachkräfte mit der Gastrolle und der*dem Adressaten*in sowie ihrer*seiner Gastgeber*innenrolle in Konflikt geraten. Am Beispiel des Genussmittels Kaffee lassen sich sowohl die Bedeutung des Kaffees im Alltag Sozialer Arbeit als auch die daran hängenden verschiedenen Herausforderungen an Soziale Arbeit explizit aufzeigen.

81

C. Meyer, *Genussmittel und Soziale Arbeit,* Basiswissen Soziale Arbeit 12,
https://doi.org/10.1007/978-3-658-37139-5_3

3.1   Die Bedeutung des*der kaffeetrinkenden Sozialarbeiters*in im professionellen Alltag als Gast, seltener als Gastgeber*in

Soziale Arbeit ist generell der Gefahr der Diskriminierung ausgesetzt, wenn typische sichtbare Situationen der*des Sozialarbeiters*in wie die des Kaffeetrinkens banalisiert werden. Diese „kleinen Formen der Gastlichkeit" können jedoch für die Konstituierung sozialer Situationen von großer Bedeutung sein, sei es der*die pädagogische Forscher*in, der*die während seiner*ihrer ethnografischen Feldforschung in einer Jugendeinrichtung an der Theke mit einem Jugendlichen Cola trinkt (Schulz 2009, S. 102), oder ein angebotener Kaffee in einer Beratungseinrichtung, der einen Beitrag zur einladenden Willkommensatmosphäre darstellt. Ein anderes typisches Beispiel ist die Tasse Kaffee, die ein*e Sozialarbeiter*in in einer ambulanten Wohnbegleitung mit ihren*seinen alt gewordenen Adressat*innen trinkt. Für Cornelia Schweppe gehört das „gemeinsame Kaffeetrinken" mit Diavortrag zum Inbegriff einer Altenarbeit, die mit Angeboten der Unterhaltung und Zerstreuung sehr traditionell agiert (Schweppe 2012, S. 507 nach: Fuhs et al. 2021, S. 107). Damit bleibt jedoch das Potenzial des Kaffeetrinkens als zentraler Geselligkeitsform ganzer Generationen, „(…) die sinnvoll genutzt, gestaltet oder gar in ihrer Bedeutung gewürdigt werden könnte, unreflektiert" (Fuhs et al. 2021, S. 107).

Nahezu jede*r zwischen 18 und 64 Jahren konsumiert jeden Tag Kaffee: 89,1 % der Teilnehmer*innen zwischen 18 und 64 Jahren des Tchibo Kaffeereports aus dem Jahr 2020 bekannten sich zu ihrem Kaffeekonsum (Tchibo Kaffeereport 2020, S. 42). In einer Reihung, auf was Menschen nicht verzichten möchten, steht der Kaffee an vierter Stelle. An erster Stelle möchten die Befragten nicht auf ihre*n Partner*in verzichten, gefolgt vom Computer/Laptop/ Tablet sowie Sex. Der Kaffee steht in der Reihung dabei allerdings noch vor dem Smartphone und Süßigkeiten sowie Nikotin und Tabak (Tchibo Kaffeereport 2020, S. 75). 86,1 % trinken mehr als zwei Tassen Kaffee am Tag, 14,6 % sogar mehr als fünf Tassen am Tag, lediglich 13,9 % trinken eine Tasse oder weniger (Tchibo Kaffeereport 2020, S. 46). Der Tchibo Kaffeereport aus dem Jahr 2020 hat in einer repräsentativen Studie mehr als 5000 Kaffeetrinker*innen zwischen 18 und 64 Jahren zu ihrem Trinkverhalten befragt (Tchibo Kaffeereport 2020, S. 41) und diese gaben an, mit durchschnittlich 16,2 Jahren zum ersten Mal Kaffee konsumiert zu haben. Kaffee steht 2020 an dritter Stelle der am häufigsten konsumierten Getränke in Deutschland, gleich nach Mineralwasser (86,4 %),

Tab. 3.1 An welchen Orten trinken Sie in der Regel Ihren Kaffee?

Wo?	2020 (in %)
Zu Hause	94,7
Bei der Arbeit/im Büro	59,5
Bei Freunden, Verwandten	55,1
Im Café	49,4
Unterwegs/Coffee-to-go	21,6
Im Restaurant/Hotel	24,5
In der Coffee-Bar	19,4
In der Bar/im Bistro	16,6

(Quelle: Tchibo Kaffeereport 2020, S. 43)

Fruchtsäften (52,5 %) und dann kommt der Kaffee (45,8 %) (Tchibo Kaffeereport 2020, S. 73).

In der Auswahl der Orte, an denen Kaffee regelmäßig konsumiert wird, zeigt sich in der Tabelle (Tab. 3.1), dass „zu Hause" zu den zentralen Orten gehört, gefolgt von „Arbeit" bzw. dem „Büro". In Geselligkeit bei „Freund*innen" bzw. „Verwandten" oder „im Café" kommt Kaffee als Getränk ebenfalls häufig zum Einsatz.

Es ist also relativ wahrscheinlich, dass nahezu jede sozialpädagogische Beziehung mit dem Angebot eines Kaffees beginnt. Oder in etwas abgeschwächter Form: Jede sozialpädagogische Begegnung beginnt mit dem Angebot eines Getränks, wahrscheinlich überwiegend Kaffee. Vorurteile gegenüber Sozialer Arbeit drehen sich immer wieder um Vorstellungen, hier würde nur Kaffee getrunken und geredet, was allerdings zu gar nichts führen würde. Herwig-Lempp fragt im Zusammenhang mit den Professionalisierungsdiskussionen Ende der 1990er-Jahre, ob Sozialarbeiter*innen eigentlich mehr können, als sich im Kreise zu drehen und Kaffee zu trinken (Herwig-Lempp 1997, S. 16). In einer Untersuchung zu Hausbesuchen beschwerte sich im Rahmen einer Eingliederungshilfe eine Adressierte über ihre Sozialarbeiterin, da diese nur „quatschen, Kaffee trinken und gehen" würde (Frau Beutel: 274 in Gerull 2014, S. 91), anstatt auch einmal mit anzupacken, wenn es benötigt würde (Gerull 2014, S. 91). Kaffee und Soziale Arbeit gehören also anscheinend viel stärker zusammen als bisher wahrgenommen.

Über die Entdeckung und Verbreitung des Kaffees in Europa

Kaffee zählt als fester Bestandteil zu verschiedenen Gelegenheiten zum täglichen Leben dazu und er „(…) ist aus unserem Leben nicht wegzudenken" (Beutelspacher 2006, S. 125). Eine Tasse oder ein Becher Kaffee gilt als Sinnbild für die kleine Pause zwischendurch, die identisch ist mit der „Kaffeepause". Darüber hinaus ist Kaffee das dominante Getränk zum Frühstück, oft auch nach dem Mittagessen und er gehört im beruflichen Kontext zu längeren Besprechungen selbstverständlich dazu. „Kaffee ist immer da" (Beutelspacher 2006, S. 125). Kaffee entsteht durch das Überbrühen von gerösteten und feingemahlenen Kaffeebohnen mit fast kochendem Wasser (Beutelspacher 2006, S. 126). In der arabischen und türkischen Welt wird der Kaffeesatz immer als integraler Bestandteil des Kaffees empfunden, während in der westeuropäischen Geschichte der Kaffeesatz lange Zeit mehr oder weniger akzeptierter Bestandteil des Kaffees gewesen ist, während an technischen Lösungen gearbeitet wurde, „(…) wie dabei der Kaffeesatz vom eigentlichen Getränk zu trennen sei" (Beutelspacher 2006, S. 126). Kaffee wird aus gerösteten und im Anschluss gemahlenen Kaffeebohnen gewonnen, die sich als Samen des Kaffeestrauches (Coffea arabica L., Coffea robusta L., Coffea liberia Bull.) in der kirschenähnlichen Kaffeefrucht befinden (Teuteberg 2001, S. 91).

Kaffee ist ein weltweit beliebtes Genussmittel, dessen Genuss Ernährungswissenschaftler*innen nur in mäßigen Mengen empfehlen. Die gerösteten Kaffeesamen enthalten als wichtigsten chemischen Wirkstoff das zu den Purinbasen gehörende Koffein, das vorwiegend auf das Zentralnervensystem des Menschen wirkt. Wenn es in kleinen Mengen konsumiert wird, steigert es die geistige Aufnahme und das Erinnerungsvermögen und aufkommende Müdigkeit verringert sich. In größeren Dosierungen kann der Kaffee jedoch zu innerer Unruhe und Schlafstörungen führen (Teuteberg 2001, S. 91). Die Mediziner waren lange uneins über die Wirkungen des Genussmittels Kaffee. Die erste Erwähnung des Kaffees in Europa erfolgte durch den Augsburger Medicus Leonhart Rauwolf, der als Sohn eines schwäbischen Fernhandelskaufmanns 1573 in den Orient reiste und sich zunächst längere Zeit in Bagdad aufhielt (Peter 2009, S. 122). Im 16. Jahrhundert waren z. B. Rauwolf und Alpino der Ansicht, nach dem Genuss würde die Verdauung gesteigert, während andere vor allem Wirkungen gegen Gicht, Rheuma, Steinleiden, Wassersucht sowie Hysterie oder Lethargie hervorhoben. Aufgrund der anfänglichen Ablehnung durch die Kirche warnten insbesondere französische Mediziner vor dem „Teufels-elixier", denn es würde lebensverkürzend wirken sowie zu Impotenz und „furchtbarer Leidenschaft" führen (Teuteberg 2001, S. 91). Mit der Entdeckung des Koffeins inklusive Wirkung im Jahre 1820 durch den Chemiker Friedrich Ferdinand Runge und dem experimentellen Nachweis der Beeinflussung des Nervensystems und der Stimmung des Menschen durch Carl Voit und Max Pettenkofer erfolgte die Unbedenklichkeits-bescheinigung. Genussmittel galten als wahre Menschenfreunde, weil sie dem Organismus über manche Schwierigkeiten hinweghelfen und in der Anwendung als die richtige „Schmiere" galten, die auch für Bewegungs-maschinen notwendig ist, um sie in Betrieb zu halten, so der Vergleich von Pettenkofer (Pettenkofer 1873 nach: Teuteberg 2001, S. 92).

Ursprünglich galt Persien als Heimat des Kaffeestrauchs, wahrschein-licher ist Äthiopien als Ursprungsland (Braudel 1985, S. 270). „Die Anfänge des Kaffeegenusses verlieren sich im Gestrüpp widerspruchs-voller orientalischer Legenden. Danach kannten offenbar arabische Ärzte, wie z. B. Avicenna, bereits die Frucht des wilden Kaffeebaums unter den Bezeichnungen ‚bun' oder ‚kahwa' bzw. anderen Namen als Medizin, doch findet sich bei ihnen offenbar noch kein Hinweis auf die Zubereitung für ein kaffeeähnliches Getränk. Wahrscheinlich nahmen die eingeborenen Stämme Äthiopiens schon seit langem die Kaffeebeeren in roher oder zerstampfter Form zu sich oder bereiteten aus den getrockneten Früchten auch einen aromatischen, schwach koffeinhaltigen Sud unter dem Namen ‚Kisher', doch hatte dies noch kaum etwas mit dem späteren Kaffee-konsum zu tun" (Teuteberg 2001, S. 93). Über kriegerische Aktivitäten ist die Kaffeepflanze in den Südjemen gekommen und dort im späten 14. Jahr-hundert erstmals gartenmäßig angebaut worden. Kaffee als schwarzer Trank soll zum ersten Mal in Aden um 1420 genossen worden sein. „Der Wahrheitsgehalt dieser immer wieder bis heute in allen Kaffeegeschichten kolportierten legendären Überlieferung ist schwer abzuschätzen, da es ganz andere orientalisch-märchenhaft ausgeschmückte Darstellungen über die Ursprünge des Kaffeetrinkens gibt" (Teuteberg 2001, S. 94). In den islamischen Ländern lernen die abendländischen Reisenden also den Kaffee kennen und bisweilen auch den Kaffeestrauch. Prospero Alpini, der sich um 1590 in Ägypten aufhält, oder der Weltreisende Pietro della Valle, der 1615 über Konstantinopel schreibt, berichtet, dass dort Kaffee getrunken wird und zwar „(...) in langen Zügen, nicht zu den Mahlzeiten, sondern danach in kleinen Schlucken, wenn man sich im Gespräch mit Freunden entspannt. Man kommt kaum zu einer Geselligkeit, wo es nicht gereicht wird" (Braudel 1985, S. 271). 1615 erreicht der Kaffee Venedig, 1644 Marseille, vor allem über einen Kaufmann eingeführt. Zusätzlich zu den ersten Bohnen preist er ebenfalls gleich kostbare Tassen und Kaffeekannen an. „In Paris hält das neue Anregungsmittel 1643 Einzug und in London vermutlich 1651. (…) Endgültig entscheidet sich das Schicksal des Kaffees in Europa erst etliche Jahre später in Paris. 1669 gibt hier der türkische Botschafter (…) zahlreiche Kaffee-Empfänge, die zwar seine Mission nicht fördern, dafür aber dem Kaffee zum Durchbruch verhelfen. Wie dem Tee geht ihm der Ruf eines Wunderheilmittels voran" (Braudel 1985, S. 272).

Die Kaffeebohnen kamen zunächst nur pfundweise in kleinsten Mengen in den Handel. Gleichzeitig dienten sie auch als kostbare Geschmacksverbesserer zur Herstellung von „Liqueur" und „Confect" und infolgedessen wurde er zu einem Luxusgetränk für begüterte Adlige und bürgerliche Patrizier*innen (Teuteberg 2001, S. 99). Bis etwa 1715 blieb der Kaffee ein ganz seltenes und sehr teures Luxusgetränk, das entweder als Heilmittel, Aphrodisiakum oder auch als „unnützes Exoticum" betrachtet wurde. In relativ wenigen, besonders wohlhabenden Haushalten war das Kaffeetrinken am frühen Morgen oder Nachmittag üblich. Erst seit Mitte des 18. Jahrhunderts breitete sich der Kaffee auch auf dem Lande aus. „Es handelte sich (…) bei den einfachen Haushalten meistens um billigen Ersatzkaffee oder um einen damit vermischten oder mit viel Wasser oder Milch verdünnten Bohnenkaffee. (…) Die in den zeitgenössischen Berichten des späten 18. Und 19. Jahrhunderts immer wieder auftauchenden Klagen über den unmäßigen Kaffeeverbrauch der ‚arbeitenden Klassen' bedürfen daher einer kritischen Überprüfung. Ohne Zweifel gab es wie bei allen Nahrungsinnovationen ein Bestreben, das Kaffeetrinken der wohlhabenden ‚Herrschaft' nachzuahmen" (Teuteberg 2001, S. 101). Im Jahr 1850 lag der Konsum etwa bei 17,3 l pro Kopf (zum Vergleich: im Jahr 1979 lag er bei 140,2 l pro Kopf) (Teuteberg 2001, S. 104).

Seit Mitte des 17. Jahrhunderts kommt neben dem Kaffee eine ganze Gruppe bis dahin unbekannter exotischer Stoffe in Mode: Schokolade, Tee und Tabak erscheinen ebenfalls innerhalb der europäischen Genusskultur an mehreren Stellen zugleich. Im Süden findet der Handel in den Zentren des Levantehandels Venedig und Marseille statt, im Norden in

London und Amsterdam, die auch als die Umschlagplätze des neuen Welthandels gelten. „Um 1650 war der Kaffee in Europa weitgehend unbekannt, wurde höchstens als Medikament verwendet. Um 1700 ist er fest etabliertes Getränk, zwar nicht der gesamten Bevölkerung, wohl aber der tonangebenden Schichten" (Schivelbusch 2005, S. 26). Das Kaffeetrinken fügt sich ein als weiterer Schnörkel in der höfisch-aristokratischen Gesellschaft, wie zuvor auch die Chinoiserie oder „(…) die Mohrenjungen [sic], die man sich in seinem Gefolge als eine Art Schoßhündchen hält" (Schivelbusch 2005, S. 26). Für die höfische Kultur steht das Getränk nicht im Vordergrund, vielmehr geht es um die Formen, „(…) in denen man es genießen kann, die Gelegenheiten, die es bietet, Eleganz zur Schau zu stellen. Das Porzellangeschirr, das eigens für den Kaffeegenuß bei Hofe entwickelt wird, ist die eigentliche Hauptsache – so wie im Absolutismus alles von den Formen des Hofzeremoniells bestimmt wird. Die Form verdrängt den Inhalt" (Schivelbusch 2005, S. 26). Ganz entgegengesetzt verhält sich die bürgerliche Gesellschaft zum Kaffeegenuss. Das Getränk steht im Mittelpunkt des Interesses und weniger die Form, sodass erst einmal der bunte Strauß an Eigenschaften auftaucht, der dem Kaffee zugeschrieben wird, wie z. B. er helfe gegen Blähungen, stärke die Leber und die Galle, reinige das Blut, beruhige den Magen, rege den Appetit an, könne ihn aber auch dämpfen. „Kurz, der Kaffee wird als Allheilmittel betrachtet" (Schivelbusch 2005, S. 29). Einige dieser Aspekte sind heute noch Antreiber für den Kaffeegenuss. Der Tchibo Report 2020 fragt danach, warum Kaffee getrunken wird, und 41,3 % der Befragten wollen mithilfe von Kaffee wach werden, 16,2 % wollen länger wach bleiben, 14,6 % Stress bewältigen sowie 17,1 % wollen ihre Verdauung unterstützen (Tchibo Report 2020, S. 57).

Im Bürgertum des ausgehenden 17. Jahrhunderts wird der Kaffee dann als der große Ernüchterer begrüßt. „Die Vernunft und die Geschäftstüchtigkeit des Kaffeetrinkers werden dem Rausch, der Unfähigkeit und Faulheit des Alkoholtrinkers gegenübergestellt (…)" (Schivelbusch 2005, S. 29), was vor allem auch mit der Entstehung der Orte zu tun hat, an denen Kaffee konsumiert wurde: Kaffeehäuser.

Die Verbindung von Kaffee und Sozialer Arbeit findet sich vor allem in bestimmten Settings aufsuchender Arbeit in der Sozialen Arbeit, wie z. B. Streetwork oder Hausbesuchen, die sich mit gesellschaftlichen Vorstellungen von

Gastlichkeit (teilweise) überlappen. Das Rollenverständnis im Streetwork versteht sich z. B. als „Gast in der Lebenswelt der Adressat*innen" (Bundesarbeitsgemeinschaft Streetwork und Mobile Jugendarbeit 2018, S. 7) oder Soziale Arbeit wird zum Gast bei Hausbesuchen (Pantucek-Eisenbacher 2019; Urban-Stahl 2009; Gerull 2014). Diese verschiedenen Rollen als Gast in der Lebenswelt der Adressat*innen werden wiederkehrend explizit für die Methoden der aufsuchenden Sozialen Arbeit ausgeführt, doch vielfach bleibt es auf der Ebene der Feststellung, ohne darin stärker analytisch bedeutsame Perspektiven zu verfolgen. Weitere Settings, z. B. Beratungsstellen, bieten ebenfalls etwas an, um das Ankommen in einer neuen oder ungewohnten Situation zu erleichtern, oder eben niedrigschwellig angelegte Institutionen, die die Bedeutung rund um das Angebot eines Kaffees und damit auch „das Ankommen" oder „zur Ruhe kommen" innerhalb ihres Konzepts verankert haben. Das Kaffeetrinken wird zum Aufhänger, um in diese Einrichtungen zu kommen und bei einem Kaffee in einer Runde Zugehörigkeit zu erfahren. Die unterschiedlich gestalteten Settings, in denen der Kaffee entweder zum Schwellenüberwinder wird oder doch erst einmal einen Moment länger im Mittelpunkt steht, folgen ganz selbstverständlich gesellschaftlich verinnerlichten Gastlichkeitsvorstellungen, ohne dass bisher bedeutende Erkenntnisse um den Kaffee in der Gesellschaft und in seiner ritualisierten Bedeutung für Soziale Arbeit bearbeitet worden wären. Innerhalb des Kaffeeangebots zu Beginn und dem gemeinsamen Verzehr lassen sich für Soziale Arbeit aufschlussreiche Aspekte in mehrfacher Hinsicht finden.

Grundsätzliche Fragen rund um Gastlichkeit und die Bedeutung von Gastlichkeit als Ritual sind zu klären, um sich darüber auseinandersetzen zu können, ob Sozialpädagog*innen tatsächlich zu Gastgeber*innen und Gäst*innen werden wollen oder sollten mit denen sich daraus ergebenden Konsequenzen für das zu gestaltende Setting. Fragen der Gastlichkeit werden im Rahmen der Kulinaristik sowohl in privater als auch professioneller Perspektive gestellt und Wierlacher fragt sich, warum Gastlichkeitsfragen in professionellen Kontexten nicht viel stärker thematisiert werden mit entsprechenden Konsequenzen in der Gestaltung der Angebote. „Bis heute hat kein einziges akademisches Fach diese Form der Gastlichkeit zu einer seiner besonderen Lehraufgaben gemacht; in den Empfehlungen der Deutschen Forschungsgemeinschaft zur Sicherung guter wissenschaftlicher Praxis kommt gastliches Verhalten gar nicht vor, in der Theorie interkultureller Kommunikation ist die kulturelle Gastlichkeit ebenfalls kein Thema geworden, – allenfalls bringt sie die interkulturelle Ratgeberliteratur zur Sprache. In der professionellen Gastlichkeit der letzten Jahre haben nur wenige zu einem neuen Praxisverständnis beruflicher Gastlichkeit etwas geleistet" (Wierlacher 2011a, S. 16). Auch in der Sozialen Arbeit fehlt die

Bearbeitung völlig, obwohl sie auch in diesem Bereich von hoher Bedeutung wäre (Wierlacher 2011, S. 16, Fußnote 25).

Gastlichkeit stellt nicht nur eine besondere Form kulturellen Lebens dar, vielmehr kann sie als eine grundlegende Dimension menschlicher Kultur überhaupt bezeichnet werden (Liebsch 2011, S. 37). Wierlacher zählt Gastlichkeit zu den ältesten Kommunikationstypen, mit denen Menschen über Grenzen hinweg ihr Zusammenleben regeln, und es werden drei Grundformen der Gastlichkeit unterschieden:

1. die anthropologische Form: das Faktum wird konzeptionell erfasst, dass Menschen alle Gast des Lebens sind,
2. die politische Form: mit der politischen Form der Gastlichkeit ist der Bedarf an Aufnahme von Menschen in Not und Verfolgung bis hin zum Asyl gemeint, und
3. die kulturelle Form: mit dem Begriff „kulturelle Gastlichkeit" ist die kulturspezifische Praxis bezeichnet, Menschen zu einem gemeinsamen Essen einzuladen und ggf. auch zu beherbergen (Wierlacher 2011, S. 5 f.).

Allen drei Formen liegt zugrunde, dass sie auf unterschiedliche Weise Routinen, Konkurrenzen und Wertschöpfungsketten in der alltäglichen gesellschaftlichen Wirklichkeit unterbrechen und aufheben. Sie „(...) eröffnen Perspektiven für eine primär am Lebensschutz orientierte Variante des Umgangs der Menschen miteinander und ihres Verhältnisses zu den natürlichen Lebensbedingungen" (Wierlacher 2011, S. 5 f.). Die dritte Grundform wird im folgenden Verlauf die für Soziale Arbeit bedeutende sein, mit der auch weitergearbeitet wird. Wierlacher versteht die kulturelle Form der Gastlichkeit als Beziehungskonzept, Kulturmuster, eine Rechtsfigur, ein Geschäftsmodell und eine übergreifende Schutzkategorie. „In all diesen Hinsichten ist die Gastlichkeit in ihrer Lebenswirklichkeit an eine Vielfalt kultureller Formen gebunden; nicht zuletzt über ihren Anker (Bendix 2008, S. 49), das gemeinsame Essen, ist sie eng mit den Kommunikationssystemen in Alltag und Festtag verbunden. (...) Hier ist festzuhalten, dass das Konzept der Gastlichkeit wie alle Leitkonzepte einer Gesellschaft unter neuen Rahmenbedingungen des kulturellen Wandels neu zu festigen ist" (Wierlacher 2011, S. 6).

In Wierlachers Verständnis ist das Konzept der kulturellen Gastlichkeit der gesellschaftlichen Rollendifferenz der Berufe, Geschlechter und Generationen sowie den subkulturellen Lebensformen oder Kommunikationswelten übergeordnet. „Jeder Mensch kann zum Gast werden" (Wierlacher 2011, S. 6). Als erste Einübungen in die Rolle des Gastes oder des*der Gastgebers*in können in der westlichen Welt Kindergeburtstage eingeschätzt werden. Freund*innen können sich ebenfalls gegenseitig einladen und dann zu Gästen oder Gastgeber*innen werden. Jenseits des privaten Lebensbereichs ist der Gast im öffentlichen Gastgewerbe eher ein*e Unbekannte*r oder Fremde*r. Logischerweise ist diesem Fremden dann auch der*die Gastgeber*in fremd. Ursprünglich steht die Kultur der Gastlichkeit vielmehr für den Sinn eines kulturellen Lebens, „(…) das den Anderen als Anderen willkommen heißt, sei es in der ersten Aufnahme, sei es in der vorsorgenden Bereitstellung von Nahrung oder der aufmerksamen Bereitung einer gastlichen Bleibe (auf Zeit oder auf Dauer), die dem Anderen in seiner Freiheit, nicht zuletzt in der befremdlichen Freiheit seines Andersseins und -denkens als einladend erscheint" (Liebsch 2011, S. 31). In dieser Perspektive umspannt die Gastlichkeit in vielfältigen Erscheinungsformen auch elementare Phänomene, wie z. B. die Aufnahme des Neugeborenen, aber auch bereits der Blick oder Gruß, der dem Fremden gilt, oder auch Praktiken freundlicher Beherbergung und Bewirtung bis hin zur Gewährung von Schutz und Asyl. Gastlichkeit bewährt sich in jedem Fall „(…) in einer Aufgeschlossenheit für den Anderen als Anderen, die ihm Spielräume einer unkalkulierbaren Alterität buchstäblich einräumt, die die Macht der gastgebenden Instanz jederzeit in Frage stellen kann" (Liebsch 2011, S. 31). In der Wortgeschichte spiegelt sich diese doppelte Möglichkeit. Das Wort „Gast" kommt von lat. Hostis (Feind, Staatsfeind, Fremder) und die Lautverschiebung im Deutschen hat aus dem H ein G werden lassen (Wierlacher 2011, S. 6). „Unstrittig ist, dass Auffassungen des Anderen und Fremden immer schon kulturspezifisch akzentuiert sind, da wir alle einem bestimmten kulturellen Gedächtnis angehören und Fremdheitserfahrungen nicht nur im interkulturellen, sondern auch im intrakulturellen Referenzrahmen gemacht werden, weil es in den modernen Gesellschaften auch die subkulturelle Fremdheit der Schichten und Generationen gibt: ‚Jeder war und ist ein Fremder, als Schulanfänger, als Heranwachsender, als Berufsanfänger oder -wechsler, als alter Mensch'" (Hettlage 1987, S. 26 nach: Wierlacher 2011, S. 8).

Im Konzept der kulturellen Gastlichkeit ist grundsätzlich die lebensförderliche Bereitschaft des Gastgebers eingeschlossen, Geiz und Kleinlichkeiten zu vermeiden, während als Ausdruck der Fürsorge für einen Gast Großzügigkeit und Freigebigkeit gelten. In manchen europäischen Kulturen werden als Äquivalent für den Begriff der kulturellen Gastlichkeit Ausdrücke für Freigebigkeit und Großherzigkeit verwendet, z. B. im Niederländischen und in den skandinavischen Sprachen kommt mit den genutzten Wörtern die Großzügigkeit des Gastgebers zum Ausdruck (Wierlacher 2011, S. 7). In den drei Kreisen der Kulinaristik wird die allumfassende Bedeutung der Gastlichkeit im kulinaristischen Kontext deutlich.

▶ **Die drei Kreise der Kulinaristik** Ausgangspunkt der Kulinaristik bildet die Erkenntnis, „(…) dass das Kulturphänomen Essen den ganzen Menschen betrifft und sich Kulturen im Kontext ihrer rechtlichen, sprachlichen, sozio-ökonomischen und politischen Systeme auch über ihre Essensordnungen definieren. Leitende Differenzierung ist die Unterscheidung zwischen Essen und Ernährung. Gegenstandsbereich ist die Trias von Natur/Kultur, Kommunikation und Küche" (Wierlacher 2011, S. 11). Die Kulinaristik veranschaulicht ihre Ziele mit dem Bild von drei Kreisen, im innersten Kreis befindet sich die Nutrition. Damit ist die Notwendigkeit, zu essen und zu trinken, bezeichnet. Deshalb wirken in der Kulinaristik Naturwissenschaftler*innen, Ernährungs-wissenschaftler*innen und Mediziner*innen mit. Im zweiten Kreis stehen die Kulturen, die aus der Notwendigkeit zur Nutrition eine Vielfalt an Speisen und Getränken, Regeln, Zeichen, Normen, Ritualen, Redeweisen und Symbolen hervorgebracht haben, und deshalb gehören in diesen Kreis die Kultur- und Kommunikationswissenschaftler*innen und professionelle Köch*innen. „Der dritte und umfassende Kreis repräsentiert die Gastlichkeit. Sie gehört zu den ältesten Konzepten, mit denen Menschen ihr Zusammenleben regeln. Sie hält die Vielfalt der Menschen, Völker und Nationen kommunikativ zusammen. Sie ist das Rahmenthema der Kulinaristik" (Wierlacher 2011, S. 11). Das Verhältnis von Wissenschaft und Praxis wird in diesem Zusammenhang nicht als einseitiger Wissenstransfer gedacht. Vielmehr geht es um die Herstellung und Förderung eines wechselseitigen Aufklärungsprozesses, in dem die akademischen Fächer und die berufliche Praxis der Gastlichkeit einbezogen sind und die Ziel- sowie Methodendifferenz der beiden Handlungssysteme hervorgebracht werden. Dabei spiegeln die drei Kreise der Kulinaristik Gegenstands- und Aufgabenfelder und bilden sie ab (Wierlacher 2011, S. 12).

Gastlichkeit bildet also das Rahmenthema der Kulinaristik und als solches wird sie auch als Beziehungskonzept verstanden mit einem wechselseitigen Bezug von Gast und Gastgeber*in aufeinander. Dabei ist sie nicht mehr als Einbahnstraße aus der Sicht des*der Gastgebers*in oder Dienstleistungsanbieters zu verstehen, vielmehr als Modus eines kooperativen Handelns, „(…) das sich im Kontext der Pluralität von Identität und Alterität bewähren muss, in dem sich auch der Gast neu zu definieren hat" (Wierlacher 2011, S. 9). Damit stehen für Wierlacher Neu-festigungen des Konzepts der Gastlichkeit an, die vor allem das Beziehungs-konzept mit dem wechselseitigen Bezug betonen und aus der bisherigen Inhaltsleere gegenwärtiger Gastlichkeit herausführen (Wierlacher 2011, S. 9).

Im Rahmen einer Verbindung von Kulinaristik und Kindheitsforschung mit der Zielsetzung, theoretische und praxisrelevante Potenziale von Gastlichkeit in scheinbar beiläufigen pädagogischen Alltagssituationen zu heben und damit eine pädagogische Kulinaristik zu begründen, haben sich Fuhs et al. innerhalb eines Forschungsprojekts Fragen der Gastlichkeit gewidmet. Ausgehend von der Kulinaristik als interdisziplinärem Fachgebiet, das Essen und Ernährung unter einer umfassenden kulturellen Perspektive erforscht und ihr zentrales Konzept der Gastlichkeit in verschiedenen disziplinären, wie z. B. sozial-, natur- und ernährungswissenschaftlichen, rechtlichen, ökonomischen und literaturwissenschaftlichen, Fragestellungen bearbeitet (Wierlacher und Bendix 2008), hält Gastlichkeit „(...) die Vielfalt der Menschen, Völker und Nationen kommunikativ zusammen" (Kulinaristik-Forum 2020). In ihrem Kern stellt Gastlichkeit ein Beziehungs- und Schutzkonzept dar, das auf anthropologische, kulturelle, politische Aspekte und Begegnungen von Menschen, auch die gewaltförmigen und gescheiterten, verweist (Liebsch 2005, S. 66 nach: Fuhs et al. 2021, S. 106). „Gastlichkeit als gesellschaftliche Praxis (etwa als welcome culture, Trauner und Turton 2017) eröffnet gerade in schwierigen politischen, ökonomischen und sozialen Zeiten einer globalisierten Welt neue Perspektiven für einen transkulturellen Blick" (Fuhs et al. 2021, S. 106). Bedeutende Elemente des gemeinsamen „Gastmahls" stellen neben der Rolle von Gastgeber*in und Gäst*innen Regeln der Friedenspflicht, des Gastrechtes und der Höflichkeit dar. Seit der Antike wird das Gastmahl als eine Form der Begegnung angesehen, die Freundschaften stiften kann (Lemke 2007, S. 284 nach: Fuhs et al. 2021, S. 106). Gastlichkeit eröffnet eine Vielfalt an Möglichkeiten, miteinander in Kontakt zu kommen, auch in konfliktträchtigen, auseinandersetzungsreichen Kontakten, denn bis heute gilt z. B. in der Politik eine Tischgemeinschaft mit einer „guten Mahlzeit in guter Gesellschaft" (Lemke 2007, S. 284 nach: Fuhs et al. 2021, S. 106) als Möglichkeit, ins Gespräch zu kommen, und das eben auch unter Feinden. Im folgenden Verlauf wird Gastlichkeit als kulturelles Konzept ausgelotet entlang der Möglichkeiten, sich entweder als Gast oder Gastgeber*in in sozialpädagogischen Settings zu verstehen, wenn Nahrungsmittel- oder Getränkeangebote gemacht werden. Am Beispiel des Kaffees, der entlang gängiger Gastlichkeitsvorstellungen wohl am häufigsten in den verschiedenen Settings vorkommt, werden Überlegungen zu einer sozialpädagogisch gestalteten Gastlichkeit in den Mittelpunkt gestellt. Dabei wird davon ausgegangen, dass Aspekte, die für das Gastmahl als ausgedehnte Tischgemeinschaft gelten, ebenso für jede andere, auch kürzere bzw. nur auf Getränke reduzierte Gastlichkeit zutreffen.

Gastlichkeitsfragen wurden bisher von Behnisch aufgegriffen und vor allem als Kernbereiche des professionellen Geschehens gedeutet und weniger als

Fragen ritueller Gastlichkeit eingeordnet oder analysiert. Fachkräfte sollten über spezifisches Wissen verfügen im Hinblick auf Bewirtungs- und Speisenangebote von Adressat*innen als

1. Ausdruck kulturell geronnener Gastlichkeitsvorstellungen,
2. Beziehungsangebot,
3. Regulierungsmöglichkeit von Nähe und Distanz sowie
4. Spiegel familiärer Selbstverständnisse (Behnisch 2010, S. 44).

Dabei sollten Fachkräfte die Fähigkeit entwickeln, zu erkennen, „(…) wann der Übergang von der bloßen Teilnahme zur Inszenierung und damit zum partiellen Durchbrechen von Ritualen, erfolgen kann" (Beispiel dazu bei Woog 2006, S. 114 nach: Behnisch 2010, S. 45). Gastlichkeit als Ritual wird von Behnisch jedoch nicht eingeführt und deshalb bleibt der Vorschlag zum Durchbrechen dieses Rituals zugunsten der Fachlichkeit offen. Nicht zuletzt deshalb bleibt der Umgang mit Bewirtungen eher eine situative Herausforderung, auf die sich Fachkräfte durch professionelle Kompetenzaneignungen vorbereiten können (Behnisch 2010, S. 45). Auf der Basis einer Vielzahl an Diskussionen mit Fachkräften im Hinblick auf fachgerechtes Handeln in Bewirtungssituationen wird das Speiseangebot durch Adressat*innen als bedeutend eingeschätzt. „Hinter der scheinbar harmlosen Fassade gemeinsamen Teetrinkens und Kuchenessens werden vielmehr Kernbereiche des professionellen Geschehens aktiviert; es geht um Nähe und Distanz, um das Spannungsfeld aus Offenheit und Auftrag, um Anerkennung, Hierarchie, Auftrag, Respekt, natürlich auch um eigene Grenzen, etwa bei Ekelgefühlen" (Behnisch 2010, S. 42). Sozialpädagogische Fallreflexion würde jedoch zu stark das gesprochene Wort als Interaktionsmodus in den Mittelpunkt rücken, während dabei symbolisch-dingliche Formen der Kommunikation, wie z. B. das Anbieten von Speisen und Getränken, aber auch Kleidung oder Wohnungseinrichtung, vernachlässigt würden trotz ihrer immensen Aussagekraft (Behnisch 2010, S. 42).

Beispiel

In der Forschung zur Analyse von Gesprächen in der Sozialpädagogischen Familienhilfe wurden mittels der Konversationsanalyse Gesprächspraktiken untersucht, die zeigen, wie die Sozialpädagogische Familienhilfe als Handlungsfeld kommunikativ konturiert und Vorstellungen von Familie konstituiert werden. Den Gesprächssituationen gehen explizit auch Gastlichkeitssituationen voraus bzw. begleiten diese, ohne jedoch ersichtlich in die Analyse mit einbezogen worden zu sein. „An dem nachfolgenden Gespräch, (…)

sind Frau Ahlers als Adressatin der Sozialpädagogischen Familienhilfe und Frau Klausen als Professionelle beteiligt. Frau Ahlers ist alleinerziehend und lebt mit ihren zwei Töchtern Nina (9 Jahre) und Julia (7 Jahre) in einer Drei-Zimmer Wohnung in einem Wohnblock in einer Großstadt. Das Gespräch findet bei Frau Ahlers zu Hause im Wohnzimmer statt. (…) Die Beteiligten versammeln sich im Wohnzimmer und nehmen am Esstisch Platz. Frau Ahlers bietet Kaffee an und holt Tassen, Milch und Zucker. Währenddessen beginnt sie damit, aus ihrem Alltag zu erzählen" (Richter 2013, S. 90). Die Gesprächs-sequenz trägt den Titel „Klatschgespräch" (Richter 2013, S. 90).

Dem zweiten Beispiel liegt ein ganz ähnliches Setting zugrunde. „An dem nachfolgenden Gespräch sind Frau Mersch als Adressatin der SPFH und Frau Mahler als Professionelle beteiligt. Frau Mersch ist alleinerziehend und lebt mit ihren zwei Söhnen Kenan (3 Jahre) und Damir (5 Jahre) in einer Drei-zimmerwohnung. Sie ist aufgrund von körperlicher Gewalt mit ihren zwei Kindern in ein Frauenhaus geflüchtet und hat dort über mehrere Monate gelebt, bevor sie sich eine eigene Wohnung gesucht hat. Frau Mersch ist von sich aus an das Jugendamt herangetreten (…). Für das Gespräch setzen sich die Gesprächspartnerinnen ins Wohnzimmer auf die Couch. Frau Mersch holt Kaffee aus der Küche und erzählt dabei, dass sie eine neue Kaffee-maschine von der Nachbarin bekommen konnte. Sie bietet Kaffee an" (Richter 2013, S. 149). In beiden Fällen, die sehr unterschiedlich gelagert sind, ein-mal erfolgte eine Meldung durch eine andere Institution und im anderen Fall wurde die Hilfe explizit selbst gesucht, läuft die Sozialpädagogische Familienhilfe bereits seit einigen Wochen, als die Aufzeichnung des Gesprächs stattfindet. Auffällig in beiden Anfangssequenzen ist das gemeinsame Kaffee-trinken als Ausgangspunkt der Begegnung. Das Kaffeeangebot ist selbst-verständlich und scheint in beiden Fällen aufgrund der nicht mehr neuen Situation einem völlig unauffälligen Ablauf zu folgen. ◄

Wenn Besucher*innen nach dem Betreten der Häuslichkeit nicht zumindest ein Getränk angeboten wird, könnte dieses Unterlassung als Verstoß gegen den kulturellen Kodex von Höflichkeit und Gastlichkeit gedeutet werden. Das Anbieten von Speisen und Getränken durch Adressat*innen stellt „(…) zunächst ganz simpel ein kulturelles Symbol der freundlichen Gastlichkeit dar. Die Fach-kraft, der etwas angeboten wird, kann daher dies als Wertschätzung gegenüber der eigenen Person und ihrer Arbeit wahrnehmen: ‚Ich bin ein Gast, den die Familie gerne eingeladen hat'" (Woog 2006, S. 93 nach: Behnisch 2010, S. 42 f.). Abhängig von den jeweilig vorherrschenden ethnisch-kulturellen (Gastlichkeits-)

Traditionen der jeweiligen Familien kann z. B. eine Ablehnung eines angebotenen Getränks oder Speise als Beleidigung empfunden werden. Die Annahme des Angebots wird von Toprak als Türöffner bezeichnet (Toprak 2009, S. 27 nach: Behnisch 2010, S. 42 f.).

Behnisch geht sogar so weit, im Anbieten von Getränken und Speisen den Ausdruck eines Beziehungsangebots bzw. eines Beziehungswunsches ablesen zu können (Beispiel bei Klug-Durán 2009, S. 86 f.) (Behnisch 2010, S. 42 f.). Nahrungsangebote durch Adressat*innen werden als Wunsch nach Gestaltung eines beziehungsrelevanten Miteinanders (z. B. Woog 2006, S. 93) eingeschätzt. Behnisch unterscheidet drei Aspekte im beziehungsrelevanten Nahrungs- und Getränkeangebot durch Adressat*innen:

1. Die Essens- und Getränkegabe bildet ein Element der Kontaktaufnahme und damit eine Grundlage der Annäherung und des weiteren pädagogischen Handelns (Klug-Durán 2009, S. 96).
2. Das Getränke- und Nahrungsangebot erlangt Bedeutung für das Austesten von Beziehungen, indem Adressat*innen sensibel für die Reaktion im Allgemeinen, aber auch die Annahme bzw. Ablehnung der Sozialarbeiter*innen auf das Angebotene genau beobachten. Mit dem Getränke- und Speisenangebot lassen sich auch die Spielräume einer tragfähigen Beziehung austesten und sogar als Duell um Macht und Kompensation von Demütigungen inszeniert werden, z. B. „(…) darüber, wer die meisten vom Klienten zubereiteten scharfen Paprika verträgt" (Klug-Durán 2009, S. 89, 96 nach: Behnisch 2010, S. 43).
3. An der Verköstigung lässt sich auch die wachsende Beziehungsqualität ablesen. Woog beschreibt das Kaffee-Angebot als Vertrauensbeweis: „Erst als die Familie Vertrauen zu mir gefaßt hat, bietet mir Frau Burger eine Tasse Kaffee an, die ich auch dankend annehme" (Woog 2006, S. 113 nach: Behnisch 2010, S. 43). Oft bleibt auch die Küche der Adressat*innen zu Beginn eines Arbeitsprozesses „verschlossen" und das Hereinbitten der Fachkräfte erfolgt erst im Verlauf der Zeit. Das Essensangebot kann zudem auch Anerkennung und Dank für die Arbeit der Familienhelferin ausdrücken (Klug-Durán 2009, S. 96 nach: Behnisch 2010, S. 43).

Insgesamt sollten sich Fachkräfte insbesondere beim Arbeiten in den privaten, intimen Räumen der Adressat*innen respektvoll gegenüber ihren Lebenswelten zeigen und sich zunächst einmal als Gäste in einem spezifisch beruflichen Kontext verstehen. „Sie (die Fachkräfte: C. M.) dürfen also Gastlichkeit in Anspruch nehmen, sie haben aber andererseits auch die Verhaltensregeln eines Gastes einzuhalten. Diese Rolle verbietet es, etwa mit Ironie oder brüsker Ablehnung auf angebotene Speisen und Getränke zu reagieren. Die symbolischen und kommunikativen Formen des Handelns als Gast sind auch und gerade in einem beruflichen Kontext zu beachten. Dies zu wissen und sich als ,professioneller Gast' verhalten zu können, gehört zur sozialpädagogischen Kompetenz" (Behnisch 2010, S. 44). Gegenwärtig gibt es kaum Möglichkeiten, sich sozialpädagogische Kompetenz als „professioneller Gast" anzueignen und so etwas wie eine „sozialpädagogische Gastlichkeit", die nicht nur reagiert, sondern auch Gastlichkeit professionell in alle möglichen Richtungen sowohl des Gast-Seins wie auch des Gastgeber*innen-Seins gestaltet. Behnisch hält vor allem Fachwissen für unabdingbar, das sich mit der Gestaltung der situativen Dynamik einer Bewirtungssituation befasst, um davon nicht völlig überrascht zu werden. Typische Situationen, Wahrnehmungsmuster und Spannungs-felder sollten durch Fachwissen antizipiert werden können, um damit innerhalb der gemeinsamen Interaktion gegenüber den Adressat*innen in Vorleistung zu gehen. Damit würden sie sich Handlungssouveränität und Steuerungsoptionen sichern und die Ungewissheit des Handelns minimieren (Behnisch 2010, S. 44). Für die souveräne Gestaltung der situativen Dynamik ist es von Bedeutung, sich intensiver mit den Möglichkeiten und damit verbundenen Zielen von auf-suchender (in den Lebenswelten der Adressat*innen) Sozialer Arbeit vertraut zu machen, um im weiteren Verlauf die bedeutenden Aspekte rund um die Gastlich-keit als Ausdruck kulturell geronnener Gastlichkeitsvorstellungen, die in eine professionell gestaltete Gastlichkeit als „sozialpädagogische Gastlichkeit" ein-münden soll, umfassender anlegen zu können.

▶ **Aufsuchende Settings in der Sozialen Arbeit – Hausbesuch und Street-work**

Hausbesuch
Der Hausbesuch gilt als traditioneller methodischer Ansatz in der Sozialen Arbeit, der einen nicht unerheblichen Eingriff in die Intimsphäre der Besuchten darstellt und von vielfältigen Ambivalenzen und Paradoxien geprägt ist (Gerull 2016, S. 85). „Als Hausbesuch wird (…) jeder (beruflich motivierte) Besuch einer Sozialarbeiterin oder eines Sozialarbeiters in der Wohnung einer Adressatin oder eines Adressaten Sozialer Arbeit verstanden – unabhängig vom Anlass oder Ziel des Besuchs und unabhängig davon, ob der Hausbesuch allein oder im (auch interdisziplinären) Team durchgeführt wird" (Gerull 2014, S. 11). Der Haus-besuch verschiebt das Verhältnis der Helfer*in-Klient*n-Beziehung, weil es die

üblicherweise geltenden Rollen verändert, erweitert, wenn nicht sogar erst einmal vertauscht. Üblicherweise empfangen die Fachkräfte die Adressat*innen in der Dienststelle, z. B. dem Jugendamt. „Die Fachkräfte empfangen die KlientInnen in ihren Räumen, sind Gastgeber und bewegen sich in vertrauter Umgebung, in der sie das Hausrecht ausüben" (Urban-Stahl 2009, S. 6). Beim Hausbesuch werden die Adressat*innen zu Gastgeber*innen und die Fachkräfte werden zu Gästen. „Dieses ist wohl das grundlegendste und wichtigste Kriterium eines fachlich qualifizierten und wertschätzenden Hausbesuches" (Urban-Stahl 2009, S. 6). Mit der Übernahme der Gastrolle wird für die Fachkräfte die Haltung als Gast bedeutend: „Ich bin Gast im Hause des anderen. Ich wurde hineingebeten und habe mich als guter Gast zu verhalten – egal weshalb ich hier bin" (Urban-Stahl 2009, S. 6). In der Folge hat der Gast, also entsprechend die Fachkraft, z. B. um Erlaubnis zu fragen, bevor sie sich setzt oder sich in der Wohnung bewegt oder weitere Räume betreten möchte. Mit dem Status des Gastes wird ebenso verbunden, deutlicher vom Interesse und der Sorge um Kinder und Eltern bestimmt zu sein und weniger von der Kontrollausübung her (Urban-Stahl 2009, S. 6). Zielsetzung von Hausbesuchen ist die Förderung einer tragfähigen Fachkräfte-Adressat*innen-Beziehung. „Gute Hausbesuche können diese wie kaum eine andere Methode festigen und voranbringen. Zum einen können sie ein Zugehen der Fachkraft auf die Betroffenen und ein Zeichen der Wertschätzung darstellen. Es gibt Menschen, die Fachkräften gerne bei sich zu Hause in ihrer vertrauten Umgebung, die ihnen Sicherheit gibt, begegnen. Sie sind damit Gastgeber und können die Situation selbstbestimmt gestalten. Weiter kann allein die Tatsache, dass eine Fachkraft sich auf den Weg zu ihnen macht, von den Aufgesuchten als Wertschätzung erlebt werden. Fachkräfte zeigen damit Interesse an dem häuslichen Lebensumfeld dieser Menschen, das – kommt es nicht als Kontrolle und Bevormundung daher – als wohltuend erlebt werden kann" (Urban-Stahl 2009, S. 6). Damit ein Hausbesuch als sinnvolles methodisches Vorgehen wahrgenommen werden kann, werden Wissen und Kompetenzen notwendig und dazu gehört auch die Reflexion der Rolle als Gast bei Hausbesuchen und daraus resultierender Verhaltensregeln, wie z. B. das Mitbringen eines Gastgeschenks (Urban-Stahl 2009, S. 7) oder auch das Wissen darum, dass die Gastgeber*innenrolle der Adressat*innen nicht ausschließlich darauf beschränkt ist. „Zudem bleibt die doppelte Rolle als Gastgeber und Hilfenehmender ambivalent: Gastgeber definieren Spielräume und entscheiden, wer wie lange am Gespräch teilnimmt, bleibt oder geht. Als Hilfesuchende hingegen herrscht bei vielen eher Unklarheit über ihre Handlungsspielräume – auch im Rahmen von Hausbesuchen, bei denen sie die Gastgeberrolle haben" (Urban-Stahl 2015, S. 250).

Hausbesuche gehören zu den aufsuchenden Hilfen, die auch unter dem Begriff Bring-Struktur laufen und mit denen der Weg in das Versorgungssystem geebnet werden soll (Akel 2006, S. 75 nach: Gerull 2014, S. 10 f.). Hausbesuche werden auch als Heimspiele verstanden, und mit dieser Metapher aus dem Sport verbindet sich die Beobachtung, dass sich Menschen in ihrem Zuhause am besten auskennen, Verbündete haben und sich dementsprechend selbstbewusster und erfolgreicher verhalten können. Gleichzeitig kann ein Hausbesuch jedoch auch bedeuten, die eigene Wohnung als Rückzugsmöglichkeit preiszugeben und viel von sich selbst zeigen zu müssen. Dennoch wird die Möglichkeit, die Gastgeber*innenrolle einzunehmen, als Gestaltungsmöglichkeit begriffen. Doch nicht alle Besuche können als Hausbesuch eingeschätzt werden, da eine (aufsuchende) Krisenintervention des Jugendamtes bei einer Kindesvernachlässigung nicht mehr den Kriterien eines Hausbesuchs entspricht (Neuffer 2002, S. 175 nach: Gerull 2014, S. 10 f.).

Hausbesuche sind häufig fester Konzeptbestandteil eines Hilfeangebots. Im Rahmen von Betreutem Einzelwohnen nach § 67 ff. SGB X II2, der Eingliederungshilfe nach SGB XII oder der Jugendhilfe wird der regelmäßige Hausbesuch als Verpflichtung im Betreuungsvertrag zwischen Leistungserbringer*in und Leistungsempfänger*in geregelt. Hilfeplangespräche in Pflegefamilien finden ebenfalls in Form von Hausbesuchen statt. Die Bewährungshilfe arbeitet ebenfalls mit Hausbesuchen, und in bestimmten Fallkonstellationen unternimmt das Jugendamt ebenfalls vorgeschriebene Hausbesuche. „Hausbesuche aufgrund von Hinweisen Dritter finden häufig im Kontext des Kinderschutzes statt. Hier handelt es sich beispielsweise um unangemeldete Hausbesuche, die aufgrund einer anonymen oder personalisierten Mitteilung über eine mögliche Kindesvernachlässigung durchgeführt werden. Rechtsgrundlage für den Hausbesuch ist hier der Schutzauftrag bei Kindeswohlgefährdung, nach dem sich das Jugendamt bei entsprechenden Anhaltspunkten ggf. ‚einen unmittelbaren Eindruck von dem Kind und von seiner persönlichen Umgebung (…) verschaffen' muss (§ 8a SGB VIII, Abs. 1 Satz 2)" (Gerull 2013, S. 53 ff.). Wenn das Betreten der Wohnung nicht freiwillig gestattet wird, muss die Polizei um Amtshilfe gebeten werden, da in Artikel 13 GG die Unverletzlichkeit der Wohnung festgelegt ist: „Die Wohnung ist unverletzlich" (Art. 13 GG). Gegen den Willen der Besuchten darf kein Sozialdienst eine Wohnung betreten. „Auch bei Mitteilungen der Amtsgerichte oder Gerichtsvollzieherinnen über drohenden Wohnungsverlust können Hausbesuche durch die zuständigen Behörden oder von ihnen beauftragten freien Träger nur mit Zustimmung der Betroffenen erfolgen" (Gerull 2013, S. 53 ff.).

Hausbesuche kommen auch vor, um Eltern von Neugeborenen die Angebote des Jugendamts vorzustellen. Dabei ist das informationelle Selbstbestimmungsrecht der Besuchten zu beachten, von dem Götte fordert, diese Art von Besuchen nicht nur anzumelden, sondern auch auf eine Ablehnungsoption hinzuweisen, wenn nicht sogar davon abzusehen. Hausbesuche sollten grundsätzlich nur angeboten werden oder auf aktive Nachfrage erfolgen (Götte 2012, S. 9 ff.). Hausbesuche werden auch zur ersten Kontaktaufnahme bzw. Wiederherstellung eines abgebrochenen Kontaktes genutzt. In bereits bestehenden Hilfebeziehungen werden Hausbesuche regelmäßig durchgeführt, wenn der Kontakt plötzlich abbricht, so z. B. im Rahmen von Betreutem Einzelwohnen (z. B. Hilfe nach § 67 ff. SGB XII und Jugendhilfe).

Hausbesuche finden auch auf Wunsch der Adressat*innen statt, z. B. bei Umgangsstreitigkeiten in Sorgerechtsfällen, im Notdienst eines Jugendamts, bei gesundheitlichen Einschränkungen. Durch Hausbesuche lassen sich auch der Erfolg und die Sicherung der Nachhaltigkeit einer vorher geleisteten Unterstützung feststellen (Gerull 2013, S. 53 ff.).

Streetwork

Streetwork versteht sich als aufsuchendes, niedrigschwelliges, anwaltschaftliches und parteiliches, an den Adressat*innen und deren Lebenswelten orientiertes eigenständiges Arbeitsfeld, in dem spezifische Methoden und Arbeitsprinzipien der Sozialen Arbeit zu einem sozialpädagogischen Handlungskonzept vereint werden. Die theoretischen Grundlagen bilden vor allem die Lebensweltorientierung und die Sozialraumorientierung (BAG Streetwork und Mobile Jugendarbeit e. V. 2018, S. 2). Adressat*innen von Streetwork sind diejenigen, die im öffentlichen und halböffentlichen Raum einen bedeutsamen Bestandteil ihrer Lebenswelt sehen. Vor allem auch diejenigen werden adressiert, die entweder von einrichtungszentrierten Angeboten nicht erreicht werden, diese ablehnen bzw. diese von sich aus auch nicht erreichen können. Benachteiligte und von der gesellschaftlichen Teilhabe ausgegrenzte, von Ausgrenzung bedrohte sowie sich selbst ausgrenzende Menschen sind insbesondere im Fokus von Streetwork. Streetwork dehnt seine Arbeit bei konkretem Bedarf und mit Mandatserteilung der Adressat*innen auch auf Privaträume aus (BAG Streetwork und Mobile Jugendarbeit e. V. 2018, S. 3). „Die Fachkräfte erleben die unterschiedlichen Lebenswelten in ihrer Gastrolle mit und lernen sie dadurch kennen. Das soziale Umfeld wird erfasst und kann in die Arbeit einbezogen werden. Durch Aufsuchende Arbeit werden fehlende soziale Strukturen sowie mangelnde Infrastrukturen erkannt und benannt" (Fachliche Standards BAG Streetwork und

Mobile Jugendarbeit e. V. 2018, S. 8). Das Rollenverständnis der Fachkräfte im Streetwork versteht sich als „Gast in der Lebenswelt ihrer Adressat*innen" (Bundesarbeitsgemeinschaft Streetwork und Mobile Jugendarbeit e. V. 2018, S. 7). Der Kontakt wird lediglich angeboten, und jedes geringste Anzeichen von Ablehnung bedeutet, keinen direkten Kontakt anzustreben (Haag 2020, S. 79). Im Sinne der Freiwilligkeit des Angebots verfolgen die Fachkräfte das Ziel, sicht- und ansprechbar zu sein, ohne sich aufzudrängen. Diese Herangehensweise erfordert Sensibilität für die eigene Raumherstellung, denn im Positionieren und Handeln werden Räume an Orten hergestellt (Löw 2001; Kessl und Reutlinger 2010 nach: Haag 2020, S. 80). Das Positionieren und die eigenen Handlungen beeinflussen die Raumwahrnehmungen anderer Personen – in diesem Fall insbesondere die der Adressat*innen. „Eine raumsensible Wahrnehmung und Ausrichtung des eigenen Handelns garantieren jedoch noch kein fachlich abgestütztes Handeln. Das eigene Rollenverständnis (z. B. Gast), die fachlichen Grundsätze (z. B. Freiwilligkeit) und das raumsensible Handeln (z. B. Fahrrad weiter wegstellen, entspannte Körperhaltung) müssen hierfür aufeinander aufbauen und sollten sich nicht widersprechen" (Haag 2020, S. 80). Überraschungsmomente sollen vermieden werden und das Rollenverständnis als „Gast in der Lebenswelt der Adressat*innen" sichtbar werden (Bundesarbeitsgemeinschaft Streetwork und Mobile Jugendarbeit e. V. 2018, S. 7). Dabei ist die Rolle als Gast sehr viel niederschwelliger einzuschätzen als die Rolle des Hausherrn im eigenen Machtraum. Mit Hausregeln und deren Einhaltung im Hintergrund liegt die Schwelle für Adressat*innen relativ hoch, wenn Dienstleistungsangebote, wie z. B. die Beratung, aufgesucht werden müssen, während eine Beratung im öffentlichen Raum als Versuch gelesen werden kann, dieses Dilemma zu umgehen (Haag 2020, S. 82). Im aufsuchenden Feld gibt es jedoch die Besonderheit der unkontrollierbaren und schnell wechselnden Settings. Es ist ein flüchtiger Beratungsraum, der durch Fluktuation von Hinzukommenden und Weggehenden, unbekannten Mithörer*innen, Gesprächen mit einzelnen und mehreren gleichzeitig gekennzeichnet ist, mit Interventionen anderer, sich schnell ändernden Konstellationen einhergeht sowie unverbindlicheren Gesprächen als z. B. in einem Beratungsraum. Insbesondere bei Erstkontakten oder zu Beginn eines Gesprächs sind sowohl das Ziel des Gesprächs als auch mögliche (Hilfs-)Angebote weitgehend undefiniert. In der Streetwork-Praxis wird das Fehlen handfester Hilfen oder das eben „Nichts in der Hand haben" als herausfordernd empfunden. In einer ersten Phase können Streetworker*innen „nur" sich als Personen anbieten, die sich zudem als Gast in einer für sie fremden Lebenswelt aufhalten. Für den Erstkontakt haben sich Give-aways etabliert, wie z. B. Flyer oder je nach Kontext Kondome, Zigaretten oder Tee zur Erleichterung der Kontaktanbahnung. „Das Aufsuchen im öffentlichen Raum bedeutet zudem einen relativen Machtverlust durch die in der Praxis propagierte Anerkennung der Regeln der Klient*innen:‚Auf der Straße sind wir zu Gast', gilt als grundsätzliche Richtschnur für die Durchsetzung von Normen bzw. Akzeptanz von Verhaltensweisen" (Wild 2020, S. 90). Das Bild des Gastes in der Lebenswelt der Adressat*innen inklusive Gastgeschenken bewegt sich in einem fragilen Setting professioneller Gastlichkeit, das entlang dieses Rollenverständnisses noch einmal genauer zu betrachten ist.

Streetwork als aufsuchende Soziale Arbeit hat weniger augenfällig mit Fragen der Gastlichkeit zu tun, weil das weite Raumverständnis als Basis für das Aufsuchen in der Lebenswelt der Adressat*innen dient. Dabei stellt sich die Frage, ob nicht das Verhalten als Gast auch eine*n Gastgeber*in als Gegenstück braucht. Der Nutzen der Haltung, auf der Straße zu Gast zu sein, bleibt verschwommener, während Hausbesuche ein konkreteres Eindringen in die private Häuslichkeit der Adressat*innen fokussieren und sich mit der Schwellenüberschreitung von außerhalb nach innen offensichtlicher Gastlichkeitsfragen entlang gängiger ritualisierter Vorstellungen von Gastlichkeit stellen. Neben den Vorteilen von Hausbesuchen werden in der Fach- bzw. Methodenliteratur wiederkehrend die Rollen als Gast und Gastgeber*in thematisiert und als besonders bedeutsam für das Gelingen eines Hausbesuchs in den Vordergrund gestellt.

Anforderungen an die Rolle des Gastes und der*des Gastgebers*in bei Hausbesuchen
In Bezug auf die Durchführung von Hausbesuchen wird wiederkehrend auf die zusätzlich zu berücksichtigende „neue", vielleicht auch doppelte Rolle als Gast und Gastgeber*in hingewiesen und die damit verbundenen Auswirkungen auf das Fachkräfte-Adressat*innen-Verhältnis. Diese Beziehung stellt grundsätzlich eine asymmetrische Machtbalance dar und so wird der Hausbesuch zur Herausforderung für alle Seiten und vor allem für Fachkräfte, weil sie sowohl ihre als Fachkraft verbundene Verantwortung erfüllen wollen als auch ihre wertschätzende Haltung gegenüber den Adressat*innen, die sich in ihrer Rolle als Gastgeber*innen zeigen (wollen). Die Fachkräfte haben sich ebenfalls in ihre Rolle als Gast einzufinden und gleichzeitig ihrer professionellen Verantwortung nachzukommen. Das Ausbalancieren der Doppelrolle auf beiden Seiten entscheidet also mit über den gewünschten und angepeilten Erfolg des

Hausbesuchs. Die doppelte Rolle als Gastgeber*in und hilfenehmende Person bleibt ambivalent und wird zur Herausforderung, weil zur Rolle der Gastgeber*innen gehört, z. B. Spielräume zu definieren und zu entscheiden, wer wie lange am Gespräch teilnimmt, bleibt oder geht. „Als Hilfesuchende hingegen herrscht bei vielen eher Unklarheit über ihre Handlungsspielräume – auch im Rahmen von Hausbesuchen, bei denen sie die Gastgeberrolle haben. Hausbesuche können einen leichteren Kontakt zu Menschen ermöglichen, die aufgrund von Ängsten und Vorbehalten, aber auch aufgrund praktischer Schwierigkeiten den Zugang zu helfenden Institutionen nicht finden" (Urban-Stahl 2015, S. 250). Für das Gelingen eines Hausbesuchs, in dem sich die Adressat*innen als Gastgeber*innen fühlen können und diese Rolle auch ausfüllen können, werden sie sich als Menschen respektiert fühlen, Sicherheit empfinden, und diese Aspekte haben günstige Auswirkungen auf das weitere Arbeitsverhältnis. Die eigene Häuslichkeit vermittelt oft Sicherheit durch die vertraute Umgebung, sodass einige Menschen Fachkräfte gerne zu sich einladen und sich dadurch nicht kontrolliert fühlen. Aufgrund ihres Gastgeber*innenstatus können sie die Situation selbstbestimmt gestalten. Fachkräfte zeigen durch ihren Besuch Interesse an dem häuslichen Lebensumfeld der Adressat*innen und das kann als wohltuend erlebt werden. Darüber hinaus ist die Kontaktaufnahme zu Kindern im häuslichen Umfeld häufig einfacher und natürlicher als in der Dienststelle (Urban-Stahl 2015, S. 250).

Die Gastrolle lässt sich am leichtesten einnehmen und verwirklichen, wenn die Adressat*innen von sich aus in ihre Wohnung einladen. Mit dieser Ausgangssituation ist der Gastgeber*innenstatus erst einmal garantiert. Damit sind auch die Möglichkeiten einer vorausschauenden Inszenierung am größten. Dazu gehört die Vorbereitung auf den Besuch (z. B. Wohnung vorher putzen und aufräumen, Entfernen von Gegenständen, die nicht gesehen werden sollen, Einkaufen, eventuell Kuchen backen, Tisch decken, Atmosphäre schaffen) (Pantucek-Eisenbacher 2019, S. 133 f.). Bei einem ersten Besuch, z. B. nach einem Umzug, kann ein kleines, vielleicht nur symbolisches Gastgeschenk angemessen sein (Urban-Stahl 2015, S. 255).

Je unfreiwilliger der Hausbesuch von Adressat*innen empfunden wird, desto mehr werden Fragen über das Einnehmen der Gastgeber*innnenrolle und dementsprechend das Selbstwertgefühl der Betroffenen im Hinblick auf die konkreten Umstände des Besuchs mitentscheidend. Folgende

Fragen beeinflussen die herzustellende Balance zwischen Adressat*in und Gastgeber*in. „Welche Möglichkeit hatten die Beteiligten jeweils, sich darauf einzustellen? Was wissen die Beteiligten über den Zweck des Besuchs? Wer entscheidet über Zeit und Dauer? Welche Konsequenzen kann der Besuch haben? Können die Beteiligten mögliche Konsequenzen überhaupt einschätzen? Welches Wissen haben die unterschiedlichen Beteiligten über die Entscheidungskompetenzen der jeweils anderen?" (Urban-Stahl 2015, S. 249). Ganz am anderen Ende der Skala steht der unangekündigte Hausbesuch anlässlich einer Anzeige (z. B. einer Misshandlungsanzeige) oder der Kinderschutz greift zur Einschätzung von Kindeswohlgefährdungen. Dieser Hausbesuch bietet den Besuchten die geringsten Möglichkeiten der Inszenierung, weil aufgrund seines rigiden Kontroll- und Überraschungscharakters eine radikale Ausnahmesituation geschaffen wird (Pantucek-Eisenbacher 2019, S. 133 f.). Trotzdem bleibt auch hier die gesellschaftlich vorherrschende Gastlichkeitsvorstellung im Setting, von der jetzt nicht mehr klar ist, wie diese auszufüllen ist, weil eindeutig Kontrollfunktionen im Vordergrund stehen. Das Eindringen in die Lebenswelt der Adressat*innen erfordert vielleicht auch erst recht das Beibehalten und Realisieren des Gaststatus und der Gastgeber*innenrolle, um die eigene Professionalität zu unterstützen. Eine qualifizierte Fachkraft wird gleichzeitig als Gast auftreten, auch wenn ein Hausbesuch nur erfolgt, um Informationen zu ermitteln oder gar Gefährdungslagen einzuschätzen. Der Familie werden Wertschätzung und Respekt entgegengebracht und es wird sich um den Aufbau einer konstruktiven Helfer*in-Adressat*in-Beziehung bemüht. „Dies kennzeichnet die Doppelstruktur von Hausbesuchen durch Fachkräfte des ASD (Allgemeiner Sozialdienst: C. M.) zwischen Informationsgewinnung und Beziehungsgestaltung – eine Struktur, die jeder Helfer-Klient-Beziehung innewohnt, die beim Hausbesuch jedoch eine spezifische Bedeutung erhält. In der Alltagspraxis ist dieses nicht immer gegeben" (Urban-Stahl 2015, S. 250). Die Fachkraft hat sich darüber hinaus, ausgehend von einer angemessenen Haltung als Gast und der inneren Klarheit über Anliegen und Ziel des Hausbesuchs, um Transparenz im Verhalten und um eine positive Gesprächsatmosphäre zu bemühen und auf die jeweiligen Reaktionen der Adressat*innen einzugehen (Urban-Stahl 2015, S. 255). Mit dem Einblick in die Lebenszusammenhänge der Adressat*innen beim Hausbesuch sind stärker als in anderen Settings immer der Aufbau und die Gestaltung der Fachkräfte-Adressat*innen-Beziehung verbunden.

Für die erfolgreiche Durchführung von Hausbesuchen sind einige Aspekte grundlegend. Dazu gehören die Erarbeitung von und die Einigung auf allgemeine Regeln zur Vorbereitung und Durchführung von Hausbesuchen. Von Bedeutung sind eine Klärung der Rechtslage bei Hausbesuchen in unterschiedlichen Problemkonstellationen, die Reflexion der Rolle als Gast bei Hausbesuchen und die daraus resultierenden Verhaltensregeln sowie Vereinbarungen über Kriterien zur Dokumentation von Hausbesuchen. Eine systematische Verankerung der Qualitätssicherung von Hausbesuchen im ASD bezieht diese unterschiedlichen Ebenen ein (Urban-Stahl 2015, S. 256).

In einer Studie zu Hausbesuchen wurde von der These ausgegangen, dass die typischen Paradoxien und Ambivalenzen der Sozialen Arbeit bei Hausbesuchen potenzierter bzw. brennglasartig zum Vorschein kommen (Gerull 2013, S. 60 nach: Gerull 2016, S. 87). Die in der Studie befragten Sozialarbeiter*innen und Nutzer*innen haben sich dabei grundsätzlich für aufsuchende Hilfen mit ihrer überwiegend genutzten Geh-Struktur ausgesprochen. Die Erkenntnisse zeigen jedoch auch, wie unerlässlich es scheint, Hausbesuche in Praxis und Forschung intensiver zu betrachten, denn dieses besondere Hilfesetting ist „(…) noch lange nicht als wirksames Instrument etabliert, nur weil es fast alle Sozialarbeiter/-innen relativ unhinterfragt nutzen" (Gerull 2016, S. 93). Allerdings gab es z. B. in Bezug auf die Ambivalenz „Nähe und Distanz" weniger herausstechende Erkenntnisse als erwartet, obwohl die größere Nähe beim Hausbesuch häufig Unklarheiten über die eigene Rolle, genaue Aufgaben und Grenzen der Tätigkeit hervorbringen könnte. Bei einem gemeinsamen Kochen empfand die Sozialarbeiterin ihren Hausbesuch, als wäre sie bei Bekannten „(…) also es war eher so … ich bin zu Besuch bei einer Bekannten. [W]ir haben uns unterhalten über Themen, über die man sich auch mit Freunden unterhält, das war gar nicht so dieses Klient/Betreuer…" (Frau Aydin/BEW § 67 SGB XII und § 41 SGB VIII in Gerull 2016, S. 93). Der Verlust der Distanz kann jedoch auch das Besprechen unangenehmer Themen erschweren (Gerull 2016, S. 89).

Als unlösbares Dilemma findet sich in der Literatur wiederkehrend die Besonderheit der zusätzlichen Rollen, wenn z. B. Hilfenehmer*innen gleichzeitig zu Gastgeber*innen werden. Das hat auch Einfluss auf die Rolle der Sozialarbeiter*innen: Sie werden zu Gästen, ohne sich ausschließlich als solche

verhalten zu können (Roos et al. 2010, S. 68 nach: Gerull 2014, S. 36). Die Gastrolle anzunehmen, wird von Urban-Stahl für notwendig gehalten mit der Haltung
der Fachkräfte, sich dessen bewusst zu sein, sich als Gast im Haus des anderen
aufzuhalten. Mit dem Hineingebeten-worden-sein entsteht die Anforderung, sich
als „guter Gast zu verhalten – egal weshalb ich hier bin" (Urban-Stahl 2009, S. 6
nach: Gerull 2014, S. 36). Daraus ergeben sich bestimmte Regeln an das Verhalten der Fachkräfte, wie sich auch für die Adressat*innen nunmehr als Gastgeber*innen aus Sicht der Autor*innen oft mehr Spielräume ergeben, indem
die Situation von ihnen mit mehr Selbstbestimmung gestaltet werden könne
(Bräutigam et al. 2011 nach: Gerull 2014, S. 36). „Selbst bei Hausbesuchen von
behördlichen Mitarbeiter(inne)n oder Sozialarbeiter(inne)n, die im Auftrag von
Behörden Hausbesuche machen, kann allerdings festgestellt werden, dass der
‚Heimvorteil' viele Besuchte selbstbewusster auftreten lässt (z. B. Bartelheimer
et al. 2011, S. 45). Besonders deutlich würde dies, wenn die Besuchten selbst
die Einladung zum Hausbesuch ausgesprochen hätten. (…) Auch bei sonstigen
Anlässen sollten Hausbesuche so gestaltet werden, dass den Besuchten die Gast-
geber(innen)rolle ermöglicht wird (…)" (Gerull 2014, S. 36). Übereinstimmend
findet sich wiederkehrend über Hausbesuche der Vorteil der Rollen „Gast-Gastgeber*innen", die sogar als Arbeitsprinzip gefordert werden aufgrund der Vorteile für alle Seiten (Knab 2008; Urban-Stahl 2009; Pantucek-Eisenbacher 2019;
Bräutigam et al. 2011). Die Untersuchung von Gerull bringt eine ganze Reihe
differenzierter Ergebnisse zu der Frage, wie sich der Hausbesuch gestalten kann
und ob die Gastlichkeit und damit verbunden die neuen Rollen der Fachkräfte und
Adressat*innen ihr Arbeitsbündnis gewinnbringend unterstützen. Zentrale Ergebnisse zu diesen Fragen werden im folgenden Verlauf eingehender betrachtet,
um sich ein differenzierteres Bild zu Fragen der Gastlichkeit bei Hausbesuchen
machen zu können und darüber zu reflektieren, welche Aspekte noch weiter zu
analysieren bzw. zu beforschen sind.

Herausforderungen bringt bereits der „Rollentausch" mit sich, wenn aus
den Hilfeberechtigten beim Hausbesuch Gastgebende und aus den Profis Gäste
werden. Die daraus entstehenden Konfusionen können auf beiden Seiten vorkommen, unabhängig davon, ob der Rollenwechsel von den Sozialarbeiter*innen
angenommen und reflektiert wurde. Zwei extreme Beispiele verdeutlichen diesen
Aspekt: Adressat*innen beherrschen die Gastgeber*innen-Rolle noch nicht so
professionell und die Wohnung ist bereits so verdreckt, dass angebotener Kaffee
nicht annehmbar erscheint, „(…), weil man nicht weiß, was noch in dem Kaffee
rum schwimmt" (Frau Adam/Sozialamt Wohnungssicherung, früher § 67 SGB
XII in Gerull 2016, S. 88), oder ein aufwendig zubereitetes Mittagessen stürzt
die Sozialarbeiter*in in Konflikte, weil die Adressat*in nicht über genügend

finanzielle Mittel für sich selbst verfügt. Die durchgängige Empfehlung lautet allerdings auch, die Gastrolle anzunehmen bzw. Hausbesuche so zu gestalten, dass den Besuchten die Gastgeber*innen-Rolle ermöglicht wird (Pantucek 2009, S. 136 nach: Gerull 2016, S. 88).

Das Thema „Gastgeber*in" und die damit verbundene Ambivalenz, zugleich Gastgeber*in und Adressat*in zu sein, zeigt sich als zentrales Thema in den Interviews. Alle befragten Nutzer*innen berichten von Bewirtung der Sozial-arbeiter*innen mit Kaffee, Keksen oder Kuchen, (…) „das befiehlt ja der Anstand" (Herr Born/Klient der SPFH: 54 in Gerull 2013, S. 56). In die Lage ver-setzt zu sein, etwas anzubieten und als Gastgeber*in zu handeln, stärke jedoch das Selbstbewusstsein, denn bei Ablehnung des Angebotenen oder dem Mit-bringen eigener Getränke zeigt sich die starke Empörung darüber. In einem Inter-view wird von einer Sozialarbeiterin berichtet, „(…) die sich immer ihren eigenen Tee mitgebracht hatte, als ob der von ihr servierte ‚giftig [sei] oder ich bin nicht in der Lage Kaffee zu kochen oder Tee zu kochen'" (Frau Beutel/Klientin der Eingliederungshilfe: 602–605 in Gerull 2013, S. 56).

Doch der Hausbesuch sorgt auch für Verunsicherung bei Sozialarbeiter*innen, wie sich zeigt, wenn das Wohnzimmer eines Adressaten als dessen „Revier" bezeichnet wird und in dem dieser als Hausbesitzer bestimmen kann (Herr Arndt/SPFH: 577–581 in Gerull 2013, S. 56). In seinem Büro jedoch würde er mehr als Fachkraft anerkannt (Herr Arndt/SPFH: 582–584 in Gerull 2013, S. 56). Gerull bezeichnet den Hausbesuch als Rollentausch, der für beide Seiten einen aufgezwungenen Rollen-wechsel darstellt mit den aufgezeigten Verwerfungen. Offen bleibt die Frage, ob das Aufsuchen der*des Sozialarbeiters*in durch die Adressat*innen in seiner*ihrer Dienststelle ebenfalls mit Gastlichkeitsvorstellungen und -erwartungen von beiden Seiten einhergeht. Wenn dem so wäre, käme es diesbezüglich tatsächlich zu einem Rollentausch, der eben viele Möglichkeiten eröffnet. Ansonsten entsteht eigentlich mit dem Hausbesuch überhaupt erst die Gastlichkeitssituation und bedeutet eine zusätzliche Herausforderung, vielleicht auch Überforderung, für die Adressat*innen, die sich dieser Rolle als Gastgeber*innen zu stellen haben. Dasselbe gilt für die Rolle des Gastes, sie entsteht mit dem Hausbesuch überhaupt erst, das Setting in offiziellen Räumen hat sehr viel weniger den Anspruch auf Herstellung einer Gastlichkeits-situation und wird auch nicht als mögliches Arbeitsprinzip diskutiert.

Gastgeber*in sein

Ein Sozialarbeiter empfindet es als üblich und eher normal, wenn seine Adressat*innen ihm bei seinen regelmäßigen Besuchen im Rahmen des Betreuten Einzelwohnens immer Tee und Kekse hinstellen (Herr Abel:

301–308 in Gerull 2014, S. 123). Eine Schulsozialarbeiterin hat bereits die ganze Bandbreite erlebt, von einem reichlich gedeckten Tisch mit Kuchen, Keksen, Saft, Kaffee und Tee oder gar kein Angebot (Frau Ameise: 164 f. in Gerull 2014, S. 123). Die interviewten Sozialarbeiter*innen der Studie haben die Gastfreundschaft ihrer Klientel überwiegend positiv erlebt und empfinden es auch als „ein Gebot der Höflichkeit", das Angebot eines Kaffees anzunehmen (Frau Auer: 649 in Gerull 2014, S. 123 f.).

Die Gastgeber*innenrolle kann jedoch auch zu Belastung werden, wenn z. B. bei Pflegeeltern einmal monatlich für jedes Kind der Vormund kommt, dann müssen andauernd „(…) die Plätzchen und Kuchen und sonst irgendwas für alle auf dem Tisch" (Frau Arzt: 693–695 in Gerull 2014, S. 123).

Mehreren der interviewten Adressat*innen ist ihre Gastfreundschaft von Bedeutung (z. B. Frau B. Buch: 666–668; Herr Back: 523–527 in Gerull 2014, S. 123 f.). Ein Adressat fühlt es vom Anstand befohlen (Herr Born: 54) und ein weiterer Adressat fragt vor dem Hausbesuch immer an, ob die Besucher*innen Tee oder Kaffee trinken wollen (Herr Back: 561–576 in Gerull 2014, S. 123 f.).

Ein Sozialarbeiter aus dem Bereich der Eingliederungshilfe bietet jedem*jeder Adressaten*in seinem Büro auch immer Kaffee und Kekse an. Aus seiner Perspektive könnte sich beim Hausbesuch dann revanchiert werden und ihm etwas zurückgegeben werden (Herr Adler: 77–81 in Gerull 2014, S. 123 f.). „Für ihn ist es ein Zeichen von Wertschätzung, wenn er von seinen Klient(inn)en bewirtet wird, und gleichzeitig ist dies für ihn ‚ein tolles Zeichen von sozialen Fähigkeiten' (a. a. O.: 289 f.), er könne seine Klient(inn) en dadurch auch einmal ganz anders kennenlernen (a. a. O.: 83)" (Gerull 2014, S. 123 f.). Die Gastgeber*innenrolle einnehmen zu können, sei für viele von Bedeutung, und eine Bewährungshelferin berichtete, ihre Proband*innen würden sich darüber freuen, jemanden zu Gast zu haben. Ihr Besuch stelle eine „Form von Respekt" (Frau Aghte: 328 in Gerull 2014, S. 123 f.) dar. Allerdings sei ihr vom Arbeitgeber verboten, etwas von ihren Adressat*innen anzunehmen, was im Kontext von Hausbesuchen eher eine lebensfremde Einstellung ist (Frau Aghte: 61 in Gerull 2014, S. 123 f.). ◄

Ablehnung durch Sozialarbeiter*innen

Zwei interviewte Adressat*innen erzählten von Sozialarbeiter*innen, die entweder immer ihre eigenen Getränke bei Hausbesuchen bei sich hatten und demzufolge den ihnen angebotenen Tee bzw. Kaffee abgelehnt hätten oder generell ihnen angebotene Getränke ablehnten. Frau Burda berichtete von einer Familienhelferin, die „immer ihr Trinken dabei [hat]" (Frau Burda: 244 in Gerull 2014, S. 123 f.). Die Ablehnung des Tee- bzw. Kaffeeangebots wurde als sehr unangenehm empfunden, so als wäre sie nicht in der Lage, Kaffee oder Tee zu kochen, dabei hätte sich bisher noch jede*r gefreut, weil sie auch leidenschaftlich gerne Kuchen backt. Das Benehmen wird kritisiert und sie fühlte sich vor den Kopf gestoßen (Frau Beutel: 602–612 in Gerull 2014, S. 123 f.). Darüber hinaus verbot ihr die Sozialarbeiterin bei ihren Hausbesuchen, in ihrer eigenen Wohnung zu rauchen (Frau Beutel: 163–165 in Gerull 2014, S. 123 f.). Gerull deutet die Ablehnung angebotener Getränke als Verweigerung der Gastrolle. ◄

Unsicherheit über die verschiedenen Rollen beim Hausbesuch

Die Übernahme der Gastrolle stellt für viele Sozialarbeiter*innen eine Herausforderung dar, ein interviewter Familienhelfer ist sich seiner Rolle beim Hausbesuch überhaupt nicht sicher: Ist er nun ein Gast oder doch eher ein Helfer, der „sozusagen als Gast" da sei (Herr Arndt: 581 f. in Gerull 2014, S. 123 f.) und diese Unsicherheit hat für ihn zur Folge, sich so unwohl zu fühlen, dass er jedes Mal seine Rolle neu klären müsse (Herr Arndt: 581–585 in Gerull 2014, S. 123 f.). Ein Sozialarbeiter berichtet über seine Schwierigkeiten, wenn für seinen Hausbesuch zu viel Geld ausgegeben würde. Er würde mit dem Hinweis auf sein Budget anbieten, beim nächsten Mal den Kuchen mitzubringen (Herr Adler: 293–302 in Gerull 2014, S. 123 f.). Der Gaststatus kann für Sozialarbeiter*innen unangenehm bleiben, weil die Unklarheit über seine*ihre Rolle in diesem Setting voraussetzungsvoll bleibt (Gerull 2014, S. 143 f.). ◄

Kaffee und Kuchen bei Dreck, Müll und Ungeziefer

Ein Angebot von Kaffee und Kuchen lässt sich nicht so leicht annehmen, wenn dieses in hygienisch unsauberen Wohnungen erfolgt. Zwei der interviewten Sozialarbeiter*innen weichen in solchen Situationen aus, indem sie erklären, sie hätten gerade etwas getrunken (Frau Adam und Herr Abel: 556–569 in Gerull 2014, S. 123 f.). Ein Hygieneproblem ist ihrem Verständnis nach nicht beim ersten oder zweiten Hausbesuch ansprechbar. Erst mit einer gewissen Vertrauensbasis kann eine dreckige Kaffeetasse auch problematisiert werden (Frau Adam und Herr Abel: 570–584 in Gerull 2014, S. 123 f.). Dann könnte eine ungespülte Kaffeetasse auch „eine super Steilvorlage" sein (Herr Adler: 316 f. in Gerull 2014, S. 123 f.). In vielen Fällen hätten jedoch seine Adressat*innen tatsächlich vorher die Wohnung geputzt, wenn dies beim letzten Hausbesuch vereinbart worden war. Schwierig wird es dann, wenn der hygienische Zustand nach wie vor nicht ausreichend ist (Herr Adler: 323–325 in Gerull 2014, S. 123 f.). Hygiene und Sauberkeit in den Wohnungen und bei Bewirtungsangeboten werden auch relevant aus der Perspektive einer möglichen Gesundheitsgefährdung (Gerull 2014, S. 41). Eine Sozialarbeiterin aus dem Bereich des Betreuten Einzelwohnens nach § 67 ff. SGB XII berichtete von ihrem hausbesuchsspezifischen Problem: Ein Adressat, bei dem sie ganz oft Hausbesuche durchgeführt hat, war ein älterer Herr. Bei ihm war es zwar immer ordentlich, jedoch nicht sehr hygienisch: „(…) er hat halt immer ganz ganz nett und lieb so ganz süß Kaffee vorbereitet. Und das war mir halt immer ein bisschen unangenehm dort den Kaffee zu trinken, … auch wenn ich die Gläser gesehen habe, und so dachte ich mir, wie würge ich mir diesen Kaffee runter?" (Frau Aydin: 747–756 in Gerull 2014, S. 98). Nach einer Supervisionssitzung mit Kolleg*innen entschied sie sich dagegen, noch einmal bei ihm Kaffee anzunehmen (Gerull 2014, S. 98).

Neben den vielen Berichten über Hausbesuche in vermüllten und dreckigen Wohnungen werden aber auch Wohnungen vorgefunden, die mit Ungeziefer übersät sind, wo z. B. beim Öffnen der Wohnungstür Massen an Fliegen entgegenkommen und der Sozialarbeiter vor Übelkeit würgen musste (Herr Abel: 518 f. in Gerull 2014, S. 127 f.). Eine weitere Erzählung bezieht sich auf einen Hausbesuch, bei dem die gesamte Wohnung mit Fruchtfliegen übersät war (Frau Aydin: 111–117 in Gerull 2014, S. 127 f.), und ein weiterer Bericht erzählt von einer Wohnung voll mit Kakerlaken. Dies sei aber nicht nur für sie selbst unangenehm gewesen, sondern auch peinlich für die Familie (Frau Anders: 378–393 in Gerull 2014, S. 127 f.).

Das Hausbesuchsdilemma stellt sich vor allem bei unhygienischen Bedingungen vor Ort. Die Reaktionen der Sozialarbeiter*innen sind unterschiedlich und liegen auf einer Skala von „Augen zu und durch" über ausweichende Ablehnungen von Essen und Getränken bis hin zu konsequenter Zurückweisung (Gerull 2014, S. 143). ◀

Bewunderung als bewusstes Gastverhalten

Eine interviewte Bewährungshelferin berichtet, dass sie sich ganz bewusst als Gast verhält bei Betreten einer Wohnung, um den Adressat*innen das Gefühl des Kontrolliertwerdens weitgehend zu nehmen (Frau Aghte: 300–308 in Gerull 2014, S. 109). Dazu gehört auch, die Wohnung zu bewundern, „(…) wenn's nicht völlig absurd ist" (Frau Aghte: 295 f. in Gerull 2014, S. 109). Diese Wertschätzung wird auch als angenehm empfunden (Gerull

2014, S. 109). Das Kaffeetrinken beim Hausbesuch kann also zum Respekt-
erweis gegenüber Adressat*innen werden und von den Sozialarbeiter*innen
als empowerndes Element genutzt werden. Mehrere der interviewten
Adressat*innen sprachen von sich aus das Thema Gastfreundschaft an und
berichteten stolz, wie sie ihre Sozialarbeiter*innen beim Hausbesuch bewirten
würden (z. B. Herr Born: 54 in Gerull 2014, S. 109). ◄

Gast oder was?!

In der Untersuchung wurde auch deutlich, dass es Unterschiede gibt zwischen
dem Verhalten, das als angemessen gastlich eingeschätzt wird und welches
bereits darüber hinausgeht und als übergriffig empfunden wird. „(…) Wenn
Sozialarbeiter/-innen sich in ihren Wohnungen zu sehr ‚zuhause' fühlen und
zu wenig als Gast benehmen (z. B. Frau Beutel: 502–505). Die Wohnung
sei ihr ‚Intimstes', begründete eine andere Klientin, warum ihr Hausbesuche
auch von vertrauten Sozialarbeiter(inne)n manchmal unangenehm sind (Frau
Bonsai: 358 f.)" (Gerull 2014, S. 147). Beim Hausbesuch bekommen Sozialarbeiter*innen tiefe Einblicke in die Intimsphäre ihrer Adressat*innen und
diese können sehr unangenehm sein, wenn sie etwas zu sehen bekommen,
was sie weder sehen wollen noch sollen (z. B. eine Sammlung leerer Schnaps-
flaschen oder illegalen Strombezug (Kloppenburg und Hendriks 2010, S. 11
nach: Gerull 2013, S. 57) (Gerull 2014, S. 146). ◄

Hausbesuche können ein Machtmittel darstellen, wenn sie als ungebetener oder
zumindest nicht erbetener Hausbesuch durchgeführt werden. Gleichzeitig kann
auch Macht abgegeben werden, wenn die Herausforderung angenommen wird,
sich auf die Regeln der gastgebenden Adressat*innen einzulassen. Zwischen
diesen Polen bewegen sich die aufsuchend arbeitenden Professionellen (Gerull
2014, S. 147). Viele verschiedene Aspekte begleiten Hausbesuche: Unsicherheit, diffuse Ängste auf einer Skala von ganz unspektakulär nett bis hin zu vor-
gefundenen existenziell bedrohlichen Situationen, in denen sofort gehandelt
werden muss. Problematische Aspekte im Kontext von Hausbesuchen – die
noch beim Klingeln ungewiss sind – können z. B. Müllberge, bissige Haus-
tiere, betrunkene Bekannte der Betroffenen sein, aber eben auch anlässlich des
angekündigten Besuchs geputzte Wohnungen, ein gedeckter Kaffeetisch und
sortierte Unterlagen – eben angepasst und unauffällig (Gerull 2014, S. 121). Die
Unsicherheit, die mit Hausbesuchen und der geforderten Haltung einhergeht, sich
dort als Gast zu verstehen, wird in den Interviews sehr ausführlich thematisiert.
„Einerseits bestehen eher diffuse Ängste, mit einer Situation umgehen zu

müssen, auf die man sich nicht ganz und gar vorbereiten kann (z. B. Frau Alt: 42–46), andererseits gibt es bei einigen Hausbesuchen wie bei psychisch Kranken oder im Kontext von Zwangsräumungen sehr konkrete Befürchtungen, die Bewohner/-innen bspw. tot vorzufinden (Frau Adam: 1079–1082). Nur eine interviewte Sozialarbeiterin beschrieb diese Unsicherheit als reizvolle Herausforderung (Frau Arzt: 46–48)" (Gerull 2014, S. 148). Es kommt zudem immer auch auf den Anlass an, warum ein Hausbesuch durchgeführt wird. Im Rahmen von regelmäßigen Hausbesuchen, wie z. B. beim Betreuten Einzelwohnen, kann viel eher eine routinierte unproblematische Konstellation für beide Seiten entstehen, mit all den Vorteilen, wie z. B. der Möglichkeit, sich eben mal nicht nur als defizitäre Hilfesuchende zu betrachten, sondern als Gastgebende. Unangekündigte Hausbesuche, von denen es zunehmend mehr gibt, stellen eine vollkommen andere Basis dar.

Unangekündigt oder Extremsituation bei Gefahr im Verzug – Kinderschutz
Belastende Extremsituation für alle Seiten kommen vor, wenn sogenannte Trägerwohnungen bewohnt werden, für die Ersatzschlüssel beim freien Träger oder dem Sozialamt als Zwischenvermieter hinterlegt sind. Diese kommen des Öfteren zum Einsatz, wenn aufgrund eines Kontaktabbruchs die Wohnungstür (nach schriftlicher Ankündigung und auch im Rahmen dessen, von ihrem Recht Gebrauch zu machen) aufgeschlossen wird, denn Adressat*innen werden nicht selten in für sie kompromittierenden Situationen überrascht oder z. B. schlafend vorgefunden (Frau Auer/Sozialamt: 292–310 in Gerull 2013, S. 57).

Die Hausbesuche im Rahmen des Kinderschutzes sind sehr strukturiert und werden entlang eines formal verabredeten Vorgehens durchgeführt, wie das Interview mit einer Sozialarbeiterin im Notdienst des Jugendamtes zeigt. Wenn in einer eskalierten Situation ein Anruf beim Notdienst des Jugendamts ankommt, in dem z. B. Eltern anrufen und um einen Hausbesuch bitten: „Sie müssen sofort kommen und mein Kind mitnehmen und abholen" (Frau Anders/Notdienst eines Jugendamts: 45–46 in Gerull 2013, S. 53 f.), wird nach „(…) kurzer kollegialer Beratung über einen Hausbesuch entschieden und ggf. ein Taxi gerufen, ein Kindersitz mitgenommen sowie eine Tasche mit Utensilien wie Windeln, einem Handtuch und sogar Zigaretten, um ggf. aufgeregte Eltern beruhigen zu können. In als gefährlich eingeschätzten Fällen wird der zuständige Polizeiabschnitt informiert und um Unterstützung vor Ort gebeten" (Frau Anders/Notdienst des Jugendamts: 63–78 in Gerull 2013, S. 59 f.). ◄

Bei einem unangekündigten Hausbesuch oder dem eben beschriebenen Notfall ähnelt der Hausbesuch eher einem Eindringen und das Setting entspricht viel weniger den Vorstellungen von Gast-Gastgeber*innen-Rollen. Diese gehören jedoch genauso in das Repertoire und könnten auch vorkommen in Betreuungsfällen, die ansonsten eher von routinierteren eingespielten Gastlichkeitsatmosphären geprägt sind. Die Frage der Gastlichkeit und die Möglichkeiten, die hiermit verbunden werden, ist eine sehr zerbrechliche, wie sich an der Vielfalt der Beispiele aus Gerulls Untersuchung gezeigt hat. Für das Gelingen eines Hausbesuchs, der sich vor allem durch Gastlichkeitsaspekte und damit auch einer bestimmten Atmosphäre auszeichnet, wird eine fachliche Vielfalt an Ideen und deren Gestaltung notwendig.

Hausbesuche sind nicht unbedingt zusätzlich auch als Gastlichkeitssituationen zu betrachten, sie können dazu werden, wenn sie als solche definiert und entsprechend ausgestaltet werden. Und dennoch gilt während eines Hausbesuchs die folgende Erkenntnis von Bräutigam et al. durchgängig: „Sozialarbeiterinnen dringen selbst dann in die Intimsphäre ihrer Klientinnen ein, wenn sie explizit von ihnen eingeladen werden, denn sie kommen ausschließlich aufgrund ihres professionellen Auftrags zu Besuch. So ist dieser Zugang zur Innenwelt der Adressatlnnen Sozialer Arbeit gleichzeitig immer eine Verletzung deren distanzgebietenden Schutzraums" (Bräutigam et al. 2011, S. 25 nach: Gerull 2013, S. 57). Vermutlich hätte keine*r der Adressat*innen von sich aus die*den Sozialarbeiter*in zu sich eingeladen, da sie*er den Kontakt überhaupt nicht gehabt hätte. Der Hausbesuch gehört in das Repertoire der Sozialen Arbeit mit einer zum Teil leidvollen Geschichte, die sich vor allem um Kontrolle und Erniedrigung dreht. Mit der langen Geschichte an Hausbesuchen ist auffallend, dass weder ein geschlossenes Konzept noch das Arbeiten nach bestimmten Standards erkennbar ist. „Die interviewten Sozialarbeiterinnen beschreiben somit eine ganze Reihe von Einzelstrategien sowie Taktiken beim Durchführen von Hausbesuchen. (…) Vielmehr wird deutlich, dass vieles, was nach Einschätzung der Sozialarbeiterinnen zu einem gelungenen Hausbesuch führt, auch bei nicht-aufsuchenden Hilfen zu ihrem jeweiligen Methodenrepertoire gehört" (Gerull 2014, S. 142). Standards für Hausbesuche werden gefordert, wenn damit ein fachlich relevantes Vorgehen gemeint ist und nicht nur ein reiner Ortswechsel vorgenommen wird (Neuffer 2002, S. 174). Dazu gehören Akzeptanz, Respekt, Vertrauen und Kenntnis übereinander, Transparenz, Alltagsorientierung, die Ankündigung von Hausbesuchen und eine Abstimmung über das Ziel sowie das gemeinsame Feststellen von Resultaten (Neuffer 2002, S. 14, 16 nach: Gerull 2013, S. 59 f.) Grundsätzlich ist damit auch noch einmal die Frage gestellt, welchen Nutzen Hausbesuche in den verschiedenen Arbeits- und Handlungsfeldern Sozialer Arbeit haben und ob die

Forderung nach einer veränderten „Haltung" der Fachkraft beim Hausbesuch hin zu einer Erweiterung der Rollen in Gast und Gastgeber*in so einfach ist oder ob mit dieser Haltung nicht zusätzliche Erwartungen gestellt werden, die eventuell auf beiden Seiten unerfüllt bleiben. Zumindest so lange, wie sie nicht stärker inhaltlich-methodisch-theoretisch reflektiert werden.

Damit einher geht auch die Frage, ob die Haltung bei Hausbesuchen nur eine Umkehrung der bisherigen ist, wenn Sozialarbeiter*innen von Bürger*innen aufgesucht werden. Verstehen sich Sozialarbeiter*innen in ihren Dienststellen auch als Gastgeber*innen und welche Aufgaben sind für sie damit verbunden? Urban-Stahl verbindet damit den Empfang der Hilfesuchenden in ihren „(…) dienstlichen Räumen, sind Gastgeber und bewegen sich in vertrauter Umgebung, in der sie das Hausrecht ausüben und die Regeln definieren" (Urban-Stahl 2015, S. 249). Während einiges darüber zu finden ist, was sich für Sozialarbeiter*innen mit dem Hausbesuch als Gast und für Adressat*innen mit dem Gastgeber*innen-Sein verbindet, inklusive verschiedener Erwartungen, die an Adressat*innen herangetragen werden, gibt es keine Idee dazu, welche Empfangserwartungen die Gäste an den*die Sozialarbeiter*in in seiner*ihrer Dienststelle haben. Das asymmetrische Verhältnis der beiden Parteien wird an dem Ort „Dienststelle" hinfälliger im Hinblick auf die Frage nach den Rollen und das Gast-Gastgeber*innen-Verhältnis. Die Forderung danach, bei Hausbesuchen grundsätzlich die Gastrolle einzunehmen, jedoch je nach Anlass und Auftrag (z. B. präventiver Informationsbesuch versus eingreifende Intervention bei Selbst- und Fremdgefährdung) unterschiedlich ausgestaltet, birgt eigentlich mehr Fragen als bisher eindeutig befriedigende fachliche Antworten dazu (Gerull 2014, S. 161). Die Fachkraft kommt als Sozialarbeiter*in mit einem (Kontroll)Auftrag und dieser trägt zur Verunsicherung der Akteurinnen und Akteure auf beiden Seiten bei, zusätzlich kommt die Rolle des Gastes und der*des Gastgebers*in, denn diese gehört in das gesellschaftlich erwartete Repertoire auf allen Seiten. Diese Überlegungen sollten vertieft und im Hinblick auf die Gestaltung einer sozialpädagogischen Gastlichkeit ausgearbeitet werden, die eben nicht nur einen Mehrwert für das Setting des Hausbesuchs bringt. Vielmehr würden sowohl die weiteren aufsuchenden Settings als auch weitere Arbeitsfelder von einer sozialpädagogischen Gastlichkeit profitieren.

Messmer et al. haben in ihrer Studie zu Hausbesuchen Phasen unterschieden und vor allem die Anfangsphase als einen informellen Teil ausgemacht, der mit häufigen Interaktionen einhergeht, die eher typisch und aufschlussreich für eine Besuchssituation sind: „Fachpersonen werden wie Gäste empfangen, eingangs wird Smalltalk betrieben und es werden (der Jahreszeit entsprechend) Getränke angeboten" (Messmer et al. 2021, S. 80). Die Besuchssituation wird nicht als Rollentausch definiert, vielmehr wird ein bestimmtes Rollenverhältnis impliziert: „Neben ihrer professionellen Identität treten Fachpersonen auch in der Besuchsrolle in Erscheinung, wohingegen die Familien neben ihrer klientelen Identität auch in ihrer Gastgeberrolle agieren" (Messmer et al. 2021, S. 80). Institutionelle Autorität und private Souveränität stehen in dieser Sequenz der Begegnung einander gegenüber und im Verlauf der Begegnung müssen diese in wiederholten Interaktionen in irgendeiner Form ausgesöhnt werden. Denn ansonsten wird es kaum möglich, einen für beide Seiten tragfähigen Interaktionsrahmen herzustellen. „Obschon die Fachpersonen im Zuge des Hausbesuchs auf verschiedene Insignien ihrer institutionellen Autorität verzichten (Büros, Schreibtische, Aktenschränke, Telefone etc.), besuchen sie die Familien nicht als Privatpersonen, sondern im Auftrag einer zuweisenden Stelle und als Mitglieder einer Anbieterorganisation" (Messmer et al. 2021, S. 80). Bei den Rahmenbedingungen der Hausbesuche zeigen sich deutliche Unterschiede abhängig von den Anbieterorganisationen, während der Einfluss der zuweisenden Stellen auf die konkrete Ausgestaltung der einzelnen Hausbesuche typischerweise unsichtbar bleibt (Messmer et al. 2021, S. 80).

Hausbesuche stellen im sozialpädagogischen Alltag eine Herausforderung in Bezug auf die verschiedenen Rollenerwartungen und Interaktionserfordernisse dar, die nicht eben mal so mit sozialpädagogischen Kompetenzen zu bewältigen sind. Dabei bleiben Fragen hinsichtlich dessen, ob ein Hausbesuch zum Rollentausch führt oder eher einem Nebeneinander unterschiedlicher zu balancierender Rollenerwartungen gleicht, erst einmal offen. Die Bedeutung von Gastlichkeit als Ritual wird noch einmal mehr dazu beitragen, sozialpädagogische Gastlichkeitsperspektiven ausloten zu können.

3.2 Aufgaben sozialpädagogischer Gastlichkeit im professionellen Alltag im Rahmen des Rituals der Gastlichkeit

Die Rolle als Gast und die Erwartungen an Gastgeber*innen werden durchgängig für die aufsuchende Soziale Arbeit betont, an Beispielen aus verschiedenen Studien wurde deutlich, welche Ambivalenzen, Paradoxien und Herausforderungen auf beiden Seiten damit verbunden sein können. Dabei stellt sich die Frage, ob der Hausbesuch und die damit verbundene Interaktion nicht grundsätzlich unterschiedliche Rollen hervorbringt, die in Interaktionen miteinander balanciert bzw., wie Messmer et al. sich ausdrücken, „ausgesöhnt"

werden müssen. Die Besucher*innen-Gastrolle sinnvoll sozialpädagogisch auszufüllen bedeutet, sich jenseits der Feststellung der brennglasartigen Zuspitzung
von für Soziale Arbeit typischen Ambivalenzen und Paradoxien umzuschauen.
Hausbesuche als traditionelle, sehr selbstverständliche Aufgabe in vielen
Arbeits- und Handlungsfeldern Sozialer Arbeit verfolgen zwar zum Teil erheblich unterschiedliche Absichten, die jedoch auch bei freiwilliger Einladung vonseiten der Adressat*innen nicht hinter ihre Kontrollfunktion zurückkönnen und
gewissermaßen „gewaltsames" Eindringen vonseiten der Fachkräfte bedeuten.

Das Eindringen in die Privatsphäre als Fachkraft bleibt als Anforderung und
erschwert dadurch auch die Anforderungen, die sich an das Ritual der Gastlichkeit stellen und zu erfüllen sind. Aus der Perspektive des kulinaristisch-
kulturwissenschaftlichen Verständnisses von Gastlichkeit stellen sich
Anforderungen an Hausbesuche, die sich als aufschlussreich und unterstützend in
ihren Zielsetzungen erweisen könnten.

▶ **Das Ritual der Gastlichkeit**

Im allgemeinen Verständnis wird der Gast als Besucher charakterisiert, der
zu einer Mahlzeit kommt oder über Nacht bleibt. Der Gaststatus markiert die
vorübergehende Dauer, unabhängig ob unvorhergesehen oder geplant, kurzfristig oder lang andauernd. „Mit der tatsächlichen Ankunft, dem Aufenthalt
und der Abreise eines Gastes oder einer Gruppe von Personen werden unterschiedliche Ritualabläufe gestartet, die je nach der Gesellschaftsstruktur der
besuchten Sozietät (Gastgesellschaft) kulturdeterminiert ablaufen. Hier spielen
lokale, gesellschaftlich fixierte Wertmaßstäbe, die Bedeutung der Gastgeschenke,
deren Präsentation und die damit verbundene Körpersprache, wie die Annahme
(Akzeptanz) dieser durch den Gastgeber, weiters das Gastrecht und der damit
verbundene Schutz des oder der Beherbergten, ferner das Gastmahl, die Unterbringung und schließlich das Abschiedsgeschenk des Gastgebers eine wesentliche
Rolle. Rituale bilden dabei eine Strukturierung des Aufenthaltes und stellen ähnlich wie Übergangsriten, basierend auf Reziprozität, ein Ablaufprogramm dar,
das in die Besuchs- und Aufenthaltszeit integriert wird" (Wernhart 1997, S. 28).
Der Rahmen des Ablaufschemas der Gastlichkeit ist ritualisiert, womit stets die
reziproke Form der mitmenschlichen kommunikativen Ebene wie auch die der
Transzendenz verbunden wird. Drei Bereiche lassen sich unterscheiden: Gast,
Gastgeber*in und Gastnehmer*in. Der Inhaltsbereich „Gast und Gastgeber*in"
lässt sich als sehr enges, integrativ vernetztes, dialektisch ausgelegtes Inter-
aktionsgefüge auffassen. Wenn mit der Aufnahme Bewirtung, Beherbergung und
der wichtige sowie verantwortliche Bereich des Schutzes für den Gast gemeint
sind, wird vonseiten des Gastes die Akzeptanz der Gesellschaftsstruktur erwartet,

„(…) verbunden mit der Unterstellung unter die Normen und Wertskalen des Gastgebers, wie auch unter die davon abgeleiteten Gebräuche und Sitten. Das gegenseitige Geben und Nehmen wird durch Gastgeschenke oder Geschenkaustausch zum Ausdruck gebracht" (Wernhart 1997, S. 29). Obwohl der*die Aufnahmewerber*in vom*von der Gewährenden in seiner*ihrer Verantwortung für den künftigen Schutz durch standardisierte Kriterien der jeweiligen Gesellschaft abgetastet wird, damit nach erfolgreicher Überprüfung und Annahme des Gastgeschenks die Aufnahme erfolgen kann, bildet der Gast trotzdem weiterhin einen Unsicherheitsfaktor. Für die*den Gastgeber*in kann das eine Gefahr darstellen, doch den Gast unter Schutz zu stellen, bietet letztendlich auch einen Eigenschutz der*des Gastgebers*in. „Ein Willkommenstrunk, die Einnahme einer kleinen, oft symbolträchtigen Speise (z. B. Brot und Salz oder Wein und Wasser) oder auch das gemeinsame rituelle Rauchen von Pfeifen (Nordamerika) oder Kauen und Rauchen von Tabakrollen in Südamerika, der Zigarrenrauch bei afrokaribischen Bevölkerungsgruppen in Kuba vor Götter (…) schließen meist das Aufnahmezeremoniell ab" (Wernhart 1997, S. 29). Unabhängig von Geschlecht oder Alter, ethnischer oder sozialer Zugehörigkeit, Tätigkeit oder Funktion kann der Gast in jeder Person erscheinen. „Zum Hausgast kann der Unbekannte, der Fremde, der Außenstehende ebenso werden wie der Bekannte, Einheimische, der Angehörige, der eigene Vorgesetzte oder Untergebene und nicht nur der Freund, sondern sogar der Rivale oder Feind. Und zu Gast lässt sich selbst der Besiegte bitten, den man gefangen oder der Sieger, der den Hausherrn als Geisel hält" (Bahr 1994, S. 12 nach: Wernhart 1997, S. 28). Die dichotomischen sozialen Rollen treten im gastlichen Verhältnis in den Hintergrund, sie werden nicht suspendiert, der Gast durchquert die Ein- und Ausschlüsse (Bahr 1997, S. 40).

Gesellschaften mit einer autonomeren Herrschaftsgewalt des Hauses zeigten sichtbarer, wie der*die Hausherr*in durch eine einseitige Verkehrung zum*zur Gastgeber*in wird: „Er stellt sich in den Dienst seines Gastes, ohne daß dieser zu dessen Herrn würde" (Bahr 1994, S. 12 nach: Wernhart 1997, S. 28). Die Person wird nicht nur als bestimmtes Individuum, sondern ebenso als an sich ersetzbare*r Repräsentant*in zum Gast, z. B. als Vertreter*in von Organisationen, Betrieben, Institutionen geladen oder als vorübergehender Staatsgast oder ständige*r Gesandter*in erscheinen (Bahr 1994, S. 12 nach: Wernhart 1997, S. 28). Bahr erklärt zudem, warum sich kein weiblicher Oppositionsterm „Gästin" gebildet hat. „Die Frau galt, auch als Gast, von vornherein als Eigentum eines Anderen. Im System des Frauentauschs galten daher die in den anderen Stamm verheirateten Frauen zeitlebens als Gäste (…). Damit deutet sich bereits an, dass der Ausdruck ‚Gast' keineswegs auf eine sich selbst gehörende, selbstbezügliche Person beschränkt wurde" (Bahr 1997, S. 40). Vielmehr wurden auch diejenigen als Gäste bezeichnet, die schlechthin nicht bei sich selbst sind, ob sie nun als Herren der eigenen Person oder nur als dienende Sache galten, „(...) als nicht sich selbst veräußerndes Subjekt oder als veräußertes Objekt eines Tauschs" (Bahr 1997, S. 40).

Weltweit gibt es Rituale der Gastlichkeit in allen Formen von Gesellschaften sowohl in Industriegesellschaften als auch in nicht-industriellen Gemeinschaften. Sie können auch als Gradmesser für das Verhältnis von Einheimischen zum Fremden eingeschätzt werden (Wernhart 1997, S. 31).

Innerhalb des Gastlichkeitskomplexes können die unterschiedlichen Verhaltensweisen betrachtet werden als aufgebaut aus zwei strukturell vergleichbaren Komponenten. Dazu gehört die Ankunft eines Gastes, indem zwei Bereiche des Fremdseins überbrückt werden müssen, erstens dreht es sich um die Einführung in ein neues räumliches Umfeld und zweitens darum, sich auf ein neues zwischenmenschliches, kommunikatives Verhältnis einzulassen. „Das Gespräch, ob belanglos aber freundlich oder bereits tief in vertrauten Themen, erlaubt den Aufbau oder Wiederaufbau einer Beziehung und damit den temporären Einschluss des Gastes in der Lebenswelt der Gastgeber. Damit werden die zwei Lebenswelten des Besuchers und des Besuchten durch einfache Gesten und Handlungen zusammengeführt. Dieses Zusammentreffen, sei es zweier Fremder oder seien es Bekannte und Verwandte, ist nicht bar jeder Problematik" (Bendix 2008, S. 47). In einer Untersuchung von Goffman zu alltäglichen Begegnungen dieser Art wurde deutlich, wie voraussetzungsvoll solche sozialen Interaktionen sein können, da bereits kleinste Fehlgriffe in Wortwahl, Stimme oder Gestik als Ausrutscher empfunden werden und Begegnungen oder ganze Situationen in ihrem Gelingen gefährden können. In der kulturwissenschaftlichen Forschung wird von „Ritualen der Gastlichkeit" gesprochen (Kammerhofer-Aggermann 1997 nach: Bendix 2008, S. 47), weil das Eröffnen des implizit immer temporären Gast-Gastgeber*innen-Verhältnisses einer dem jeweiligen kulturspezifischen Setting angepassten Dramaturgie gleicht.

Zum Gast-Sein gehört mit dem Ankommen an einem fremden Ort immer auch ein Eintreten in eine begrenzte und begrenzende Welt außerhalb der eigenen vier Wände und dem vertrauten Alltagskontext. Liminalität (lat. Limes, die Grenze) gilt dabei als Zustand sowohl der Gefährdung als auch der transformativen Potenz, die genauso präsent ist in jedem wichtigen Lebenslaufritual wie auch in der wiederkehrenden Situation des Zu-Gast-seins. Dieser Zwischenzustand zwischen Ankunft und Angekommensein wird von Gastgeber*innen überbrückt, indem zu Elementen und Handlungen gegriffen wird, die in die auf Zeit gewährte

Eingliederung in den nichteigenen bis fremden Raum überleiten (Bendix 2008, S. 47). Als rituelle Handlungen können vorbereitende Maßnahmen eingeordnet werden, die in Haus (Reinemachen), Küche und an der eigenen Person erfolgen. Reinigende Handlungen, das Herstellen besonderer Köstlichkeiten, die Verkleidung in Maske und Kostüm gehören auch beim gastlichen Empfang dazu, die eigene Umgebung und den eigenen Körper in einen besonderen Zustand zu versetzen, wie es etwa bei einem Ritual des Lebens- oder Jahreslaufs[1] ebenfalls erfolgt. Das Außergewöhnliche des Gast-Seins wird von den Gästen in komplementärer Weise anerkannt über das Mitbringen eines Gastgeschenks, das als Kompensation für die Mühen akzeptiert wird, die sich die Gastgeber*innen gemacht haben. Jede noch so kleine Handlung wird vom Ideal der Gastlichkeit her betrachtet und eingeschätzt, inklusive Ausdruck eines positiven, gern unternommenen Bemühens seitens der Gastgeber*innen, und aufseiten der Gäste gehört ein positives, dankendes Wahrnehmen dazu (Bendix 2008, S. 49).

Die Aufführung von Ritualen ergibt sich jeweils aus dem gesellschaftlichen Zusammenhang und sie stellen keine isolierten Handlungen dar. Deshalb sind sie nur aus ihrem Kontext heraus verständlich als abhängige und unabhängige Variablen mit einer Vor- und Nachgeschichte, Ursachen und Wirkungen. „Wer ein Ritual aufführt oder daran teilnimmt, will bestimmte Interessen befriedigen, etwa ein Defizit kompensieren oder eine Orientierung bestätigen. Rituale werden zumeist nicht spontan aufgeführt, sondern vorbereitet, sie sind erwartbar und berechenbar, die Teilnehmer wissen in der Regel, was auf sie zukommt" (Dücker 2011, S. 56). Rituale wirken nicht unmittelbar problemlösend, mit ihnen erfolgt die Legitimierung für zukünftiges Alltagshandeln, und den Akteur*innen bietet sich die Gelegenheit, z. B. der*dem Gastgeber*in, sich öffentlich in der gewünschten Weise zu präsentieren. Mit der Aufführung eines Gastlichkeitsrituals wird Zukunftsorientierung gelebt, indem die aufführende Person an die verbindliche Urszene eines Rituals erinnert. Damit erfolgt der Versuch, sich in die

---

[1] Zu Ritualen im Lebens- und Jahreszeitenzyklus gehören z. B. Geburt, Reife, Hochzeit, Altern, Tod sowie Jahreszeiten. Sie sind mit rituellen Übergangsbräuchen neben Festmahl und Prunkkleidung ausgezeichnet. „Diese charakterisieren die Rituale und Zeremonien, die in der Regel den krisenhaften Übergang des Menschen von einem Lebensabschnitt zum anderen, wie auch den Naturablauf im Jahresrhythmus kennzeichnen" (Wernhart 1997, S. 27). Übergangsriten weisen alle die gleiche Struktur auf: Es geht um die Trennung bzw. das Übergangsstadium, in dem das Individuum besonders gefährdet erscheint, und die Inkorporation als Einfügung in den neuen Zustand, mit dem die neue soziale Rolle und Aufgabe verbunden sind (Wernhart 1997, S. 27).

Geschichte des Rituals einzuschreiben und durch eine Neuinszenierung weiterzuführen, weil sich von dieser Kontinuität Vorteile versprochen werden. „Gastlichkeitsrituale sind symbolrationale Handlungen, deren Aufführung in der Regel eine Kosten-Nutzen-Analyse vorausgeht. Demnach sind sie kein Selbstzweck, sondern Mittel zum Zweck. Sie vermitteln Dispositionen, Atmosphären, Netzwerke und stellen Weichen für den postrituellen Alltag nicht nur der Teilnehmer. Weil sie eine veränderte Alltagspraxis, keine ‚als ob' Ereignisse vorbereiten, ist die Rede von leeren oder bloßen Ritualen unangemessen. Sie haben Funktionen, strukturieren die Lebensgeschichte, bieten Rhythmisierung und Zeitgestaltung des Alltags, machen und formen das Soziale, ordnen die Welt. Rituale sind Nischen direkter Kommunikation, vermitteln zwischen dem individuellen und dem sozialen Bereich (soziale Orientierung), Leben ohne sie ist nicht möglich. Leben heißt in Ritualgesellschaften leben" (Dücker 2011, S. 57). Ritualaufführungen sind alle unterschiedlich, bestehend aus statischen und dynamischen Elementen, die keine punktuellen Ereignisse darstellen. Vielmehr zeichnen sie sich durch prozessuale Produktivität aus. Rituale „(...) führen von einem markierten Anfang (Einladung bzw. Eintreffen der Gäste, zugleich förmlicher Entschluss zur Ritualaufführung) zu einem daraus folgenden markierten Ziel oder Abschluss (Verabschiedung unter Kontinuitätsperspektive, Gegeneinladung, Geschäftsabschlüsse), was die Rede von der narrativen sinnbildenden Struktur der Rituale begründet. Jedes Ritual ist aus einer Reihe Bedeutung tragender Sequenzen (z. B. Begrüßung, Überreichung eines Gastgeschenks, Vorstellung) konstruiert, deren einzelne Elemente selbst wiederum für das Gelingen des Gesamtrituals konstitutiv sind" (Dücker 2011, S. 57).

Fragen rund um Gastlichkeit bzw. das Gast-Gastgeber*innen-Verhältnis in sozialpädagogischen Zusammenhängen können an diesen komplexeren Perspektiven anknüpfen und dieses Ritual stärker für aufsuchende Arbeit nutzen. Die von Dücker angelegte Merkmalsmatrix einer forschungsbezogenen Definition von Gastlichkeit verdeutlicht mögliche relevante Ansatzpunkte, die auch von Nutzen sind für eine sozialpädagogische Deutung. Grundsätzlich bezieht sich Gastlichkeitsforschung auf die soziale Grundform der Interaktion von Fremden und funktionierendem sozialen System. Mit der Gastlichkeit besteht die Handlungsanforderung, „(...) Nichtzugehörigkeit in eine zumindest temporäre Zugehörigkeit, womöglich auf Probe, umzuwandeln.

- Jede Form von Handlungsbedarf angesichts des Erscheinens eines Fremden/ Gastes in einem etablierten funktionierenden sozialen System
- Die Akteurspositionen Fremder/Gast und Gastgeber sind besetzt

- Rituell gerahmter Handlungsprozess wechselseitiger Anerkennung Fremder/ Gast – Gastgeber
- Wechselseitigkeit als normativer Anspruch der Handlungskonstellation, Konsensorientierung
- Defizienzstatus des Fremden/Gastes vom Gastgeber als Anspruchsposition und Handlungsanforderung wahrgenommen
- Der Fremde/Gast an Anderort (Raum des Gastgebers), dessen Regeln er zumeist kennt
- Normativität (Sollen) mit Orientierungsfunktion für Normalität (postritueller Alltag)
- Vertrauen des Fremden/Gastes auf Integrität des Gastgebers gibt diesem die Chance, sich den eigenen Ansprüchen öffentlich zu präsentieren
- Vertrauen des Gastgebers auf Integrität des Fremden/Gastes, seinen Pflichten nachzukommen und nach angemessener Zeit den Anderort wieder zu verlassen
- Ausschließung eines Machtgefälles zwischen den Akteurspositionen, keine Sieger/Besiegte
- Kein punktuell gegebener geschlossener sozialer Zustand, beide Akteurspositionen handeln prozessual Integration oder Trennung/Nichtzugehörigkeit aus" (Dücker 2011, S. 70).

Die Merkmalsmatrix zu Gastlichkeitsforschung offenbart einige wesentliche Aspekte für ein besseres Verstehen dessen, was zwischen Gast und Gastgeber*in abläuft und worum es im Verhältnis zueinander im Wesentlichen geht. Für Soziale Arbeit entstehen auf Basis der relevanten Ergebnisse aus den Studien Aspekte bezüglich der wechselseitigen Anerkennung und Konsensorientierung auf beiden Seiten, des Mangelstatus des Fremden (die von der*dem Gastgeber*in als Anspruchsposition und Handlungsaufforderung wahrgenommen werden), das Vertrauen auf beiden Seiten oder die Ausschließung des Machtgefälles und bieten damit neue Möglichkeiten der Betrachtung sozialpädagogisch relevanter Gastlichkeit.

Im Rahmen der Überlegungen von Pantucek-Eisenbacher zu Hausbesuchen, deren gezielte Vorbereitung und Planung bedeutsam sind und die eben auch jeweilig beinhalten sollten, Adressat*innen ausreichend Gelegenheit zu geben, ihre Gastgeber*innenrolle (siehe ausführlich Tab. 3.2) wahrzunehmen, z. B. markiert durch ein Getränkeangebot oder eine Führung durch die Wohnung, vielleicht mit Erklärungen zu Accessoires, lassen sich verschiedene Phasen ausmachen (Pantucek-Eisenbacher 2019, S. 137). Mit dem Interesse an der Wohnung vermittelt sich Interesse an der Person und ihrem Leben, während es gleichzeitig das „(...) ohnehin offensichtliche Schauen des Besuchs thematisiert, nachvollziehbar

Tab. 3.2 Empfohlene Gestaltung des Beginns eines angekündigten Hausbesuchs

Anfangsphasen eines angekündigten Hausbesuchs	
Startphase	Für die Startphase des Besuchs wird empfohlen, dem*der Gastgeber*in ausführlich Respekt zu zeigen und sich für die Wohnung zu interessieren. Das Interesse an der Wohnung soll auch Interesse an der Person und ihrem Leben signalisieren. Durch das offensichtliche Schauen als Gast wird es leichter, den Besuch zu thematisieren und nachvollziehbar und bearbeitbar zu machen. Die Nicht-Thematisierung würde einen Tabubereich aufmachen, der aus Sicht Pantucek-Eisenbacher nicht nur das Gesprächsklima überschatten könnte, sondern auch eine Reduktion des diagnostischen Ertrags bedeuten würde
Eröffnung	Eröffnungen durch die Gastgeber*innen, „(…) die den Versuch einer Thematisierung des Eindrucks der BesucherInnen von der Wohnung darstellt, ist ein Satz wie ‚Sie müssen die Unordnung entschuldigen, ich bin gar nicht zum Aufräumen gekommen!‘". Diese oder ähnliche Sätze empfiehlt Pantucek-Eisenbacher (Ausnahme: bei einer stark verwahrlosten Wohnung) mit Anerkennung zu beantworten: „Sie haben es aber gemütlich hier" oder „Ich wäre froh, wenn es bei mir immer so aufgeräumt wäre"
Nach der Eröffnung	Im Anschluss daran erscheint es hilfreich, Interesse zu zeigen für Wohnungseinrichtungsgegenstände, wie z. B. für ein prominent platziertes Familienfoto oder ähnliche markante Accessoires. Pantucek-Eisenbacher zählt eine Reihe an Fragen auf, die hilfreich sein können für den weiteren Verlauf: • „Wohnen Sie gern hier? • Wie lange sind Sie schon hier? • Sind Sie zufrieden mit der Wohnung? • Sind Sie zufrieden mit der Wohngegend? • Haben Sie hier in der Nähe auch Freunde, Verwandte?" (Pantucek-Eisenbacher 2019, S. 136 f.) In den Gesprächsverlauf sollten Anerkennungen eingebaut werden, „(…) z. B. für nette Accessoires, für die Mühe, dass alles sauber zu halten, oder auch für die Leistung, eine so kleine Wohnung so geschickt zu nutzen. Den BewohnerInnen sollte Gelegenheit gegeben werden, ihre Gastgeberrolle wahrzunehmen: Ein Getränk anzubieten, eventuell durch die Wohnung zu führen, die Wohnung und deren Accessoires zu erklären und die eine oder andere Geschichte dazu zu erzählen" (Pantucek-Eisenbacher 2019, S. 136 f.)
Überleitung zum Thema	Im Anschluss an diese Sequenzen empfiehlt Pantucek-Eisenbacher, eingeleitet durch eine deutliche Markierung den Beginn einer neuen Gesprächsphase, die Thematisierung des Hausbesuchs

(Quelle: Pantucek-Eisenbacher 2019, S. 136 f.)

und bearbeitbar macht" (Pantucek 2009, S. 136 nach: Gerull 2014, S. 48). Eine eindeutige Positionierung der Adressat*innen als Gastgeber*innen sollte dem eigentlichen Thema des Hausbesuchs bzw. des zu bearbeitenden Problems jeweils vorausgehen. Das eigentliche Thema des Hausbesuchs erfolgt durch eine deutliche Markierung, z. B. durch Hinsetzen und eine verbale Überleitung. Im Falle eines unangemeldeten Besuchs sollte diese Startphase entfallen zugunsten des Anspruchs der Adressat*innen auf eine sofortige Aufklärung hinsichtlich des Hausbesuchs (Pantucek-Eisenbacher 2019, S. 137).

In Dückers Beschreibung eines Gastlichkeitsrituals dauert dieses so lange an, wie auch der Gast bleibt. Vier Phasen werden unterschieden. Die erste Phase dient der Vorbereitung. Dazu gehört die Abwägung der eigenen Interessen und der einzusetzenden Aufwendungen entlang des Anlasses und der Ritualform. Familienfest, Stehempfang, Grillfest, Picknick, Arbeitsessen usw. stehen zur Auswahl, und mit der Entscheidung folgen weitere Sequenzen zur Auswahl der Gäste, Terminfindung, Gestaltung und Übermittlung der Einladung. Darüber hinaus wird in dieser Phase auch die gesamte Planung relevant, wie z. B. die Menükarte, Dekoration, Einkauf, Zubereitung/Darbietung der Speisen und Getränke, Decken des Tisches und Kleiderauswahl (Dücker 2011, S. 71).

Gäste und Gastgeber*in kommen zur Aufführung des Gastlichkeits-rituals (zweite Phase) zum vereinbarten Termin auf dem angegebenen Terrain zusammen. Das ist häufig der private Bereich des*der Gastgebers*in, seine*ihre Wohnung oder Haus. „Vom Augenblick des Eintreffens bis zur Verabschiedung der Gäste liegen Moderation und Leitung des Ablaufs, also die rituelle Hand-lungsmacht (Agency), prioritär beim Gastgeber" (Dücker 2011, S. 71). Die Position der*des Gastgebers*in definiert sich durch einen reflexiven Handlungs-teil, der sich durch folgende Aspekte zeigt. Die*der Gastgeber*in erhält die Gelegenheit, „(…) sich so zu präsentieren, wie er es für sich am vorteilhaftesten ansieht, er macht sich einen Namen, erwirbt Ansehen und Reputation, indem er anderen einen Namen macht bzw. diese am Gewinn seines symbolischen Kapitals partizipieren lässt" (Dücker 2011, S. 71). Die vorbereitenden Sequenzen des Gastlichkeitsrituals finden im Vorraum statt, und nach Abschluss führt die*der Gastgeber*in die Gäste in den Ritualraum. Damit wird erneut eine Schwelle überschritten und der Raum der Kernhandlung des Gastlichkeitsrituals ein-genommen und somit ist auch das rituelle Terrain markiert (Dücker 2011, S. 72).

Die Wirkungsphase eines Gastlichkeitsrituals als dritte Phase umfasst Auf-bau, Entwicklung oder Aufkündigung einer Beziehung zwischen Gastgeber*in und Gästen oder zwischen den Gästen. Dazu gehört auch die Anerkennung für den*die Gastgeber*in in verschiedenen Netzwerken sowie der damit verbundene Gewinn symbolischen und sozialen Kapitals für Gastgeber*in und Gäste. Diese

Phase umfasst ebenso Gegeneinladungen, die Aufnahme des Gastlichkeitsrituals ins Gedächtnis der Teilnehmer*innen sowie ebenfalls Wandlungen kulinarischer Orientierungen. Für die vierte Phase der wissenschaftlichen Untersuchung von Gastlichkeitsritualen schlägt Dücker folgende Merkmalsmatrix vor:

- „Vorbereitung/Planung (welche Gäste, welcher Rahmen),
- Zeit (Tag, Uhrzeit),
- Ort (Ritualraum privat/öffentlich/qualifiziert öffentlich),
- Formation (Familie, privater Kreis, Institution jeder Art),
- Personen (Gastgeber*in, Gäste, Helfer, Personal: Dienstleistung, Zuschauer: direkt/medial),
- Ereignisbezug/Anlass (Familienfeier, offizieller Anlass),
- Gegenritual/Beteiligung (freiwillig, aus Gründen der Konvention und Verpflichtung),
- Darstellung (Sprache: mündlich/schriftlich, Film, Fotos),
- Überlieferung (mündlich, schriftlich in Chronik, Erzählung),
- Rahmung (Einladung, Verabschiedung),
- Modalität (Essen am Tisch/im Freien/Picknick/aus der Hand/Flasche, Geschirr/Besteck/Gläser, Orientierung an bestimmten Tischsitten),
- Struktur (Gabentauschmodell, Gastgeschenk, Gegeneinladung)" (Dücker 2011, S. 74).

Die Sequenzierung der zugehörigen Einzelaktivitäten bei einem Gastlichkeits- ritual als letzter Aspekt der Merkmalsmatrix verdeutlicht die Vielfalt dessen, was an unterschiedlichen Aspekten dazugehört und eben auch für das Gelingen mit- entscheidend ist:

- Einladung, Akzeptanz,
- Ritualvorraum: Eintreffen, Überschreitung der Schwelle zwischen Alltag und Außeralltäglichem, Begrüßung, Dank für die Einladung/das Kommen, Vor- stellung, Ablage der Überbekleidung, Überreichung und Entgegennahme des Gastgeschenks, Hände waschen,
- Hineinführen der Gäste in den Ritualraum: Aperitif, Kontaktgespräche in Kleingruppen, Information über Sitzordnung, Präsentation des Büfetts, Ein- nahme der Plätze, Essen, musikalisch/künstlerische Begleitung, Toasts/Tisch- reden: rhetorisches Genus Lobrede, Zutrinken/Anstoßen, Abräumen des Geschirrs, evtl. Gesprächsrunde nach dem Essen/Tanz/Spiel, Beendigung des Rituals durch ein Signal des Gastes, das der*die Gastgeber*in aufnimmt,
- Abholung der an der Garderobe abgelegten Kleidungsstücke, Dank, Ver- abschiedung, evtl. Gegeneinladung (Dücker 2011, S. 74).

Mit der Aussage „Die Atmosphäre von Gastlichkeit ist nicht, sie wird erst"
(Dücker 2011, S. 75) zeigt sich vor dem Hintergrund der Sequenzierung und der
vielen Einzelpositionen, welch komplexer Prozess in einem Gastlichkeitsritual
verborgen ist. In der rituellen Sequenzialität wird sie als prozessuale Qualität erst
hergestellt und die Intensität kann sich im Laufe des Rituals verändern. Gastlichkeit ist eine performative Kategorie und daraus folgt, dass es sie nur gibt, wenn
sie aufgeführt wird. Ohne rituell geformte Praxis kann es keine Gastlichkeit
geben (Dücker 2011, S. 75). Und: Voraussetzung für Gastlichkeit ist die körperliche Präsenz der beteiligten Akteur*innen. Darüber hinaus ist für gelingende
Gastlichkeit auch das zwischen Gästen und Gastgeber*in wechselseitig voraus-
gesetzte Vertrauen konstitutiv. Dazu gehört vor allem, den nicht zum markierten
Ritualterrain gehörenden Privatbereich der*des Gastgebers*in zu respektieren.
Der*die Gastgeber*in haben zudem die Erwartung der Gäste hinsichtlich der
qualitativen Unbedenklichkeit der Speisen und Getränke zu erfüllen,

- „(…) inklusive der Respektierung der Speiseregeln der Gäste aus religiösen,
  ethischen oder gesundheitlichen Gründen (z. B. Verzicht auf Schweinefleisch,
  Vegetarismus, Veganismus, Zöliakie),
- die Vermeidung von Peinlichkeitssituationen (keine Einladung an miteinander
  konfligierende Personen)" (Dücker 2011, S. 76).

Der Prozess gelingender Gastlichkeit wird durch äußere Merkmale unterstützt,
wie z. B. Raumdekoration, Tischgestaltung, Einrichtung von Gesprächsnischen
für Kleingruppen (Dücker 2011, S. 76).

Vor dem Hintergrund des Gastlichkeitsrituals gewinnen die Anforderungen
an den*die Sozialarbeiter*in als Gast und die Gastgeber*innenrolle der
Adressat*innen noch einmal neu an Konturen. Damit stellt sich grundsätzlich
die Frage, ob der Beginn eines jeden Hausbesuchs überhaupt in dieser Hinsicht
betrachtet und abgegrenzt werden kann zu dem eigentlichen Ziel des Hausbesuchs entweder als sozialpädagogisches Verfahren zur Diagnostik (Pantucek-
Eisenbacher 2019) oder als Intervention (Gerull 2014). Die Einteilung eines
Hausbesuchs in Gastlichkeitssequenzen zu Beginn und einem Wechsel in ein
sozialpädagogisches Setting erscheint aus der Perspektive der Anforderungen an
ein Gastlichkeitsritual, wenn bereits mit der Aufführung begonnen wurde, nicht
veränderbar. Wenn aber der Wechsel dennoch vollzogen wird, folgt daraus in der
Konsequenz für die im weiteren Verlauf stattfindenden sozialen Interaktionen eine
Vermischung der Absichten und Ebenen. Während des ganzen Besuchs werden
mehrere Ebenen bedient, zum einen die der Gastlichkeit und zum anderen die des
sozialpädagogischen Ziels.

Die verschiedenen Sequenzen des Gastlichkeitsrituals könnten jedoch auch für die Vorbereitung und Analyse sozialpädagogischer Hausbesuche über die Anfangssequenz hinaus relevant sein. Den Ablauf von Hausbesuchen vor dem Hintergrund der Einzelmerkmale des Gastlichkeitsrituals abzubilden, könnte vor allem auch erkenntnisreich sein, wenn damit bisher unsichtbare, sich auf den Prozess des Hausbesuchs auswirkende unterschiedliche Erwartungen gezeigt werden können. Aufsuchende Soziale Arbeit entweder nur in der Doppelrolle oder als Wechselspiel von Gast-Gastgeber*innen- zu Fachkraft-Adressat*innen-rolle verkennt die hohe Bedeutung des Einflusses der kulturellen Gastlichkeit für die Verwirklichung sozialpädagogischer Absichten. Mit der Perspektivierung der aufsuchenden Sozialen Arbeit im Rahmen des Gastlichkeitsrituals bieten sich Möglichkeiten, die verschiedenen Anforderungen der Fachlichkeit und Gastlichkeit miteinander auszubalancieren zugunsten ertragreicher Begegnungen.

Gastfreundschaft und inszenierte, bezahlbare Gastfreundschaft
Im Rahmen von Gastlichkeit gilt Gastfreundschaft als elementares, soziales Prinzip mit der kulturellen Verpflichtung, Menschen, die nicht zum Haushalt des*der Gastgeber*in gehören, aufzunehmen, zu bewirten und Schutz zu gewähren. Die dazugehörigen Normen und ungeschriebenen Gesetze unterliegen einem steten Wandel und sind kulturspezifisch. Dahinter verbirgt sich ein kompliziertes Geflecht zwischen Geben und Nehmen sowie Rechten und Pflichten auf beiden Seiten. Gastfreundschaft verbindet ein komplexes System verschiedener Bedeutungen und unterschiedlicher Entwicklungsformen mit Unentgeltlichkeit, Großzügigkeit und Gegenseitigkeit. Parallel dazu entwickelte sich die gewerbsmäßige Unterbringung von Gästen, die sich paradoxerweise auf dieselben Werte bezieht, wie sie für die Gastfreundschaft als relevant erachtet werden (Schrutka-Rechtenstamm 1997, S. 47).

Frühe Formen der Gastlichkeit ohne direkte Entschädigung gelten als Gastfreundschaft, jedoch unter Beachtung bestimmter formaler Kriterien, die sich in ähnlichen Spielarten in zahlreichen Kulturen wiederfinden lassen. Die Aufnahme von Fremden ermöglichte zum einen, sich vor dem Fremden und seinen Kräften schützen zu können, und zum anderen, so die Vorstellung, entstünde mit der Aufnahme die Möglichkeit, mit dem Fremden in eine friedliche Beziehung einzutreten. Magisch-religiöse sowie utilitaristisch-wirtschaftliche Motive sind darin eng miteinander verknüpft (Schrutka-Rechtenstamm 1997, S. 47). Fremde freundlich aufzunehmen, sie zu verköstigen oder ihnen zumindest etwas zu trinken anzubieten, reicht weit zurück in die Vorstellungen der antiken griechischen oder der germanischen Gastfreundschaft sowie bis ins bäuerliche Milieu (Schrutka-Rechtenstamm 1997, S. 47).

Gastfreundschaft ist gegenwärtig auch mit dem wirtschaftlich angelegten Tourismus verbunden, und für jede touristisch geführte Unterkunft entsteht die Herausforderung, „(…) für einen individuellen Service zu sorgen und gleichzeitig seine eigentliche Bestimmung, dass die Dienste an alle Gäste verteilt werden sollen, in den Hintergrund treten zu lassen" (Schrutka-Rechtenstamm 1997, S. 52). Für die Gäste wird die gewünschte persönliche Betreuung inszeniert, indem ihnen das Gefühl vermittelt werden soll, genau ihnen gilt die besondere Aufmerksamkeit. „Gerade beim Beginn der Interaktion, der Ankunft und Begrüßung ist es für die Beherberger wichtig, ihren Kunden eine angenehme Atmosphäre zu schaffen und ihnen das Fremdheits- und Unsicherheitsgefühl zu nehmen. Die ersten Augenblicke der Begegnung der Interaktionspartner sind entscheidend für ihr weiteres Verhältnis zueinander und gelten als Phase des Sich-Zurecht-Findens" (Schrutka-Rechtenstamm 1997, S. 52). Schrutka-Rechtenstamm beschreibt diese Art des Handelns als „ritualisiertes Handeln" im Sinne Hans-Georg Soeffners, das als symbolisches Handeln interpretiert wird. Wesentliche Aufgabe besteht in den Ordnungs-, Schutz- und Orientierungsfunktionen des rituellen Verhaltens, weil das durchgeformte vorhersagbare und in gewisser Weise kalkulierte Wissen Orientierungssicherheit gewährleistendes Verhalten ermöglicht. „Als Riten des Übergangs erleichtern sie die Phase des Eintritts in die Urlaubswelt" (Schrutka-Rechtenstamm 1997, S. 52). Die Beschäftigten im Tourismus setzen die Inszenierungen als „Gastgeber*in" bewusst ein. Voraussetzung dafür ist im Kontext ihrer Erwerbstätigkeit die Kontrolle und damit die „Instrumentalisierung ihrer Gefühle". „Diese Gefühlarbeit hat ebenso wie die vorher beschriebenen Leistungen ‚jenseits der Bezahlung' nicht nur im Tourismus, sondern in Dienstleistungsbereichen generell steigende Bedeutung" (Schrutka-Rechtenstamm 1997, S. 53). In kaum einem Dienstleistungsbereich sind jedoch die Gastgeber*innenrolle bzw. das Ritual der Gastfreundschaft in dem hohen Maße professionalisiert wie im touristischen Bereich.

Die Instrumentalisierung der Gefühle, wie sie für den touristischen Bereich beschrieben werden, findet sich im Rahmen der Bearbeitung der Sozialen Arbeit als typische Frauenerwerbstätigkeit, die ebenfalls als professionalisierte Gefühlsarbeit (Rabe-Kleberg 1993; Hamburger 2002; Friese 2000; Karsten 1995; Karsten et al. 1999) problematisiert und von Wierlacher im Hinblick auf Gastlichkeit für verschiedene Dienstleistungsbereiche angesprochen wurde (Wierlacher 2011). Analog zu den Gastlichkeitssituationen in der Sozialen Arbeit, wie sie bereits im Zusammenhang mit Hausbesuchen problematisiert wurden, gelten diese ebenfalls für viele weitere Ankommens- bzw. Schwellenüberwindungssituationen in der Sozialen Arbeit, vielleicht auch als ertragreich für die Gestaltung von sozialpädagogischen Settings insgesamt.

In einer Studie zu tragfähigen Beziehungen in sozialpädagogischen Settings setzt Schäfter für die Herstellung einer tragfähigen Beziehung in der Sozialen Arbeit auf Ähnlichkeit als Verstehensbasis und z. B. durch gemeinsames Tee- oder Kaffeetrinken, durch gemeinsame Unternehmungen, durch gemeinsames Warten (z. B. bei der Begleitung zu Ämtern) kann diese hergestellt werden (Schäfter 2010, S. 109). In einer von ihr untersuchten Beratungsinstitution gibt es für alle Ankommenden Kaffee und Tee im Foyer der Institution, sodass diese Ähnlichkeit für die Beratungssituation hergestellt werden kann. Schäfter beschreibt z. B. die Atmosphäre eines Beratungsgesprächs im Büro an einem kleinen runden Tisch einander gegenübersitzend, auf dem jede*r eine Tasse Kaffee abgestellt hat (Schäfter 2010, S. 166). Die Kaffeetasse bzw. das Trinken aus der Kaffeetasse gehört dabei in das Beratungssetting und wird als solches auch von Schäfter einbezogen, jedoch mit Vorsicht im Hinblick auf Überinterpretationen. „Der Berater hört zu, hält Blickkontakt, nickt mehrere Male bestätigend (…), trinkt einmal aus seiner Kaffeetasse (…). Der Klient schaut hier nach unten und bemerkt dies somit gar nicht. (…) Das Trinken des Beraters soll nicht überinterpretiert werden, es ist meines Erachtens jedoch so zu deuten, dass der Berater mit seiner Aufmerksamkeit in diesem Moment mehr bei sich (Durst, Appetit …) ist, als beim Gegenüber und dem von ihm Erzählten. Das gemeinsame Kaffee-Trinken kann jedoch auch die Nähe zwischen den Beziehungspartnern zeigen: Herr Anders (bzw. die Institution) bietet Herrn Kessler eine Tasse Kaffee an, was signalisiert, dass der Klient willkommen ist" (Schäfter 2010, S. 173). Das Angebot eines Kaffees wird in dem Beratungssetting überhaupt nicht „nur" auf eine selbstverständliche Gastlichkeitssituation zurückgeführt, vielmehr geht es um die Herstellung von Ähnlichkeiten und dann in der direkten Beratungsinteraktion sowohl um verteilte Aufmerksamkeiten über das Stillen des eigenen Bedürfnisses als auch um Nähe, weil beide etwas

Gemeinsames tun. Eine weitere Beratungssituation wird beschrieben, in der ebenfalls vom Berater ein Getränk angeboten wurde, dieses Mal einen Tasse Tee. Das gelegentliche Trinken während des Gesprächs gehört mit zur Herstellung einer gemütlichen Atmosphäre. „Der Berater bot dem Klienten vor dem Gespräch eine Tasse Tee an. Beide trinken während des Gesprächs gelegentlich aus ihrer Tasse. Es ist draußen bereits dunkel, eine Stehlampe spendet warmes Licht, wodurch eine gemütliche Atmosphäre entsteht" (Schäfter 2010, S. 242 f.). Der Berater scheint seine Tasse mit dem Tee nonverbal einzusetzen in der Beratungssituation, denn er hat die „(…) Teetasse in der rechten Hand, hat den Blick in die Tasse gerichtet und trinkt am Ende seiner Frage, er lehnt seinen Oberkörper an die Stuhllehne an, ist zurückgeneigt" (Schäfter 2010, S. 244). Schäfter deutet dieses Spiel mit der Teetasse als scheinbar wenig einfühlsam, nicht nur die Beschäftigung mit der Teetasse führt sie dazu, sondern auch die Formulierung. „Der Berater thematisiert jedoch das aktuelle Befinden des Klienten und stellt sein Bemühen um das Finden der richtigen Worte in das Verhältnis zu seinen sonstigen Beobachtungen" (Schäfter 2010, S. 246).

In zwei weiteren Situationen wird der Kaffee auch in dieser Studie noch einmal zum Thema, zum einen als die Atmosphäre einer weiteren Gesprächssituation beschrieben wird: „Zur Atmosphäre: Das Gespräch findet im Büro der Beraterin statt. (…) Beraterin und Klientin sitzen während des Gesprächs auf blauen Beratungsstühlen mit Armlehnen aus hellem Holz. Zwischen beiden steht ein niedriger Tisch, auf dem eine bunte Kerze steht. (…) Frau Christ bietet der Klientin nach dem Beratungsgespräch für das anschließende Interview mit der Untersucherin eine Tasse Kaffee und Brezeln an" (Schäfter 2010, S. 199). Schäfter ordnet das Kaffee- oder Teeangebot wiederkehrend in die Herstellung einer angenehmen Gesprächsatmosphäre ein, zu der immer auch noch die Sitzgruppe, Stühle, Tische, das Licht, vielleicht auch eine Kerze sowie eben eine Tasse Kaffee oder Tee gehören. In einem abschließenden Kontext in der Forschung zu Beratungsbeziehungen in der Sozialen Arbeit erlangt ein weiterer Aspekt Bedeutung. Im Rahmen eines Falls berichtet ein Adressat von einem Kreis von Menschen, in dem er sich wohlfühlt. Dabei handelt es sich um Kolleg*innen der Einrichtung und ehrenamtliche Helfer*innen aus einer Kirchengemeinde, die an den Wochenenden in der Einrichtung für die Adressat*innen Kaffee kochen und den Sonntagnachmittag mit diesen verbringen (Schäfter 2010, S. 187).

In sozialpädagogischen Institutionen kann das Kaffeeangebot also noch weit mehr darstellen und vielgestaltiger eingesetzt werden als bisher vorstellbar. Jenseits der Gastlichkeitsfragen rücken damit nun die Herstellung von Nähe durch Ähnlichkeit, Atmosphäre oder aber initiierte gemeinsame Kaffeenachmittage, die auf Geselligkeit, Abwechslung und Austausch abzielen, in den Mittelpunkt der

Betrachtung. In verschiedenen Arbeits- und Handlungsfeldern der Sozialen Arbeit werden konzeptionell Kaffeenachmittage zum Austausch oder zur Geselligkeit eingesetzt, wenn nicht sogar ganze Konzepte darauf beruhen, aufbauend auf gemeinsamen Kaffeerunden niedrigschwellige Soziale Arbeit zu verwirklichen.

Im Tchibo Report werden Gründe für den Kaffeekonsum in eine Reihenfolge gesetzt: An dritter Stelle genießen 42,7 % Kaffee gerne gemeinsam mit Familie, Freund*innen und Kolleg*innen, während 69,7 % Kaffee trinken, weil er ihnen gut schmeckt, oder für 46,2 % ist er ein begleitendes Getränk zu Kuchen, Gebäck oder Ähnlichem (Tchibo Kaffeereport 2020, S. 57). 37,6 % trinken Kaffee aus Gewohnheit und 32,9 %, um sich etwas Gutes zu tun (Tchibo Kaffeereport 2020, S. 57). Kaffee ist also durchaus dazu geeignet, niedrigschwellig eine Vielzahl an Menschen an einen Tisch zu bringen.

Kaffeehaus und Geselligkeit
Zwei Kaffeehändler aus Aleppo und Damaskus richteten unter Sultan Suleiman dem Großen 1554 die erste öffentliche Kaffeestube ein, denn der Kaffee war in dem neu begründeten Osmanischen Reich bald zur großen Mode geworden, nachdem die Türken 1536 die jemenitische Tiefebene Timana erobert hatten und Pilgerscharen den Kaffee aus dem Südjemen zu den islamischen Wallfahrtszentren Mekka und Medina sowie von dort nach Kairo, Damaskus, Aleppo, Smyrna, Bagdad und Isfahan sowie schließlich nach Istanbul gebracht hatten (Teuteberg 2001, S. 94). Im Volksmund hießen die Kaffeehäuser „Schulen der Weisheit". „Das öffentliche Kaffeetrinken wurde, was die ungeheure Anziehungskraft erklärt, etwa seit dem frühen 16. Jahrhundert für die Männer zugleich nun eine Gelegenheit, um Bekanntschaften und Geschäfte zu machen sowie die Zeit mit Rauchen, Brett- und Glücksspiel sowie bei Tanz- und Musikdarbietungen zuzubringen" (Teuteberg 2001, S. 95). Ausgehend von Venedig mit dem Import von Kaffeebohnen, entstand ab dem 17. Jahrhundert (1647) das erste Kaffeehaus in Europa: Ein Kaufmann weihte in Marseille in seinem Haus Freunde in das türkische Kaffeetrinken ein, indem er die auch ebenfalls mitgebrachten Utensilien, wie z. B. Röstapparat, Kaffeekannen, Tablett und Schälchen, für seine Kaffeerunden nutzte. Erste Kaffeehäuser entstanden 1650 in Oxford, 1652 in London, 1671 in Marseille, 1672 in Paris, Amsterdam sowie Den Haag (Teuteberg 2001, S. 99). „Auch in Deutschland, Italien und Portugal setzt sich das Kaffeehaus durch. In Lissabon ist der aus Brasilien importierte Kaffee billig, ebenso der Zucker, der so reich-

lich zugegeben wird, dass nach Darstellung eines Engländers der Löffel in der Tasse stehenbleibt" (Braudel 1985, S. 273). Das von Edward Lloyd im Jahr 1687 bzw. 1688 in London gegründete Kaffeehaus entwickelt sich schnell zu einem Treffpunkt für Leute, die mit Schifffahrt zu tun haben: „Kapitäne, Schiffseigner, Kaufleute, Versicherungsagenten. Man geht zu Lloyds, um die neuesten Branchennachrichten zu hören. (…) Das Geschäft mit den Nachrichten floriert und übertrifft bald den Umsatz, der mit dem Kaffeeausschank gemacht wird. (…) Im Laufe des 18. Jahrhunderts verliert Lloyds den Charakter und die Funktion des Kaffeehauses und wird zu der Institution, als die es seitdem bekannt ist, zu dem größten Versicherungsunternehmen der Welt. (…) Lloyds Geschichte zeigt charakteristisch, welche Rolle das Kaffeehaus in der frühbürgerlichen Wirtschafts- und Sozialgeschichte sowie der Kulturgeschichte gespielt hat" (Schivelbusch 2005, S. 59 f.). Das Kaffeehaus entwickelt sich also primär als Geschäftslokal für im Geschäftsleben stehende Männer. Die eröffneten Kaffeehäuser in Frankreich oder England blieben lange exklusiv, selbst bei zunehmender Zahl und öffentlichem Zugang blieben sie Stätten, in denen politischliterarische Fragen erörtert, ärztliche und rechtliche Konsultationen erteilt, Versicherungen und Geschäfte geschlossen wurden. „Feine Möbel, Kristallspiegel und Marmorböden waren Voraussetzung für solch ‚große Kaffeehäuser' des 18. Jahrhunderts. Sie wirkten stilbildend für die europäischen Kaffeehäuser und beförderten die Anfänge der bürgerlichen Freizeitkultur, da hier ältere ständische Unterscheidungen und Tageseinteilungen erstmals durchbrochen wurden" (Teuteberg 2001, S. 100). Während den Frauen in England der Zutritt verboten ist, sind sie auf dem Kontinent geduldet.

Die Geschäfte sind nicht notwendigerweise kommerziell. Im 17. und 18. Jahrhundert gehören in das bürgerliche Verständnis von Geschäftsleben auch Politik, Kunst sowie Literatur. Für diese Aktivitäten hat sich das Kaffeehaus als Lokal am längsten in Wien erhalten. „Das Kaffeehaus des 17. und 18. Jahrhunderts dient als Kommunikationszentrum und als eine Art Nachrichtenbörse. Neben dem geschäftlichen Treiben werden zwei weitere Bereiche des bürgerlichen Lebens im Kaffeehaus betrieben: Journalismus und Literatur. Im Kaffeehaus werden Probleme der Politik und der Literatur besprochen, Zeitungen liegen zum Lesen aus" (Schivelbusch 2005, S. 67 f.). Etwa 3000 Kaffeehäuser bei einer Einwohner*innenzahl von etwa 600.000 gab es etwa 1700 in London. „Als Lokaltypus ist es so neu wie der Kaffee als Getränk. Es ist eigens für den Ausschank von Kaffee bestimmt, daneben werden auch Tee und Schokolade angeboten, doch das unterstreicht nur den Charakter eines nicht-alkoholischen Lokals, in dem es um Nüchternheit und Mäßigung geht. Gesittete Umgangsformen, gedämpftes und überlegtes Sprechen werden gefordert und präsentieren sich als Gegenbild zur Schenke" (Schivelbusch 2005, S. 61 f.). Der „Cafetier" (auch „Kaffeeschenk" oder „Kaffeesieder" genannt) schenkte in den „Großen Kaffeehäusern" seinen Handelsprivilegien entsprechend auch Tee und Schokolade aus, bot neben feinem japanischem und chinesischem Porzellan jedoch auch Rauch- und Schnupftabak an (Teuteberg 2001, S. 100). Die Genussmittel Kaffee, Tee, Schokolade, der Zucker als Süßungsmittel sowie der Tabak gehören also im Hinblick auf die Entstehung der Kaffeehäuser als deren selbstverständliches Sortiment zusammen. Die Gefäße für die Getränke können ebenfalls Gegenstand des Verkaufs sein und unterstreichen damit den viel umfassenderen Zusammenhang, der mit den Genussmitteln in die Gesellschaft hineinkam.

Engländer und Holländer eröffneten 1650 in Danzig, 1673 in Bremen und 1677 in Hamburg einen ersten Kaffeeausschank (Teuteberg 2001, S. 99). Im Bremer Schütting, dem Gildehaus der Kaufmannschaft, schenkte 1673 der Holländer Jan van Huesden das „außländische indianische Getränk" (Peter 2009, S. 122) aus, sogar zehn Jahre bevor die Wiener Kaffeehauskultur begann. „200 Jahre sollte die Heimat von Jacobs und Kaffee Hag 120 Kaffeeröstereien zählen" (Peter 2009, S. 122). Über die Türkenkriege kam der Kaffee auf dem Landweg von Istanbul über den Balkan donauaufwärts bis nach Wien und 1685 entstand das erste der später berühmt gewordenen Kaffeehäuser Wiens. Das Kaffeehaus entwickelt sich zum sozialen Zentrum bürgerlicher Öffentlichkeit, an dem das Bürgertum kommerziell wie kulturell neue Formen entwickelte (Schivelbusch 2005, S. 72 f.). Über Süd- und Mitteldeutschland breitete sich die Kaffeeidee dann aus, und eines der Zentren des neuen Genussmittelkonsums wurde auch Leipzig (Teuteberg 2001, S. 100).

Nach osmanischem Vorbild gab es überall auch einen Straßenverkauf für das einfache Volk (Teuteberg 2001, S. 99) und daneben entwickelte sich eine kleine Kaffeewirtschaft, den alten Wein- und Bierschenken nicht unähnlich, „(...) die das neue Genussmittel beim ‚einfachen Volk' populär machte. Dieses erfreute sich keines so guten Rufes. So sollen nach einem Frauenzimmer-Lexikon aus dem Jahr 1715 in Leipzig von den Stadtknechten allerhand ‚gemeine Weiber' und ‚zwielichtiges Gesindel' aus den einfachen Kaffeeschenken herausgeholt worden sein" (Teuteberg 2001, S. 100). Mit der Ausweitung zu Übernachtungsmöglichkeiten vollzog sich der nächste Schritt zum Restaurant und Hotel. Wenn ein besonderer Saal angegliedert wurde, entstand oft ein öffentlicher Versammlungsort mit Bällen, Konzerten oder Theater. Das Kaffeehaus war ein Treff- und damit Ausgangspunkt der sich herausbildenden bürgerlichen Gesellschaft (Teuteberg 2001, S. 100 f.).

Die Besonderheit in der Verbreitung des Kaffees liegt in seinem Weg über die Öffentlichkeit als öffentliches Getränk und seiner Abwanderung in die Privatsphäre sowie seiner Etablierung als häusliches Getränk (Schivelbusch 2005, S. 72 f.). In der Geschichte der Innovationen lässt sich diese Bewegung wiederkehrend beobachten. „Eine Neuerung vollbringt ihre historische Leistung – die Wirklichkeit entscheidend neu zu formen – in der Öffentlichkeit, d. h. in der Sphäre der kollektiven Konsumtion, um erst später in den Bereich der privathäuslichen Konsumtion abzuwandern. Die öffentliche Phase kann man heroisch nennen, weil sie die Wirklichkeit verändert. Die darauffolgende Privatphase muß man konformistisch nennen, indem sie selber keine verändernde Kraft zeigt, sondern nur affirmativ und stabilisierend wirkt" (Schivelbusch 2005, S. 73). Ähnliches gilt auch für die Geschichte des Kaffees, denn in „(…) seiner öffentlich-heroischen Phase, dem Kaffeehaus, wirkt der Kaffee als energisch verändernde, neue Wirklichkeit schaffende Macht. Als er ins Bürgerhaus abwandert, um Frühstücks- und Nachmittagsgetränk zu werden, wird er passiv, tendenziell idyllisch" (Schivelbusch 2005, S. 73). Kaffee symbolisierte den dynamischen Bereich frühbürgerlicher Öffentlichkeit, Politik, Literatur, Geschäftsleben und steht dann zunehmend für häusliche Gemütlichkeit. In der Häuslichkeit werden die beiden Kaffee-Gelegenheiten Frühstücks- und Nachmittagskaffee unterschieden, während beim Frühstückskaffee Spuren der kulturgeschichtlichen Wirkungen des Kaffeehauses zu bemerken sind, weil damit der Beginn des Arbeitstages markiert wird: Die Nachtruhe wird über den Kaffee, der wach und munter macht für die Aufgaben des Tages, als endgültig beendet erklärt. „Im 19. Jahrhundert gesellt sich die tägliche Morgenzeitung hinzu, auch sie ein Emigrant aus dem Kaffeehaus" (Schivelbusch 2005, S. 80). Beim Nachmittagskaffee finden sich diese Funktionen und symbolischen Bedeutungen nicht. In Deutschland wird er „Kaffeekränzchen" genannt und bezeichnet eine Angelegenheit der Frauen. In Amaranthes „Frauenzimmerlexikon" gilt als Kaffeekränzchen eine „(…) tägliche oder wöchentliche Zusammenkunft einiger vertrauter Frauenzimmer, welche nach der Reihe herumgehet, wobei sie sich mit Kaffeetrinken und L'Ombre-Spiel divertieren und ergötzen" (Amaranthes Frauenlexikon 1715 nach: Schivelbusch 2005, S. 80). Im 20. Jahrhundert verlaufen die Entwicklungen noch einmal ähnlich, denn die Männerwelt verlässt das Kaffeehaus endgültig, während das Kaffeekränzchen ins Café übersiedelt. „Eine späte Rache an der patriarchalischen Kaffeehauskultur" (Schivelbusch 2005, S. 80).

Die Idee des Kaffeehauses, in dem Menschen zusammenkommen, um bei Kaffee und eventuell beim Rauchen miteinander niedrigschwellig in Kontakt zu kommen, um unabhängig von den Sparten über alle möglichen Fragen oder Ideen zu kommunizieren, findet sich in vielen niedrigschwellig angelegten Institutionen Sozialer Arbeit ebenfalls wieder. Diese sind zum Teil auch um den Kaffeetisch herum angelegt, imitieren im Grunde die Kaffeehausatmosphäre und bauen ihre Unterstützungsangebote darauf auf und drum herum. Eine ehemalige Studentin der Sozialen Arbeit beschreibt eine niedrigschwellige Einrichtung für Menschen mit psychischen Erkrankungen eigentlich als Café. „Während meines Studiums habe ich einige Jahre in einer niedrigschwelligen Einrichtung für Menschen mit psychischen Erkrankungen gearbeitet. Letztendlich war die Einrichtung ein Café mit pädagogischen Angeboten und für alle geöffnet. Toll für die Betroffenen und die Nutzer des Cafés war, dass es sehr verkehrsgünstig lag" (frnd 2019). Viele dieser Einrichtungen wirken wie Cafés mit pädagogischen Angeboten, während selbstverständlich die Café-Atmosphäre selbst auch ein sozialpädagogisches Angebot und konzeptionelle Grundlage darstellt. Die Niedrigschwelligkeit des Angebots steht dabei im Vordergrund und darunter wird der möglichst anforderungslose Zugang zu den Hilfsangeboten oder sozialen Diensten verstanden. Mit dem niedrigschwelligen Zugang werden Menschen angesprochen, die die Unterstützung durch Soziale Arbeit ansonsten nicht in Anspruch nähmen bzw. nehmen könnten. „Sie sind durch die Nichtinanspruchnahme existenziell gefährdet, befinden sich in prekären Lebenssituationen und/oder sie werden aufgrund von Ausgrenzungsstrukturen von gesellschaftlicher Partizipation ausgeschlossen. Niedrigschwelligkeit fungiert insofern als Kommunikationsstrategie mit dem Ziel, der Nichtinanspruchnahme entgegenzuwirken, also die Kommunikation zu suchen. Dies geschieht vorwiegend über das Verstehen der Problemsituation und über die Beziehungsgestaltung ohne weitere Erwartungen an die AdressatInnen" (Konter 2019, o. S.). Selbstgefährdung, Verwahrlosung, Diskriminierung und Ausgrenzung, Krankheit und Existenzgefährdung können Gründe für die Notwendigkeit niedrigschwelliger Angebote darstellen, und die Konkretisierung niedrigschwelliger Arbeit findet vor allem in Offenen Einrichtungen statt, wie z. B. Tagestreffs, Jugendhäusern, Kontaktläden, Druckräumen (Konter 2019, o. S.).

Die folgenden Beispiele sozialer Einrichtungen basieren auf der Idee des Cafés als Ort für viele unterschiedliche, einander fremde Menschen. Die damit verbundene Vorstellung der zwanglosen Kommunikation untereinander an einem oder mehreren Kaffeetischen gilt als konzeptionell grundlegend. „Mit Kaffee und Tee stößt man nicht an, man trinkt sich nicht zu, man lädt einander nicht zu einer Runde ein. Kaffee- und Teetrinker bilden keine innerlich verbundene Gemeinschaft, sondern eine Ansammlung betonter Individuen. Für den Kaffeehaus-Besucher ist es durchaus normal, allein an einem Tisch zu sitzen und Zeitung zu lesen; Billard und Schach, die klassischen Kaffeehausspiele, erfordern Ich-Konzentration. (…) Im Kaffeehaus steht das Ich im Zentrum" (Schivelbusch 2005, S. 187). Und das Ich kann auch im Zentrum in jedem niedrigschwelligen Setting bleiben, ohne in Gefahr zu geraten, sich einer Gemeinschaft hin öffnen zu müssen, denn die „(…) neuzeitlichen Heißgetränke kennen etwas dem Gemeinschaftsritual des Alkoholgenusses Vergleichbares nicht" (Schivelbusch 2005, S. 187). Damit wird auch noch einmal die Niedrigschwelligkeit unterstützt und in den Fokus durch die Café-Atmosphäre gerückt.

Die psychosoziale Kontaktstelle „Stövchen" für psychisch kranke Menschen
Die psychosoziale Kontaktstelle „Stövchen" wurde als Begegnungsstätte für psychisch kranke Menschen zu Beginn der 1980er-Jahre von Vertreter*innen psychiatrischer und sozialer Institutionen gegründet. Das „Stövchen" ist eine anerkannte psychosoziale Kontaktstelle für Menschen mit persönlichen Krisenerfahrungen und unterschiedlichen Krankheitsverläufen, die sich zur Aufgabe gemacht hat, chronisch psychisch Kranken Hilfen zur Alltagsbewältigung zu vermitteln. Die Erhöhung der Lebensqualität steht dabei ebenso im Fokus wie auch die Integration in das Gemeinwesen. Ein weiteres Ziel ist möglichst die Vermeidung einer stationären psychiatrischen Behandlung bzw. die Verlängerung der Behandlungsintervalle. Das „Stövchen" versteht sich mit seinen Angeboten als Ergänzung und Kooperationspartner*innen anderer Institutionen der psychosozialen Versorgung in der Region Lüneburg. In einem entspannten Rahmen bietet das „Stövchen" Lüneburg bei Kaffee und Tee Gelegenheit, „(…) miteinander ins Gespräch zu kommen, über Alltagssorgen zu sprechen, Informationen zu erhalten, Kontakte zu knüpfen oder einfach nur da zu sein. Weiterhin besteht die Möglichkeit an wechselnden Gruppenangeboten teilzunehmen, sowie bei Bedarf ein individuelles Beratungsgespräch zu führen" (Diakonisches Werk Lüneburg 2021, o. S.). ◄

Während die eine Einrichtung einen Baustein in einem auf Vielseitigkeit beruhenden Netz aus verschiedenen Institutionen auf einem Kontinuum von ambulant zu stationär darstellt, bildet das „Death Café" eine relativ neue Institution mit einem Franchise-Konzept im Hintergrund sowie als Ergänzung zu einem bisher noch eher raren Angebot im Bereich „Sterben und Tod".

„Death Café" für an Tod und Trauer interessierte Menschen

Seit einigen Jahren erobert ein neuer Trend die Welt und zunehmend auch Deutschland: die „Death Cafés", in denen bei Kaffee und Kuchen das Thema „Tod" ausführlich und ziellos entlang der Bedeutung für den*die Besucher*in besprochen werden kann. „Kaffee, Kuchen und über den Tod reden: Wie will ich beerdigt werden? Wie steht man zur Sterbehilfe? Darüber können Interessierte beim ersten ‚Death Café' in Oldenburg diskutieren. Der Londoner Jon Underwood hatte vor ein paar Jahren die Idee, Leute einzuladen, um über die eigene Vergänglichkeit zu sinnieren. (…) In Berlin lädt seit 2013 das ‚Café Tod' jeden letzten Freitag im Monat zu Gesprächen über das Sterben" (Welt.de 2015, o. S.). Das Berliner „Café Tod" findet in den Räumen zweier Bestatterinnen statt, die Wert auf eine sehr individuelle und familiäre Trauerbegleitung legen. Das „Café Tod" findet alle paar Monate statt und wird organisiert von Angela Fournes, ebenfalls eine Bestatterin, die auch für Kaffee und Kuchen zuständig ist. In „Death Cafés" können Trauernde über das sprechen, was sie bewegt und was Nicht-Trauernde kaum verstehen. Die Idee stammt aus der Schweiz, das Franchise-Konzept aus Großbritannien, in Deutschland steht die Bewegung noch am Anfang, bisher gibt es 5000 Cafés in 50 Ländern. In den westlichen hoch individualisierten Gesellschaften gibt es das Bedürfnis, über den Tod und das Sterben zu sprechen. Der Schweizer Soziologe und Museumsdirektor Crettaz hatte 2004 zum ersten „Café mortel" geladen. Aufgrund der hohen Resonanz entstanden rund hundert weitere „Café sterblich". Der Brite Jon Underwood betrieb sechs Jahre die „Death Cafés" als eine Art soziales Franchise-Unternehmen. „Death Cafés" müssen folgende Bedingungen erfüllen: kein Eintritt, kein Profit und niemand darf zu irgendeinem Handeln genötigt werden. „Death Cafés" bieten keine professionelle Trauerbegleitung (Bertsch 2017, o. S.). „Death Cafés" bieten Möglichkeiten bei Kaffee und Kuchen, alle bedeutenden Themen zu besprechen, die mit Sterben oder Tod zusammenhängen. Dabei kann es sowohl um die eigenen Ideen, Befürchtungen als auch die Trauer um einen erst kürzlich verstorbenen nahestehenden Menschen gehen. ◀

Im Bereich der niedrigschwelligen offenen Einrichtungen der Sozialen Arbeit ist der Kontaktladen „Mecki" in Hannover ein weiteres exemplarisches Beispiel, in dem mit dem Angebot des Schutz- und Ruheraums auch die Möglichkeit weiterer existenzsichernder Hilfen bis hin zum Ausstieg aus der Wohnungslosigkeit als Aufgaben betrachtet werden.

Kontaktladen „Mecki" für wohnungslose Menschen

Der Kontaktladen „Mecki" in Hannover versteht sich als Kontaktladen und ist als niedrigschwellige Anlauf- und Vermittlungsstelle für Personen in besonderen sozialen Schwierigkeiten (§§ 67 ff. SGB XII) als Schutz- und Ruheraum für seine Besucher*innen konzipiert. Einen wesentlichen Aspekt bildet die Café-Theke, während Ziel der Arbeit außerdem bedeutet, Unterstützung bei der Sicherung des Lebensunterhaltes und den Zugang zu sozialen Hilfen zu ermöglichen sowie bei der Durchsetzung berechtigter Ansprüche. Darüber hinaus werden ggf. Überlebenshilfen geleistet, die einer Verschlimmerung der Situation entgegenwirken sollen. Der Kontaktladen bietet eine Kombination aus Anlaufstelle, Straßensozialarbeit sowie medizinischer Grundversorgung. Die Einrichtung will als niedrigschwelliges, akzeptierendes Angebot alleinstehenden wohnungslosen Menschen Unterstützung bieten und zudem Ausstiegs- und Veränderungsmöglichkeiten aufzeigen (Diakonisches Werk Hannover 2021, o. S.). ◄

Die verschiedenen sozialpädagogischen Angebote rund um den Kaffeetisch und dem damit verbundenen Angebot der Kommunikation, aber auch der Ruhe und des Schutzes wurden bisher noch nicht auf ihre Gastlichkeitsideen hin reflektiert und analysiert, sodass über den Erfolg oder die damit verbundenen konzeptionellen Ideen in der Verbindung von Sozialer Arbeit und Gastlichkeit nur spekuliert werden kann. Die Einrichtungen mit einem Café-Konzept könnten noch einmal genauer daraufhin angesehen werden, ob sie die darin liegenden Entwicklungsmöglichkeiten, basierend auf den Erkenntnissen über das Ritual von Gastlichkeit sowie die historischen Kaffeehauskonzeptionen, bereits umfangreich ausgeschöpft haben für die Weiterentwicklung ihres sozialpädagogischen Angebots.

Der Kaffee an sich mit seiner Vielfalt an inzwischen verbreiteten Zubereitungsarten inklusive dazugehöriger Genuss- und Geschmacksausrichtungen wird nun noch einmal mehr in den Mittelpunkt der Betrachtung gerückt. In Einrichtungen Sozialer Arbeit werden täglich ungeheure Mengen an Kaffee ausgeschenkt, und mit dem Einkauf des Kaffees werden Entscheidungen globalen Ausmaßes über Nachhaltigkeit oder soziale Gerechtigkeit getroffen.

Gleichzeitig haben sich die Kaffeezubereitung und die Art des Kaffeegenusses so pluralisiert, dass damit wiederum Entscheidungen fällig werden im Hinblick auf das Kaffeeangebot in der eigenen Einrichtung, in deren Folge den Adressat*innen verschiedene Geschmäcker aufgezwungen werden können, z. B. der Notwendigkeits- oder der Luxusgeschmack.

3.3   Die Durchsetzung des Kaffees als Allerweltsgetränk und angesagtes pluralisiertes, globalisiertes Lifestyle-Produkt – Auswirkungen auf das Kaffeeangebot in der Sozialen Arbeit?!

Kaum etwas ist über die tatsächlichen Mengen bekannt, die Tag für Tag in Einrichtungen Sozialer Arbeit getrunken werden, entweder als Gastlichkeitsangebotsgetränk und/oder weil der Kaffee und das dazugehörige Arrangement zum Setting der niedrigschwelligen Einrichtung gehören. Mit dem Kaffeeangebot ist zu entscheiden, welcher Kaffee gekauft und wie er zubereitet wird, um ihn den Adressat*innen in den verschiedenen Settings anzubieten. Damit werden auch Fragen der Nachhaltigkeit und sozialen Gerechtigkeit im Rahmen der Globalisierung aufgeworfen, die vor dem Hintergrund der jährlich in sozialen Einrichtungen verzehrten Mengen eine gewisse Bedeutung tragen. Darüber hinaus ist Kaffee in den letzten Jahren zu einem pluralisierten Produkt geworden, sodass die Frage danach, ob man*frau seinen*ihren Kaffee denn nun mit Milch und/oder Zucker trinke, längst nicht mehr ausreicht und dieses wiederum zur Folge hat, sich bei jedem sozialpädagogischen Angebot eines Kaffees zu fragen, in welcher Zubereitungsart und mit welcher Vielfalt die Einrichtung sich an ihre Adressat*innen wenden möchte, um dem zeitgemäßen Kaffeegenuss gerecht zu werden und sich damit nicht nur mit dem vermutlich inzwischen verbundenen Notwendigkeitsgeschmack einer Tasse schwarzen Kaffees zufriedenzugeben. Damit ergibt sich sogleich die Frage, welche Kaffeezubereitungsart und welcher wie gehandelte Kaffee denn angeschafft und ausgeschenkt werden sollte.

▶   Überlegen Sie, welche verschiedenen Kaffeezubereitungsarten Sie kennen. Wie trinken Sie Ihren Kaffee am liebsten? Wissen Sie, wo er hergestellt wurde und unter welchen Arbeitsbedingungen bzw. mit welcher Entlohnung die Herstellung erfolgte? Beeinflusst dieses Wissen Ihre Entscheidung?

Der Tchibo Kaffeereport (Tab. 3.3) hat danach gefragt, welche Art Kaffee regelmäßig konsumiert wird, und dabei ist der Filterkaffee mit 52 % zwar noch

Tab. 3.3 Welche Art Kaffee trinken Sie regelmäßig?

Kaffee-Art	2020 (in %)
Filterkaffee	52,0
Kaffee aus Vollautomaten	36,8
Cappuccino	35,5
Latte macchiato	29,1
Kaffee aus Kapselmaschinen	26,1
Caffè Crema	24,6
Milchkaffee, Café au Lait, Melange, Galão	24,2
Espresso	20,3
Instantkaffee, löslicher Kaffee	18,4
Gekühlte Kaffeevariationen aus dem Supermarkt	12,9
Kaffee aus Siebstempelkanne	6,4
Flat White	3,0
Cold Brew	2,9
Nitro Coffee	1,1

(Quelle: Tchibo Kaffeereport 2020, S. 44)

die am häufigsten getrunkene Art, dennoch folgen mit einem hohen Anteil Kaffee aus Vollautomaten mit 36,8 % und Cappuccino mit 35,5 %. Latte macchiato mit 29,1 %, Kaffee aus Kapselmaschinen, Caffè Crema sowie Milchkaffee, Café au Lait, Melange, Galão sind mit Mitte 20 % ebenfalls verbreitet und werden konsumiert. Nitro Coffee, Cold Brew, Flat White oder Kaffee aus der Siebstempelkanne werden eher weniger konsumiert, vermutlich ist die höhere Bekanntheit Voraussetzung für eine weitere Verbreitung und wohl nur eine Frage der Zeit. Der Instantkaffee wurde übrigens bereits 1901 von Nestlé erfunden und verbreitete sich vor allem auf dem US-Markt (Teuteberg 2001, S. 116).

Das gilt ebenso für die Geräte und Maschinen, mit denen Kaffee zubereitet wird (Tab. 3.4). Die vielfältigen Arten, Kaffee zu trinken, korrespondieren mit den vielfältigen Möglichkeiten, diesen zuzubereiten. „Die Gerätschaften und Techniken zur Zubereitung von Kaffee sind überwältigend geworden. Der Erfindergeist, der dieser Substanz zuteil wird, spiegelt ihren weltweiten Status als kulinarische Droge ersten Ranges wider" (Wilson 2014, S. 349).

Hinzu kommt die Entscheidung, ob der Kaffee in der Tasse oder im Becher getrunken wird. „Kaffee im Becher ist Alltags-Kaffee, Küchen-Kaffee, Kaffee

Tab. 3.4 Welche dieser Geräte und Maschinen sind in Ihrem Haushalt vorhanden?

Kaffeezubereiter	2020 (in %)
Vollautomat	22,2
Filterkaffeemaschine	56,5
Espressokanne für die Herdplatte	14,0
Padmaschine	28,9
Kapselmaschine	22,1
Handfilter	20,3
Cold Brew	1,7
Halbautomat	7,0
Siebstempelkanne	13,4

(Quelle: Tchibo Kaffeereport 2020, S. 48)

ohne Ritual. Erst mit der Untertasse beginnt das Kaffee-Ritual und es wird umso zwingender, je mehr weitere Service-Teile im Spiel sind. Der Genuß ist nicht Folge des Getränks, sondern ebenso der Geräte, die dazu entwickelt worden sind" (Schivelbusch 2005, S. 196 f.). Zu den ritualähnlichen Formen des Genusses gehört seit Beginn des Kaffeegenusses ebenso das passende Geschirr, bestimmte Gesten, die im Zusammenhang mit dem Kaffeegenuss erforderlich waren und die Selbstdarstellung unterstützen. Denn „(…) die Genussmittel haben einen wesentlichen Anteil an der Entdeckung der menschlichen Hand für die Mode und die Selbstdarstellung des Menschen" (Schivelbusch 2005, S. 187). Der Kaffee stellt allerdings inzwischen kein soziales Statussymbol mehr dar, sodass die Selbstdarstellung sich inzwischen weniger an dem Kaffeeservice und einstudierten Gesten festmachen lässt. Vielmehr haben sich die Arten des Kaffeegenusses und -zubereitungsweisen erheblich ausdifferenziert und sagen etwas über den Lifestyle des*der Konsumenten*in aus. Grundsätzlich geht es bei der Kaffeezubereitung immer darum, Kaffee aufzubrühen, was bedeutet, ihn in gemahlener Form mit Wasser zu vermischen und die Rückstände auszusieben. „Die Methoden, um dies zu erreichen, unterscheiden sich jedoch stark, angefangen bei den türkischen Ibriks, mit denen seit dem 16. Jahrhundert aromatischer schwarzer Kaffee zubereitet wird bis hin zur MyPressi TWIST, einer Espressomaschine für die Hand, die 2008 auf den Markt kam und wie ein Siphon mit Gaspatronen betrieben wird. Es ist gerade mal ein paar Jahre her, dass riesige Espressomaschinen als das letzte Wort auf dem Gebiet der Kaffeemaschinen galten, wobei die Hauptfragen lauteten, wie viel Geld man ausgeben konnte und wie viel Eigenkontrolle man sich wünschte. Eine andere Möglichkeit waren die Kapselmaschinen, wie z. B. die von Nespresso, die eine vollkommen gleichbleibende Qualität gewährleisten. Echte Kaffeeliebhaber möchten sich jedoch eigenhändig mit dem gesamten Prozess auseinandersetzen können: den Bohnen, dem Mahlen, dem Kaffeestempel, dem Druck" (Wilson 2014, S. 349). Inzwischen hat sich eine neue Welle der Kaffeetechnologie über Espressomaschinen hinausentwickelt, wenn nicht sogar über die Elektrizität selbst hinaus. „Es gibt die AeroPress, ein cleveres Plastikgerät, bei dem Luftdruck zum Einsatz kommt, um Kaffee durch einen Kolben in die Tasse zu pressen. Alles, was man dafür braucht, ist ein Wasserkocher und starke Arme" (Wilson 2014, S. 350). Kostspielige Espressomaschinen seien inzwischen schon nicht mehr angesagt, da derzeit beim Kaffee so viel wie möglich per Hand selbst gemacht würde. Wilson schätzt die Suche nach den Möglichkeiten, den Kaffee zu verbessern, als eine Drehung im Kreis ein, die dort endet, wo sie begann. „Die fortschrittlichsten Kaffeexperten der Welt, ob nun in London, Melbourne oder Auckland, ziehen heute Pressstempelkannen kostspieligen Espressomaschinen vor. Es ist nur noch eine Frage der Zeit, bis jemand die nächste große Sache entdeckt: eine Kanne und einen Löffel" (Wilson 2014, S. 350). Zu weiteren großen Erfindungen auf der Suche um eine verbesserte Kaffeequalität gehörte der 1901 von Nestlé erfundene Instantkaffee, vor allem jedoch die 1908 von Melitta Bentz entwickelte Kaffeefiltertüte als der revolutionäre Baustein zur Vereinfachung der Kaffeezubereitung. „Die aus Kunststoffe entstehende Vakuumverpackung und Metallfolie sowie die auch in normalen Haushalt einsetzbare Kaffeemaschine erleichterten die Kaffeeherstellung ungemein" (Teuteberg 2001, S. 116). Bis der Kaffee trinkfertig ist, gehören das Rösten und Mahlen zu den Grundvoraussetzungen für einen qualitativ guten Kaffee, der dann mit dem Überbrühen fast trinkfertig ist, unter der Voraussetzung, dass das Kaffeepulver vom Kaffee getrennt werden kann.

Rösten, Mahlen, Zubereiten als Voraussetzungen für einen genießbaren Kaffee
Bis ins frühe 20. Jahrhundert konnte ausschließlich mit hoher Professionalität und hohen Kosten eine akzeptable Güte des Kaffees gesichert werden. Zu den Normalitäten des 19. Jahrhunderts gehörte, dass der Kaffee oft chemisch geschönt wurde, wenn seine Qualität nach einer langen und manchmal geschmacksschädigenden Seereise gelitten hatte. Am Bestimmungsort angekommen, musste der Kaffee weiter aufbereitet werden, denn erst mit dem Rösten, Mahlen sowie Aufbrühen wurde aus ihm das Getränk. All diese einzelnen Schritte erforderten jeweilig für sich anspruchsvolle Schritte. Der erste Schritt, das Rösten, erforderte viel

Erfahrung, weil es erst kalkulierbar wurde mit der Wende zum 20. Jahrhunderts, als kommerzielle Gasröster mit elektrisch betriebenen Kurbeln arbeiteten. Bis dahin erfolgte der Röstprozess über dem offenen Feuer, in dem „(...) die Bohnen eine kontrollierte Zeit lang erhitzt werden, wobei sie zu bewegen sind, damit sie nicht untereinander verkleben. Die Temperatur kann nur grob abgeschätzt werden, und es verlangt viel Erfahrung, sie gleichmäßig eine Viertelstunde lang bei etwa 200 Grad C zu halten. (Heute wird 2 bis 3 Minuten bei 230 Grad C geröstet.) Gleichzeitig muss man an der Rösttrommel kurbeln oder den Röster schütteln" (Beutelspacher 2006, S. 126). Der zweite Schritt, das Kaffeemahlen, erweist sich als ebenso unbefriedigend, weil es bis weit ins 20. Jahrhundert eine ungenaue Arbeit bleibt und ebenso schwer kalkulierbar. Von Hand betriebene Mühlen liefern Kaffeepulver von völlig unterschiedlichem Mahlgrad, sie laufen Gefahr, heiß zu werden, falls zu lang gemahlen wird, womit der Kaffee verdorben wird. Erst am Ende des 20. Jahrhunderts kam die elektrische Kaffeemühle mit präzisem, industriell hergestelltem Mahlwerk sowie variierbarem Mahlgrad in die Haushalte. „Bis in die 1960er Jahre geschah dies in den Kaffeegeschäften. Ab 1962 wird mit der Vakuumverpackung auch das Kaffeemahlen industriell und weit vom Verbraucher entfernt ohne Qualitätseinbußen möglich und hat sich mittlerweile durchgesetzt" (Beutelspacher 2006, S. 127).

In den Haushalten des 18., 19. und 20. Jahrhunderts wurde sowohl geröstet als auch gemahlen trotz der beschriebenen Schwierigkeiten und zwar in einem „(...) völlig unkontrollierten Umgang mit dem raren, teuren und oft genug sogar verbotenen Gut der Kaffeebohnen" (Beutelspacher 2006, S. 127). Darüber hinaus war oft kaum oder gar kein Wissen über die Bedeutung der Kontaktzeit von Wasser und Kaffeepulver vorhanden, und deshalb kam das Kaffeepulver, nicht zuletzt aufgrund des sparsamen Wirtschaftens, viel zu lang mit dem Wasser in Kontakt (Beutelspacher 2006, S. 134). Die Zubereitungsweise ähnelte der von Tee, in der durch langes Ziehen das Kaffeepulver maximal ausgenutzt werden sollte. Der daraus resultierende starke und bittere Kaffee wurde in der Folge mit Sahne oder Milch magenfreundlich gemildert. „Neben der traditionell hohen Wertschätzung des süßen Geschmacks ist auch die Verwendung von Zucker in dieser Funktion zu sehen. Hier fanden zwei Kolonialprodukte zusammen" (Beutelspacher 2006, S. 129). Der süße Geschmack des Kaffees verwurzelte sich in den europäischen Oberschichten, nicht zuletzt auch aufgrund des hohen Prestiges des Zuckers, sodass ungesüßter Kaffee auch nicht mehr infrage kam, als er von den Unterschichten als Getränk aufgegriffen wurde (Beutelspacher 2006, S. 129). „Trotz unzulänglicher Qualität bahnte sich das für eine neue Zeit adäquate Getränk seinen Weg durch die Gesellschaft. Der Muntermacher wurde malträtiert, aber obsiegte gegen die alteuropäischen Getränke Wasser, Milch, Bier und Wein" (Beutelspacher 2006, S. 144). 1908 war die Geburtsstunde des Papier-Kaffeefilters und er brachte geschmacklich massive Fortschritte im Vergleich zu allen anderen Möglichkeiten, die bis dahin im Umlauf waren. Papier war billig geworden und es konnte technisch zuverlässig mit präzise vorgegebenen Eigenschaften hergestellt werden. Das Ziel war ein klarer Kaffee ohne Bitterstoffe, und das Filtermedium Papier war engporig genug, um die Kontaktzeit kurz zu halten, ohne dass der Kaffee selbst kochen konnte. Der Melitta-Filter wurde bei der Internationalen Hygiene-Ausstellung in Dresden 1910 deshalb auch mit Gold- und Silbermedaillen prämiert (Beutelspacher 2006, S. 140). Vor dem Hintergrund dieses über lange Zeit andauernden Optimierungsprozesses der Kaffeezubereitung und des -geschmacks verwundert die folgende Feststellung überhaupt nicht. „Man muss sich wirklich wundern, dass er ein Erfolgsgetränk geworden ist, dessen Konsum bis zum Ersten Weltkrieg ununterbrochen anstieg" (Beutelspacher 2006, S. 134).

Unabhängig davon, wie der Kaffee zubereitet wird und vor allem, wie er dann getrunken wird, gelten alle Kaffeearten als Kommunikatoren. Neben dem Kick des Koffeins wird miteinander gesprochen. „Man redet bei ihnen. Und das ist neben dem Kick des Koffeins natürlich auch das Desiderat einer sich seit einigen Generationen globalisierend aufblähenden Gesellschaft" (Beutelspacher 2006, S. 144). Der Kaffee hat sich also zu einem Produkt entwickelt, das etwas über den Lifestyle des*der Konsument*innen aussagt und zwar nicht nur im Hinblick auf die Kaffeezubereitung und die Art des Genießens. Ebenso fällt auch der Ort der Herstellung ins Gewicht, denn Anbau und Handel haben globale Auswirkungen, von dem der Kaffee seit seiner Entdeckung insbesondere betroffen ist. Der Kaffee, der z. B. in größeren Mengen in den Einrichtungen Sozialer Arbeit ausgeschenkt wird, hat aufgrund seiner Herkunft auch mit der Frage zu tun, ob sein Anbau und seine Verarbeitung mit sozial gerechten Lebensbedingungen sowie die Umwelt schonenden Bedingungen einhergehen und weder die Menschen noch die Natur ausbeuten (Tchibo Kaffeereport 2020, S. 6 ff.). Jeder Kaffee, der getrunken wird, hat direkte Auswirkungen auf das Leben anderer Menschen, die diesen Kaffee anbauen und verkaufen. Kaffeekonsum ist seit jeher mit globalen sozialen und umweltbezogenen Gerechtigkeitsfragen verbunden. Johann Georg Forster, ein in der zweiten Hälfte des 18. Jahrhunderts lebender Naturforscher und Reiseschriftsteller, beklagte, dass der „Negerhandel" [sic] nur betrieben würde, „um ein paar Leckereien, wie Zucker und Kaffee, genießen zu können" (Peter 2009, S. 122).

Weltweite Ausbreitung des Kaffeeanbaus
Zunehmende Verbreitung und Beliebtheit des Kaffees, Preisanstiege und Monopolbildungen durch die arabischen Händler führten zum Beginn des Kaffeeanbaus in den tropischen Kolonialgebieten der europäischen Großmächte. Über ihre staatliche Ostindische Handelsgesellschaft versuchten zunächst die Holländer, „(...) weltweit den Kaffeemarkt zu dominieren. Dadurch kam der Samen des arabischen Kaffeestrauchs im späten 17. Jahrhundert von Mokka über Persien vermutlich in die koloniale Faktorei an der westlichen Küste Indiens. Frankreich und Portugal versuchten wenig später, eigene koloniale Kaffeekulturen zu begründen, um ihren Reichtum zu vermehren" (Teuteberg 2001, S. 106 f.). Kaffeeanbau wurde ebenfalls in der Karibik betrieben, doch mit einem Sklav*innenaufstand im Jahr 1791 und infolgedessen der Zerstörung einer Vielzahl an Plantagen erfolgte ein stetiger allmählicher Wechsel zu der für den Tieflandanbau besser geeigneten Zuckerrohrwirtschaft. Die Einwanderung von Spanier*innen zwischen 1792 bis 1848 sowie eine große Zufuhr billiger Sklav*innen führten zu einer Vervierfachung der Inselbevölkerung auf Kuba und damit zu einer wesentlichen Ausweitung der Plantagenwirtschaft insgesamt. Die Kaffeeproduktion wurde dadurch erheblich gesteigert, und aufgrund eines vernichtenden Orkans im Jahr 1846 wurde die Zuckerproduktion zulasten der Kaffeeproduktion ausgebaut aufgrund des wachsenden Zuckerbedarfs der USA, einer Kette innerer Revolutionen sowie der darauffolgenden Sklavenbefreiung (Teuteberg 2001, S. 109). Die direkte Nachbarschaft des Zucker- wie Kaffeeanbaus z. B. in der Karibik sowie die Konkurrenz im Anbau abhängig von den wachsenden Bedarfen der Abnehmerländer verstärken noch einmal den Eindruck der Verwobenheit der Genussmittel miteinander, vielleicht auch zeitweiligen Konkurrenz, abhängig von dem steigenden Konsum und der zunehmenden Gier nach Genussmitteln in den europäischen Ländern sowie den USA.

Hamburg wurde im späten 18. Jahrhundert zum Hauptumschlagplatz für Kaffee aus Santos, Rio de Janeiro, Costa Rica, Guatemala und Westindien. Der eingeführte Kaffee wurde zum großen Teil in Hamburg im originalen Rohzustand weiterverschifft. „In zunehmendem Maß siedelten sich hier nun Kaffeegroßröstereien an, welche die fertigen Bohnen an die Kolonial-warenhändler abgaben, was das umständliche ‚Kaffeesieden‘ ersparte. Einer der ersten Kaffeegroßröster ist Johann Joachim Darboven gewesen, der 1866 sein bekanntes Familienunternehmen gründete (…)" (Teuteberg 2001, S. 114). Hamburg entwickelte sich vor Ausbruch des Ersten Welt-kriegs ebenfalls nach Einführung der Kaffeeterminbörse zu dem ersten Kaffeehandelsplatz an der Hamburger Börse mit zehn bis 20 Mio. Sack Kaffee, die dort gehandelt wurden (Teuteberg 2001, S. 115).

Die Einführung des Kaffees wurde sowohl von religiös-kirchlichen als auch medizinischen Kontroversen sowie zeitweise sogar auch von staatlichen Ein-schränkungen begleitet. Der christliche Klerus hatte das neue türkische Getränk aufgrund seiner heidnischen Herkunft zunächst abgelehnt, weil die neuen Kaffee-schenken die Menschen vom Gottesdienst abhalten würden und damit den alt-gewohnten Tagesrhythmus verhindern und schlussendlich die gottgewollte Standesordnung durcheinandergebracht würde. „Die Kaffeehäuser, oft von Italienern, Griechen, Türken, Juden oder Armeniern ins Leben gerufen, waren für jedermann gleich welchen Standes bis in die Nacht hinein geöffnet, und man saß dort ohne Rangordnung nebeneinander. Damit eröffneten sich auch für breitere Kreise einer städtischen Bevölkerung neue Freiheitsräume jenseits der täglichen Arbeitswelt, so daß sich hier Anfänge der modernen Freizeitwelt und des späteren städtischen Vergnügungslebens abzeichneten" (Teuteberg 2001, S. 117).

Deutschland verfügte über keine eigenen tropischen Kolonien, und so betrachtete der aufkommende absolutistische Staat in dem ausländischen Luxus-produkt Kaffee wie auch beim Rohrzucker vor allem einen unerfreulichen Abfluss finanzieller Ressourcen. Preußen, die Kurfürstentümer Hannover und Sachsen sowie zehn weitere kleinere deutsche Staaten versuchten, den steigenden Konsum zu drosseln, indem sie im Anschluss an den Siebenjährigen Krieg Mandate zur Einschränkung des Kaffeekonsums erließen. „Der Fürstbischof von Münster Maximilian Friedrich folgte 1766 der Bitte der westfälischen Landstände und untersagte allen gemeinen Bürgern, Bauern, Handwerksgesellen, Tagelöhnern und dem Gesinde bei Androhung einer Strafe von 10 Reichstalern oder 14 Tagen

Gefängnis jeglichen Kaffeegenuß. Innerhalb von sechs Wochen hatte sich jeder seines Kaffeegeschirrs zu entledigen, was durch Visitationen kontrolliert werden sollte. Keinerlei ‚Caffé-Krämerey' und öffentliches Kaffeetrinken sollte fortan mehr geduldet werden. Den Haushalten wurde eingeschärft, selbst Dienstboten und Wäscherinnen keine Tasse Kaffee anzubieten" (Teuteberg 2001, S. 118 f.). Solche fürstlichen Kaffeeverbote blieben in der Praxis aber wirkungslos, z. B. die Paderborner Bürger*innen verfassten Spottreden und Schmähschriften aufgrund dieser Ungerechtigkeit, „(…) daß nur Vornehme und Reiche an diesem neuen Lebensgenuß teilhaben sollten" (Teuteberg 2001, S. 118 f.), und hielten sich nicht daran. „Als 1781 ein neues verschärftes Mandat erging, kam es zu offenen Tumulten und einem protestierenden kostenlosen Kaffeetrinken mit ‚Katzenmusik' auf dem Markt, so daß Truppen herbeigerufen werden mußten, die aber die Durchführung des Mandats nicht durchsetzen konnten. Bald danach wurden die Kaffeeverbote überall wieder aufgehoben, da es zahlreiche Möglichkeiten gab, diese zu umgehen" (Teuteberg 2001, S. 118 f.). Der preußische König Friedrich der Große wollte den Kaffeegenuss auf diejenigen beschränken, die sich den teuren Genuss auch leisten konnten, zumal er die altdeutsche Biersuppe ohnehin für viel gesünder hielt. Nach englischem Vorbild wurden 1781 „Brennscheine" eingeführt, die allein zum gewerblichen Rösten berechtigten. „Der König stellte für 6 Taler monatlich invalide Soldaten an zum Patrouillieren durch die Straßen Berlins, um dem Geruch unerlaubt frisch gebrannten Kaffees nachzuschnüffeln. Im Volksmund hießen sie ‚Kaffeeriecher'" (Teuteberg 2001, S. 119 f.).

Doch trotz der hohen Einfuhrzölle, zeitweiligen Konsumverbote und zusätzlichen Verbrauchssteuern ließ sich die wachsende Beliebtheit des Kaffeetrinkens nicht verhindern, und so setzte bereits frühzeitig die Suche nach einem einheimischen Ersatz ein. Bontekoe, Leibarzt des brandenburgischen Kurfürsten Friedrich Wilhelm I., galt als großer Fürsprecher des Kaffees und Tees, und er empfahl bereits 1685 den ärmeren Haushalten, noch ein sehr früher Zeitpunkt der Kaffeeverbreitung insgesamt, als Alternative geröstete Roggen- und Weizenkörner zu nutzen (Teuteberg 2001, S. 122 f.). 1707 gab es einen aus Erdmandeln bereiteten „Damen-Caffe" und 1733 lassen sich zahlreiche verschiedene Getreidesorten als Kaffeestellvertreter im Zedlerschen Universallexikon aufgezählt nachlesen. Mit der Kontinentalsperre zwischen 1806 und 1813 wurde der gesamte Kaffeimport gestoppt und dies gilt als weiterer Anstoß für Staat und Wirtschaft, geeignete Substitute auszuprobieren. Neben den Getreidesorten wurde mit Nüssen, Eicheln, Bucheckern und Kastanien sowie auch mit Möhren, Reis und Rüben versucht, Kaffee-Ersatz herzustellen (Teuteberg 2001, S. 122 f.). Hauptkonsument*innen des Ersatzkaffees, basierend auf der Zichorienwurzel, später dann als „Muckefuck" bezeichnet, ist das deutsche Kleinbürger*innentum. Die Konsument*innen würden allerdings lieber den „wirklichen Kaffee" trinken und deshalb sind sie bei ihrem Konsum des Ersatzkaffees eher mit zwiespältigem Bewusstsein dabei. „Der wirkliche Kaffee, der von nun an in Deutschland respektvoll Bohnenkaffee genannt wird, steht als Kaffeearistokratie und Sonntagskaffee über dem Ersatzkaffee. Die soziale Selbst- und Fremdeinschätzung des deutschen Kleinbürgertums geht durch die Nase, über den Duft, der der Kaffeekanne entströmt: Die Familie, die echten Bohnenkaffee trinkt, nimmt einen höheren Rang ein als Ersatzkaffeetrinker" (Schivelbusch 2005, S. 89).

Beispiel

Haben Sie schon einmal gehört, dass jemand nach echten Bohnenkaffee fragt, wenn es darum geht, einen Kaffee zu bestellen, oder wurde Ihnen selber schon einmal ein Kaffee angeboten mit dem folgenden Satz „Jetzt habe ich aber einen echten Bohnenkaffee für dich!"? Inzwischen dürfte dieser Satz nur noch sehr selten fallen bzw. verstanden werden. Für die Menschen, die zu Beginn des 20. Jahrhunderts geboren wurden, gab es echten Bohnenkaffee nur zu besonderen Festanlässen. Im Alltag wurde der Ersatzkaffee getrunken. Erst mit der allmählichen Verbreitung ab Ende der 1950er-Jahre wurde es selbstverständlicher, täglich zum Bohnenkaffee überzugehen und diesen für selbstverständlich im Alltag zu halten. „Seitdem der Nachkriegswohlstand zur Demokratisierung des echten Kaffees geführt hat, ist die früher so wichtige Wortschöpfung aus der Alltagssprache verschwunden und mit ihr der feine Geruchssinn des Kleinbürgertums für den Kaffee und seine Ersatzformen" (Schivelbusch 2005, S. 89). ◄

Dabei waren 80 Kaffeesurrogate bis zum frühen 20. Jahrhundert im Umlauf, die einerseits den teuren „echten Bohnenkaffee" streckten und in der Essenz auch geschmacklich versuchten zu verbessern, und andererseits war das Ziel, „(…) ein an Farbe, Geruch und Geschmack kaffeeähnliches Getränk herzustellen. Diese Surrogate bildeten damit auch Genußmittel eigener Art, für die der Begriff Kaffee strenggenommen eigentlich nicht zutraf" (Teuteberg 2001, S. 125). Der Kaffee-Ersatz in Deutschland hat bis zum Zweiten Weltkrieg, wenn nicht sogar bis in die Mitte der 1950er-Jahre hinein mengenmäßig den Getränkekonsum in Deutschland angeführt. Seit dem Übergang zur Wohlstandsgesellschaft stieg der Bohnenkaffee erst zum wirklichen Alltagsgetränk auf und verdrängte den Surrogatkaffee nach mehr als 100 Jahren aus seiner Führungsposition. In der alten Bundesrepublik vor der Wiedervereinigung 1989 wurden pro Kopf und Jahr 189 L Bohnenkaffee getrunken, während nur noch acht Liter Ersatzkaffee konsumiert wurden trotz einer stetigen Verbesserung seiner Qualität (Teuteberg 2001, S. 127).

Beispiel

In Zeiten der Teilung Deutschlands gab es das „Westpaket", das ebenfalls „echten Bohnenkaffee" beinhaltete. Ein Westpaket wurde mehrmals jährlich an Bekannte, Freund*innen oder Verwandte im Osten verschickt mit typisch westlichen Konsumgütern, die es in der DDR entweder gar nicht gab, nur ganz selten oder die unerschwinglich waren. Es gab auch Ostpakete, die im Gegenzug zu den Westpaketen typische Produkte der DDR enthielten, wie z. B. den Dresdner Christstollen oder Salzwedeler Baumkuchen. Fester Bestandteil eines Westpakets: ein Pfund echter Bohnenkaffee. In den jährlich etwa 25 Mio. Paketen wurden 1000 t Kaffee verschickt (wikipedia o. J.). Kaffee galt zudem auch als begehrte Tauschware in der unmittelbaren Nachkriegszeit nach dem Zweiten Weltkrieg. ◄

Inzwischen stellt der Kaffee als Genussmittel kein soziales Statussymbol mehr dar, und rückblickend stellt Teuteberg fest, „(…) dass die so lange staatlich geförderten wie medizinisch dann vielgeschmähten Kaffeesurrogate die endgültige Hinwendung zum eigentlichen Massenkonsum des Bohnenkaffees vorbereitet haben" (Teuteberg 2001, S. 128). Trotzdem bleibt dem Kaffee einiges an Bedeutung, wie sich am folgenden Beispiel zeigt.

Ältere Menschen und ihr Kaffeezubereitungs- bzw. -trinkverhalten

In der Übersicht des Statistischen Bundesamtes über die Lage älterer Menschen in Deutschland und der Europäischen Union werden tatsächlich auch Informationen zum Kaffeezubereitungs- und -trinkverhalten der Älteren berücksichtigt und für bedeutend erachtet. Ausgangspunkt bildet die Feststellung, dass Ältere beim Filterkaffee bleiben. Das Verwenden der Filterkaffeemaschine (Tab. 3.5) wird als traditionelle Machart verstanden, von der sich ältere Menschen auch nicht lösen wollen. „Auch beim Kaffeetrinken setzen ältere Menschen auf Althergebrachtes: Die gute alte Filterkaffeemaschine stand in 71 % der Seniorenhaushalte, aber nur in 59 % der jüngeren Haushalte" (Statistisches Bundesamt, Ältere Menschen in Deutschland und der EU 2016, S. 73). Pad- und Kapselmaschinen waren in jedem fünften Haushalt (21 %) der Generation 65 plus vorhanden, während diese im Vergleich bei

Tab. 3.5 Ältere Menschen und ihre Kaffeezubereitung im Vergleich

	18–64 Jahre (in %)	65 Jahre und älter (in %)
Filterkaffeemaschine	59	71
Pad- oder Kapselmaschine	37	21
Kaffeevollautomat	15	9

(Quelle: Statistisches Bundesamt, Ältere Menschen in Deutschland und der EU 2016, S. 73)

37 % der jüngeren Haushalte vorzufinden sind. Auch beim Kaffeevollautomaten verfügen weniger Haushalte der Generation 65 plus über einen (9 %) und 15 % der jüngeren Haushalte (Statistisches Bundesamt, Ältere Menschen in Deutschland und der EU 2016, S. 73).

Von Bedeutung im Trinkverhalten älterer Menschen ist jedoch das Wissen über ihr nachlassendes Durstgefühl und über weitere Einschränkungen, die Auswirkungen auf das Sättigungsgefühl haben. Zum einen verliert der Magen seine Elastizität und dadurch stellt sich ein vorzeitiges Sättigungsgefühl ein, weil der Magen schneller gefüllt ist. Darüber hinaus kommen z. B. Kau- und Schluckbeschwerden, schlecht sitzende Prothesen, motorische Einschränkungen durch demenzielle Erkrankungen hinzu, was entweder einzeln oder in einer Gemengelage mehrerer Aspekte dazu führt, dass jede*r siebte über 65-Jährige und jede*r vierte über 85-Jährige weniger als einen Liter pro Tag trinkt, was entschieden zu wenig ist. Von besonderer Bedeutung ist jedoch, was ältere Menschen am meisten zu sich nehmen: „Nach Mineralwasser sind Tee und Kaffee die zweitwichtigsten Flüssigkeitslieferanten" (Hauenschild 2006, S. 364 nach: Meyer 2019, S. 214). An diesem Beispiel gibt es zwei bemerkenswerte Auffälligkeiten. Zum einen wird die Nutzung der Filterkaffeemaschine mit Tradition und überkommener Technik verbunden und damit auch das nach wie vor vorherrschende defizitäre Altersbild untermauert, während zum anderen Kaffee eines der zentralen Getränke in der Lebensphase Alter darstellt. Damit verbunden sind Fragen nach der Bedeutung des Kaffees im Lebenslauf und seiner ritualisierten Bedeutung im täglichen Lebensrhythmus. ◀

Mit einem abschließenden Blick zurück in die Geschichte der Einführung und Ausbreitung des Kaffees zeigen sich wiederkehrend die damit verbundenen immensen Schwierigkeiten aufgrund verschiedener Kontroversen in z. B.

religiös-christlicher, medizinischer, wirtschaftlicher oder statusbedingter Hinsicht. Kaffee ließ sich nur schwer durchsetzen und wurde gegen manchen Widerstand von oben vehement verteidigt. Das waren vor allem die Zeiten, bevor der Kaffee als Möglichkeit eingeschätzt wurde, sich als Gegenmittel zum Alkoholmissbrauch zu bewähren. Ende des 19. Jahrhunderts wurden deshalb vor allem in der Nähe von Bahnhöfen und Marktplätzen „Kaffeestuben" errichtet über den kommunal geförderten und weitverbreiteten Verein „Volkskaffeehallenbewegung". Die erste „Kaffeestube" wurde 1887 in Bonn eröffnet und weltweit bekannter durch die Berliner Weltindustrieausstellung im Jahr 1898. Damit war der Startpunkt für die schnelle Ausbreitung des billigen Kaffeetrinkens im Stehen gesetzt. Die 15 Kaffeehallen in Hamburg verkauften bereits 1909 1,7 Mio. Tassen Kaffee (Teuteberg 2001, S. 116). Kaffee wurde dazu eingesetzt, die Menschen von ihrem Rausch abzuhalten und das über lange Zeiten übliche Alltagsgetränk Alkohol abzulösen. Dieses Ziel ist nicht so ganz aufgegangen und dennoch hat es sich sehr erfolgreich daneben etabliert. Kaffee ist nicht mehr wegzudenken aus dem täglichen Getränkerepertoire und schon gar nicht aus der Sozialen Arbeit.

Fazit

Kaffee und Soziale Arbeit sind vor dem Hintergrund gesellschaftlicher Gastlichkeitserwartungen eine enge Verbindung eingegangen. In der niedrigschwelligen, aufsuchenden Arbeit, z. B. beim Streetwork, kann sich Gastlichkeit, eben in Form eines Kaffees oder auch anderer Getränke- oder Nahrungsangebote, als Unterstützerin zur Schwellenüberwindung erweisen. Das Gleiche gilt wohl auch für die offenen Einrichtungen der Sozialen Arbeit, die genau daran anschließen und mit der Café-Atmosphäre Schutz und Sicherheit bieten wollen. Beim Hausbesuch muss vor dem Hintergrund des Gastlichkeitsrituals noch einmal konzeptionell darüber nachgedacht und geforscht werden, ob und wie die entstehenden Ambivalenzen zugunsten der sozialpädagogischen Beziehung aufgelöst oder zumindest ausbalanciert werden könnten. Gleichzeitig wird der angebotene Kaffee in der offenen Einrichtung vielleicht längst nicht mehr nur dem gesellschaftlichen Notwendigkeitsgeschmack eines Kaffees, zubereitet mit einer Kaffeefiltermaschine, nachkommen können. In diesem Zusammenhang bleiben noch viele interessante Fragen offen und ist erst der Anfang einer inhaltlichen Auseinandersetzung begonnen. ◄

Fragen zur Wiederholung

1. Welche Bedeutung hat der Kaffee in der Sozialen Arbeit?
2. Wie könnte entlang des Gastlichkeitsrituals ein Hausbesuch in der Sozialen Arbeit ablaufen? Oder: Sollten überhaupt noch Hausbesuche stattfinden? Wie ist die Ambivalenz zwischen Gastlichkeitsritual und Hausbesuch auflösbar?
3. Welche Aspekte sind entscheidend für die Auswahl des Kaffees, der in Einrichtungen Sozialer Arbeit angeboten werden wird?

Literatur zur Vertiefung

Gerull, Susanne. 2014. *Hausbesuche in der Sozialen Arbeit Eine arbeitsfeldübergreifende empirische Studie.* Opladen: Barbara Budrich.
Teuteberg, Hans Jürgen. 2001. Kaffee. In *Genussmittel. Eine Kulturgeschichte,* Hrsg. Thomas Hengartner und Ch. M. Merki, 91–133. Frankfurt/Main/Leipzig: Insel.
Wierlacher, Alois. Hrsg. 2011b. *Gastlichkeit. Rahmenthema der Kulinaristik. Wissenschaftsforum der Kulinaristik.* Münster: LIT.

Literatur

Amaranthes. 1715. *Amaranthes Frauenzimmer-Lexicon.* Leipzig: Verlag Johann Friedrich Gleditsch.
Akel, Susan Al. 2006. Beratung alter Menschen. In *Verstehende Beratung alter Menschen. Orientierungshilfen für den Umgang mit Lebenskonflikten, Krisen und Notfällen,* Hrsg. Burkhart Brückner, S. Al Akel und U. Klein, 74–76. Regensburg: Roderer.
Bahr, Hans-Dieter. 1997. Der Gast. In *„Herzlich Willkommen!" Rituale der Gastlichkeit.* Salzburger Beiträge zur Volkskunde, Band 9, Hrsg. Ulrike Kammerhofer-Aggermann, 35–47. Salzburg: Referat Salzburger Volkskunde.
Bahr, Hans-Dieter. 1994. *Die Sprache des Gastes. Eine Metaethik.* Leipzig: Reclam.
Bartelheimer, Peter, Jutta Henke, Sandra Kotlenga, Nils Pagels, und Bettina Schelkle. 2011. *Qualitative Evaluation PRIMUS: SOFI/ZOOM.* Abschlussbericht. Göttingen.
Behnisch, Michael. 2010. Wenn Klienten Fachkräfte bewirten. *Sozial Extra 3/4: 42–45.*
Bendix, Regina. 2008. Kulinaristik und Gastlichkeit aus Sicht der Kulturanthropologie. In *Kulinaristik. Forschung – Lehre – Praxis,* Hrsg. Alois Wierlacher und Regina Bendix, 45–56. Münster: LIT.
Bertsch, Matthias. 2017. Death Cafes. Kaffee, Kuchen, Tod. In www.deutschlandfunk.de/death-cafes-kaffee-kuchen-tod.886.de.html?dram:article_id=398973.   Zugegriffen: 09.10.2021.
Beutelspacher, Martin. 2006. Techniken der Kaffeezubereitung. Auf dem Weg zu einer Optimierung des Kaffeegenußes. In *Essen und Trinken in der Moderne,* Hrsg. Ruth-E. Mohrmann, 125–147. Münster: Waxmann.

Braudel, Fernand. 1985. *Sozialgeschichte des 15. bis 18. Jahrhunderts. Der Alltag.* München: Kindler.

Bräutigam, Barbara, Matthias Müller, und Sarah Lüngen. 2011. Die Kunst, sich einzulassen und dennoch ein anderer zu bleiben – einleitende Gedanken zur aufsuchenden Arbeit. In *Hilfe, sie kommen! Systemische Arbeitsweisen im aufsuchenden Kontext*, Hrsg. Matthias Müller und B. Bräutigam, S. 20–27. Heidelberg: Carl Auer.

Bundesarbeitsgemeinschaft Streetwork und Mobile Jugendarbeit. 2018. *Fachliche Standards 2018. Streetwork und Mobile Jugendarbeit.* https://irp-cdn.multiscreensite.com/5c840bc2/fles/uplo-aded/Fachstandards_BAG_2018_fnal.pdf. Zugegriffen: 19. 08.2021.

Deutschlandfunk. 2017. Death Cafés. www.deutschlandfunk.de/death-cafes-kaffee-kuchen-tod.886.de.html?dram:article_id=398973. Zugegriffen: 02. 11. 2018.

Diakonisches Werk Lüneburg. 2021. Das Stövchen. http://www.stoevchen-lueneburg.de/index.php/willkommen.html. Zugegriffen: 24.08.2021.

Diakonisches Werk Hannover. 2021. Kontaktladen Mecki. https://www.diakonisches-werk-hannover.de/beratung-leistung/menschen-in-sozialer-notlage/kontaktladen-mecki/. Zugegriffen: 14.09.2021.

Dücker, Burckhard. 2011. Ritualitätsformen von Gastlichkeit. In *Gastlichkeit. Rahmenthema der Kulinaristik. Wissenschaftsforum Kulinaristik*, Hrsg. Alois Wierlacher, 56–82. Münster: LIT.

Friese, Marianne. Hrsg. 2000. *Modernisierung personenorientierter Dienstleistungen. Innovationen für die berufliche Aus- und Weiterbildung.* Opladen.

frnd 2019: was ist niedrigschwellige Hilfe? https://www.frnd.de/2019/07/08/niedrigschwellige-hilfe-was-ist-das-ueberhaupt/. Zugegriffen: 13.09.2021.

Fuhs, Burkhard, Mara Breitelstein, Theresia Haack, und Deniz Penkofer. 2021. Zu Tisch und auf die (Picknick)Decke. Ein Handlungsforschungssetting zur ‚kindlichen Gastlichkeit' in pädagogischen Settings. In *Pädagogisierungen des Essens. Kinderernährung in Institutionen der Bildung und Erziehung, Familie und Medien*, Hrsg. Marc Schulz, F. Schmidt und L. Rose, 106–121. Weinheim: Beltz Juventa.

Gerull, Susanne. 2016. Hausbesuche in der Wohnungslosenhilfe. In *Suppe, Beratung, Politik. Anforderungen an eine moderne Wohnungsnotfallhilfe*, Hrsg. Stefan Gillich und R. Keicher, 85–94. Wiesbaden: Springer VS.

Gerull, Susanne. 2013. Hausbesuche in der Sozialen Arbeit: Traditioneller Ansatz – zu wenig reflektiert? In *Widersprüche*, Nr. 127, März 2013, 51–62.

Götte, Stephanie. 2012. Information frischgebackener Eltern über Unterstützungsangebote – mit oder ohne Willkommensbesuch (§ 2 KKG). *Das Jugendamt*, Nr. 1/2012, 7-12.

Haag, Caroline. 2020. Orte und Situationen: Vom Suchen und Kontaktaufbau auf der Straße. In *Streetwork und Aufsuchende Soziale Arbeit im öffentlichen Raum*, Hrsg. Marc Diebäcker und G. Wild, 73–85. Springer VS: Wiesbaden.

Hamburger, Franz. 2002: Zur Verwendung des Generationsbegriffs. In *Soziale Fragen – soziale Antworten. Die Verantwortung der Sozialen Arbeit für die Gestaltung des Sozialen. Verhandlungen des 3. Bundeskongress Soziale Arbeit*, Hrsg. Dietrich Lange und K. Fritz., 239–248. Luchterhand: Neuwied.

Hauenschild, Annette. 2006. Ernährungsberatung und -therapie im Alter. *Der Gynäkologe. Volume 36, Issue 5.* Wiesbaden, 362–366.

Herwig-Lempp, Johannes. 1997. „Ist Sozialarbeit überhaupt ein Beruf?" Beitrag zu einer eigentlich überflüssigen Diskussion. *Sozialmagazin 2/1997*, 16–26.

Hettlage, Robert. 1987. Der Fremde: Kulturmitglieder, Kulturbringer, Herausforderer von Kultur. In *Kulturtypen, Kulturcharaktere: Träger, Mittler und Stifter von Kultur*, Hrsg. Wolfgang Lipp, 25–44. Berlin: Reimer.

Kammerhofer-Aggermann, Ulrike. Hrsg. 1997. „*Herzlich Willkommen! Rituale der Gastlichkeit. Salzburger Beiträge zur Volkskunde*, Band 9. Salzburg: Salzburger Volkskultur Referat.

Karsten, Maria-Eleonora, A. Degenkolb, Ch. Meyer et al. 1999: *Entwicklung des Arbeitskräfte- und Qualifikationsbedarfs in den personenbezogenen Dienstleistungsberufen*. Schriftenreihe der Senatsverwaltung für Arbeit, Soziales und Frauen. Berlin.

Karsten, Maria-Eleonora. 1995: Vermischungen erkennen, Vergessene Dimensionen behaupten, Vernetzungen und Vertretungsformen qualifizieren. Zur Qualifizierung der ErzieherInnenbildung auf dem Weg ins 21. Jahrhundert. *Heft zur Ausbildung TPS 5*, 1–8.

Kessl, Fabian, und Ch. Reutlinger. 2010. *Sozialraum. Eine Einführung*, 2. Auf. Wiesbaden: Springer VS.

Kloppenburg, Raymond, und P. Hendriks. Hrsg. 2010. *Outreach Approaches in Social Work. An International Perspective*. Utrecht: Hogeschool Utrecht, Centre of Social Innovation.

Klug-Durán, Fresia. 2009. Essen als Alltagskulisse. Kasuistik der Sozialpädagogischen Familienhilfe. In „*Erst kommt das Fressen, ...!" Über Essen und Kochen in der Sozialen Arbeit*, Hrsg. Lotte Rose und B. Sturzenhecker, 85–99. Wiesbaden: VS Verlag für Sozialwissenschaften.

Knab, Maria. 2008. Beratung zwischen Tür und Angel. Perspektiven für Professionalisierung, Forschung und eine gerechtere Infrastruktur. *Beratung Aktuell*, Nr. 2/2008, 113–126.

Konter, Astrid, 2019. *Niedrigschwelligkeit* [online]. *socialnet Lexikon*. Bonn: socialnet, 20.08.2019 [Zugegriffen: 13.09.2021]. Verfügbar unter: https://www.socialnet.de/lexikon/Niedrigschwelligkeit.

Kulinaristik-Forum. 2020. Was ist Kulinaristik? www.kulinaristik.net/was-ist-kulinaristik/ Zugegriffen: 26. 3. 2020.

Lemke, Harald. 2007. *Ethik des Essens. Eine Einführung in die Gastrosophie*. Berlin: Akademie.

Liebsch, Burkhard. 2011. Grundformen und Spielräume einer Kultur der Gastlichkeit. In *Gastlichkeit. Rahmenthema der Kulinaristik. Wissenschaftsforum Kulinaristik*, Hrsg. Alois Wierlacher, 32–45. Münster: LIT.

Liebsch, Burkhard. 2005. *Gastlichkeit und Freiheit. Polemische Konturen europäischer Kultur.* Weilerswist: Velbrück Wissenschaft.

Löw, Martina. 2001. *Raumsoziologie*. Frankfurt/Main: Suhrkamp.

Messmer, Heinz, M. Wetzel, L. Fellmann, und O. Käch. 2021. *Sozialpädagogische Familienbegleitung. Ausgangsbedingungen – Praxis – Wirkungen*. Weinheim: Beltz Juventa.

Meyer, Christine. 2019. *Soziale Arbeit und Alter(n). Eine Einführung*. Weinheim: Beltz Juventa.

Neuffer, Manfred. 2002. *Case Management. Soziale Arbeit mit Einzelnen und Familien*. Weinheim und München: Juventa.

Pantucek-Eisenbacher, Peter. 2019. *Soziale Diagnostik. Verfahren für die Praxis Sozialer Arbeit*, 4., verbess. Auflage, Wien/Köln/Weimar.

Pantucek, Peter. 2009. *Soziale Diagnostik. Verfahren für die Praxis Sozialer Arbeit*, 2., verbess. Auflage, Wien/Köln/Weimar.

Peter, Peter. 2009. *Kulturgeschichte der deutschen Küche*. München: C. H. Beck.

Pettenkofer, Max. 1873. *Über Nahrung und Fleischextract*. Braunschweig.

Rabe-Kleberg, Ursula. 1993. *Verantwortlichkeit und Macht. Ein Beitrag zum Verhältnis von Geschlecht und Beruf angesichts der Krise traditioneller Frauenberufe*. Bielefeld: Kleine.

Richter, Martina. 2013. *Die Sichtbarmachung des Familialen. Gesprächspraktiken in der Sozialpädagogischen Familienhilfe*. Weinheim und Basel: Beltz Juventa.

Roos, Martijn, P. Hendriks, und R. Kloppenburg. 2010. Outreach Approaches in the Netherlands. In *Outreach Approaches in Social Work. An International Perspective*, Hrsg. Raymond Kloppenburg und P. Hendriks, 55–70. Utrecht: Hogeschool Utrecht, Centre of Social Innovation.

Schäfter, Cornelia. 2010. *Die Beratungsbeziehung in der sozialen Arbeit. Eine theoretische und empirische Annäherung*. Wiesbaden: Springer VS.

Schivelbusch, Wolfgang. 2005. *Das Paradies, der Geschmack und die Vernunft. Eine Geschichte der Genußmittel*. 6. Auflage. Frankfurt/Main: Fischer.

Schrutka-Rechtenstamm, Adelheid. 1997. Vom Mythos der Gastfreundschaft. In *„Herzlich Willkommen!" Rituale der Gastlichkeit*. Salzburger Beiträge zur Volkskunde, Band 9, Hrsg. Ulrike Kammerhofer-Aggermann, 47–57. Salzburg: Referat Salzburger Volkskunde.

Schulz, Marc. 2009. Mikroanalyse des Raumes – Die Bedeutung räumlicher Präskripte am Beispiel der Offenen Jugendarbeit. In *Methodenbuch Sozialraum*, Hrsg. Ulrich Deinet, 95–108. Wiesbaden: VS.

Schweppe, Cornelia. 2012. Soziale Altenarbeit. In *Grundriss Soziale Arbeit. Ein einführendes Handbuch*, Hrsg. Werner Thole, 505–522. 4. Auflage. Wiesbaden: Springer VS.

Tchibo Kaffeereport 2020. 2020. *Kaffee in Zahlen*, NO. 9/2020.

Toprak, Ahmet. 2009. Stolpersteine und Türöffner. Hausbesuche bei Migranten aus der Türkei. *Forum Erziehungshilfen*, 15, 24–28.

Trauner, Florian, und J. Turton. 2017. „Welcome culture": the emergence and transformation of a public debate on migration. *OZP – Austrian Journal of Political Science 46*, I. 1, DOI https://doi.org/10.15203/ozp.1587.vol46iss1. Zugegriffen: 15.03. 2020.

Urban-Stahl, Ulrike. 2015. Hausbesuche. In *Handbuch Allgemeiner Sozialer Dienst (ASD)*, Hrsg. Joachim Merchel, 247–256. München: Ernst Reinhardt.

Urban-Stahl, Ulrike. 2009. Der Hausbesuch zwischen fachlicher Notwendigkeit und öffentlicher Instrumentalisierung. *Forum Erziehungshilfen*, 15, Heft 1, 4–11.

Welt. 2015. Trend erobert Deutschland. www.welt.de/regionales/niedersachsen/article148751252/Trend-erobert-Deutschland.html, veröffentlicht 2015. Zugegriffen: 02.11.2018.

Wernhart, Karl. 1997. Rituale der Gastlichkeit. Kulturanthropologische Universalien. In *Herzlich Willkommen!" Rituale der Gastlichkeit*. Salzburger Beiträge zur Volkskunde,

Band 9, Hrsg. Ulrike Kammerhofer-Aggermann, 23–35. Salzburg: Referat Salzburger Volkskunde.

Wierlacher, Alois. 2011a. Gastlichkeit und Kulinaristik. Zur Begründung einer kulinaristischen Gastlichkeitsforschung. In *Gastlichkeit. Rahmenthema der Kulinaristik. Wissenschaftsforum Kulinaristik,* Hrsg. Alois Wierlacher, 5–31. Münster: LIT.

Wierlacher, Alois, und R. Bendix. Hrsg. 2008. *Kulinaristik. Forschung – Lehre – Praxis.* Münster: LIT.

Wikipedia (dt). Westpaket. https://de.wikipedia.org/wiki/Westpaket. Zugegriffen: 16.09.2021.

Wild, Gabriele. 2020. Beratung und Begleitung: Professionelles Arbeiten in ungewissen Settings. In *Streetwork und Aufsuchende Soziale Arbeit im öffentlichen Raum,* Hrsg. Marc Diebäcker und Gabriele Wild, 85–101. Wiesbaden: Springer VS.

Wilson, Bee. 2014. *Am Beispiel der Gabel. Eine Geschichte der Koch- und Esswerkzeuge.* Berlin: Insel.

Woog, Astrid. 2006. *Soziale Arbeit in Familien.* 3. Aufl. Weinheim, München: Juventa.

Der Konsum von Tabak im Bedeutungsnebeneinander als Heilpflanze, Genuss- und Suchtmittel – Vielfältige Rauchkontexte und ihre sozialpädagogisch relevanten Bedeutungen

4

Zusammenfassung

Soziale Arbeit und Tabak sind eng thematisch miteinander verwoben, allerdings nicht allein im Hinblick auf die medizinisch-gesundheitsbezogene Sichtweise und die inzwischen gesellschaftlich selbstverständlich akzeptierten Gesundheitsgefahren, die vom Rauchen ausgehen und deren Erkenntnis dazu geführt hat, das Rauchen nahezu komplett aus der Öffentlichkeit zu verbannen. Mit der allgemein verbreiteten Ächtung des Tabaks und des Rauchens bleibt gleichzeitig die (historisch nicht neue und immer wiederkehrende) Zuspitzung der Stigmatisierung auf die noch hartnäckig dabeibleibenden Raucher*innen. In der Regel werden sozial Benachteiligte mit niedrigem Bildungsniveau als Raucher*innen identifiziert und damit auch als besonders anfällig für weiteres abweichendes Verhalten gekennzeichnet. Damit wäre zwar zumindest fürs Erste geklärt, warum Soziale Arbeit direkt mit dem Rauchen konfrontiert ist. Gleichzeitig ergeben sich daraus unterschiedliche Betrachtungen, die über die Stigmatisierung hinausgehen und z. B. etwas über die Bedeutung des Rauchens für den*die Einzelne*n und die dazugehörige Peergroup wissen wollen, und darüber hinaus sollten sozialpädagogisch relevante Fragen hinsichtlich des Rauchens z. B. in Bezug auf den Raum, die Gemeinschaft oder die Pluralisierung bearbeitet werden.

4.1   Wie das Rauchen in die Gesellschaft kam – und vielfältige Funktionen übernahm …

Zum Rauchen ist schon viel geforscht und geschrieben worden, vor allem hat sich die folgende Erkenntnis bis auf Weiteres durchgesetzt: Rauchen ist gesundheitsschädlich! Hengartner (2001, S. 195) bilanziert allein zwischen 1950 bis 1999 weltweit über 70.000 Untersuchungen über gesundheitliche Auswirkungen des Rauchens (WHO World Health Report 1999, S. 66 nach: Hengartner 2001, S. 195). Unbestritten ist, „(…) daß Rauchen Auswirkungen auf den menschlichen Organismus hat. Grob kategorisiert sind es vor allem die Wirkstoffe Nikotin, Kohlenmonoxid und Teer, die in der biomedizinischen Darstellung als besonders gefährliche Verursacher bestimmter Schadensgruppen bezeichnet werden. (…) Im Vordergrund stehen aber ursächliche Verbindungen, die zwischen Nikotin und Sucht sowie Teer und Lungenkrebs gezogen werden" (Hengartner 2001, S. 195). Rauchen hat sich als genussvolle Tätigkeit durch alle Schichten verbreitet und gilt für bestimmte Berufsgruppen als typische Tätigkeit (Eberle 2019, S. 359).

Dazu gehören z. B. Künstler*innen, Intellektuelle, Journalist*innen und auch Professionelle in sozialen Berufen. In einer pädagogischen Fallstudie zu Beziehungen in der Sozialen Arbeit stellte Reiber (2000) vor dem Hintergrund einer Alltagsbegleitung eines Jugendlichen heraus, wie verbindend Rauchen sei. „Und ich habe noch selten irgendetwas entdeckt, das einen so verbindet, wie die Zigarette. In manchen Momenten ist sie eben immer noch das pädagogische Mittel der ersten Wahl" (Reiber 2000, S. 97 f. nach: Schäfter 2010, S. 109). Die Schlussfolgerung Schäfters in ihrer Studie zu professionellen Beziehungen in der Beratung lautet, dass damit wohl Nichtraucher*innen eine bedeutende Ressource fehlen würde, auf die sie nicht zurückgreifen könnten, um über die Herstellung von Ähnlichkeiten eine Verstehensbasis herzustellen (Schäfter 2010, S. 109). Dieser sozialpädagogisch relevante Blick auf die Bedeutung von gemeinsam gerauchten Zigaretten ist bisher wenig in den Mittelpunkt der Betrachtung gerückt.

Solch eine Lücke der Betrachtung formuliert auch Hengartner in Bezug auf das Fehlen eines kultur- und sozialwissenschaftlichen Blicks auf soziale und kulturelle Faktoren des Rauchens. Lebensstile und Lebensumstände, soziale, kulturelle und individuelle Praxen sowie symbolische (Be-)Deutungen würden zu oft verstellt, unterbewertet oder gar ausgeblendet von den Kategorien Risiko und Sucht, die im Rahmen der Medikalisierung der Gesellschaft grundlegende Wirkmächtigkeit erlangt haben und dominant den Blick auf andere Betrachtungen verstellen. Ohne die gesundheitsschädigenden Wirkungen des

Rauchens infrage stellen zu wollen, sollten auch die kultur- und sozialwissen-schaftlichen Betrachtungen auf den Tabak und das Rauchen in der Gesellschaft mehr Beachtung bekommen (Hengartner 2001, S. 195). Im Verbund mit Trinken von z. B. Kaffee, Wein, Bier oder Spirituosen und Reden war Rauchen oft konstitutiver Bestandteil eines soziokulturellen Lebensstils vor allem in Kneipen und Kaffeehäusern (Eberle 2019, S. 359 f.).

Der Tabak erobert die Welt!
Tabak wird heute in allen Kontinenten in einer breiten Region zwischen dem 38. südlichen und deutlich über den 55. nördlichen Breitengrad hinaus in über 80 Ländern angebaut. Ursprünglich war er in tropischen und sub-tropischen Gegenden beheimatet, und die Tabakpflanze gilt als die am weitesten verbreitete nicht essbare Feldfrucht der Welt. „Einzelne Arten der Pflanzengattung Nicotiana aus der Familie der Nachtschattengewächse können bis 2 m hoch werden und bis zu fünfundzwanzig 60 bis 80 cm lange Blätter tragen" (Hengartner 2001, S. 191). Der Tabak wird 1702 in die Abhandlung über die Lebensmittel (Traité des aliments) von dem Arzt Louis Lemery aufgenommen, unabhängig von der Art seines Konsums, ob durch die Nase geschnupft, geraucht oder gekaut. Zwischen dem 16. Und 17. Jahrhundert erobert der Tabak die ganze Welt und stellt den Siegeszug des Kaffees und Tees noch in den Schatten. „Der Tabak in der Neuen Welt beheimatet, in der Alten durch Kolumbus bekannt gemacht, der bei seiner Landung auf Kuba am 2. November 1492 Eingeborene gerollte Tabak-blätter rauchen sieht, gilt unter seinem karibischen oder brasilianischen Namen in Europa zunächst als bloße Kuriosität der botanischen Gärten oder als Medizin" (Braudel 1985, S. 278). Jean Nicot, französischer Botschafter am portugiesischen Hof (1560), setzt gemäß portugiesischem Brauch auf Tabakpulver gegen Migräne, während in Paris ein gewisser Jacques Gohory Tabak eine Zeit lang zum Allheilmittel erklärt (Braudel 1985, S. 278). Die Tabakpflanze breitet sich sehr schnell aus, obwohl sie weder eine Kultur hinter sich hat noch über einen entsprechenden Produktionsmarkt verfügt, wie z. B. der sehr viel eher eingeführte Pfeffer aus Indien, der Tee aus China oder der Kaffee im Islam. „In Spanien bereits 1558 angebaut, breitet sich die Tabakpflanze rasch in Frankreich, England (1565), Italien, auf dem Balkan und in Rußland aus. 1575 gelangt sie mit der ‚Galeone von Manila' auf die Philippinen, 1588 nach Virginia, wo sie allerdings erst nach 1612 in größerem Maßstab angebaut wird; um 1590

faßt sie in Japan Fuß, nach 1600 in Macao, 1601 auf Java und um 1605–
1610 in Indien und Ceylon" (Braudel 1985, S. 279). Der Tabakkonsum
wird von den Ureinwohner*innen abgeschaut, die als „Wilde" Amerikas
betrachtet werden. Der Tabak muss also von den an seiner Einführung
Interessierten selbst angebaut werden, wobei die Tabakpflanze über eine
einzigartige Anpassungsfähigkeit an verschiedenste Klimaverhältnisse
und Böden verfügt, sodass jedes noch so kleine Stück Land für eine ein-
trägliche Ernte ausreichend ist. Die englischen Tabakimporte aus Virginia
und Maryland betragen bereits 1723 um die 30.000 Stückfässer bzw. 200
Schiffsladungen pro Jahr, die wiederum zu zwei Dritteln nach Holland,
Deutschland, Schweden und Dänemark ausgeführt werden. „Vor allem in
Afrika aber findet der Tabak reißenden Absatz. Die Vorliebe für grobe mit
Melasse fermentierte schwarze Tabake dritter Wahl fördert bis ins 19. Jahr-
hundert hinein einen schwunghaften Handel zwischen Bahia und dem Golf
von Benin, wo bis 1850 auch noch illegaler Sklavenhandel getrieben wird"
(Braudel 1985, S. 281).

Schnupfen, Rauchen und Kauen umfassen die drei Arten des Tabak-
genusses, von denen sich vor allem Schnupfen und Rauchen ausbreiten.
Ausgehend vom Schnupfen, bei dem der Tabak in Pulverform mit verschiedenen Zusätzen wie Moschus, Ambra, Bergamotte oder Orangenblüte
versehen wird, wird der Tabak z. B. nach „spanischer Art", mit „Malteser"
oder „römischen" Duft versehen und unabhängig vom Geschlecht sowohl
von den Frauen als auch den Herren der höheren gesellschaftlichen
Schichten geschnupft. „Gleichzeitig gewinnt der ‚Rauchtabak' unaufhalt-
sam an Boden. Dabei dominiert lange die Pfeife. Die bei den Eingeborenen
Spanisch-Amerikas üblichen Zigarren aus ‚gerollten Blättern' von Kerzen-
länge werden in Europa erst später nachgeahmt – außer in Spanien, wo
Savary jene kubanischen Tabakblätter, die ‚hornförmig zusammengedreht
ohne Pfeife geraucht werden' als auffallende Besonderheit vermerkt"
(Braudel 1985, S. 279). Erst als Letztes folgen Zigaretten, die ebenfalls
in der Neuen Welt erfunden werden, indem der geschnittene Rauchtabak
in ein Papier eingewickelt wird. Zunächst breitet sich die Gewohnheit in
Spanien aus, den Tabak in ein Papierchen einzudrehen, gelangt zur Zeit
der napoleonischen Kriege nach Frankreich und wird hier von der Jugend
begeistert aufgegriffen. Die Zigarette bürgert sich in der Romantik allgemein ein, vor allem, nachdem das Papier dünner geworden ist. Braudel
setzt das jeweilige Datum der Einbürgerung des Tabaks mit seinem

gleichzeitigen Verbot in den jeweiligen Ländern gleich. „Das Datum der Einbürgerung des Tabaks in den verschiedenen Ländern ist uns aus den nachdrücklichen Verboten der Regierungen bekannt. (…) Diese Verbote laufen um die ganze Erde: 1604 schreitet England gegen den Tabak ein, 1607–1609 Japan, 1611 das Osmanenreich, 1617 das Mogulreich, 1622 Schweden und Dänemark, 1634 Rußland, 1637 Neapel, 1640 Sizilien, 1642 China, 1642 der Vatikanstaat, 1649 das Fürstentum Köln und 1651 Württemberg" (Braudel 1985, S. 279). Die Ausbreitung des Tabaks verläuft also einmal um die gesamte Welt in einem ziemlich rasanten Tempo, obwohl sich die unterschiedlichen Arten des Tabakkonsums, vornehmlich Schnupfen oder Rauchen mittels Zigarre, Pfeife sowie Zigaretten, sowohl über die Zeit als auch sozial ausdifferenzieren. „Jede Zeit hatte dabei ihre eigenen Vorstellungen über das Rauchen" (Aufenvenne 2013, S. 10). Dabei sind aus den unterschiedlichen Zeiten Bilder vom typischen Raucher bzw. der typischen Raucher*in übrig geblieben.

Ein Bild bezieht sich auf den rauchenden Intellektuellen oder die stereotype Vorstellung, dass zu einem Kaffee auch eine Zigarette gehört, oder auch der Spruch „Aus Rauchern werden Freunde" ist in der Vergangenheit entstanden (Aufenvenne 2013, S. 10). Dabei gibt es über lange Zeit keinen Begriff für die Nutzung des Tabaks, und das Wort „Rauchen" findet erst im Verlauf des 17. Jahrhunderts Eingang in den allgemeinen Sprachgebrauch. Die Analogie zum Trinken wird aufgemacht und so wird der Konsum des Tabaks als „Rauchtrinken" und „Tabaktrinken" bezeichnet. „Die Analogie mit dem Trinken ist zunächst also eine Hilfskonstruktion, mittels der man ein sonst unfaßbares Novum in den Griff zu bekommen sucht. Darüber hinaus jedoch hat sie einen realen Grund in der pharmakologischen Wirkung des Tabaks. Dessen Hauptbestandteil, das Nikotin (…) läßt sich in seiner Wirkung eher mit dem Alkohol als mit dem Koffein vergleichen. Nikotin stimuliert nicht, sondern lähmt das Nervensystem. Toxikologisch ist es ein Nervengift. (…) Der Vergleich des Tabaks mit dem Alkohol drängt sich auch insofern auf, als er auf Neulinge eine durchaus unlustvolle Wirkung ausübt. Schwindelgefühl, Übelkeit, Schweißausbrüche sind die Folge erster Rauchversuche. Erst durch die Gewöhnung kommt es – ähnlich wie beim Alkohol – zum Genuß. Wenn das Rauchen im 17. Jahrhundert als trockenes Trinken verstanden wird, so bedeutet das noch mehr als bloß die Aneignung der bizarren Genußform durch die Analogie mit dem Trinken. Die

Eigenschaft ‚trocken' stellt eine unterirdische Verbindung zu dem anderen
neuen Genußmittel her, dem Kaffee. (…) Wie der Kaffee so trockne auch der
Tabak insbesondere einen Körpersaft aus, den Schleim" (Schivelbusch 2005,
S. 108 f.). In den entstehenden Tabagien (Raucherlokale mit der Möglichkeit zur
Bildung einer Gemeinschaft der Raucher; ein Ort, um sich dem Rauchen hin-
zugeben (Aufenvenne 2013, S. 36)), den Kaffeehäusern sowie den Wein- und
Bierschenken zeigt sich mit der rasanten Ausbreitung des Rauchens, dass es
jede*r tun konnte und Rauchen erst einmal nicht auf eine finanzstarke Oberschicht beschränkt war oder es sich um ein rein städtisches oder ländliches
Phänomen handelte. „Adelige und vornehme Bürger rauchten genauso wie Handwerksgesellen, Dienstboten und Bauern. Edle Damen aus erlauchten Kreisen
schmauchten ebenso die Pfeife wie einfache Bäuerinnen und Mägde vom Land.
Egal ob Mann oder Frau, alt oder jung, arm oder reich: Der blaue Dunst machte
keinen Unterschied bei der sozialen Herkunft" (Aufenvenne 2013, S. 43 f.). Über
die Orte des Rauchens und die Ausstattung der Rauchutensilien erfolgte die
soziale Ausdifferenzierung, denn die Tabagien brauchten nicht lange, bis sie als
üble Spelunken verrufen waren, weil sich in ihnen einfaches Volk zum Rauchen
gesellte, die Bürgerschicht konsumierte in den Kaffeehäusern und der Adel in
privaten Salons (Aufenvenne 2013, S. 43 f.). Ausdifferenzierungen erfolgten über
die Zeiten, indem sich veränderte, wer welche Art des Tabakkonsums bevorzugte:
„Dafür wurde die Zigarre zum Statussymbol der neuen herrschenden Klasse. Und
bei diesem ‚Klassenkampf' markierte das Rauchen die Grenze zwischen bürgerlicher Elite und Adel: Die Schnupftabaksdose war adelig, die Zigarre bürger-
lich. Für so manchen Bürger galt daher das Zigarrerauchen als einzig akzeptierte
Genussform. Auch um sich von der Pfeifenrauchenden älteren Generation und
der Arbeiterklasse abzusetzen" (Aufenvenne 2013, S. 72 f.).

Gleichzeitig bilden Rauchen und geistige Arbeit ein eng zusammengehöriges
Paar für die Autoren des 17. und 18. Jahrhunderts, denn durch das Rauchen
würde die Konzentration gefördert und damit sind auch die Ergebnisse wohlüber-
legter und besser beurteilt. Der Tabak und Kaffee gelten in der Vorstellung seit
dem 17. Jahrhundert als besonders geeignet für geistig tätige Menschen, trotz
ihrer in einem merkwürdigen Widerspruch zueinander stehenden Wirkungen.
„Der Tabak beruhigt, der Kaffee stimuliert. Normalerweise würde man
annehmen, daß diese gegensätzlichen Eigenschaften einander aufheben. Doch
das Gegenteil ist der Fall. Tabak und Kaffee ergänzen sich. Das gemeinsame Ziel,
zu dessen Erreichung sie angewandt werden, ist die Neueinrichtung des menschlichen Organismus unter dem Primat der geistigen Arbeit. Das Gehirn ist der Teil
des menschlichen Körpers, der die bürgerliche Kultur am meisten interessiert.
Er allein wird im 17. und 18. Jahrhundert entwickelt, gehegt und gepflegt"

(Schivelbusch 2005, S. 119 f.). Seit dem 17. Jahrhundert also wird das Rauchen als beruhigende, entspannende und zugleich die Konzentration fördernde Ersatzhandlung charakterisiert. Diese Grunddefinition des Rauchens und seiner Funktion basiert eben auf der in der europäischen Neuzeit begonnenen Hinwendung zu geistigen Tätigkeiten, die eben das Rauchen auch gleichzeitig möglich macht. Beruhigung und Konzentration sind als Grundfunktionen geblieben, doch über die Entwicklung der europäischen Zivilisation hat sich in den letzten drei Jahrhunderten die Form verändert, wie geraucht wird, und in denen sie realisiert werden. „Diese Formen sind die Rauchutensilien. Im 17. und 18. Jahrhundert ist die Pfeife das herrschende Rauchgerät. Zu Beginn des 19. Jahrhunderts kommt die Zigarre hinzu, in der zweiten Hälfte des 19. Jahrhunderts die Zigarette, die noch heute die Szene beherrscht" (Schivelbusch 2005, S. 122 f.).

Über die Formen des Rauchens zeigt sich eine Beschleunigung des Rauchvorgangs über die Vereinfachung und Verkürzung des Rauchvorgangs. Pfeifenrauchen erfordert noch eine ganze Reihe unterschiedlicher notwendiger Dinge und Handgriffe, bevor der Tabak in der Pfeife entzündet werden kann. Mit jeder gestopften Pfeife hat ein jeweils kleiner, in sich geschlossener Produktionsvorgang stattgefunden, während mit der Zigarre bereits eine Beschleunigung einsetzt und weniger Handgriffe und Utensilien notwendig sind, um diese rauchen zu können. Der Beschleunigungsvorgang wiederholt sich ein halbes Jahrhundert nach Erscheinen der Zigarre noch einmal mit der Zigarette. Die gebrauchsfertige Lieferung ist die Gemeinsamkeit von Zigarre und Zigarette, doch sie unterscheiden sich in der benötigten Zeit, um sie zu Ende zu rauchen, und darin besteht die wesentliche Innovation. „Die Zigarette ist leicht und kurz, im physischen wie im zeitlichen und pharmakologischen Sinn des Wortes. Eine Zigarettenlänge, wie die neue informelle Zeiteinheit heißt, unterscheidet sich von einer Zigarrenlänge wie die Geschwindigkeit einer Postkutsche von der des Automobils. Die Zigarette verkörpert einen anderen Zeitbegriff als die Zigarre. Die Ruhe und Konzentration, die ein Zigarettenraucher im 20. Jahrhundert empfindet, ist eine andere als die des Zigarren- oder Pfeifenrauchers im 19. Jahrhundert. (...) Für den Raucher im 20. Jahrhundert enthält die Zigarette, die in 5–7 min zu Ende geraucht ist, so viel Muße und Konzentration wie für den Raucher des 19. Jahrhunderts eine über fast eine halbe Stunde hin gerauchte Zigarre. (...) So erscheint die Zigarette noch zu Beginn des 20. Jahrhunderts als ausgesprochenes Symbol der Schnelllebigkeit der Moderne, weil die ‚langsamere‘ Zigarre noch überall präsent ist" (Schivelbusch 2005, S. 123). Aus zeitgenössischer Sicht wird die Zigarette bei dem Kulturhistoriker Alexander von Gleichen-Russwurm als „Symbol des modernen Lebens" betrachtet, die jedoch nicht mehr mit Ruhe, Vertiefen und Konzentration in ein tiefes Gespräch verbunden werden kann.

Vielmehr rege sie zwar an, „(…) aber sie verglimmt, sobald der angeregte Gedanke selbst Feuer gefangen hat. Eine leichte Beschäftigung müßiger Hände, gibt sie kurzem Besuch den Schein der Gemütlichkeit und wirkt als Symbol eines gastlichen Hauses, wenn Zeit und Stunde nicht erlauben, daß etwas anderes angeboten wird‘" (Schivelbusch 2005, S. 127). Die Zigarette verbreitete sich zunächst vor allem in den Städten und Gebieten mit industriellem Hintergrund, denn in diesen Zusammenhängen galt sie als zeitgemäße und zeitgeistige Form des Rauchens. Sie war in kurzer Zeit konsumierbar und effizient in Bezug auf die Aufnahme der Wirkstoffe im Tabakrauch, vor allem traf dies auf die „Camel" zu, die 1913 als American Blend von Reynolds auf den Markt gebracht wurde. Die Verbreitung dauerte in Europa länger als in den USA, doch in der Nachkriegszeit hatte sich die „amerikanische Zigarette" in Deutschland durchgesetzt. Vorbehalte gegenüber dem Zigarettenkonsum fielen allmählich weg, je mehr die Gesellschaft modern durchformt wurde und die seit den 1930er-Jahren marktreife Filterzigarette auf den Markt kam. „Sie ließ sich nicht nur von der Zigarettenindustrie gegen die aufkommenden gesundheitlichen Bedenken instrumentalisieren, sondern erleichterte wesentlich auch den Griff von Frauen nach der Zigarette" (Hengartner 2001, S. 204 f.). Mit der rasanten Ausbreitung der Zigarette veränderte sich abermals die symbolische Zuschreibung von Pfeife und Zigarre. Einerseits wurden Pfeife und Zigarre praktisch bedeutungslos, erhielten jedoch markante symbolische Zuschreibungen. Die Pfeife wurde zum Zeichen der Intellektualität, während die Zigarre in Clubs, Lounges und Cigarnights zum zelebrierten Lifestyle-Attribut wurde (Hengartner 2001, S. 205).

Beispiel

Der Weg der Zigarre zeigt, wie sich die kulturelle Praxis des Rauchens nicht zuletzt auch an einzelne Rauchwaren bindet. In den ersten zwei Dritteln des 19. Jahrhunderts verband sich mit der Zigarre eine deutlich steigende gesellschaftliche Akzeptanz im Wechselspiel mit dem generellen Anstieg des Rauchens. Sie war allmählich von Südwesteuropa nach Norden vorgedrungen und galt im Vormärz sogar kurzfristig als Zeichen revolutionärer Gesinnung. Vom Fortschrittszeichen wurde sie jedoch bald zum Symbol von Behaglich- und Behäbigkeit. Die Pfeife war bis dahin die beliebteste Konsumform und wurde von der Zigarre vertrieben, die ganz wesentlich dazu beigetragen hat, Rauchen in allen gesellschaftlichen Gruppen und in fast allen alltäglichen Situationen zu verbreiten. „Fast ironischerweise wurde damit die Zigarre zur Wegbereiterin für die Zigarette, die just ab den 1870er Jahren, d. h. zu dem Zeitpunkt, als die Zigarre etwa in Deutschland oder in Österreich der

Tabakpfeife den Rang als beliebteste Konsumform streitig machte, auf den Plan trat" (Hengartner 2001, S. 204). Aus heutiger Perspektive kann die hohe Bedeutung der Zigarre für die allgemeine Verbreitung des Rauchens und als Wegbereiter der Zigarette kaum mehr nachvollzogen werden, weil sie noch weniger in der öffentlichen Wahrnehmung stattfindet als die Zigarette. ◀

Dem Rauchen kommt also je nach Form, in der der Tabak genossen wird, unterschiedliche Bedeutung zu. Schnupftabak, Pfeife, Zigarre und Zigarette unterscheiden sich dabei nicht nur entlang der vielfältigen Ausprägungen ihres Konsums als jeweils neu geschaffenes Produkt auf dem Markt. Vielmehr lassen sich mit der jeweiligen Tabakart auch die soziale Zugehörigkeit, wenn nicht sogar auch die Überzeugungen unterstreichen, die für den*die Raucher*in von Bedeutung sind.

Rauchen in Zeiten von Krisen und Kriegen

Rauchen, Krisen und Kriege sowie damit verbundene Mangelsituationen hängen ebenfalls eng zusammen und spiegeln sich auch in der Kunst wider. In den Porträts vieler Künstler*innen zeigt sich z. B. in den 1920er-Jahren das Wechselbad der Gefühle zwischen Partyleben und Hungersnot. Zigarre und Zigarette wurden in dieser Zeit zum Inbegriff von Reichtum auf der einen Seite und Armut auf der anderen Seite: Der dicke Banker wird mit fetter Zigarre in der Hand gezeigt und der arbeitslose Arbeiter hält eine dünne Kippe im Mund. Mit dem Rauchen verbindet sich für die arme Bevölkerung das Motto „Rauchen heißt Überleben, Nichtrauchen Tod" (Aufenvenne 2013, S. 112). Mit dem Rauchen verbindet sich ein weiterer bedeutender Aspekt: Rauchen galt als Ersatzbefriedigung gegen den Hunger und es unterstreicht den Wunsch, sich doch noch etwas leisten können zu wollen. So war die Zigarette sowohl Nahrungssubstitut als auch „Seelentrösterin" (Aufenvenne 2013, S. 112). Für Braudel gilt der Tabak als Genussmittel, der einem Kompensationsbedürfnis nachkommt. „Oder täuschen wir uns vielleicht mit der Annahme, daß die Menschheit angesichts der zunehmenden – oder zumindest anhaltenden – großen Ernährungsschwierigkeiten entsprechend einer allgemeinen Lebensregel ein Kompensationsbedürfnis entwickelt? Eine dieser Kompensationen ist der Tabak" (Braudel 1985, S. 276 f.). Hengartner betont die Rolle der Zigarette als Sedativum und Ausgleich zur mangelhaften Versorgungslage auch für den Zweiten Weltkrieg und die Zeit danach. „Gerade in solchen Zeiten – und das gilt namentlich für den Zweiten Weltkrieg und danach –, spielte (...) der Genußaspekt des Rauchens kaum mehr eine Rolle, und seine pharmakologischen Wirkungen traten kurzfristig wieder in den Vordergrund (Pohlisch 1954, 152 ff.): als Sedativum, als Ausgleich zur schmalen Kost und als Mittel zur Spannungsbewältigung (Merki 1996, S. 70)" (Hengartner 2001, S. 216). Anders als beim Kaffee spielten Surrogate im engeren Sinne kaum eine Rolle. Substanzen ohne Zugabe von Tabak und die anstelle des Tabaks konsumiert wurden, kamen kaum in Gebrauch. Der Tabak wurde in Kriegs- und Mangelzeiten üblicherweise durch verschiedene Zugaben gestreckt. Vor allem wurden getrocknete Eichen-, Birken-, Weichsel-, Kartoffel-, Nuss- und Sonnenblumenblätter oder Huflattich beigemischt. 72 Streckmittel wurden im Ersten Weltkrieg in Österreich verwendet, während der Mangel nach dem Zweiten Weltkrieg der Fantasie praktisch keine Grenzen setzte. Waldmeister, Farn, Rosenblätter und abgebrühte Teeblätter sind Beispiele für Ersatzstoffe, doch sie reichten mit ihrer Wirkung nicht über Wärmeempfindungen und eine Reizung der Schleimhäute hinaus, da sie weder Geruch noch Geschmack und vor allem nicht die physiologische Wirkung des Tabaks hervorrufen können (Hengartner 2001, S. 215).

Nach dem Zweiten Weltkrieg galt die amerikanische Zigarette bis zur Währungsreform 1948 als das wichtigste Zahlungsmittel der Deutschen (Aufenvenne 2013, S. 115) und wurde als „Ersatzwährung" (Hengartner 2001) geschätzt. Ihr Konsum stieg mit dem Wirtschaftsaufschwung in den 1950er-Jahren bis zur Hemmungslosigkeit an im Einklang mit der sogenannten Fresswelle. Ein massiver Anstieg der Kalorienversorgung war die Folge und die Veränderung der Nachfrage nach bestimmten Nahrungsmitteln. Lebensmittel, denen eine höhere kulturelle Wertigkeit zugesprochen wurde und die den Geschmacksidealen entsprachen, stiegen in der Käufergunst nach oben. Dazu gehörten z. B. Sahne, Butter, Alkoholika und vor allem Fleisch, während der Preis und die Beliebtheit von Grobgemüse (z. B. Kohl), Fischkonserven und Frühkartoffeln zurückgingen (Hirschfelder 2005, S. 242 ff.). Das Angebot vervielfältigte sich und die vielen Jahre der Rationierung waren vorüber. Einige Beispiele verdeutlichen das Ausmaß der Fresswelle. Der Pro-Kopf-Verbrauch an Schweinefleisch im Jahr nahm in der Bundesrepublik zwischen 1950 und 1960 von 19 auf fast 30 kg zu. Der Verbrauch an Eiern stieg von 7,4 auf 13,1 kg und der Verbrauch von Geflügel verdreifachte sich. „Mit der

Fresswelle gingen schließlich auch eine Rauch- und eine Trinkwelle einher. Der jährliche Zigarettenverbrauch pro Kopf stieg von 498 auf 1619
Stück. Zudem rauchten nun immer mehr Frauen. Und anstatt 37 L pro Kopf
und Jahr, wie noch 1950, tranken die Menschen in der Bundesrepublik
1960 bereits jeweils 120 L Bier" (Hirschfelder 2005, S. 242 ff.). Die Ver-
brauchssteigerungen in den 50er-Jahren des 20. Jahrhunderts waren enorm
und wirkten fast, als würde versucht, die durchlebten Mangeljahre auszu-
gleichen.

Der Tabak geriet wiederkehrend in das Blickfeld der Politik. Fiskalische
Interessen dominierten vom 17. bis in das 19. Jahrhundert, und zunehmend
wurde der Tabakkonsum danach auch zum Thema der Gesundheits- und Sozialpolitik. Die Auseinandersetzung der verschiedenen Politikfelder führte mitunter
zu einem widersprüchlichen staatlichen Umgang mit ein und derselben Substanz.
„Zwischen Genußmitteln und der Entwicklung des modernen Steuerstaats besteht
in der Regel eine enge Verbindung, die sich gerade auch beim Tabak manifestiert.
Nachdem sich die repressive Politik gegenüber dem Tabak – gipfelnd in Pro-
hibitionsbemühungen – nicht hatte durchsetzen können, trat an deren Stelle die
Besteuerung. Das heißt der Tabak begann ab der zweiten Hälfte des 17. Jahrhunderts fiskalische Bedeutung zu erlangen" (Hengartner 2001, S. 211 f.).
200 Jahre später, im 19. bzw. Anfang des 20. Jahrhunderts, stiegen die Ver-
brauchszahlen mit dem Aufkommen und der Verbreitung der Zigarette rapide an,
und die Abgaben an den Staat bzw. Einkünfte durch Monopole erreichten eine
enorme Bedeutung (Hengartner 2001, S. 211 f.). Zu Beginn des 21. Jahrhunderts
lag die steuerliche Belastung pro Paket Zigaretten zwischen rund 30 % (z. B.
USA) und weit über 80 % (Dänemark), in der Regel jedoch in den Industrie-
staaten über der 50 %-Marke. Die steuerlichen Einnahmen stellen somit in den
einzelnen Staatshaushalten bedeutende Einnahmequellen dar (Hengartner 2001,
S. 212).

In der Bilanzierung der Entwicklung des Tabakkonsums in den letzten
beiden Jahrhunderten bildet vor allem der Weg in den Alltag und aus diesem
wieder heraus das hervorstechendste Merkmal. Mit vergleichsweiser Langsam-
keit etablierte sich das Rauchen vom 19. Jahrhundert bis in die 1970er-Jahre
als zunehmend unproblematische und für alle Erwachsenen akzeptierte Praxis,
während diese Normalität seitdem mit großer Schnelligkeit verloren ging und
insgesamt nur 30 Jahre benötigte. „Diese generelle Bedeutungsentwicklung
zum alltäglichen Genußmittel bzw. zum (kulturell akzeptierten) Suchtmittel ist

Ausfluß verschiedener in- und übereinandergreifender und durchaus eindeutig zu beurteilender Prozesse: So wurden z. B. die beiden großen Neuerungen auf dem Rauchmarkt, die Zigarre und die Zigarette, zunächst beargwöhnt und politisch und/oder sozial aufgeladen oder stehen sich heute die gesundheitspolitische Infragestellung des Rauchens seit der Entdeckung des Lungenkrebses und hedonistische Werte der Lebensgestaltung gegenüber" (Hengartner 2001, S. 201). In den 1970er-Jahren verlagerte sich der Blickwinkel durch das Aufkommen der Frage des Passivrauchens vom individuellen Konsum und seinen Folgen hin zur Schädigung von Unbeteiligten durch das Rauchen. Die Problematisierung des aktiven Tabakkonsums stand somit weniger im Mittelpunkt der öffentlichen und medialen Präsenz, die seither die Tabakfrage begleiten bzw. mitgestalten. „Politische Reaktionen blieben auch hier nicht aus und reichen von der endgültigen Formierung von Anti-Raucher-Bewegungen als politische (und staatlich ernstgenommene) pressure groups bis zur Ausdehnung von rauchfreien Zonen in öffentlichen oder für viele zugänglichen Bereichen" (Hengartner 2001, S. 214). Dabei standen sich vor allem zwei Bereiche gegenüber: der Gesundheitsbereich mit der Initiierung von Anstrengungen und Maßnahmen, um auf die schädlichen Folgen des Rauchens aufmerksam zu machen mit der Motivation, dass das Rauchen aufgegeben wird. Und die Tabakindustrie auf der anderen Seite, die trotz ihrer starken Lobby einige Zugeständnisse zu machen hatte. Dieser Weg des „legalistischen Paternalismus" (Eberle 2019, S. 363) war wenig erfolgreich, denn die Raucher*innen ließen sich nicht vor ihrem Rauchen schützen. Erst mit einer neuen Nichtraucher*innenbewegung veränderte sich etwas, „(…) die Rauchen als soziales Problem definierte und die Nichtraucher vor den Rauchern schützen wollte. Durch eine zunehmend professionelle kommunikative Kampagne wurde eine breitere Öffentlichkeit hergestellt. Geschickt wurden die Massenmedien eingesetzt, indem Gesundheitsexperten neue Erkenntnisse als ‚Nachrichten' verbreiteten und dadurch Werbekosten vermieden. Dank dem ‚symbolischen Kreuzzug der Wissensklasse' gelang es, einen bestimmten Lebensstil, nämlich das Rauchen, zu diskriminieren und dies durch Medikalisierung, Psychologisierung und Enqueten zu legitimieren" (Eberle 2019, S. 363). Unterschiedliche Treiber sieht auch Lipinsky, z. B. über die Ökonomisierung, die biomedizinische und epidemiologische Verwissenschaftlichung, die rechtliche Regulierung und die Politisierung des Rauchens, insbesondere des Zigarettenrauchens, die der Anti-Rauch-Bewegung seit den 1990er-Jahren deutlichen Rückenwind beschert haben. Unter anderem ließ sich auch die Rauchkultur unter Akademiker*innen beeinflussen. Funktional lassen sich die Perspektiven auf genussvollen und suchtartigen Tabakkonsum, Tabakgenuss und Rauchkultur selbst in der kulturhistorischen, gesundheitssoziologischen und kulturwissenschaftlichen Literatur voneinander abgrenzen. „Unscharf bleibt bisweilen, nicht zuletzt aufgrund der geringen Anzahl an Fallstudien, was die einzelnen Perspektiven für die gegenwartsorientierte Alltagskulturforschung jenseits historisch-deskriptiver Anschnitte zum kulturellen Umgang mit körperwirksamen Genussgütern zu leisten vermögen" (Lipinsky 2015, S. 16).

Mit der 2005 in Kraft getretenen Tabakrahmenkonvention der Weltgesundheitsorganisation (WHO) wurde Deutschland verpflichtet, gegenwärtige und zukünftige Generationen vor den gesundheitlichen, sozialen und die Umwelt betreffenden Folgen des Tabakkonsums und des Passivrauchens zu schützen. Zum 1. September 2007 erfolgte das Bundesnichtraucherschutzgesetz, in dem festgelegt ist, dass geeignete Maßnahmen zur Verhinderung und Verminderung des Tabakkonsums, der Nikotinabhängigkeit und des Passivrauchens einzuführen sind. Darin hat der Bund mit dem darin enthaltenen Gesetz die Einführung eines Rauchverbotes in Einrichtungen des Bundes und öffentlichen Verkehrsmitteln geregelt sowie mit weiteren Rechtsänderungen den Nichtraucherschutz für die Bereiche geregelt, für die er nach dem Grundgesetz zuständig ist. Dazu gehören z. B. der Arbeitsplatz und der Jugendschutz (Bundesgesundheitsministerium. de o. J.). Der Nichtraucher*innenschutz ist z. T. eine Sache des Bundes und z. T. in der Zuständigkeit der Länder. In das Landesrecht gehören Rauchverbote im öffentlichen Bereich, wie z. B. Behörden, Dienststellen und sonstige Einrichtungen des Landes und der Kommunen, Justizvollzugsanstalten, Krankenhäuser und Pflegeeinrichtungen, Tageseinrichtungen für Kinder, Schulen, Sporthallen, Hallenbäder, Kultureinrichtungen, Diskotheken und Gaststätten, in denen seit 2008 länderspezifisch unterschiedlich geregelte Rauchverbote erlassen wurden. Dabei werden die Rauchverbote unterschieden in absolute Rauchverbote bzw. Rauchverbote mit der Ausnahme abgetrennter Raucherräume/Raucherzonen oder ähnliche Ausnahmen für z. B. Gemeinschaftsräume (wikipedia o. J.a). Das Rauchen im öffentlichen Raum wurde also seit 2007/2008 (Einführung der Ländergesetze) massiv eingeschränkt, sodass diejenigen, die es bisher noch nicht gelassen haben, in gewisser Weise kenntlich gemacht sind, wenn nicht sogar stigmatisiert durch die Zuweisung an bestimmte Orte, an denen geraucht werden darf. „Wer sich heute im Café eine Zigarette anzünden will, der geht nach draußen. Im Winter stehen sie dann um die Heizpilze herum, diese Unverbesserlichen. Auf Bahnsteigen ist der Ort genau markiert, an dem sie sich noch ihrem Verlangen hingeben dürfen: Wer unbedingt rauchen muss, tut dies dann bitte in den vorgegebenen gelbumrandeten Feldern. Auf Flughäfen lassen sie sich in gläsernen Raucherkabinen beobachten, eingehüllt in ihren eigenen, schädlichen Qualm und für jeden identifizierbar; Ja, schaut sie euch an, diese krankhaft Süchtigen!" (Aufenvenne 2013, S. 7 f.). Mit den Forderungen bzw. dann auch Realisierungen von Rauchverboten in der Öffentlichkeit schließt sich ein Kreis, der in der bürgerlichen Verhäuslichung des Rauchens im 19. Jahrhundert begonnen hatte aufgrund von Forderungen nach rauchfreien Räumen und Zonen (Hengartner 2001, S. 214).

Der Tabakkonsum und der Raum, in dem er stattfindet, vergrößern sich durch die soziale Verallgemeinerung des Rauchens durch die Zigarette. Die räumliche Expansion des Rauchens und die Zigaretten hängen so eng zusammen, dass sie nicht unabhängig voneinander betrachtet werden können. „Solange das Rauchen mit Pfeifen und Zigarren eine starke Rauchentwicklung im Gefolge hat und exklusive Angelegenheit der Männer ist, bleibt es auf bestimmte Räumlichkeiten beschränkt. Die bürgerliche Wohnung im 19. Jahrhundert enthält einen Raum, das Rauch- oder Herrenzimmer, der eben diesem Zweck vorbehalten ist. Außerhalb dieses Raumes ist das Rauchen verpönt" (Schivelbusch 2005, S. 137 f.). Insbesondere in der Öffentlichkeit außerhalb der Wohnung im Freien herrscht lange Zeit ein ausdrückliches Rauchverbot. Sachlich gerechtfertigt wird es ursprünglich über die bestehende Feuergefahr in weitgehend aus Holzhäusern bestehenden Städten. Doch das obrigkeitliche Verbot wird zu einem Symbol politischer Unterdrückung, als diese Begründung mit der Zeit nicht mehr zutrifft. „Die ‚Eroberung' von Straßen, Plätzen und Parks für das Rauchen führt dazu, daß es ähnlich politischen Symbol-Charakter erhält wie in der Emanzipationsbewegung. Im Katalog der politischen Forderungen im Vormärz nimmt, insbesondere in Preußen, das Rauchen in der Öffentlichkeit einen wichtigen Platz ein; umgekehrt gilt es der Obrigkeit als Zeichen politischer Aufmüpfigkeit" (Schivelbusch 2005, S. 137 f.). Das freiheitliche Rauchen wurde zunehmend zu einer politischen Angelegenheit, und sich dem Verbot zu widersetzen, glich einem Zugeständnis, sich für demokratische Ansichten einzusetzen. Die Zigarre galt als Losungswort für mehr Bürgerrechte bzw. als „demokratisches Symbol für Volksverhetzer" (Aufenvenne 2013, S. 80). Das Rauchverbot in der Öffentlichkeit wird in Preußen 1848 aufgehoben und damit länger als in den meisten europäischen Staaten aufrechterhalten. Von dem Zeitpunkt an wird das Rauchen über 150 Jahre keinen räumlichen Einschränkungen mehr unterworfen, abgesehen von Rauchverboten aufgrund von Sicherheitsgründen z. B. im Theater oder in Kinos (Schivelbusch 2005, S. 137 f.).

Rauchen ist aus kulturwissenschaftlicher Perspektive immer auch mit etwas Revolutionärem verbunden, als Aufbegehren gegen die Last der Unterdrückung. Im 19. Jahrhundert entwickelte sich das Rauchen zum Symbol der demonstrativen Auflehnung des Bürgers gegen den Staat (Aufenvenne 2013, S. 76 f.). So ähnlich zeigt sich auch der Blick in die geschlechtsspezifisch gezogenen Demarkationslinien um das Rauchen von Männern und Frauen

(Hengartner 2001, S. 203). Die rauchende Frau ist seit Ende des 19. Jahrhunderts in offenkundigem Zusammenhang mit den ersten Erfolgen der Emanzipationsbewegung sozial akzeptiert, allerdings nur beim Konsum von Zigaretten. Pfeifen- und Zigarrenrauchen bei Frauen gelten als exzentrisch-unweiblich und diese Vorstellung wurde auch nicht überwunden, während die Zigarette hingegen zum Symbol des Femininen wird. Im herrschenden Bewusstsein, vor allem am deutlichsten sichtbar in der Zigarettenwerbung, wurde sie als weiblich stilisiert (Schivelbusch 2005, S. 132). „Schweizerische Tabak-Mandate des 17. Jahrhunderts stellen, verblüffend ähnlich wie Volkskalender des 19. oder selbst die Tabakindustrie eingangs des 20. Jahrhunderts, rauchende Frauen auf eine Stufe mit jugendlichen Tabakkonsumenten und grenzen sie aus dem Bereich des akzeptierten Konsums weitgehend aus" (Hengartner 2001, S. 203). Tabakprohibition wird von Hengartner unterschieden in die Zeit merkantilistischer Tabakprohibition, die als Indiz für die geografisch und intrasozietär weitreichende Verbreitung des Tabaks gelesen wird, während die zweite einem bürgerlichen Werte- und Rollenverständnis entspringt, in dem eine „Polarität von Geschlechtscharakteren" konstruiert wird entlang genderorientierter Zuschreibungen einzelner Gegenstandsbereiche und Handlungen. Die Tabakindustrie nutzte dieses Muster ebenfalls, um damit medizinische oder moralisch-ethische Bedenken mit dem verstärkten Aufkommen der Zigarette um die Jahrhundertwende vom 19. zum 20. Jahrhundert zu zerstreuen. Der geschlechtsspezifischen Zuordnung des Rauchens lag zunächst seine allgemeine „Verhäuslichung" zugrunde, denn zuerst war es verboten, im Freien bzw. auf der Straße zu rauchen, und später dann galt es in den (west)europäischen Städten des 19. Jahrhunderts als unschicklich. So erfolgten die Zuweisung bzw. Beschränkung auf die Orte Kneipe oder Wohnung. Das gesellschaftliche Leitbild bestimmende Bürgertum teilte innerhalb der Wohnung ebenfalls Bereiche bzw. Zimmer zu, in denen geraucht wurde. Dazu gehörten das Arbeitszimmer sowie die namentlich als „Herren-" oder „Rauchzimmer" bezeichneten Räume. Sie waren dafür vorgesehen, in ihnen zu rauchen, und sie waren der männlichen Sphäre zugeordnet. Frauen hatten also weder einen Raum, noch gestatteten die Benimm- und Anstandsregeln eine diesbezügliche Möglichkeit. „Frauen sollten nicht nur nicht rauchen, sondern vom Tabakqualm möglichst gänzlich freigehalten werden: Zigarre und Smoking-Jackett hatten in ihrer Gegenwart nichts zu suchen. Vor diesem Hintergrund lag nahe, das Rauchen als Signal gegen diese ungleiche Ordnung zu nutzen oder umgekehrt – wie in der Karikatur des 19. Jahrhunderts beliebt – Frauen, die sich ihr nicht unterzogen, Zigarren oder Zigaretten buchstäblich in den Mund zu legen" (Hengartner 2001, S. 202 f.). Rauchende Frauen wurden als bürgerliches oder intellektuelles Emanzipationssignal gewertet, z. B. von Friedrich Tiedemann (1854), und damit wird ein bedeutender Aspekt symbolischer Praxis benannt. Mit der Zigarette und ihrer leichteren und schnelleren Konsumierbarkeit nahm generell die weitere Verbreitung des Rauchens zu, vor allem auch in den von der bürgerlichen Welt ausgeschlossenen Kreisen, nämlich „(...) – von der Halbwelt bis zu den Industriearbeiterinnen" (Hengartner 2001, S. 203). Deshalb sprach die Zigaretten-industrie bereits ab den 1910er-Jahren vermehrt auch Frauen an. Bis Frauen jedoch ungehindert zur Zigarette greifen konnten, dauerte es noch und dieser Wertewandel lässt sich illustrativ ablesen an der Zigarettenwerbung der 1950er-und 1960er-Jahre anhand der auf Häuslichkeit abzielenden Motive (Hengartner 2001, S. 203).

Mit jeder Ent-Alltäglichung (z. B. in Krisen- oder Kriegszeiten oder durch gesellschaftliche Einschränkungen) des Konsums von Tabak, vor allem von Zigaretten, wurde jeweils vor allem zuerst der Konsum von Frauen, gefolgt von den Jugendlichen gesellschaftlich infrage gestellt. „Unbeirrt erhöhte sich jedoch in den westlichen Ländern der Anteil rauchender Frauen oder sank markant lang-samer als der Konsum der Männer" (Hengartner 2001, S. 203). Der permanente Streit um die Rauchwolken der Pfeifen- und Zigarrenraucher*innen, die Dis-kussionen um die Risiken des Rauchens oder die passende Wahl der Rauchform zeigen vor allem: „(...) die Kontroversen machen eines deutlich: Rauchen war nicht gleich Rauchen" (Aufenvenne 2013, S. 76 f.). Unabhängig von der Form des Rauchens, ob „(...) als Zigarette, Pfeife oder Zigarre, ob mit Filter oder filterlos, ob geschnupft, gekaut oder geraucht: Rauchen hat Tradition. Es gab schon immer Zeiten der Nikotinverehrung, aber auch Zeiten der Anfeindung. Immer ging es darum, ob Rauchen gut ist oder nicht" (Aufenvenne 2013, S. 9). Rauchen ist inzwischen mit dem Bundesnichtraucherschutzgesetz räumlich sehr eingeschränkt worden und dennoch sind in den letzten Jahren weitere Arten des Konsums hinzugekommen, wie z. B. Shisha oder E-Zigaretten, die sich zum einen zunehmend größerer Beliebtheit erfreuen und zum anderen neben der Pluralisierung der Rauchmöglichkeiten auch mit einer Vervielfältigung der dafür bestimmten Orte einhergehen. Shisha-Bars sind aus den Städten nicht mehr weg-zudenken, ebenso wenig wie die Läden mit der notwendigen Ausstattung.

Mit dem „modernen Rauchen" etablierte sich bereits eine kulturelle Praxis, „(...) deren Deutungen und Bedeutungszuschreibungen einerseits zunehmend komplexer und heterogener wurden, andererseits aber auch wie bei keinem anderen Genußmittel zu lange (bis heute) anhaltenden einschneidenden Dichotomisierungen und Verwerfungen führte" (Hengartner 2001, S. 201). Doch trotz dieser hohen Bedeutung des Rauchens existiert bisher weder eine aus-reichende kulturwissenschaftliche noch eine sozialwissenschaftlich ausgerichtete Beschäftigung, die dann auch in eine „Soziologie des Rauchens" eingemündet wäre, wie Eberle feststellt und danach fragt, warum sich Soziolog*innen „(…) nicht näher damit befassen, zumal viele von ihnen selbst rauchen?" (Eberle 2019, S. 359 f.). Die Anzahl der noch rauchenden Soziolog*innen ist ebenso wenig bekannt wie die Anzahl der in der Sozialen Arbeit tätigen Raucher*innen. Die Annahme, in der Sozialen Arbeit sei der Anteil an Raucher*innen ebenfalls hoch, lässt sich höchstens am typischen Vorurteil des*der Kaffee trinkenden und selbst gedrehte Zigaretten rauchende*n Sozialarbeiter*in festmachen. Dabei muss offen bleiben, ob dieses Bild nicht auch schon der Vergangenheit angehört und ob nicht längst die selbst gedrehte Zigarette zugunsten der E-Zigarette weichen musste. Wobei damit die Frage vom Ausgangspunkt auftaucht, ob Rauchen in seinen vielfältigen Formen immer noch verbindend ist in sozialpädagogischen Zusammenhängen, wie Reiber als eine Erkenntnis in seiner Fallstudie betont.

4.2 Raucher*innen als Herausforderung für die Soziale Arbeit oder: Die Zigarette als sozialpädagogisches Mittel erster Wahl!?

Über das verbindende Element des gemeinsamen Rauchens hat Reiber sich zu der Aussage hinreißen lassen, dass die Zigarette in manchen Momenten eben immer noch das pädagogische Mittel schlechthin sei (Reiber 2000, S. 97 f. nach: Schäfter 2010, S. 109). Diese Feststellung, die sich wohl kaum ein weiteres Mal so finden lässt, ist unvergleichlich in ihrer Aussage und der Vielfalt an Möglichkeiten, die sich mit dem Rauchen sozialpädagogisch auftun können. Das Aufgreifen dieses Aspekts mit der eigenen Überlegung, Nichtraucher*innen würde eine bedeutende Ressource in der Sozialen Arbeit fehlen, erstaunt umso mehr angesichts des Zeitpunkts. Denn 2010 war das Rauchen in der Gesellschaft über das Bundesnichtraucherschutzgesetz bereits sehr eingeschränkt und aus der Öffentlichkeit nahezu verbannt. Rauchen wurde aufgrund gesellschaftlicher Bedingungen als problematische Verhaltensweise thematisiert, in der Konsequenz politisch verbannt und genau das kennzeichnet den Umgang mit sozialen Problemen. Wenn Rauchen als soziales Problem verstanden wird, eröffnet sich die Frage, „(…) wie und unter welchen Bedingungen bestimmte Sachverhalte, Konditionen oder Verhaltensweisen in der Gesellschaft problematisiert, d. h. zu sozialen Problemen gemacht worden sind und gemacht werden" (Groenemeyer 2012a, S. 62). Denn soziale Probleme werden als gesellschaftliche Konstruktionen begriffen, und mit ihrer öffentlichen Thematisierung als solches werden sie überhaupt erst gesellschaftlich und politisch relevant. „Dass bestimmte gesellschaftliche Bedingungen oder individuelle Verhaltensweisen problematisch sind, ist keineswegs unmittelbar evident. (…) Eine zentrale Gemeinsamkeit der verschiedenen sozialen Probleme ist, dass sie gesellschaftlich als problematisch und veränderbar interpretiert und so zum Gegenstand von öffentlichen und politischen Debatten geworden sind" (Groenemeyer 2012a, S. 61). Zu bestimmten Zeiten galten jeweils gegebene Bedingungen als normal und selbstverständlich, und zu anderen Zeiten werden sie als bedeutende, politisch zu verändernde Probleme eingeschätzt. Dies gilt z. B. für die Diskriminierungen von Frauen oder eben den Tabakkonsum. Darüber hinaus gibt es weitere Steigerungen bei heutzutage als normal und unproblematisch betrachteten Lebensstilelementen, die in anderen Zeiten heftige Konflikte und rechtliche Verbote nach sich gezogen haben, wie z. B. Homosexualität oder Masturbation. „Selbst wenn bestimmte Sachverhalte in der Gesellschaft nahezu durchgängig als problematisch aufgefasst wurden, so haben sich ihr problematischer Charakter, die ihnen zugeschriebenen Ursachen, institutionellen Zuständigkeiten und Behandlungsweisen im Laufe der Zeit verändert oder sind nach wie vor umstritten (z. B. Drogen und Alkoholkonsum als Sünde, Krankheit oder Kriminalität)" (Groenemeyer 2012a, S. 61). Die historischen Blitzlichter in Bezug auf die Genussmittel im Allgemeinen wie auch die Besonderheiten der Tabakverbreitung eröffnen genau diese vielfältigen gesellschaftlichen Sichtweisen über die Zeiten auf Genussmittel und eben den Tabakkonsum. Groenemeyers Einschätzung nach hat sich die gesellschaftliche Sicht auf Tabak (und Alkohol) in den letzten Jahren erheblich verändert. Heute würden sie ganz selbstverständlich als Drogen dargestellt, „(…) während sie noch vor 30 Jahren ebenso selbstverständlich als ‚Genussmittel' behandelt wurden" (Groenemeyer 2012b, S. 434). Rauchen bzw. Tabakkonsum wurden zu verschiedenen Zeiten gesellschaftlich verurteilt und oft in Zusammenhang mit Alkoholkonsum betrachtet. Eng verbunden ist damit die wiederkehrende Annahme, vor allem in unteren sozialen Schichten sei Rauchen weitverbreitet und als Abweichung von der Norm einzuschätzen (Groenemeyer und Laging 2012).

Gesellschaftliche Perspektiven entscheiden also darüber, wie der Konsum bestimmter Stoffe einzuschätzen ist, und wenn Tabak nur noch als Suchtmittel betrachtet wird und weniger als Genussmittel, bleibt der gegenwärtigen Gesellschaft weniger Spielraum bezüglich ihrer Akzeptanz. In den politischen und öffentlichen Diskursen wird eine deutliche Ausweitung des Drogenbegriffs erkennbar. Die Drogenbeauftragte der Bundesregierung hat in den 2010er-Jahren ganz explizit ihre Schwerpunkte auf Alkohol und Tabak gesetzt und weniger eine Politik gegen illegale Drogen geführt (Drogenbeauftragte der Bundesregierung und BMG 2009 nach: Groenemeyer 2012b, S. 436). Die offizielle Drogenpolitik

der Regierung ist seit 1998 „Drogen- und Suchtpolitik", sodass in den Drogen-
und Suchtberichten der Bundesregierung neben Tabak, Alkohol, Medikamenten,
Cannabis und Heroin seit 2007 auch die Sucht „Glücksspiel" sowie seit 2009
„Computerspiel- und Internetsucht" in eigenständigen Kapiteln bearbeitet
werden. Mit den Begriffen „Drogen" und „Sucht" wird dabei eine Form der
öffentlichen und politischen Problematisierung markiert, die noch unterstrichen
wird über eine Rhetorik, „(…) die die Dringlichkeit von gesundheitspolitischer
bzw. medizinischer Interventionen unterstreicht" (Groenemeyer 2012b, S. 436).
Auswirkungen hat diese Perspektivierung dann vor allem auf die Konsument*innen, weil sie für ihren Konsum verantwortlich gemacht werden und als
Verweigerer*innen des scheinbar getroffenen gesellschaftlichen Konsenses
betrachtet werden können. Mit der Erkenntnis, dass Rauchen doch verbindet
und eine gemeinsame Rauchpause Zugang zu Adressat*innen schaffen kann
oder längst überfällige Öffnungen füreinander möglich macht, könnte genauso
umgekehrt argumentiert werden, z. B. dass die nötige fachliche Distanz nicht ein-
gehalten werden könne, wenn diese Grenze überschritten werde, oder rauchende
Sozialarbeiter*innen im höchsten Maße fragwürdig sind und kaum ihrer Aufgabe
als verantwortungsvolle Fachkräfte nachkommen können.

Weitere Aspekte, die mit der gesellschaftlichen Verurteilung des Rauchens
und seiner Einschätzung als soziales Problem einhergehen, zeigen sich in
der Betrachtung des Gesundheitsverhaltens und seiner Relation zur sozialen
Schichtung und zum Geschlecht. Ausgehend von der trivial gewordenen Erkenntnis, dass das Tabakrauchen deutlich mit erhöhter Morbidität und Mortalität in
Beziehung steht, haben sowohl das politische als auch das Erziehungssystem
sowie die Medien das Tabakrauchen seit Jahrzehnten zu einem sozialen Problem
gemacht. „Detailstudien zeigen erstens eine deutliche Korrelation zwischen
Rauchen und sozialer Schicht: 12- bis 13-jährige Hauptschüler rauchen wesentlich mehr als Gymnasiasten. Dieses Verhalten weist Parallelen zu dem der Eltern
auf" (Stollberg 2012, S. 649). Das Rauchen nahm jedoch in allen Bildungs-
gruppen ab, wobei der Rückgang bei Männern in der oberen Bildungsgruppe
deutlich größer war als in der unteren Bildungsgruppe (Stollberg 2012, S. 650).
In allen sozialen Schichten ist der Prozentsatz der Frauen, die früher geraucht
haben, ungefähr gleich hoch. Die schichtspezifischen Unterschiede beim Rauchen
lassen sich vor allem durch Unterschiede in der Motivation und Fähigkeit zur
Beendigung des Rauchens erklären und weniger durch Unterschiede in der
Motivation zu dessen Aufnahme (Deutscher Bundestag 2005, S. 88 nach: Stollberg 2012, S. 649).

**Erklärungen zum Rauchen aus Sicht soziologisch basierter Gesundheits-
wissenschaften**
Drei latente Funktionen während der Adoleszenz können zur Aufnahme
des Rauchens führen. Dazu gehören die

- Affektkontrolle: Rauchen, um Stimulation in eintönigen Situationen
  hervorzurufen oder ebenso auch zur Beruhigung in aufregenden
  Situationen;
- Selbstdarstellung in kritischen sozialen Situationen: Rauchen zur
  Erhöhung der Sicherheit des Auftretens;
- quasi-rituellen Aufgaben: über das Rauchen findet ein Anknüpfen von
  Kontakten statt oder es dient zur Versicherung der Zugehörigkeit zu
  einer Bezugsgruppe (Siegrist 2003, S. 142 f. nach: Stollberg 2012,
  S. 650).

In der Prävalenz (Häufigkeit) des Rauchens gibt es inzwischen eine
Angleichung zwischen den Geschlechtern, die in der tendenziellen
Angleichung der Geschlechterrollen gesehen wird. Der Tabakkonsum wird
durch psychische Eigenschaften beeinflusst, die sozial ungleich verteilt
sind, da Schutzfaktoren, wie z. B. ein positives Selbstkonzept und hohe
Selbstwirksamkeit selbstverständlicher unter gebildeteren Menschen verbreitet sind. Schädliche Faktoren, wie z. B. externale Kontrollorientierung
und erhöhte Feindseligkeit lassen sich eher unter weniger Gebildeten ausmachen. Die verschiedenen Debatten über den Zusammenhang von Ver-
hältnis- und Verhaltensprävention schließen an diese weitverbreitete
Argumentation an (Siegrist 2003, S. 142 nach: Stollberg 2012, S. 650).
   Darüber hinaus sind die vier sozialpsychologischen Modelle zur
Erklärung des Rauchens und seine soziale Konfigurierung von Interesse:

- Das Modell des Risikoverhaltens: Kurzfristig positive Wirkungs-
  erfahrungen, u. a. die latenten Funktionen, führen zur Gewöhnung an
  das Rauchen und die bekannten Gefahren werden gleichzeitig verharm-
  lost.
- Das cultural lag model: Darunter wird verstanden, dass die Angehörigen
  sozialer Unterschichten in einer Subkultur sozialisiert werden und diese
  hängt mit einer gering ausgeprägten präventiven Orientierung hinter den
  herrschenden Normen her.

- Das Modell des sozialen Vergleichsprozesses: Bezugsgruppen, deren Bedeutung hoch eingeschätzt wird, werden im Rauchverhalten imitiert.
- Das sozial-kognitive Prozessmodell: Das Modell gesundheitlicher Überzeugungen, des geplanten Verhaltens und der Selbstwirksamkeit werden gemeinsam betrachtet.

Entlang der Empfehlung der auf praktische Wirksamkeit orientierten Gesundheitswissenschaftler*innen wird eine Kombination situativer und personaler Determinanten der Modelle als Ausgangspunkt für die Entwicklung von Interventionsansätzen gesehen (Siegrist 2003, S. 149 f. nach: Stollberg 2012, S. 650 ff.).

Die unterschiedlichen Erklärungsmodelle, das Verständnis des Tabakkonsums als soziales Problem sowie in der Zuspitzung als Droge (Groenemeyer 2012b) diskutiert zu werden, bilden den Ausgangspunkt für weitere Überlegungen hinsichtlich sozialpädagogisch relevanter Aspekte. Aus dieser Perspektive kann gemeinsames Rauchen von Adressat*innen und Sozialarbeiter*innen nicht ganz uneingeschränkt als sozialpädagogisches Mittel erster Wahl argumentiert werden. Trotzdem finden sich Gründe, warum die gemeinsam geteilte Zeit und darin das ähnliche Tun als förderlich angesehen werden kann, z. B. weil es die Asymmetrie kurz aufhebt, hierarchievermindernd oder als Gemeinsames eingeschätzt werden kann. Darauf basierend könnte der*die Adressat*in einen ähnlichen Erfahrungsraum oder eine ähnliche Motivation, vielleicht sogar eine ähnliche Herkunft vermuten. Die latenten Funktionen wie auch die Modelle ermöglichen Vergleiche von Raucher*innen, die eben auch rollenübergreifend Geltung haben.

Die Berücksichtigung gesellschaftlicher Konstruktionen sozialer Probleme und die Problematisierung des Rauchverhaltens bestimmter sozialer Schichten gehen also ineinander über und ermöglichen einen erweiterten Blick auf das Rauchverhalten und die Ressource „Rauchen als sozialpädagogisches Mittel erster Wahl". Nichtrauchenden Sozialpädagog*innen könnte also eine bedeutende Ressource fehlen. Wenn Reiber auch seine Erkenntnis vor allem auf die Arbeit mit Jugendlichen bezog, könnte diese ohne Weiteres auf andere Adressat*innenkreise der Sozialen Arbeit ausgeweitet werden und zwar aus mehreren Gründen. Die Bedeutung der Zigarette bzw. des Rauchens in seiner ganzen Vielfalt in sozialpädagogischen Zusammenhängen reicht in bemerkenswerte Bereiche hinein. Adressat*innen als Raucher*innen sind in unterschiedlichen Perspektiven interessant.

- wenn z. B bestimmte Adressat*innengruppen, wie z. B. Menschen mit Behinderung, zu den Vielraucher*innen gehören und Rauchen als Zeitvertreib dient oder aus Langeweile geraucht wird oder
- im Streetwork die für den Erstkontakt etablierten Give-aways zur Erleichterung der Kontaktanbahnung aus Zigaretten (je nach Kontext können es auch Kondome, Flyer oder Tee sein) bestehen oder wenn
- sich im Notdienst des Jugendamtes für einen Hausbesuch entschieden wird und zur Notfallausrüstung jeweils ein Kindersitz, eine Tasche mit Utensilien, wie z. B. Windeln, ein Handtuch und eben Zigaretten zur eventuellen Beruhigung eventuell aufgeregter Eltern gehören (Gerull 2013, S. 59 f.) oder
- bei Hausbesuchen das Rauchen zum Problem in der Häuslichkeit der Adressat*innen wird, weil die*der Sozialarbeiter*in nicht akzeptiert, dass bei ihrem*seinem Besuch auch geraucht wird (Gerull 2014, S. 106, S. 129), oder
- die unterschiedlichen rituellen Werte des Rauchens in totalen Institutionen, wie z. B. die Bedeutung der Markenzigarette oder die Zigarettenordnung (Goffman 1972).

Beispiel

Menschen mit Behinderung rauchen häufiger als Gleichaltrige ohne Behinderung. Zudem trinken sie auch mehr, ernähren sich ungesünder und sind häufiger von Adipositas betroffen als andere Gruppen. Ursachen dafür liegen in der fehlenden Barrierefreiheit der Gesundheitsversorgung (Frings 2019, S. 300). Eine Studie zum Gesundheitsverhalten von Menschen mit Behinderung zeigte differenzierte Meinungen zum Thema Rauchen. Raucher*innen in Wohnheimen haben es aufgrund der Beschränkungen relativ schwer, ihren Rauchgewohnheiten zu folgen, doch diejenigen, die in der eigenen Häuslichkeit leben, folgen ihren Bedürfnissen oder ihrer Sucht, über die sie sich auch klar sind. Das Zigarettenrauchen unterstützt als Strategie, Stress und Frustration abzubauen, oder als Strategie, die zur Entspannung führen kann (Walther 2019, S. 118 f.). Das Rauchen wird differenziert eingeschätzt entlang des idealen Gesundheitsverhaltens zum realen Gesundheitsverhalten. „Aber, auch wenn sich Einzelne für gesundheitsriskantes Verhalten entscheiden, so geschieht dieses im Bewusstsein der möglichen negativen Folgen für die eigene Gesundheit, und nicht, weil man es nicht besser weiß" (Walther 2019, S. 118 f.). Die Verbesserung des Gesundheitsverhaltens, und dazu gehört aus der gesundheitsförderlichen Perspektive vor allem das Wissen darüber, dass mehr Gesundheit durch regelmäßige körperliche Bewegung, gesunde Ernährung und weniger Rauchen sowie Alkohol erreicht werden kann, erweist sich als brisant im Hinblick auf die einseitige Betonung der

Verhaltensprävention, da die Inanspruchnahme eines Gesundheitsangebots, wie z. B. Bewegungs- oder Beratungsangebote in den Bereichen Ernährung oder Umgang mit Stress, von vielerlei Faktoren abhängt, die für Menschen mit Behinderungen oft außerhalb ihres eigenen Aktionsraums liegen (Frings 2019, S. 305). ◄

Goffman hat am Beispiel einer psychiatrischen Klinik zum Verlust des Selbst in totalen Institutionen geforscht und dabei kommt dem Rauchen bzw. den Zigaretten eine besondere Bedeutung zu. Der ganze Tagesablauf von Insass*innen totaler Institutionen wird auch im Hinblick auf die wesentlichen Bedürfnisse vorgeplant. Kaum jemand wird sich vorstellen können, die*der es nicht selbst erlebt hat, wie demütigend es sich anfühlt, körperlich zwar imstande, jedoch nicht befugt zu sein, auch nur das noch so Geringste selbst verrichten zu dürfen. Insass*innen müssen wieder und wieder wegen noch so geringer Kleinigkeiten, „(…) wie sauberem Bettzeug oder Feuer für die Zigarette, die Schwestern bitten […]" (Goffman 1972, S. 48 f.). Draußen konnte die*der Insasse*in jederzeit entscheiden, ohne es überhaupt zu bedenken, ob er*sie sich eine Zigarette anstecken wollte und dazu einen Kaffee (mit Milch und Zucker oder nur Zucker) trinken wollte oder wann er*sie sprechen wollte. Innerhalb der totalen Institution können diese Rechte fraglich werden (Goffman 1972, S. 55 f.). Damit kann sein*ihr Selbst verletzt werden, denn solche physischen Entwürdigungen gibt es viele und weitere Beispiele bestehen in dem Zwang, „(…) um Kleinigkeiten wie Feuer für die Zigarette, einen Schluck Wasser oder die Erlaubnis, das Telefon benützen zu dürfen, bitten, betteln oder gar demütig nachsuchen zu müssen" (Goffman 1972, S. 31 f.). Die Wiedererwerbung dieser Rechte wird den Insass*innen als mögliche Vergünstigungen in Aussicht gestellt und sie gewinnen damit einen anscheinend re-integrierenden Effekt. Die Vergünstigungen stellen die Verbindung mit der verlorenen Welt wieder her, es verringern sich mit dem Wiedererwerb die Anzeichen des Rückzugs aus ihr und damit auch vom eigenen verlorenen Selbst. Zu Beginn nehmen die Vergünstigungen die gesamte Aufmerksamkeit der*des Insassen*in gefangen. „(…) Die um diese kleinen Privilegien herum aufgebaute Welt ist wohl das wichtigste Merkmal der Insassenkultur, auch wenn er selbst erst vor kurzem eine solche Erfahrung gemacht hat. Die Sorge um diese Privilegien führt mitunter dazu, daß großzügig geteilt wird; fast immer führt sie zu der Bereitschaft, um Dinge wie Zigaretten, Bonbons und Zeitungen zu bitten" (Goffman 1972, S. 55 f.).

Goffman hebt im Hinblick auf Zigaretten insbesondere deren rituellen Wert hervor, der sich auf unterschiedliche Situationen bezieht. Insbesondere neu aufgenommene Patient*innen konnten es sich leisten, entsprechend dem üblichen

Anbieten von Zigaretten in einer Runde Markenzigaretten anzubieten. Daraus ergaben sich häufig Probleme, wenn sich z. B. ein*e Patient*in mit eigener Packung jedes Mal bediente. „Eine häufige freundliche Geste bestand darin, daß man einem Kameraden Züge aus der Zigarette oder den aufgerauchten Stummel schenkte. (Zigarettenstummel gehörten ebenfalls zu den wichtigen rituellen Artikeln, mit denen die Wärter den Patienten eine Freude machten.)" (Goffman 1972, S. 269 ff.).

Unterschiedliche Maßstäbe für den rituellen Wert ließen sich auf Stationen mit regredierten alternden Patient*innen finden. Das Verschenken von Marken-zigaretten fand nicht statt, Wärter*innen schenkten eventuell mal eine Marken-zigarette einer*einem Patienten*in. „Einige Patienten konnten sich nicht selbst ihre Zigarette rollen und waren auf fähigere Patienten angewiesen, die sie ihnen drehten; das Zigarettendrehen war ein Entgegenkommen, das manchmal erbettelt wurde, indem sich der Betreffende mit den ‚Utensilien' vor seinem Helfer auf-stellte, und das mitunter auch spontan, ohne vorherige Bitte, gewährt wurde" (Goffman 1972, S. 269 ff.). Der Umgang mit Stummeln von Selbstgedrehten oder Markenzigaretten lässt sich unterscheiden. Patient*innen baten um Stummel von Selbstgedrehten oder sie wurden ihnen auch angeboten. Diese „zeremonielle Währung" wurde in kaum einem anderen Teil der Klinik als wertvoll erachtet, wobei der Stummel einer Markenzigarette als wertvoll galt. Selbstgedrehte hin-gegen wurden weggeworfen, sobald einem eine Markenzigarette angeboten wurde (Goffman 1972, S. 269 ff.).

Goffman beschreibt die Rolle der Zigarette in einer Zigarettenordnung. Das volle Ermessen der Bedeutung der Zigarette zeigt sich jenseits der privaten Kameradschafts- und Freundschaftsverbindungen mit Blick auf die Analyse des Patientenstatus und darin jene Ansprüche, „(…) die zwei Personen einfach Kraft der Tatsache, daß beide Patienten waren, aneinander stellen durften. Fast alle Patienten in der Klinik, mit Ausnahme der wenigen Halbwüchsigen, bildeten eine einheitliche Zigaretten-Ordnung, welche das Recht implizierte, von einem anderen zu verlangen, daß er mit der brennenden Zigarette Feuer gab, und diesen verpflichtete, einer solchen Bitte nachzukommen" (Goffman 1972, S. 269 ff.). Diese Ordnung wurde sogar von Patient*innen befolgt, von denen es niemand erwartet hätte aufgrund der Schwere ihrer Krankheit und die auf den „(…) schlimmsten Stationen lagen und so krank waren, dass sie jahrelang schwiegen, so feindselig waren, daß sie sogar eine angebotene Zigarette zurückwiesen und so verwirrt waren, daß sie vergaßen, eine brennende Zigarette, die bereits ihre Hand versengte, zu löschen. Diese Ordnung hatte natürlich die Funktion, die Patienten davor zu bewahren, daß sie einen Wärter um Feuer bitten mußten" (Goffman 1972, S. 269 ff.).

Eine Form karitativer Beziehung zeigte sich, wenn Wärter*innen Patient*innen als bevorzugte Empfänger*innen für ihre Zigarettengeschenke ausmachten. „Wenn ein stummer Protégé rauchen wollte, näherte er sich seinem Protektor und blieb vor ihm stehen, sobald letzterer sich eine Markenzigarette ansteckte oder bereits rauchte. Der Geber pflegte dann zu rauchen, bis die Zigarette weit genug herabgebrannt war, um sie fortzugeben. Der Empfänger selbst protegierte manchmal einen anderen Patienten, dem er den erhaltenen Zigarettenstummel weiterreichte, glaubte, ihn weit genug heruntergeraucht zu haben. Der dritte Empfänger musste dann meist schon eine Nadel oder Klammer benützen, um sich nicht an der Zigarette zu verbrennen" (Goffman 1972, S. 269 ff.). Manchmal wurde der zu Boden geworfene Stummel noch von einer*einem weiteren Patienten*in aufgehoben, da er ihr*ihm groß genug erschien für das Herausbröseln des Tabaks. In einigen Stationen ging eine einzige Zigarette regelmäßig durch drei oder vier Hände. Patient*innen wurden mit Zigaretten belohnt, wenn sie als arbeitende Patient*innen z. B. Einkäufe für die Wärter*innen in der Kantine tätigten. Wärter*innen konnten Patient*innen das Recht einräumen, Zündhölzer auf dem Zimmer zu haben. Die Wärter*innen konnten als Beweis besonderer Nähe zur*zum Patienten*in, wenn sie um Feuer gebeten wurden, der Bitte ohne Verzögerung sofort nachkommen. Als besonderer Vertrauensbeweis wurde der*dem Patienten*in das Feuerzeug in die Hand gegeben, „(…) um den mit der Bitte um Feuer verbundenen Anschein der Unterwürfigkeit abzuschwächen (…)" (Goffman 1972, S. 278). Darüber hinaus warteten Patient*innen nicht nur auf Geschenke, wie z. B. kleinere Geldbeträge oder Zigaretten, vielmehr führten sie diese Situationen auch selbst herbei (Goffman 1972, S. 282). Mit dem Verschenken von Zigarettenkippen konnten die Empfänger*innen gedemütigt werden und sowohl Wärter*innen als auch Patient*innen nutzten diese Möglichkeit.

Mitglieder der Wohltätigkeitsorganisationen, die von außen zu Besuch kamen und zuständig waren für größere gesellige Veranstaltungen, gingen in den Pausen durch den Saal, „(…) um an alle Patienten ein paar Zigaretten zu verschenken, hatte der Empfänger häufig den Eindruck, als bekäme er bloß Almosen von jemanden, den er nicht kannte und der ihm nichts schuldete. Der starke Wunsch nach Markenzigaretten veranlaßte fast alle Patienten, diese Gabe zu nehmen (…)" (Goffman 1972, S. 283). Oder es fanden regelmäßig im Theatersaal Wohltätigkeitsfeste statt, bei denen im Anschluss Zigaretten und Süßigkeiten an die hinausgehenden Patient*innen verteilt wurden. Einige Patient*innen kamen jeweils kurz vor Schluss, um mit den anderen im Hinausgehen von den Zigaretten und Süßigkeiten zu profitieren. Wenn Patient*innen den Wärter*innen Gefallen taten und ihnen Zigaretten, Süßigkeiten oder Getränke aus der Kantine holten, bekamen sie häufig einen eigenen Anteil als Belohnung zugesteckt (Goffman 1972, S. 215). Patient*innen, die in der Stationsküche arbeiteten, ließen es sich auf ihre Art gut gehen: „Sie nahmen den vom Frühstück übrig gebliebenen schwarzen Kaffee aus dem Kühlschrank, wärmten ihn sich auf, zündeten sich eine ‚echte' Zigarette an und verbrachten etwa eine halbe Stunde in einer entspannten Atmosphäre, wobei ihnen niemand hineinredete" (Goffman 1972, S. 233). Zigaretten gelten als Luxusgüter, und das Horten bzw. Aufhäufen von Besitztümern nimmt aufgrund der massiven Beschränkungen der Individuen stark zu, vor allem im Gefängnis kann es absurde Formen annehmen (Goffman 1972, S. 293).

▶ **Tipp**
Der folgende Tipp umfasst drei Buchempfehlungen, die in verschiedenen Settings der Benachteiligung von jungen Männern und ihren Aufenthalten in totalen Institutionen angelegt sind und in denen das Zigarettenrauchen bzw. der Tabak bedeutende, in ihrer Vielfalt ganz unterschiedliche Funktionen einnehmen.

In Brendan Behans „Borstal Boy" (2019) zeigt sich in vielfältiger Weise die von Goffman als Zigarettenordnung bezeichnete Umgangsweise mit Zigaretten unter den Insass*innen, aber auch in hierarchischer Perspektive mit den Aufseher*innen oder dem Direktor. Zigaretten kommen in der Verwendung z. B. als Provokation, Belohnung, Gleichstellung oder Gemeinschaft vor und werden auch in Abgrenzung zum Pfeifenrauchen genutzt. Der autobiografische Entwicklungsroman des irischen Schriftstellers schildert die Zeit, die er als junger IRA-Aktivist in britischen Jugendgefängnissen und der Besserungsanstalt Hollesley Bay Borstal verbrachte. Brendan wird mit 16 Jahren festgenommen, weil er als Mitglied der IRA (Irish Republican Army) einen Bombenanschlag durchführen wollte. Im Borstal, der Besserungsanstalt, lernt er über den rauen Gefängnisalltag hinaus Freundschaft, Zuneigung und Solidarität zwischen Iren und Engländern kennen. Seine Beschreibung umfasst eine Vielzahl an Situationen, die sich um Zigaretten, Rauchen und Tabak drehen im Gefängnis sowie im Borstal. Das Buch war aufgrund seiner Darstellung von Homosexualität und unverhohlener Kritik an der katholischen Kirche zunächst verboten und gilt inzwischen als Klassiker der irischen Literatur (wikipedia o. J.b). „Borstal Boy" ist vor allem interessant im Hinblick auf das unterschiedliche Erleben von Gefängnis und einer typischen Besserungsanstalt jener Zeit aufgrund des sich unterscheidenden Eingriffs und der Strafidee.

Die zweite Buchempfehlung ist das 1932 erschienene Buch „Jugend auf der Landstrasse Berlin" (2013 unter dem Titel „Blutsbrüder: Ein Cliquenroman" veröffentlicht) von Ernst Haffner, das sich mit den Lebenssituationen einer Jungenclique Anfang der 1930er-Jahre in Berlin beschäftigt. Dabei stehen ihr Alltag, ihre Wünsche und Sehnsüchte im Mittelpunkt. Diese drehen sich überwiegend immer wieder um dasselbe: Hunger und das Fehlen einer wärmenden Wohnung. Zigaretten werden z. B. als Zeitvertreib, Hungerstiller, Sedativum sowie zum Gemeinschaftsempfinden eingesetzt. „Anfang der 1930er Jahre lebten in Berlin und anderen deutschen Großstädten Tausende obdachlose Jugendliche auf der Straße. Manche waren Opfer der prekären wirtschaftlichen Verhältnisse. Anderen hatte der erste Weltkrieg die Familie zerstört und zerrüttet. Viele von ihnen waren aus Fürsorgeeinrichtungen geflohen. Aus dem ganzen Land waren sie in die großen Städte gekommen, weil das Elend hier immer noch erträglicher zu sein schien als die Bedingungen, unter denen sie in den Heimen und Jugendanstalten zu leiden hatten. Dort waren sie Repressalien eines Erziehungssystems ausgesetzt, das physische und psychische Gewalt an ihnen verübte und sie zu brechen versuchte, statt ihnen Hilfe und menschliche Zuwendung angedeihen zu lassen. Gelang die Flucht, verdingten sie sich als Tagelöhner und Laufburschen, häufig führte ihr Weg sie in die Kriminalität und Prostitution. Ein wenig Sicherheit und soziale Wärme fanden sie in den Cliquen" (Aus der Einleitung von Peter Graf in: Haffner 2013, S. 1).

Der Roman „Nickel Boy" von Colson Whitehead (2019) aus dem Jahr 2018 spielt in einem US-amerikanischen Setting in Florida zu Beginn der 1960er-Jahre. Ein sechzehnjähriger Junge aus dem schwarzen Ghetto seiner Stadt gerät zufällig in ein gestohlenes Auto und landet anschließend in der Besserungsanstalt Nickel Academy, in der Gewalt und Missbrauch für die Jungen selbstverständlich sind. Zigaretten, Rauchen und Tabak spielen auch hier ganz unterschiedliche Rollen. Sie werden als Ausweichhandlung, Beruhigung oder zur Herstellung von Gemeinschaft genutzt. Dabei spielt auch ein Tabakladen eine besondere Rolle als Mittelpunkt für eine Gemeinschaft, in der es eben auch andere bedeutende Kleinigkeiten des alltäglichen Lebens zu kaufen gibt.

Beispiel

Ein seit seinem 19. Lebensjahr chronisch psychisch kranker Mann erkrankt mit 63 Jahren an Tuberkulose und Lungenkrebs. Nach kurzer schwerer Krankheit stirbt er auch daran. Seit dem Beginn seiner psychischen Erkrankung lebte er zwischen Psychiatrie und stationärer Wohneinrichtung. Rauchen gehörte zu seinem Lebensinhalt, und wenn er nicht gerade rauchte, war er auf der Suche nach Nachschub, entweder über Schnorren bei anderen oder über das Sammeln von Kippen, die er neu zu Zigaretten verdrehte. Sein Taschengeld bzw. persönliches Budget reichten allerdings auch nie für die Befriedigung seines Rauchbedürfnisses, sodass er sich dazu gezwungen sah, sich immer wieder Geld zu leihen, zu schnorren oder eben Kippen neu zu verwerten. Obwohl er wiederkehrend Unterstützung von Sozialarbeiter*innen zugesichert bekam, um mit dem Rauchen aufzuhören oder es wenigstens zu reduzieren, entschied er sich dagegen und konnte sich das eigentlich auch überhaupt nicht vorstellen. Neben seiner Sucht vertrieb ihm das Rauchen die Zeit und dazu gehört auch das Besorgen des Tabaks sowie der weiteren Utensilien, wie z. B. Blättchen oder Feuerzeug. Sein Lungenkrebs könnte nicht zuletzt auch am exzessiven Rauchen über seinen gesamten Lebenszusammenhang gelegen haben. Für die Soziale Arbeit stellen sich mehrere Fragen. Eine zentrale Frage könnte sein: Warum hat er nicht genügend Geld gehabt, um sich seinen Tabakkonsum ausreichend erfüllen zu können? Warum könnte das Rauchen so wichtig für ihn gewesen sein? Welche weiteren Fragen würden Sie stellen? ◄

In Deutschland raucht der überwiegende Anteil der Raucher*innen bis zu 20 Zigaretten täglich und das entspricht in etwa einer Schachtel (Stiftung Gesundheitswissen 2020, S. 2). In den letzten 20 Jahren gab es deutlich spürbare Preissteigerungen. Im Januar 2002 kostete eine Schachtel Zigaretten in der Premiumpreislage 3,00 €/19 Stück und derzeit muss für das gleiche Produkt 7,20 €/20 Stück (01.03.2021) bezahlt werden (in der Packung ist allerdings eine Zigarette mehr enthalten). Die europarechtliche Tabakproduktrichtlinie 2014/40/EU schreibt vor, dass die Mindestpackungsgröße bei Zigaretten 20 Stück betragen muss (Deutscher Zigarettenverband 2021 o. S.). Bei einem Schachtelpreis von 7,20 geben Raucher*innen pro Monat 216 € aus. Die Stiftung Gesundheitswissen setzt einen Schachtel-Preis von fünf Euro an und dann geben Raucher*innen im Monat etwa 150 € aus. Im Jahr geben Raucher*innen etwa zwischen 1800 € und 2592 € aus. 2014 wurden fast 25 Mrd. Euro für Tabakwaren ausgegeben, davon 20,5 Mrd. nur für Zigaretten. Auf der anderen Seite stehen die zahlreichen durch Rauchen verursachten Krankheits- und Todesfälle, die das

Gesundheitswesen und die Volkswirtschaft Deutschlands immens belasten. Jähr-lich entstehende direkte Kosten für Behandlungen, Pflege sowie gesundheitliche und berufliche Rehabilitation im Gesundheitswesen werden mit etwa 25,41 Mrd. Euro angegeben, während sich die indirekten Kosten in der Volkswirtschaft auf-grund von Mortalität oder Arbeitsunfähigkeit auf etwa 53,68 Mrd. Euro belaufen (Stiftung Gesundheitswissen 2020, S. 2).

Die Raucher*innenanteile in der deutschen Bevölkerung sinken seit einigen Jahren in allen Altersgruppen und dennoch rauchen in Deutschland etwa 28 % der Bevölkerung, sodass das Rauchen in der erwachsenen Bevölkerung als nach wie vor großes Problem angesehen wird. In den aktuellen Daten des Health Information National Trends Survey Germany (HINTS Germany), einer Befragung der Stiftung Gesundheitswissen in Zusammenarbeit mit dem Hanover Center for Health Communication zeigt sich, dass knapp die Hälfte der Befragten (48,9 %) in ihrem Leben schon mindestens 100 Zigaretten geraucht haben. Dabei liegt der Anteil bei Männern mit 56,0 % deutlich höher als bei Frauen mit 41,8 %.

Das Rauchverhalten unterscheidet sich je nach sozialem Status und Berufs-gruppe. Laut Tabakatlas 2015 des Deutschen Krebsforschungszentrums sinkt der Raucher*innenanteil bei steigendem Sozialstatus. Dabei zeigen sich auch zwischen den verschiedenen Berufsgruppen Auffälligkeiten im Rauchverhalten: „Bei den Männern rauchen beispielsweise von den erwerbstätigen Möbelpackern mit 85,3 % mit Abstand die meisten. Bei den Frauen finden sich die meisten Raucherinnen bei den Werk- und Personenschutzfachkräften sowie den Berufs-kraftfahrerinnen mit jeweils rund 50 %" (Stiftung Gesundheitswissen 2020, S. 1). Dabei stellen sich Fragen aus der Perspektive der Sozialen Arbeit vor allem im Hinblick auf den Verdienst in den genannten Berufen, der vermutlich kaum ausreicht, sich das Rauchen so zu finanzieren, wie es den individuellen Bedürf-nissen entspricht. Dem Rauchverhalten wird nicht nur gewohnheitsgemäßes oder süchtiges Verhalten zugrunde gelegt. Rauchen kann etwas mit Zeitver-treib, Lust, Prestige, Stressabbau und Entspannung zu tun haben. Zwei Aspekte werden insbesondere bedeutsam in diesem Zusammenhang, zum einen betrifft es die Stigmatisierung bestimmter sozialer Gruppen, deren Rauchen sich sowohl in ihrem sozialen Status manifestiert als auch zugleich symbolisiert. Zum anderen gehört das Rauchen inzwischen zu einem kostspieligen Zeitvertreib, und für Menschen mit niedrigem sozialen Status sowie entsprechend wenig finanziellen Mitteln wird das Rauchen zu einem Luxusvergnügen. Vor dem Hintergrund der verschiedenen Funktionen des Rauchens wäre eine gesellschaftliche Abwägung bedeutend, die sich mit der Finanzierbarkeit des Rauchens stärker auseinandersetzt, sodass jede*r, die*der rauchen möchte, sich auf der Basis

seiner Möglichkeiten Rauchwaren leisten könnten sollte. Die von Bourdieu aus-
gemachte Unterscheidung von Luxusgeschmack, wie z. B. die Zigaretten in
Premiumqualität, und dem Notgeschmack bekommt auch beim Rauchen ihre
Bedeutung. Damit werden vor allem Menschen mit niedrigem sozialen Status und
in Berufen mit niedrigem Verdienst benachteiligt, wenn die Preise für Zigaretten
ansteigen und damit auch ihre Auswahl eingeschränkt wird.

In den letzten Jahrzehnten richtete sich der präventive Fokus vor allem auf
die Prävalenz des Tabakkonsums im Jugendalter. In der Bewertung der Stiftung
Gesundheitswissen sinkt diese erfreulicherweise seit vielen Jahren. Wenn Jungen
und Mädchen mit dem Rauchen beginnen, dann in einem durchschnittlichen Alter
von rund 15 Jahren (Stiftung Gesundheitswissen 2020, S. 1). Die Bundeszentrale
für gesundheitliche Aufklärung führt regelmäßig epidemiologische Studien zum
Konsum von Tabak, Alkohol und illegalen Drogen bei Jugendlichen durch. Seit
1973 findet alle drei bis vier Jahre die repräsentative Untersuchung des Konsums
und der Konsummotive für Tabak, Alkohol und illegale Drogen bei Jugendlichen
und jungen Erwachsenen in der Altersgruppe zwölf bis 25 Jahre statt (Drogen-
affinitätsstudie). Seit 1995 wird die „Europäische Schülerstudie zu Alkohol
und anderen Drogen" (ESPAD; European School Survey Project on Alcohol
and other Drugs) in verschiedenen europäischen Ländern durchgeführt, in die
Deutschland seit 2003 mit einigen Bundesländern einbezogen ist. In dieser Studie
wird der Konsum von Tabak, Alkohol und illegalen Drogen bei Schülern und
Schülerinnen der 9. und 10. Jahrgangsstufe (Altersgruppe 15–16 Jahre) untersucht (Groenemeyer 2012b, S. 466).

1989 nahm die Weltgesundheitsorganisation (WHO) Tabak in die Liste des
ICD 10 (International Statistical Classification of Diseases and Related Health
Problems) unter den „Abhängigkeit produzierenden Drogen" auf. Mit der Auf-
nahme in das ICD 10 wird Tabak von Ärzt*innen und Therapeut*innen seitdem
als Produzent von Abhängigkeit im Sinne einer psychoaktiven Droge bewertet
(Lipinsky 2015, S. 19). Tabak wird sowohl im professionellen Umgang mit
Gesundheit und Krankheit als auch das Rauchen selbst im biomedizinischen
Diskurs als Suchtkrankheit bewertet. Der tabakpolitische Diskurs hat einen
grundsätzlichen Wandel erlebt, der vor allem im Umgang mit Raucher*innen
unmittelbar deutlich wird. „Hatte man bis vor einigen Jahren noch davon
gesprochen, dass das Rauchen die körperliche Verfassung des Rauchers schädige
und ihn auf Dauer krank mache, so ist heute der Raucher zum Suchtkranken und
das Rauchen selbst zur Krankheit geworden, die diagnostiziert, behandelt und
der vorgebeugt werden muss" (Schmidt-Semisch 2005, S. 131 nach: Lipinsky
2015, S. 19). Deshalb erscheinen Tabakprodukte als gleichgesetzt mit anderen
legalen oder illegalen psychoaktiven Substanzen und deshalb fallen sie auch in

die statistische Erfassung sowie die Bemessung gesellschaftlicher Folgekosten (Lipinsky 2015, S. 19).

Die folgenden Ergebnisse der regelmäßig durchgeführten Repräsentativbefragung der Bundeszentrale für gesundheitliche Aufklärung (BZgA) zeigt den Substanzkonsum Jugendlicher und junger Erwachsener in Deutschland aus dem Jahr 2018. Dabei werden die Verbreitung und die Trends in der Konsumvielfalt neben Zigaretten deutlich, wie z. B. Wasserpfeifen, E-Zigaretten, E-Shishas und erstmalig auch von Tabakerhitzern. Die Befragung der repräsentativen Stichprobe von 7002 Jugendlichen und jungen Erwachsenen im Alter von zwölf bis 25 Jahren wurde mit computergestützten Telefoninterviews (CATI) befragt (Orth und Merkel 2019, S. 7 f.). 8,7 % aller zwölf- bis 17-jährigen Jugendlichen in Deutschland rauchen, wobei eine deutliche Mehrheit der Jugendlichen (79,5 %) noch nie geraucht hat. Unter den jungen Erwachsenen im Alter von 18 bis 25 Jahren bestehen Geschlechtsunterschiede im Rauchverhalten, da mehr junge Männer als junge Frauen rauchen. Soziale Unterschiede werden sichtbar in der Verbreitung, denn unter jugendlichen Gymnasiast*innen wird weniger geraucht als unter den anderen Jugendlichen. Rauchen ist weniger verbreitet unter jungen Erwachsenen mit (Fach-)Hochschulreife als unter jungen Erwachsenen mit mittlerer Reife oder Hauptschulabschluss (Orth und Merkel 2019, S. 16).

Insgesamt gibt es einen rückläufigen Trend bei den Anteilen der rauchenden Jugendlichen im Alter von zwölf bis 17 Jahren, denn seit dem Jahr 2001 hat sich der Anteil von 27,5 % um etwa drei Viertel auf 6,6 % im Jahr 2018 verringert. Dabei ist der Anteil der Jugendlichen, die noch nie geraucht haben, im Jahr 2018 mit 82,7 % so hoch wie in keiner früheren Untersuchung. Die Verbreitung des Rauchens geht auch bei den jungen Erwachsenen im Alter von 18 bis 25 Jahren von im Jahr 2001 44,5 % der jungen Erwachsenen auf nur noch 24,6 % im Jahr 2018 zurück. Der Anteil der jungen Erwachsenen, die noch nie geraucht haben, steigt an von 23,1 % im Jahr 2001 auf 44,3 % im Jahr 2018 (Orth und Merkel 2019, S. 26).

Darüber hinaus wurden vor allem Trends des Rauchens, Alter sowie soziale Unterschiede innerhalb der Untersuchung unterschieden. Zu den Trends des Rauchens gehören die vielfältigen Arten des Rauchens, die sich inzwischen etabliert haben. Im Alter zwischen zwölf und 17 Jahren haben 26,4 % schon einmal Wasserpfeife geraucht, jeder sechste Jugendliche den Konsum von E-Shishas (16,2 %) ausprobiert sowie etwa jeder siebte Jugendliche hat schon einmal E-Zigaretten (14,5 %) konsumiert. Im Alter zwischen 18 und 25 haben bereits 63 % der jungen Erwachsenen schon einmal Wasserpfeife, 29,9 % E-Zigarette oder 19,6 % E-Shisha konsumiert. Die Erfahrung mit dem Konsum von Tabakerhitzern liegt bei den Jugendlichen bei 0,3 % und unter jungen Erwachsenen bei 2,5 % und ist damit vergleichsweise gering verbreitet. „Den Konsum von Wasserpfeifen, E-Zigaretten und E-Shishas auszuprobieren, ist unter männlichen Befragten weiter und unter Befragten mit höherer Bildung weniger weit verbreitet" (Orth und Merkel 2019, S. 20). Dabei zeigt sich bei der 30-Tage-Prävalenz, also dem Konsum in den letzten 30 Tagen, dass der Konsum von Wasserpfeifen bei Jugendlichen zwischen 2008 und 2011 zurückgegangen ist und seitdem stagniert. Mehr als verdoppelt hat sich der Konsum allerdings unter den jungen Erwachsenen in der Gesamtgruppe von 7,8 % im Jahr 2008 auf 19,1 % im Jahr 2018. Im Vergleich zu 2015 hat sich die 30-Tage-Prävalenz des E-Zigaretten-Konsums in allen Gruppen, den männlichen und weiblichen Jugendlichen sowie den jungen Männern und Frauen, statistisch signifikant erhöht. Die 30-Tage-Prävalenz des E-Shisha-Konsums hingegen ist im selben Zeitraum 2015 bis 2018 ausschließlich bei jungen Männern angestiegen (Orth und Merkel 2019, S. 26). Statistisch bestehen signifikante Geschlechtsunterschiede im Rauchen bzw. im Konsum von Tabakzigaretten, Wasserpfeifen, E-Zigaretten und E-Shishas. Die männlichen Befragten bevorzugen das Rauchen und den Konsum von Wasserpfeifen, E-Zigaretten und E-Shishas, unter den weiblichen Befragten ist diese Vielfalt weniger verbreitet.

Die Ergebnisse zeigen einen statistisch signifikanten Zusammenhang des Rauchens mit dem Lebensalter. Vom 12. bis zum 18. Lebensjahr nimmt das Rauchen mit steigendem Alter in den Konsumarten Wasserpfeife, E-Zigaretten und E-Shishas zu. Daraus folgern Orth und Merkel, möglichst jungen Menschen Präventionsangebote zu machen. Die sozialen Unterschiede des Rauchens werden auch in dieser Untersuchung hervorgehoben. Unter jugendlichen Gymnasiast*innen gibt es weniger Raucher*innen als unter den anderen Jugendlichen. Die schulformspezifischen Unterschiede finden sich auch in anderen Studien und zeigen einen erhöhten Tabakkonsum an anderen weiterführenden Schulen als dem Gymnasium und unterstützen ebenfalls die dargelegten Zusammenhänge für die Gruppe der zwölf- bis 17-jährigen Jugendlichen (Rathmann et al. 2016; Waldhauer et al. 2018 nach: Orth und Merkel 2019, S. 35 f.). Darüber hinaus zeigt sich auch die geringere Verbreitung des Rauchens unter jungen Erwachsenen im Alter von 18 bis 25 mit (Fach-)Hochschulreife im Vergleich zur größeren Verbreitung unter jungen Erwachsenen mit mittlerer Reife oder Hauptschulabschluss. Denn in dieser Altersgruppe zeigen sich bereits Befunde, die denen der erwachsenen Bevölkerung im Alter von 18 bis 79 Jahren ähneln.

Deutliche Unterschiede herrschen im Rauchverhalten Erwachsener nach ihrem sozialen Status vor, der bestimmt wird entlang der Angaben zur schulischen und beruflichen Ausbildung, zur beruflichen Stellung sowie zur Einkommenssituation.

Doppelt so viele der Befragten mit geringem Sozialstatus rauchen im Vergleich zu denen mit hohem Sozialstatus. Das betrifft nicht nur den Konsum von Zigaretten, vielmehr unterliegt auch der Konsum von Wasserpfeifen, E-Zigaretten und E-Shishas Bildungsunterschieden. Die Konsumprävalenzen der zwölf- bis 17-jährigen Gymnasiast*innen sind niedriger im Vergleich zu denen anderer Jugendlicher. Junge Erwachsene mit (Fach-)Hochschulreife konsumieren weniger Wasserpfeifen, E-Zigaretten und E-Shishas als junge Erwachsene ohne (Fach-) Hochschulreife. Die Verbreitung von Wasserpfeifen und E-Shishas zeigt darüber hinaus auch einen Zusammenhang mit dem Migrationshintergrund. „Die Unterschiede im Rauchverhalten in Abhängigkeit des Geschlechts, des besuchten Schultyps (Jugendliche) bzw. erreichten Schulabschlusses (junge Erwachsene) sowie des Migrationshintergrunds machen für die Steuerung von Präventionsmaßnahmen deutlich, dass diese geschlechtersensibel gestaltet werden müssen und soziale Unterschiede im Rauchen zu berücksichtigen sind. Zielgruppen- und settingspezifische Interventionen sollten hier zukünftig ansetzen und Schülerinnen und Schüler an Haupt-, Real-, Gesamt- und Förderschulen noch stärker in den Fokus schulischer Tabakprävention rücken" (Orth und Merkel 2019, S. 35 f.). Rauchen ist gesellschaftlich eindeutig als Suchtmittel eingeordnet und entlang der Forderungen von Orth und Merkel nach zielgruppen- und settingspezifischer Prävention wird diese insbesondere für diejenigen gefordert, die in der Studie entlang ihres Alters, der Konsum-Trends, der sozialen Unterschiede sowie bezüglich eines eventuellen Migrationshintergrundes als besonders gefährdet angesehen werden, zu Tabakkonsument*innen zu werden.

Quensel hat 2009 eine jugendkriminologische Studie unter der prägnanten Überschrift „Wer raucht, der stiehlt …" angefertigt, die als „Spiel" mit Daten (eine immer wieder neue Zusammensetzung verschiedener durchgeprüfter Thesen) basierend auf quantitativen Befragungen von Jugendlichen zum Rauchen, Stehlen sowie illegalen Drogen in fünf verschiedenen Städten „(…) die überkommene, hegemoniale Negativ-Sicht einer pathologisierenden Erwachsenen-Perspektive zu Gunsten einer positiveren, normalisierenden, jugendsoziologischen Perspektive zu relativieren, wenn nicht gar aufzulösen. Sinnvoll wird dies, wenn sich daraus alternative Konsequenzen für eine andere Art der Jugend/Drogen-Arbeit ableiten lassen" (Quensel 2009, S. 299). Umgekehrt können die erwünschten praktischen Folgerungen den ungewohnten Daten-Interpretationen Plausibilität verleihen und unter dieser Prämisse hat Quensel zehn Thesen entlang der drei Kernpunkte „Defizit-Perspektive", „relevante Probleme" sowie „zureichende Information" zusammengestellt. Ausgangspunkt stellt das „Syndrom"-Modell dar, und darunter werden der Konsum aller Drogen, das delinquent-jugendliche Handeln sowie die „junge Liebe" als miteinander „äquifunktional" verbundene Verhaltensweisen eingeschätzt, die einerseits präventiv und andererseits in Bezug auf die Extremfälle der isolierten Abstinenz sowie der jugendspezifischen Exzesse als gemeinsame Aufgabe einer integrierten Jugend-, Sozial- und Drogen-Arbeit betrachtet werden sollten. Dabei ist die Unterscheidung zwischen einer „primären" Prävention, die nur die „Braven" erfasse, und einer „sekundären" Prävention explizit für die „Schlimmeren" von Beginn an aufzugeben.

Eine wesentliche Forderung betrifft die gesamte Drogenarbeit von der frühen Prävention bis hin zur „finalen" Behandlung, die positiv vom „Normal-Verhalten" ausgehen sollte und nicht mehr, wie bisher üblich, als Ausgangspunkt den problematischen (psychiatrisch definierten) Extremfall annimmt. „Im ‚Normalfall' – Beratung, Prävention – dominiert die positiv besetzte Ambivalenz dieser Verhaltensweisen: Sie verschaffen Genuss, Spaß, Anerkennung und sind nur selten Folge einer (abhängig machenden) Substanz, negativer Persönlichkeitszüge, nicht bewältigter Entwicklungsaufgaben oder schlechter Freunde. Im (insbesondere bei Jugendlichen!) relativ seltenen ‚Therapie-Fall' geht es in derselben Weise weniger darum, eine ‚Sucht', Abhängigkeiten, tief verankerte conductdisorder, frühe Traumata etc. ‚weg zu therapieren', sondern darum, die intakten, positiven Seiten der Betroffenen aufzubauen und weiter zu fördern" (Quensel 2009, S. 300). Im Präventionsbereich bedeutet diese Perspektive für den sozialpädagogischen Bereich, die Aufmerksamkeit auf die jugendliche Sicht zu legen und die Akzeptanz für deren Verständnis zu stärken „(…) für die von uns als ‚abweichend' deklarierten Verhaltensweisen" (Quensel 2009, S. 300). Die Suchtund Kriminalitäts-Befürchtungen der Erwachsenen bzw. Fachkräfte eignen sich weniger als Handlungsmodell, vielmehr sollte die Perspektive des jugendeigenen Freizeitverhaltens mit seinen jeweiligen teilkulturell unterschiedlichen Ausprägungen und Funktionen verstanden werden. Damit sollte ebenfalls weitgehend auf gezielte Substanz- oder Verhaltensansätze (Drogen-Prävention, Delinquenz-Prophylaxe, Sexual-Aufklärung oder Cannabis-Therapie) verzichtet werden, wenn es nicht ausnahmsweise (z. B. verhaltenstherapeutisch) speziell begründbar und indiziert ist. „Wesentliches Ziel aller Ansätze sollte – vor allem unter den Jugendlichen – sein: ein wechselseitiges Verständnis für die unterschiedlichen Verhaltensweisen – sowohl für die Abstinenz wie für den Exzess und den ‚Rückfall' – sowie vor allem die Entwicklung von Toleranz und helfender Solidarität" (Quensel 2009, S. 300). Quensel ist mit seinem Datenspiel und den für ihn daraus erwachsenen Folgerungen anschlussfähig an die kritischen Überlegungen Groenemeyers, Rauchen nicht ausschließlich als (gesundheitsgefährdendes) Suchtmittel zu problematisieren und damit Stigmatisierungsprozesse zu fördern, die an ihrem Höhepunkt Rauchen als Einstiegsdroge dramatisieren und als

Startpunkt von Suchtkarrieren betrachten, in denen selbstverständlich als logische Folge der Konsum legaler oder sogar illegaler Drogen steht (Groenemeyer 2012a; 2012b).

Mit Blick auf die Zahlen der geringeren Verbreitung des Rauchens bei Gymnasist*innen und jungen Erwachsenen mit (Fach-)Hochschulreife rückt die Studie „Richtig Rauchen", die das Rauchen von Studierenden zur medikalen Logik und kulturellen Praxis des Zigarettenrauchens untersucht, in den Mittelpunkt des Interesses. Lipinsky zeigt exemplarisch am Beispiel universitärer Settings „(…) wie sich das Zigarettenrauchen in urbane, studentische Lebenswelten einer Wissensteilgesellschaft einfügt" (Lipinsky 2015, S. 23). Die Begründung für die Auswahl des universitären Forschungsfeldes lag vor allem darin, keinen weiteren Beitrag zur Verstärkung von Stereotypisierungen devianter Verhaltensweisen Jugendlicher in sozial benachteiligten Milieus zu erbringen. Da Zigarettenrauchen nach wie vor in allen sozialen Milieus stattfindet, bot sich insbesondere für das Feld der Studierenden die Annahme, dass sie über einen relativ privilegierten Zugang zu Wissensbeständen, z. B. spezielles Fachwissen und Bildungswissen, als Ressource verfügen und Lipinsky darauf aufbauend erwartete, „(…) dass daher die Dissonanzen zwischen Wissen und Handeln in den Erzählungen über Erfahrungen in elaborierter (sprachlicher) Kontur erwartet werden konnten" (Lipinsky 2015, S. 11). Die Studie ist in den Kulturwissenschaften verankert u. a. mit dem Ziel, mehr über die Funktion und Bewertungen des Zigarettenrauchens im Rahmen studentischen Hochschullebens zu erfahren, u. a. zu medikalkulturellen Orientierungs- und Handlungsmustern in aktuellen Rauchpraktiken (Lipinsky 2015, S. 11). Ziel der Forschung war es also, etwas über das studentische Rauchverhalten und seine Funktionen – eingebettet in gesundheitsbezogene Überlegungen der befragten Studierenden – zu erfahren, ohne jedoch die Gefährdung in den Fokus zu stellen.

Vielmehr geht es darum, den Nutzen des Rauchens in sozialen Situationen in das Zentrum zu rücken, z. B. im Hinblick auf Gemeinschaft oder Spaß, ohne die selbstreflexiven Möglichkeiten im Hinblick auf gesundheitsbezogene Aspekte unberücksichtigt zu lassen. „Beim Rauchen von Tabak bilden das Ambiente, der lokale, soziale und zeitliche Kontext, in welchem beispielsweise die Zigarette geraucht wird, der Ablauf des Konsums und das Wissen über die Tradition der Konsumform relevante Faktoren für das wissenschaftliche Verstehen von gesundheitsrelevanten Kulturtechniken" (Lipinsky 2015, S. 27). Die Überschrift „Richtig rauchen" bezieht sich dabei auf die Eigen- und Fremdbezeichnungen von Rauchenden und Nichtrauchenden, die einen gewissen Spielraum zwischen Tabakkonsum und identitätsbezogenen Rollenbezeichnungen beschreiben. Die oft beobachteten varianzlosen Konsummuster bei Gelegenheitsraucher*innen führen aufseiten anderer Konsumpraxen zu der Einschätzung, diese seien nicht richtige Rauchende. „Der Vollzug einer (einmaligen) sichtbaren Rauchpraxis allein entscheidet offensichtlich nicht über den wahrgenommenen Identitätsstatus. Vielmehr tragen weitere Faktoren dazu bei, dass Tabakkonsumenten andere Rauchende tatsächlich als Raucher/-in bezeichnen" (Lipinsky 2015, S. 160). Zigarettenrauchen unter Studierenden stellt zum Zeitpunkt der Studie weder einen Teil einer studentischen Protestkultur noch ein soziokulturell deviantes Verhalten dar. Vielmehr trifft das Gegenteil zu, da die befragten Studierenden ihren Umgang mit Tabakgütern im Allgemeinen einordnen in Anlehnung an z. B. präventivpolitische und soziokulturell akzeptable Vorgaben der Rücksichtnahme auf Nichtraucher*innen oder Biografisierung von Tabakkonsummustern durch Planung der Beendigung ihres Rauchens. Die befragten Studierenden zeigen Kenntnis von präventionspolitischen Anliegen und deren tendenzielle Akzeptanz im Umgang mit rauchbaren Tabakgütern in sozialen Situationen.

Dabei deutet Lipinsky die selbst auferlegte Rücksichtnahme beim Rauchen als Widerspiegelung des Bildungsstatus im untersuchten Feld. „Eine Positionierung gegenüber gesundheitlichen Präventionsvorstellungen ist Rauchhandlungen, Rauchnarrativen und dem Raucher/-innenwissen über Folgen ihres Konsums immanent. Diese Position tritt erstmalig in Erscheinung, sobald der Tabak-konsumvorgang im Kreise einer lokalen Öffentlichkeit durchgeführt wird" (Lipinsky 2015, S. 284). Rauchen kann jede*r für sich allein und findet unabhängig von der Anwesenheit anderer Personen statt. In der Perspektive Sozialer Arbeit sind mehrere Aspekte von Bedeutung. Ausgangspunkt der Über-legungen war über die Herstellung von Ähnlichkeit, eine Verstehensbasis zu schaffen oder zu vergrößern, oder über gemeinsame Rauchsituationen, die Ebene der Gemeinschaft zu verstärken. „Einzelne Rauchsituationen, Rauchhandlungen und Bedeutungszuschreibungen indizieren kein konstitutionelles Kriterium kultureller Gemeinschaften. Soziokulturelle Gruppen verbindet mehr als ‚nur' das Rauchen, da es selbst keine Gemeinschaft braucht, unter Umständen allerdings Gemeinschaften temporär modifiziert oder verstärkt" (Lipinsky 2015, S. 27). Der Begriff der Gemeinschaft rückt stärker in den Mittelpunkt, um die Möglichkeiten für die gemeinschaftliche Rauchsituation zu erweitern.

▶ Gemeinschaft

Der Mitbegründer der deutschen Soziologie Ferdinand Tönnies (1855–1936) hat eine erste Systematik vorgenommen in seinem bekanntesten Werk „Gemeinschaft und Gesellschaft" (1887). Tönnies unterscheidet zwischen den gemeinschaft-lichen und den gesellschaftlichen Formen des Handelns. Unter gemeinschaft-lichem Handeln werden die Interaktionen in Familie, Sippe, Stamm und

Nachbarschaft verstanden, die auf genauer Kenntnis des Gegenübers basieren. Das Handeln ist nie nur zweckrational, weil vom anderen immer mehr gewusst wird, als erforderlich ist und in die Handlung einfließt. Gemeinschaftliches Handeln impliziert ein Wir-Gefühl der Handelnden (Schäfers 2016, S. 37 f.).

Im Gegensatz dazu basiert gesellschaftliches Handeln bzw. die gesellschaftliche Normstruktur auf der Anonymisierung und Funktionalisierung des Handelns. Der Rollenhaftigkeit und Rollendifferenzierung der Handlungsstrukturen kommen Bedeutung zu, da jeder nur über den anderen weiß, was die spezifischen Handlungszwecke erfordern. Gesellschaftliches Verhalten setzt die radikale Trennung von Privatheit und Öffentlichkeit voraus, in denen jedoch gemeinschaftliche Formen des sozialen Handelns nicht einfach verschwunden sind. In den derzeitigen großorganisatorischen Strukturen gemeinschaftlich basierter Institutionen, wie z. B. der Kirchen, des Erziehungswesens, des Gesundheitswesens oder der Freizeit (Vereine), bilden sich neue Gemeinschaften aus über informelle Gruppen, Cliquen und soziale Netzwerke (Schäfers 2016, S. 38). Die in Gemeinschaftlichkeit hergestellte Form einer Gruppenidentität ist prinzipiell an das Prinzip von Einschluss und Ausschluss als Instrument der Selbstbeschreibung gebunden, wobei sich die Teilhabe an einer Gemeinschaft über die Teilnahme an gruppenspezifischen Ritualen bestimmt. Mit den Ritualen wird eine Gleichförmigkeit des Handelns hervorgebracht, und die Handelnden bilden ein Bewusstsein von der Gleichförmigkeit ihrer Handlungen aus. Die Gruppenmitglieder verwenden dazu Bilder, Symbole und kulturelle Weltbilder als Selbstüberzeugungen. „Sie betten ihre Selbstbilder ein in ein kulturelles Feld von Unterscheidungen und Mustererzählungen. Das Ergebnis ist dann eine kulturelle Symbolisierung und Codierung kollektiver Identität. Sie markiert die Grenze des Innenraums der Gemeinschaft und setzt eine Vertrautheit mit den impliziten Regeln der Gemeinschaft voraus" (Liebsch 2016, S. 90).

Gemeinschaftshandeln als soziales Handeln besteht aufgrund stark affektiv gefärbter und solidarischer Beziehungen der Akteur*innen, „(…) die sich primär an ihrem eigenen partikularistischen Bezugsrahmen orientieren und einander nach persönlichen Qualitäten und Sympathien bewerten" (Klimke et al. 2020, S. 259). Abgrenzen lässt sich davon der Begriff der „posttraditionalen Gemeinschaften", der neue Vergemeinschaftungskonzepte für aus überkommenen Bezügen herausgelöste Individuen bezeichnet. Dabei handelt es sich im Unterschied zu traditionellen Gemeinschaften, wie z. B. der Herkunftsfamilie, um autark gewählte kollektive Rahmungen, die sich durch temporäre Zugehörigkeit bestimmen lassen und deren ästhetisches Empfinden Faktoren, wie z. B. Alter, Herkunft, überstrahlt. In posttraditionalen Gemeinschaften partizipieren ihre Mitglieder einerseits an einem Kollektiv und andererseits behalten sie das Gefühl von

Individualität bei. Insbesondere Eventkulturen und Jugendszenen lassen sich als posttraditionale Gemeinschaften bezeichnen (Klimke et al. 2020, S. 259).

Rauchsituationen mit mehr als einer Person können vor dem Hintergrund der Marginalisierung durch die Nichtraucherschutzgesetzgebung zu temporären Gemeinschaften werden, deren ursprüngliches Ziel für das Zusammenkommen jedoch nicht das Rauchen an sich zu sein braucht. Vielmehr ist es der Ort, auf den das Rauchen nun beschränkt wird und dadurch Rauchgemeinschaften auf begrenzte Zeit – entweder begrenzt auf die Länge einer Zigarette oder darüber hinaus – entstehen lässt. Im sozialpädagogischen Zusammenhang liegt das Interesse darin, die Bedeutung des (Orts- und Tätigkeits-)Wechsels innerhalb der sozialpädagogischen Situation von der Arbeits- zur Rauchsituation inklusive der Themen und Bezüge zu betrachten. Damit würden die Ausgangsüberlegungen noch einmal ausdifferenziert, wenn z. B. Rauchpausen in einer Beratungssituation vereinbart werden oder Treffen außerhalb der eigenen Häuslichkeit der Adressat*innen stattfinden, damit geraucht werden kann. Dem liegt jeweilig die Annahme zugrunde, Rauchen in seiner Vielfalt an Funktionen einschätzen zu können.

Diese Perspektive hat Lipinsky bereits für Rauchpraktiken unter Studierenden eingenommen und nimmt eine ethnografische US-amerikanische Studie zum Rauchverhalten von College-Studenten zum Ausgangspunkt, in der Funktionen und Bedeutungen des Rauchens unter Studierenden in einem sozialräumlichen Setting analysiert, interpretiert und theoretisiert wurden (Lipinsky 2015, S. 28 f.). Die Studie zum Rauchverhalten von Studierenden an zwei verschiedenen Hochschulen gibt Auskunft über die Rolle und die Bedeutung von Zigaretten im Leben von Studierenden in sozialen Interaktionskontexten und klärt darüber hinaus, „(…) inwiefern der Zigarettengebrauch unter Studierenden als Ressource beziehungsweise Moderator sozialer Interaktivität dient. Die Autoren identifizieren in dieser Studie drei hauptsächliche Situationen, in denen das Zigarettenrauchen als gestaltendes Mittel eingesetzt wird" (Lipinsky 2015, S. 33):

1. In sozialen Situationen allgemein fällt auf, dass Rauchen eine Abspaltung von Teilgruppen bewirkt und den Gesprächsfluss innerhalb sozialer Situationen beeinflusst, z. B. wird Zigarettenrauchen zur Kontaktanbahnung ebenso eingesetzt wie auch zur Selbstdarstellung.
2. Im Studierendenalltag: In Stresssituationen und auch bei Langeweile wird das Rauchen eingesetzt.
3. Auf Partys: Das Zigarettenrauchen nimmt Einfluss auf die Gestaltung (drinnen oder draußen rauchen) und auch auf den Verlauf der Partys. Darüber hinaus werden die Konsumsituationen alkoholischer Getränke beeinflusst.

Zwei grobe Funktionskategorien lassen sich zusammenfassen. Zum einen stellt das Zigarettenrauchen ein Hilfsmittel zur Strukturierung außerstruktureller oder ungewisser Situationen dar und zum anderen fördert es in mehrfacher Hinsicht soziale Interaktionen, z. B. indem es zu einer Atmosphäre egalitärer Kameradschaft beiträgt (Strombergs et al. 2007 nach: Lipinsky 2015, S. 34).

Dabei stellt das Gelegenheitsrauchen ein spielerisches Andeuten gewohnheitsmäßigen Rauchens dar, wenn die befragten Studierenden zwischen sich selbst und „echten Raucher*innen" unterscheiden, zu denen sie sich selbst nicht zählen wollen. Stromberg et al. vermuten in dieser frühen Phase des Rauchens daher ein situatives Spiel, weil sich die Rauchenden nicht in ihrer „normalen" Rolle sehen. „Die Autoren gehen deshalb davon aus, dass das Zigarettenrauchen die Aneignung und das Ausleben unterschiedlicher Rollen moderiert. Es ermögliche ein Spiel mit unterschiedlichen (Selbst-)Bildern. Stromberg, Nichter und Nichter schreiben die moderierenden Funktionen allein der Zigarette, nicht aber unterschiedlichen Rauchtechniken bzw. Situationen zu. Es gilt zu prüfen, ob unterschiedlichen Rauchtechniken bzw. Situationen des Zigarettenrauchens eine ebensolche Funktion zugesprochen werden kann" (Stromberg et al. 2007, S. 15 ff. nach: Lipinsky 2015, S. 34).

Von besonderer Bedeutung sind die Ergebnisse der Studie von Lipinsky im Hinblick auf den Teilaspekt der Situationsgestaltungen, der die kommunikationsförderliche Wirkung des Tabakkonsums in ortsfesten Pausensituationen betrifft. Dabei ist die Korrelation von Ursache und Wirkung bedeutend, weil Rauchgemeinschaften nicht aufgrund des Rauchens selbst bestehen. „Teilhabe an gemeinschaftlichen Rauchsituationen auf dem Hochschulgelände wird daher nicht durch gemeinsamen Tabakkonsum verursacht, sondern weitere studienbezogene Gemeinsamkeiten stellen Voraussetzungen für konstante gemeinschaftliche Rauchsituationen dar. Dazu erklärt ein Gesprächspartner, dass sich gemeinsame Zigarettenpausen in seiner Arbeitsgruppe durchgesetzt haben. Die Raucher gehen gemeinsam an ihren gewählten Ort hinter das Institutsgebäude und verbringen dort eine gemeinsame Zeit mit Gesprächen während des Rauchens. Die Raucher am Institut hätten ein sehr gutes Verhältnis zueinander und gingen an gemeinsamen Arbeitstagen routiniert gemeinsam in die Zigarettenpause" (Lipinsky 2015, S. 169). Die Studierenden gehen zusammen rauchen, weil sie ein gutes Verhältnis haben, das jedoch nicht durch das Rauchen kommt. Dieser konstante Raucher*innenkreis versinnbildlicht mögliche Dynamiken zeitlicher und sozialer Kohäsion im Studierendenmilieu, wobei die Beteiligten in gemeinschaftlichen Rauchsituationen rollenspezifische Verhaltensweisen basierend auf den Verhältnissen zwischen den Raucher*innen erfüllen. Im Hintergrund gemeinschaftlicher Rauchsituationen gestalten eine Reihe von sozialen

Rollenverhältnissen die Situation aktiv mit, während die Rauchsituationen Wechsel zwischen rollenspezifischen Verhaltensfragmenten ermöglichen (Lipinsky 2015, S. 170).

Die Studierenden in der Untersuchung haben eine Vorstellung vom „richtigen Rauchen" ausgeprägt, die von einer Vielzahl normierender Vorstellungen getragen wird. Bevorzugt positiv bewertet werden z. B. sichtbares Rauchen in Gemeinschaft, Rauchen in der zweiten Tageshälfte sowie eine körperlich unsichtbare, geruchlose Raucher*innenrolle. Die Sichtbarkeit und Gemeinschaftlichkeit beim Rauchen werden von den Zigarettenrauchenden betont anerkennend beurteilt und diese beiden Faktoren zählen zu den Voraussetzungen für Rauchgenuss. „Sichtbarkeit durch gemeinschaftliches (synchrones) Rauchen erzeugt in doppelter Hinsicht eine erwünschte soziale Kontrolle: einerseits durch die Situationsbeteiligten, andererseits durch eine Selbstdisziplinierung in Bezug auf das Konsumformat, auf die körperliche Technik, die Konsummenge, aber auch hinsichtlich Form und Funktion der Konsumsituationen" (Lipinsky 2015, S. 257). Über die soziale Kontrolle bzw. Selbstdisziplinierung in Bezug auf das Rauchformat, die Körpertechnik, die Verbrauchsmenge sowie den situativen Kontext können Rauchende soziale Kompetenz darstellen trotz der gesamtgesellschaftlichen und gesundheitswissenschaftlichen Ablehnung.

In Bezug auf die Positionierung der Hygiene persönlicher Körper- und Geruchsräume, die für die befragten Raucherinnen insbesondere als Mittel der Abgrenzung im Sinne einer sozialen Positionierung jenseits rauchender Unterschichtstereotypen bedeutsam war, wird abseits gemeinschaftlich sichtbarer Rauchsituationen ein körperlich und olfaktorisch hygienischer Status angestrebt. „Rauchen ohne körperliche ‚Markierungen' und öffentlich kontrolliertes Rauchen stellen im Feld zwei symbolische Kennzeichen von sozial kompetentem Umgang mit Tabakprodukten dar" (Lipinsky 2015, S. 274). Rauchende bestätigen sich in Rauchsituationen gegenseitig durch eingeübte Genussperformanzen den vorrangig hedonistischen Nutzen ihres Handelns. Ihre Kenntnis und Nutzen der Darstellungsformen von Genussrauchen werden zur Abgrenzung zu und Unterdrückung von Suchtverhaltensweisen genutzt, die mangelnde Sozialkompetenzen symbolisieren. „Akteure im Feld demonstrieren folglich soziale Kompetenz durch einen gemäßigten Umgang mit Suchtstoffen. Völlige Abstinenz bezeugt entsprechend sozial inkompetenten Umgang mit Suchtstoffen" (Lipinsky 2015, S. 274).

Im Verlauf der Untersuchung lassen sich sechs Sinnbruchstellen ausmachen in Bezug auf das Rauchverhalten Studierender, und diese stellen einen bedeutenden Beitrag zur Konstruktion der soziokulturellen Dissonanz in Bezug auf Präventionsvorstellungen beim Tabakkonsum dar:

1. Zwischen gesundheitlichem Fürsorgeverhalten und den Geschlechtsrollenbildern der Studierenden: Die Raucher*innenrolle liegt schablonenartig über den Geschlechtsrollenbildern, während die normierenden Kennzeichen hinsichtlich des körperlichen Erscheinungsbildes dominieren, wie z. B. Schönheitshandeln, Hygienisierung und Selbstdisziplinierung bei der Nahrungsaufnahme. Die Studienteilnehmer*innen nehmen sich als gesund wahr und sehen eine gute Gesundheit als validen Wert an. Raucherinnen verhalten sich während des Tabakkonsums deutlich gesundheitsfürsorglicher als Raucher.

2. Der Abstand zwischen gesundheitlichem Risikowissen und dem tatsächlichen Verhalten in Alltagssituationen: Die Handhabung des Tabaks in Rauchsituationen wird im Hinblick auf den eigenen Körper viel mehr durch körperliche Erfahrungen bewältigt als durch medikales Wissen. Die Rauchpraxis folgt also körperlichen Erfahrungen, die durch ein Rauchgenussideal permanent bestätigt werden, und weniger gesundheitlichem Wissen. Medikales Risikowissen im Hinblick auf andere Situationsbeteiligte wirkt jedoch handlungsleitend, wenn z. B. Tabakrauch von anderen Rauchenden und Nichtrauchenden ferngehalten wird.

3. Die interviewten Studierenden berichten von Rauchsituationen, in denen sich für sie soziales Wohlbefinden einstellt: In verrauchten Kommunikationssituationen befriedigen sie ihr Bedürfnis nach sozialem Austausch. Die Einschätzung, als Nichtrauchende*r nicht mehr die Gelegenheit zur Kommunikation mit anderen Rauchenden genießen zu können, steht der ambivalenten Bewertung des eigenen, gesundheitsschädlichen Verhaltens gegenüber.

4. Hygienisierendes Handeln bezeichnet die vierte Sinnbruchstelle: Die Hygienisierung von Körper, z. B. Zähne und Mundhygiene, Kleidung und Geruchsräumen nimmt Formen gesundheitlich wirksamer und medizinisch richtiger Verhaltensweisen an, deren Motivation eher mit Schönheitsidealen und Geschlechtsrollenbildern in Zusammenhang gebracht werden kann und weniger mit krankheitspräventiven Motiven verbunden ist.

5. Präventionsvorstellungen im alltäglichen Nutzungsverhalten: Präventionsrat-
geber beurteilen das gesundheitliche Schädigungspotenzial des Tabakkonsums
anhand einer errechneten, durchschnittlichen Konsummenge pro Tag, während
Studierende das „richtige Rauchen" mit der Erfüllung multipler Funktionen im Alltag beschreiben. Jenseits einer bestimmten Anzahl konsumierter Zigaretten pro Tag
kennzeichnet die Nutzungsvariabilität den Übergang von der*dem Gelegenheitsraucher*in bzw. Partyraucher*in zum richtigen Rauchen. Wenn das multifunktional
eingesetzte Zigarettenrauchen soziokulturelle Normierungen durchbricht, rückt
das (rücksichtslose und nicht akzeptable) Suchtrauchen in der Bewertung in den
Vordergrund und zwar unabhängig vom konsumierten Verbrauchsmaß.

6. Diese letzte Sinnbruchstelle entsteht Lipinksy zufolge zwischen dem richtigen,
multifunktionalen Einsatz von Zigaretten und dem unter Studierenden
idealisierten Genussrauchen. Denn Multifunktionalität und situationsdifferente
Bewertungen des Rauchens widersprechen logisch-rational dem häufig unter
Studierenden idealisiert geschilderten Genussrauchen (Lipinsky 2015, S. 278 ff.).

Die ausgemachten Sinnbruchstellen lassen genügend Flexibilität zwischen den
meisten dieser Dissonanzen bestehen und damit bleibt die Konzeptionalisierung
von Genuss im Studierendenmilieu elastisch genug, um den Suchtbegriff nicht
problematisieren zu müssen, „(…) obwohl er auf die gleiche Bewertungs-
grundlage (zeitlich-situativ) Bezug nimmt wie das Genussrauchen" (Lipinsky
2015, S. 278 ff.). Mit der von Lipinsky vorgelegten Studie wird bezogen auf
das Studierendenmilieu deutlich, wie vielschichtig und ausdifferenziert Rauch-
orientierungen sein können und welch eine Vielfalt an Aufgaben bzw. Rollen-
möglichkeiten mit dem Rauchen verbunden sind vor allem auch im Hinblick auf
die Verstärkung gemeinschaftlichen Empfindens.

Von Bedeutung sind auch die Sinnbruchstellen, die eindeutig zeigen, wie
erlernter Wissensbestand z. B. über gesundheitliche Risiken des Tabakkonsums
mit dem Rauchen verbunden werden kann und welch eine Dynamik mit den
eigenen Überzeugungen auf einem Kontinuum von Gelegenheits- über Genuss-
zum Suchtrauchen möglich ist. „Den Vorstellungen unterliegt eine endogene
Choreografie logischer Durchbrechungen, welche im Verständnis der Agierenden
zwischen kulturellen, sozialen und auch medikalen Sinngebungen wechselt und
diese Brüche wechselseitig legitimiert. Dem gegenüber steht ein präventions-
politisches Konstrukt der Tabaksuchterkrankung, das in seinen linearen Verläufen
einem natürlichen Körperzustand hin zum Monströsen (vom Gelegenheitsrauchen
zum Suchtrauchen und gleichzeitig zur sozialen Randständigkeit führend)
kaum eine real existierende Bewertungsflexibilität akzeptieren kann" (Lipinsky
2015, S. 288 f.). Für rauchende Student*innen steht trotz gesundheitspolitischer

Infragestellung des Tabakkonsums das Zigarettenrauchen mit seinem hedonistischen Wertekaleidoskop dem kulturellen Wert der Gesundheit nicht gegenüber. „Vielmehr passen sich körperliche Konsumtechniken, besonders in gemeinschaftlichen Rauchsituationen, medikalisierten Wissensbeständen an" (Lipinsky 2015, S. 288 f.). Praktiken und Bewertungen des Zigarettenrauchens im Studierendenmilieu weichen von logisch-rationalen Erklärungs- und Bewertungsmustern ab zugunsten einer fragmentierten, endogenen Logik im Feld.

Die Befragten verbinden teils widersprüchliche Logiken in komplexen Sinnsystemen, in die Kontroversen mit geringen Schwierigkeiten integriert werden können. Alltagshandeln, Wissensbestände und wertendes Erzählen über das Rauchen sind nur lose bzw. situativ miteinander verknüpft. Auf der Handlungsebene passen sich orientierungsgebende Faktoren in das situative Geschehen ein und stiften darin eine kontextgebundene Sinnhaftigkeit. Auf der Basis dieser Erkenntnis schlussfolgert Lipinsky auf der methodischen und inhaltlichen Ebene, dass gegenwartsorientierte, kulturwissenschaftliche Genussmittelforschung Zigarettenkonsum mit seinem jeweiligen situativen Konsumkontext analysieren sollte. Denn ähnlich der Mahlzeit bilde die Konsumsituation von Tabakprodukten die kleinste Einheit bei der Untersuchung teilgesellschaftlicher Praktiken und Bedeutungsgewebe. Die situative Verankerung von Erfahrungsbewertung und Praxis erklärt, „(…) dass die historisch nachgewiesene Abfolge des Tabakgebrauchs als Heilpflanze, Genuss- und Suchtmittel in der Gegenwart als Bewertungshorizonte nebeneinander stehen können. Maßgeblich für die Charakteristik der Rauchhandlungen ist in der untersuchten Gruppe Studierender der jeweilige Rauchkontext" (Lipinsky 2015, S. 272 f.). Die Erkenntnis von Lipinsky in Bezug auf die Bedeutung des jeweils situativen Konsumkontextes von Tabakprodukten, der im Mittelpunkt stehen sollte als kleinste Einheit teilgesellschaftlicher Praktiken und Bedeutungsgewebe, eignet sich hervorragend für bestehende Konsumkontexte in Arbeits- und Handlungsfeldern Sozialer Arbeit. Mit all den unterschiedlichen Möglichkeiten, die mit dem Zigarettenrauchen verbunden sein können, erweitert sich der Deutungsspielraum und fordert in dem Nebeneinander der Bewertungshorizonte als Heilpflanze, Genuss- oder Suchtmittel über die Akzeptanz von rauchenden Adressat*innen und Kolleg*innen, unabhängig von ihrem Sozialstatus, ihrer Bildung oder ihrem Migrationshintergrund zur Entstigmatisierung auf. Zudem öffnet sich ein Bündel an Bedeutungen, die mit dem Rauchen verbunden sein können, so absurd diese auf den ersten Blick auch erscheinen (wie sich in der Unterscheidung des Gelegenheitsrauchens vom „Richtig Rauchen" bereits zeigt), die jedoch in Zusammenhängen Sozialer Arbeit erst einmal genauer analysiert werden müssten. Der Ausgangspunkt, die Zigarette sei das sozialpädagogische Mittel schlechthin, wenn es um die

Überwindung einer Schwellensituation geht, kann damit als eine von unzähligen anderen Einsatzmöglichkeiten eingeschätzt werden.

Fazit

Rauchen bzw. der Konsum von Tabak werden zwar zunehmend unsichtbarer und dennoch nicht verschwinden. Die Gesundheitsgefahren sind allseits bekannt, und trotz Verurteilung als Suchtmittel bzw. in Bezug auf die Konsument*innen als soziales Problem klassifiziert mit stigmatisierenden Auswirkungen hält sich der Konsum von Tabak nicht nur hartnäckig, vielmehr pluralisieren sich in jüngster Zeit die Konsumarten. Für Soziale Arbeit steht die Gesundheit auch im Fokus, aber jenseits dieses Blickwinkels lohnt sich eine intensivere Betrachtung im Hinblick auf die Bedeutungen, die für Raucher*innen mit dem Konsum einhergehen. Die Vielfalt an Umgangsweisen mit dem Rauchen, z. B. in totalen Institutionen – von Goffman als Zigarettenordnung bezeichnet –, beschreibt, welche unterschiedlichen Bedeutungen Zigaretten dort erlangen können, oder im Studierendenmilieu, in dem Rauchen zum Spaß, Zeitvertreib oder als Partybooster im Zusammenhang mit Alkohol eingesetzt wird vor dem Hintergrund gesundheitssensiblen Handelns. All diese Aspekte eröffnen für Soziale Arbeit Verstehensräume und damit auch die Möglichkeit, Rauchen nicht mehr unbedingt nur mit Abweichung, Sucht, niedrigem Sozialstatus, Kriminalität, Drogen oder Alkohol zusammenbringen zu müssen. Rauchen kann eben auch als Kompensation, Sedativum, Zeitvertreib, Zeichen des Aufbegehrens gegen Obrigkeiten oder ebenso als Egalisierung, Ausdruck von Emanzipation oder räumliche Markierung verstanden werden. Konsumsituationen von Tabak stellen sich also für Soziale Arbeit als Erkenntnismöglichkeit dar und nicht zuletzt auch als das sozialpädagogische Mittel der Wahl, wenn man*frau versteht, es methodisch einzusetzen unter der Voraussetzung, selbst noch Raucher*in zu sein. ◀

Fragen zur Wiederholung

1. Welche sozialpädagogisch relevanten Möglichkeiten würden Sie im Rauchen sehen? Welche Auswirkungen haben diese auf Ihren beruflichen Alltag?
2. Wie ist die Aussage „Wer raucht, der stiehlt" zu verstehen?
3. Können Sie den Sinnbruchstellen von Lipinsky für sozialpädagogische Zusammenhänge etwas abgewinnen?
4. Welche sozialpädagogisch relevanten Bedeutungen kann das Rauchen einnehmen? Und wie stehen Sie zu ihnen vor dem Hintergrund der gesundheitlichen Gefährdungen?

Literatur zur Vertiefung

Hengartner. Thomas. 2001. Tabak. In *Genussmittel. Eine Kulturgeschichte*, Hrsg. Thomas Hengartner und Ch. M. Merki, 191–221. Frankfurt/Main/Leipzig: Insel.

Lipinsky, Anke. 2015. *Richtig rauchen. Zur medikalen Logik und kulturellen Praxis des Zigarettenrauchens*. Münster/New York: Waxmann.

Quensel, Stephan. 2009. *Wer raucht, der stiehlt … Zur Interpretation quantitativer Daten in der Jugendsoziologie. Eine jugendkriminologische Studie*. Wiesbaden: VS.

Literatur

Aufenvenne, Melanie. 2013. *Feuer gefällig. Eine Kulturgeschichte des Rauchens*. Berlin: Vergangenheitsverlag.

Behan, Brendan. 2019 [1958]. *Borstal Boy*. Köln: Kiepenheuer & Witsch.

Braudel, Fernand. 1985. *Sozialgeschichte des 15.-18. Jahrhunderts. Der Alltag*. München: Kindler.

Bundesgesundheitsministerium. o. J.a. Begriffe-von-a-z. Bundesnichtraucherschutzgesetz. www.bundesgesundheitsministerium.de/service/begriffe-von-a-z/b/bundesnichtraucher-schutzgesetz.html. Zugegriffen: 04.10.2021.

Deutscher Bundestag 2005. *Koordination und Qualität im Gesundheitswesen. Gutachten 2005 des Sachverständigenrates zur Begutachtung der Entwicklung im Gesundheits-wesen* (Verhandlungen des Deutschen Bundestages, 15. Wahlperiode, Drucksache 15/5670). Berlin: Bundesdruckerei. Internetquelle: [http://dip21.bundestag. de/dip21/ btd/15/056/1505670.pdf].

Deutscher Zigarettenverband. 2021. *Entwicklung des Zigarettenpreises in Deutsch-land*. https://www.zigarettenverband.de/themen/zahlen-und-fakten/zigarettenpreise. Zugegriffen: 27.10.2021.

Drogenbeauftragte der Bundesregierung/Bundesministerium für Gesundheit (BMG). 2009: Drogen- und Suchtbericht 2009. Berlin: BMGSS. Internetquelle: [http://www.bmg. bund.de].

Eberle, Tomas S. 2019. Rauchen. In *Kleines Al(e)phabet des Kommunikativen Konstruktivismus*, Hrsg. B. Schnettler et al., 359–364. https://doi.org/10.1007/978-3-658-24958-8_19. Springer Nature.

Frings. Stefanie. 2019. Gesundheitsförderung in Werkstätten für Menschen mit Behinderung (WfbM). In *Gesundheit Inklusive*, Hrsg. Kerstin Walther und K. Römisch, 297–310. Wiesbaden: Springer VS.

Gerull, Susanne. 2014. *Hausbesuche in der Sozialen Arbeit Eine arbeitsfeldübergreifende empirische Studie*. Opladen: Barbara Budrich.

Gerull, Susanne. 2013. Hausbesuche in der Sozialen Arbeit: Traditioneller Ansatz – zu wenig reflektiert? In *Widersprüche*, Nr. 127, März 2013, S. 51–62.

Goffman, Erving. 1972 [1961]. *Asyle. Über die soziale Situation psychiatrischer Patienten und anderer Insassen*. Frankfurt/Main: Suhrkamp.

Groenemeyer, Axel. 2012a. Soziologie sozialer Probleme – Fragestellungen, Konzepte und theoretische Perspektiven. In *Handbuch Soziale Probleme*, Hrsg. Günter Albrecht und A. Groenemeyer, 17–117. Wiesbaden: Springer VS.

Groenemeyer, Axel. 2012b. Drogen, Drogenkonsum und Drogenabhängigkeit. In *Handbuch Soziale Probleme*, Hrsg. Günter Albrecht und A. Groenemeyer, 433–494. Wiesbaden: Springer VS.

Groenemeyer, Axel, und Marion Laging. 2012. Alkohol, Alkoholkonsum und Alkoholprobleme. In *Handbuch Soziale Probleme*, Hrsg. Günter Albrecht und A. Groenemeyer. 219–279. Wiesbaden: Springer VS.

Haffner, Ernst. 2013 [1932]. *Blutsbrüder. Ein Berliner Cliquenroman*. Berlin: Metrolit.

Hirschfelder, Gunther. 2005. *Europäische Esskultur. Geschichte der Ernährung von der Steinzeit bis heute*. Frankfurt/Main: Campus.

Klimke, Daniela, R. Lautmann, U. Stäheli, Ch. Weischer, und H. Wienold. Hrsg. 2020. *Lexikon zur Soziologie*. 6. erweiterte und überarbeitete Auflage. Wiesbaden: Springer VS.

Liebsch, Katharina. 2016. Identität und Habitus. In *Einführung in Hauptbegriffe der Soziologie*. 9. Auflage, Hrsg. H. Korte und B. Schäfers, 79–101. Wiesbaden: Springer VS.

Merki, Christoph Maria. 1996. Die amerikanische Zigarette – das Maß aller Dinge. Rauchen in Deutschland zur Zeit der Zigarettenwährung (1945–1948). In *Tabakfragen. Rauchen aus kulturwissenschaftlicher Sicht*, Hrsg. Thomas Hengartner und Ch. M. Merki, 57–82. Zürich.

Orth, Barbara, und C. Merkel 2019. *Rauchen bei Jugendlichen und jungen Erwachsenen in Deutschland. Ergebnisse des Alkoholsurveys 2018 und Trends*. BZgA-Forschungsbericht. Köln: Bundeszentrale für gesundheitliche Aufklärung. doi: https://doi.org/10.17623/BZGA:225-ALKSY18-RAU-DE-1.0.

Pohlisch, Kurt. 1954. *Tabak. Betrachtungen über Genuß- und Rauschpharmaka*. Stuttgart.

Rathmann, K., K. Heilmann, I. Moor, und M. Richter. 2016. Schulisches Wohlbefinden, Schulform und Tabakkonsum von Jugendlichen: Ergebnisse der SILNE-Studie. *Sucht, 62(6), 383–395*.

Reiber, Daniel T. 2000. *Du bist meine Vergangenheit und ich bin deine Zukunft. Zwischen Arbeitsbeziehung und Freundschaft – eine pädagogische Fallstudie*. Hamburg.

Schäfers, Bernhard. 2019. *Einführung in die Soziologie*. 3., aktualisierte und ergänzte Auflage. Wiesbaden: Springer VS.

Schäfers, Bernhard. 2016. Soziales Handeln und seine Grundlagen: Normen, Werte, Sinn. In *Einführung in Hauptbegriffe der Soziologie*. 9. Auflage, Hrsg. Hermann Korte und B. Schäfers, 23–49. Wiesbaden: Springer VS.

Schäfter, Cornelia. 2010. *Die Beratungsbeziehung in der Sozialen Arbeit. Eine theoretische und empirische Annäherung*. Wiesbaden: Springer VS.

Schivelbusch, Wolfgang. 2005. *Das Paradies, der Geschmack und die Vernunft. Eine Geschichte der Genußmittel*. 6. Auflage. Frankfurt/Main: Fischer.

Schmidt-Semisch, Henning. 2005. Vom Laster zur Modellsucht. Einige Anmerkungen zur Karriere des Tabakproblems. In *Sucht als Prozess. Sozialwissenschaftliche Perspektiven für Forschung und Praxis* (Studien zur qualitativen Drogenforschung und akzeptierenden Drogenarbeit, Band 41), Hrsg. Bernd Dollinger und W. Schneider, 123–142. Berlin: VWB.

Siegrist, Johannes. 2003. Gesundheitsverhalten – psychosoziale Aspekte. In *Das Public Health Buch. Gesundheit und Gesundheitswesen,* Hrsg. Friedrich W. Schwartz, B. Badura, B., R. Leidl, H. Raspe, J. Siegrist und U. Walter, 139–151. München: Urban & Schwarzenberg.

Stiftung Gesundheitswissen. 2020. *Rauchen in Deutschland – Zahlen und Fakten.* Berlin.

Stollberg, Gunnar. 2012. Gesundheit und Krankheit als soziales Problem. In *Handbuch Soziale Probleme,* Hrsg. Günter Albrecht und A. Groenemeyer, 624–668. Wiesbaden: Springer VS.

Stromberg, Peter, M. Nichter, und M. Nichter. 2007. Taking Play Seriously: Low-level smoking among College Students. *Culture, Medicine and Psychiatry: an International Journal of cross-cultural Health Research (31/2007),* 1–24.

Waldhauer, Julia, B. Kuntz, und T. Lampert. 2018. Unterschiede in der subjektiven und psychischen Gesundheit und im Gesundheitsverhalten bei 11- bis 17-jährigen Jugendlichen an weiterführenden Schulen in Deutschland. *Bundesgesundheitsblatt – Gesundheitsforschung – Gesundheitsschutz, 61(4),* 374–384.

Walther, Kerstin. 2019. „Solange ich nicht krank bin, geht es mir gut!" Gesundheit und Gesundheitsförderung aus der Sicht von Menschen mit Lernschwierigkeiten. In *Gesundheit Inklusive,* Hrsg. K. Walther und K. Römisch, 107–133. Wiesbaden: Springer VS.

Wikipedia (dt). o. J.a. Nichtraucherschutzgesetze in Deutschland. https://de.wikipedia.org/wiki/Nichtraucherschutzgesetze_in_Deutschland. Zugegriffen: 04.10.2021.

Wikipedia (dt). o. J.b. Borstal Boy. https://de.wikipedia.org/wiki/Borstal_Boy. Zugegriffen: 19.08.2020.

Word Health Organisation (WHO). 1999. *World Health Report 1999.* Genf.

Whitehead, Colson. 2019. Die Nickel Boys. München: Hanser.

Der Konsum von Zucker als alltägliche Herausforderung für Soziale Arbeit – Über den offenen Zugang, gerechte Verteilung und die Ermöglichung verantwortungsvollen Konsums

5

Zusammenfassung

Zucker als Genussmittel steht ganz oben auf der Liste der verdächtigen Stoffe, die als gesundheitsbeeinträchtigend gelten, wenn ständig zu viel von ihnen konsumiert wird. Gleichzeitig ist Zucker in verschiedenen Formen in unendlich vielen Lebensmitteln bzw. Fertiggerichten versteckt, sodass das Vermeiden von Zucker erhebliches Ernährungswissen und -kompetenzen voraussetzt. Mit der Industrialisierung hat sich das einstige Luxuslebensmittel zu einem typischen Nahrungsmittel von Arbeiter*innen durchgesetzt, nicht zuletzt als schneller Energielieferant, der zudem keine Zeit oder Energie zur Zubereitung benötigt. Seitdem hat sich Zucker schnell und weit in der Gesellschaft verbreitet. Somit ist auch Soziale Arbeit betroffen, wenn in Erziehungs- und Sozialisationsprozessen die Sensibilisierung der Hunger-Sättigungsregulation oder der freie Zugang zu Süßigkeiten in sozialen Einrichtungen wiederkehrend zum Thema wird. Dann wiederum wird Zucker auch als Suchtmittel diskutiert und als Hauptverursacher von hohem Körpergewicht stigmatisiert. Soziale Arbeit sieht sich also täglich fachlich herausgefordert angesichts des Konsums von Zucker und der daran gebundenen Anforderungen an die Fachlichkeit in Erziehungs- bzw. Versorgungsfragen, die auch gleichzeitig als Gesundheitsfragen zur fachlichen Bearbeitung anstehen.

© Der/die Autor(en), exklusiv lizenziert an Springer Fachmedien Wiesbaden GmbH, ein Teil von Springer Nature 2022
C. Meyer, *Genussmittel und Soziale Arbeit*, Basiswissen Soziale Arbeit 12,
https://doi.org/10.1007/978-3-658-37139-5_5

5.1   Der Zucker zwischen sozialer Entwertung, gleichbleibend hohem Konsum oder Sättigung erreicht!?

Der Zucker wird in der vorliegenden Auswahl als vorerst letztes Genussmittel eingehender in den Mittelpunkt gerückt für eine Betrachtung der mit ihm verbundenen sozialpädagogisch relevanten Zusammenhänge. Die Bedeutung des Zuckers für die Soziale Arbeit betrifft jedoch nicht nur sein schlechtes Image. Zucker ist gegenwärtig nicht nur sozial entwertet, vielmehr ist er als Schadstoff, Suchtmittel oder Dickmacher denunziert und er wird für zahlreiche Zivilisationskrankheiten verantwortlich gemacht. „Nichts illustriert den Imageverlust des Zuckers deutlicher als das Prädikat ‚zuckerfrei‘, das von der Werbung seit etwa zwei Jahrzehnten verwendet wird" (Merki 2001, S. 266), lautet die Feststellung, die bereits auch schon 20 Jahre alt ist und immer noch zutrifft. Ungesunde oder übermäßig deklarierte Ernährung wird direkt mit einer hohen und häufigen Zuckerzufuhr sowie daraus resultierendem Übergewicht bzw. Adipositas, verschiedenen ernährungsmitbedingten Folgeerkrankungen sowie der Entstehung von Zahnkaries assoziiert (Ernst et al. 2018, S. 27). Verschiedene internationale Fachgesellschaften und offizielle Regierungsorgane haben die wissenschaftliche Datenbasis als ausreichend belastbar bewertet, um daraus eine quantitative Empfehlung zur täglichen Zuckerzufuhr abzuleiten.

▶ **Zucker** Die kristalline, wasserlösliche und süß schmeckende Substanz „Zucker" ist ein reines Kohlenhydrat. Es handelt sich um ein sog. Disaccharid mit der chemischen Bezeichnung „Saccharose", das als Reservestoff in den verschiedensten Pflanzen vorkommt. „Rohrzucker und Rübenzucker sind in ihrer gereinigten oder ‚raffinierten‘ Form vollkommen identisch. Neben dem handelsüblichen Haushaltszucker gibt es aber auch noch andere ‚Zucker‘, die als Süßungsmittel in Frage kommen und die sich in der Lebensmittelindustrie zunehmender Beliebtheit erfreuen, so vor allem die Monosaccharide Traubenzucker (Glukose) und Fruchtzucker (Fruktose)" (Merki 2001, S. 259). Ernst et al. unterscheiden freie Zucker (Mono- und Disaccharide), die Lebensmitteln zugesetzt werden, und die in Honig, Sirupen, Fruchtsäften und Fruchtsaftkonzentraten natürlich vorkommenden Zucker (Ernst et al. 2018, S. 27). Weitere Bezeichnungen für „Saccharose" sind Rohrzucker, Rübenzucker, Raffinadezucker oder raffinierter Zucker, brauner Zucker (im karamellisierten raffinierten Zustand), Rohzucker sowie Sukrose oder Sucrose (wikipedia o. J.a). Mit dem Zucker als chemisch reine Kohlenhydrate wird dem Körper hochwertige

Nahrungsenergie geliefert, dem allerdings alle anderen lebensnotwendigen Nährstoffe fehlen, wie z. B. Proteine, Vitamine, Ballaststoffe oder Fette. Der herkömmliche Weißzucker ist aus physiologischer Perspektive entbehrlich, weil der Kohlenhydratbedarf durch viele Lebensmittel gedeckt werden kann (Merki 2001, S. 259).

Die Zufuhr freier Zucker liegt dabei in Deutschland deutlich über den bestehenden Zufuhrempfehlungen und wird insbesondere von jüngeren Altersgruppen konsumiert. Die Deutsche Adipositas-Gesellschaft e. V. (DAG), die Deutsche Diabetes Gesellschaft e. V. (DDG) sowie die Deutsche Gesellschaft für Ernährung e. V. (DGE) haben ein gemeinsames Konsenspapier erstellt und schließen sich der Empfehlung der WHO aus dem Jahr 2015 an, in der sich dafür ausgesprochen wird, „(…) die Zufuhr freier Zucker auf weniger als 10 % der Gesamtenergiezufuhr zu begrenzen" (Ernst et al. 2018, S. 27). Auf einer gedachten Skala des übermäßigen Konsums lässt sich auf der gegenüberliegenden Seite die Initiative des Dickenaktivismus einordnen und insbesondere die in diesem Rahmen agierende „Gesellschaft gegen Gewichtsdiskriminierung e. V." hervorheben. Diese setzt sich für eine dickenfreundliche Zukunft ein und darunter werden unterschiedliche Aspekte verstanden. Im Bereich Gewichtsdiskriminierung gibt es eine Vielfalt an Problemstellungen, die es hochgewichtigen Menschen erschwert, z. B. im Alltag, im Beruf, in der Medizin, in den Medien und im Bildungswesen nicht wiederkehrend aufgrund ihres Körpergewichts stigmatisiert und benachteiligt zu werden. Eine ihrer wesentlichen Botschaften lautet: „Es gibt keine Aufteilung in gute oder schlechte Dicke: Dicke haben das gleiche Recht auf Bratkartoffeln, Sahnetorte und Süßigkeiten wie jede/r andere auch. Denn einerseits zu behaupten, man dürfe dicke Menschen nicht diskriminieren, aber andererseits zu fordern, diese sollten sich bemühen abzunehmen, ist letztlich ein für uns nicht akzeptabler Widerspruch. (…) Doch das große Ziel, das wir vor Augen haben, lohnt sich: eine Gesellschaft, in der Menschen jeglichen Körpergewichts gleichberechtigt zusammenleben und in der ein glückliches, gesundes, gesellschaftlich, familiär und beruflich eingebundenes Leben allen – Dicken wie Dünnen – gleichermaßen offensteht" (von Liebenstein 2017, S. 64; vgl. auch Fuhs 2003). Das Konsenspapier der drei Gesellschaften DGE, DDG sowie DAG entlang der Empfehlung der WHO, den Konsum freien Zuckers auf 10 % der Gesamtenergiezufuhr zu begrenzen einerseits, und die Forderung der Gesellschaft gegen Gewichtsdiskriminierung andererseits, Menschen mit hohem Körpergewicht nicht mehr länger zu stigmatisieren und Forderungen an sie zu stellen, verdeutlicht die eingangs getroffene Feststellung des schlechten Images von Zucker und ihm zugeschriebener Auswirkungen. Die

vereinfachte Aussage dazu lautet: Wer zu viel Zucker konsumiert, wird zwangsläufig dick! Hohes Körpergewicht wird zum sichtbaren Ergebnis dauerhaften
Überkonsums von Zucker erklärt, und damit werden auch Stigmatisierung und
Diskriminierung als gerechtfertigt betrachtet oder zumindest nicht mehr hinterfragt. „Die Debatte um den Zucker ist nicht frei von moralischen Untertönen.
Offensichtlich eignet sich dieses Lebensmittel, das schon immer mit signifikanten
soziokulturellen Bedeutungen befrachtet war, für die europäische Gesellschaft
besonders gut dazu, sich über die richtige ‚Lebensführung' (Max Weber) im
Bereich von Ernährung und Genuss klarzuwerden" (Merki 2001, S. 266).

Insgesamt lässt sich seit den 1950er-Jahren ein grundlegender Wandel in
der politischen und gesellschaftlichen Nachfrage nach wissenschaftlichem
Ernährungswissen feststellen. Mangelernährung und Untergewicht traten in
den Hintergrund, während aufgrund des verstärkt beobachteten Übergewichts,
Adipositas sowie anderer festgestellter ernährungsbedingter Erkrankungen in den
meisten industrialisierten Ländern nun neue Ernährungsprobleme klassifiziert
waren. Damit rückte der Auftrag der Ernährungswissenschaft als „Versorgungs-
wissenschaft" in den Hintergrund zugunsten der Minderung ernährungsbedingter
Krankheiten. Neben den Aufgaben bezüglich der volkswirtschaftlichen und
haushaltswissenschaftlichen Aspekte wurde die „gesunde Ernährung" zu ihrem
zentralen Anliegen. Ziel wurde dabei die Verringerung der Erkrankungen als neue
staatliche Verpflichtung und gesellschaftliche Herausforderung. „Die Ernährungsforschung passte ihre Forschungsfragen an und sah ihren Auftrag nunmehr darin,
die Bevölkerung von den traditionellen Ernährungsgewohnheiten abzubringen,
weil diese gesundheitsschädigend seien, Übergewicht und Adipositas verursachten und Krankheiten wie Karies und Diabetes beförderten. Damit dienten
die Nahrungsforscher nicht mehr überwiegend der sozialpolitischen Intention,
eine ausreichende Ernährung zu sichern, sondern derjenigen, eine gesundheitsförderliche Ernährungsweise in allen Bevölkerungsgruppen zu verbreiten. Um
dieses Ziel zu erreichen, strebte die Ernährungswissenschaft danach, die Kochtraditionen und historisch gewachsenen Esskulturen durch eine physiologisch
orientierte ‚Ernährungsrationalität' zu ersetzen. In die Ernährungswissenschaft wurden deshalb, wenngleich nur zögerlich, verhaltenswissenschaftliche
Inhalte integriert" (Barlösius 2016, S. 70 f.). Die Dominanz der Biochemie
blieb jedoch bestehen, während sich daneben die Verhaltensforschung langsam
stetig etablierte. In der Verhaltensforschung wurde die naturwissenschaftliche
Perspektive relativiert, wenn auch nicht verlassen, da Ernährungsverhalten überwiegend als sozial überformtes Verhalten definiert wurde, basierend auf dem
durch den Hunger- und Sättigungsmechanismus regulierten Verhalten. Damit

ließen sich entsprechende Ernährungsempfehlungen für die Gesamtbevölkerung formulieren: „Kalorien reduzieren, weniger Fett und Zucker essen, stattdessen mehr Vitamine und Ballaststoffe. Auch für die Therapie ernährungsabhängiger Erkrankungen und zur Gewichtsreduktion, für die traditionellerweise medizinisch ausgebildete Experten wie Ärzte zuständig waren, stellten die Ernährungswissenschaftler nunmehr zunehmend Ernährungsvorschriften auf" (Barlösius 2016, S. 70 f.). Diese Ernährungsvorschriften werden seitdem, abhängig von neuen Erkenntnissen und Einschätzungen, jeweils angepasst.

Darüber hinaus betont Barlösius die Entwicklung von Diäten als Medikation. Wenn z. B. die Ernährung als eine Krankheitsursache erkannt wird bzw. sich Krankheitsfolgen durch eine nach physiologischen Kriterien zusammengesetzte Ernährung positiv beeinflussen lassen, entwickelt die Ernährungsforschung die spezifisch passende Diät. Diabetes, Gicht, Hypertonie, Niereninsuffizienz, Arteriosklerose, Gastritis und Karies gehören zu den Krankheiten mit passenden Diäten, wobei vor allem Lebensmittelinhaltsstoffe gemieden werden sollten, die physiologisch begründet den Heilungsprozess hemmen oder verantwortlich für körperliche Beschwerden sind. Zucker soll bei Diabetes und Karies gemieden werden, Salz bei Hypertonie und Niereninsuffizienz, Fettbestandteile bei Arteriosklerose (Barlösius 2016, S. 70 f.).

▶ **Lebensmittel und Nahrungsmittel**
Lebensmittel und Nahrungsmittel lassen sich unterscheiden. Kollath hat das System zur Unterscheidung entwickelt, in dem jeweils Lebensmittel und Nahrungsmittel in drei Unterkategorien eingeteilt werden. Lebensmittel sind entweder unverändert, mechanisch verändert oder enzymatisch verändert (fermentiert). Nahrungsmittel sind entweder erhitzt, konserviert oder präpariert. Beispiele werden in der Gegenüberstellung in der Übersicht in Tab. 5.1 deutlich.

Zucker gehört entlang dieser Einteilung zu den präparierten Nahrungsmitteln. Kollath lebte zwischen 1892 und 1970 und hat entsprechend noch keine Fertiggerichte einbringen können in diese Übersicht. Diese würden jedoch auch auf der Seite der Nahrungsmittel stehen als hoch verarbeitete Lebensmittel.

Im Konsensuspapier der drei Gesellschaften DGE, DDG sowie DAG wird die Wirkungslosigkeit der Verhaltensprävention zur Verbesserung der Ernährungs- und Gesundheitssituation in Deutschland betont, die eben bisher nicht zur gewünschten Senkung der Häufigkeit von „Übergewicht" bzw. Adipositas und ernährungsmitbedingten Erkrankungen auf Bevölkerungsebene führt. Vonseiten der Bundesregierung wird als eine Maßnahme zur Verhältnisprävention

Tab. 5.1 Lebensmittel vs. Nahrungsmittel nach Werner Kollath

Lebensmittel	Nahrungsmittel
Natürlich/unverändert: Samen, Nüsse, Getreide, Früchte, Honig, Gemüse, Eier, Milch, Quellwasser	**Erhitzt:** Gekochte Breie, Milch, Fleisch und Gemüse, Gebäck
Mechanisch verändert: Öle, Vollkornmehl, Schrot, Salate, naturtrübe Säfte, Leitungswasser	**Konserviert:** Dauerbackwaren, Frucht- und Gemüsekonserven, Wurst, H-Milch
Fermentativ (enzymatisch) verändert: Hefe, Bakterien, Quark, Käse, Sauerkraut, Bier	**Präpariert:** raffinierte Öle, Margarine, Nudeln, Reis, Fabrikzucker

(Quelle: www.kochend-heiss.de 2020, o. S.)

in Deutschland die Nationale Reduktions- und Innovationsstrategie für Zucker, Fette und Salz in Fertigprodukten betrachtet. Erfolg wird diesem Baustein der Verhältnisprävention nur zugetraut, wenn auch konkrete, zeitgebundene Zielvorgaben, eine konsequente Evaluation durch unabhängiges Monitoring, die wissenschaftliche Begleitung der Maßnahmen durch unabhängige Expert*innen oder Fachgesellschaften sowie die Veröffentlichung regelmäßiger Fortschrittsberichte vorgenommen werden. „Weltweit werden bereits verschiedene ernährungspolitische Maßnahmen zur Reduzierung der Zuckerzufuhr angewendet. Langfristig ist, wie von Seiten verschiedener Fachgesellschaften und Expertengruppen gefordert, eine abgestimmte Kombination verbindlicher Maßnahmen im Rahmen eines ganzheitlichen Ansatzes sinnvoll, um der Komplexität der Ernährungs- und Gesundheitssituation auf Bevölkerungsebene gerecht zu werden und langfristig eine messbare Veränderung gesundheitsrelevanter Parameter zu erzielen" (Ernst et al. 2018, S. 27).

Trotz der Kritik am Zucker zählt er nach wie vor zu den wichtigsten Nahrungsmitteln des Menschen. Demnach kommen 10 bis 15 % aller konsumierten Kalorien in den industrialisierten Ländern aus dem Zucker und der süße Geschmack dominiert einen großen Teil der menschlichen Nahrung. Während der Verbrauch zu Beginn des 20. Jahrhunderts bei elf Millionen Tonnen lag, betrug der Verbrauch an Zucker 1996 weltweit 122 Mio. Tonnen (Rohwert). Das Bevölkerungswachstum, die fortlaufende Verbilligung des Produktes und Einkommenszuwächse begünstigten die Erhöhung des Verbrauchs an Zucker sowie der sich weltweit ausgebreitete zuckerfreundliche Ernährungsstil. Der Anstieg verlief jedoch nicht gleichmäßig (Merki 2001, S. 226 f.). Die hohen Zuwachsraten seit den 1950er-Jahren begannen in den 1960er-Jahren zu

sinken, weil der Nachholbedarf aus der Zeit des Zweiten Weltkriegs befriedigt
worden war. Für die industrialisierten Staaten wird seit einigen Jahrzehnten die
Sättigungsgrenze als erreicht eingeschätzt, denn der Konsum stagniert, wenn
auch auf hohem Niveau. Für die westlichen Bundesländer gilt der Zucker seit
einigen Jahren als inferiores Gut. Der Verbrauch sinkt trotz wachsenden Volks-
einkommens tendenziell, während der Zuwachs an alternativen Süßungsmitteln
zeigt, dass nicht die Vorliebe für den süßen Geschmack verloren gegangen ist
(Merki 2001, S. 266 f.). Insgesamt zeigt die Entwicklung des Pro-Kopf-Ver-
brauchs an Zucker (Tab. 5.2) seit 1950 einen Anstieg auf rund 35 kg pro Kopf und
Jahr mit leichten Ausreißern nach oben (2012/2013) und nach unten (2019/2020).

Im Wirtschaftsjahr 2019/20 stellten die Zuckerfabriken in Deutschland rund
4,3 Mio. Tonnen Zucker her und damit ging eine Erhöhung der Herstellungs-
menge gegenüber dem Vorjahr um 2,6 % einher. Dabei war jedoch die Inlands-
verwendung von Zucker im Wirtschaftsjahr 2019/20 im Vergleich zum Vorjahr
leicht rückläufig und erreichte etwas mehr als drei Millionen Tonnen. Rund
2,8 Mio. Tonnen wurden zu Nahrungszwecken eingesetzt. Im Vergleich zum
Vorjahr ist der Nahrungsverbrauch um 2,3 % gesunken, während sich die Verwendung von Zucker im Non-Food-Bereich für industrielle Zwecke von 195.000
t auf 202.000 t im Wirtschaftsjahr 2019/20 erhöhte. Der Selbstversorgungsgrad
lag im Wirtschaftsjahr 2019/20 bei 143 % und der rechnerische Pro-Kopf-Ver-

Tab. 5.2 Entwicklung des Pro-Kopf-Verbrauchs an Zucker seit 1950	Jahre	Pro-Kopf-Konsum von Zucker in kg
	1950/51	28,1
	1960/61	30,3
	1970/71	34,3
	1980/81	35,6
	1990/91	35,1
	2000/01	35,3
	2005/06	35,9
	2010/11	34,3
	2012/13	37,6
	2014/15	35,4
	2016/17	33,7
	2018/19	34,6
	2019/20	33,8

(Quelle: de.statista, zugegriffen: 03.11.2021)

brauch von Zucker belief sich auf 33,8 kg im Wirtschaftsjahr 2019/20 und es handelte sich damit um einen Rückgang von 0,8 kg gegenüber dem Vorjahr. „Die Einfuhren im Wirtschaftsjahr 2019/20 waren mit rund 1,8 Mio. Tonnen etwa 41.000 t höher als im Vorjahr. Die Ausfuhren sanken von 3,1 Mio. Tonnen im Vorjahr auf 2,9 Mio. Tonnen im Wirtschaftsjahr 2019/20. Sowohl bei den Einfuhren als auch bei den Ausfuhren handelte es sich überwiegend um Zucker in Form von zuckerhaltigen Erzeugnissen. Die eingeführte Menge belief sich 2019/20 hierbei auf rund 1,2 Mio. Tonnen; exportiert wurden rund 1,6 Mio. Tonnen" (Bundesministerium für Ernährung und Landwirtschaft (BMEL) o. J., zugegriffen: 03.11.2021). In der menschlichen Ernährung hat der Zucker eine zentrale Stellung inne, überwiegend in Form industriell erzeugter Fertigprodukte. Bevor der Zucker in der industriellen Revolution seine massive Ausbreitung begann, war er allenfalls als luxuriöses Arznei-, Gewürz- oder Süßungsmittel bekannt. Gleichzeitig handelt es sich beim Zucker um eines der ersten industriell erzeugten Lebensmittel. Allerdings war er in der Frühen Neuzeit (ca. 1500 bis 1800) eine typische „Kolonialware" und wurde ausschließlich aus dem tropischen Zuckerrohr und auf Plantagenbetrieben gewonnen. Zucker wird durch seinen süßen Geschmack besonders attraktiv, den die meisten Menschen als äußerst angenehm empfinden. Ernährungsphysiologisch bleibt die Frage strittig, ob diese Vorliebe mehr genetisch oder soziokulturell bestimmt ist. Viele Auseinandersetzungen wurden darüber geführt, ob Zucker nicht abhängig macht als früh erlerntes Bedürfnis, das nach steter Befriedigung verlangt. Ziegler als Zuckerkritiker diffamierte den Stoff deshalb kurzerhand als „Suchtmittel" oder „Droge" (Ziegler 1987 nach: Merki 2001, S. 260).

Zucker tritt in der menschlichen Ernährung fast immer in Verbindung mit anderen Lebensmitteln auf, da er vielfältiger einsetzbar ist und nicht nur süßer Nährstofflieferant ist. „Erhitzt man ihn, wird er zu Karamell. Der Zucker schützt nicht nur vor dem Befall von Mikroorganismen (Marmelade), er kann auch den Geschmack anderer Lebensmittel verstärken oder abrunden, was man sich z. B. bei der Fabrikation von Ketchup zunutze macht. Der Limonade wiederum verleiht er den ‚Körper', d. h. jene gummiartige Konsistenz, auf die fast jeder Gaumen anspricht" (Merki 2001, S. 260 f.). Zucker wird also nicht nur in verschiedenen Formen, wie z. B. karamellisiert, gelöst oder fest verwendet, ebenso wird er als Konservierungsmöglichkeit verwendet oder als Geschmacksverstärker eingesetzt.

▶   Gehen Sie einmal all die Regale in einem Supermarkt bzw. Discounter Ihrer Wahl ab, von denen Sie vermuten, dass es dort Lebens- und Nahrungsmittel mit Zucker gibt. Welche Beobachtung machen Sie?

Welche Produkte sind offensichtlich zuckerlastig oder basieren auf Zucker? Kennen Sie all die Produkte, in denen Zucker verwendet wird z. B. zur Konservierung? Wie viele Produktreihen würden weniger benötigt, wenn alle Produkte mit Zucker aus dem Sortiment genommen würden? Wie lautet Ihre Schätzung?

Zucker wird vor allem aus zwei Pflanzen hergestellt. Die Zuckerrübe dient in der gemäßigten Zone der Zuckergewinnung und in der tropischen Zone wird er in einer ähnlichen Art und Weise in einem aufwendigen und komplizierten technischen Verfahren aus dem Zuckerrohr gewonnen. Verschiedene Reinigungs- und Konzentrationsprozesse führen zu einem ersten Zwischenprodukt: gelblich gefärbter Rohzucker, der in den frühen Zeiten der Herstellung in den Fabriken der kolonialen Gebiete das Endprodukt darstellte und immer noch für die Börse ein wichtiges Handelsprodukt darstellt. Der gebrauchsfertige Weißzucker als Raffinadeprodukt entsteht durch erneutes Auflösen, Kochen und Filtrieren (Merki 2001, S. 260 f.). Von den weltweit 180 Mio. Tonnen Zucker-Rohware, die jährlich produziert werden, sind 78 % Rohrzucker und 22 % Rübenzucker (Allianz 2015, S. 1). Dabei ist der Zucker, der gegenwärtig verkauft wird, ob in der Schachtel als Würfelzucker oder in der Kiloverpackung als Kristallzucker, bereits um 1850 bekannt. Der eher unhandliche Zuckerhut blieb allerdings in Mitteleuropa bis zum Ersten Weltkrieg die gebräuchlichste Verkaufsform, obwohl in den europäischen Zuckersiedereien der Frühen Neuzeit mehrere Sorten angeboten wurden. „(...) fein abgestuft nach Form, Farbe und Konsistenz. Je heller und feiner, desto besser, lautete der allgemeine Qualitätsgrundsatz, so dass der weiße Kandis und die Raffinade mit Abstand am meisten kosteten. (...) Der Zucker war eines der ersten Güter, für dessen Bezug beim Krämer, Kolonialwarenhändler oder Apotheker Geld unerlässlich war. Doch der Zucker hat die Etablierung der Geldwirtschaft nicht bloß über den Kleinhandel vorangetrieben, wesentlich wichtiger für die Ausbreitung des Kapitalismus war seine Rolle im Groß- bzw. Fernhandel" (Merki 2001, S. 274). Der Weltmarkt für Zucker ist inzwischen ein Residualmarkt, denn die meisten Länder versorgen sich selbst, sodass überhaupt nur 25 bis 30 % des weltweit produzierten Zuckers auf den internationalen Markt kommen (Merki 2001, S. 274). Vor diesem Hintergrund erscheint es noch einmal umso interessanter, sich die Ausbreitung des Zuckers genauer anzusehen.

Die Ursprünge des Zuckers
Ursprünglich begann alles mit dem Zuckerrohr, dessen Ursprungsort im asiatischen Raum liegt, genauer im pazifischen Raum in Melanesien. Aus

wild wachsenden Arten wurde es vor etwa 10.000 Jahren veredelt. Die Pflanze gelangte über Indonesien und den malaysischen Archipel nach Indien, wo sie zu einem dunklen Saft verarbeitet wurde, der in flüssiger oder erstarrter Form konsumiert wurde. Das Wort „Zucker" hat seinen Ursprung in einer altindischen Bezeichnung. Seit dem 5. Jahrhundert n. Chr. verbreitete sich der Anbau in Persien und es wurde erstmals ein raffiniertes und dem heutigen Zucker ähnelndes Produkt hergestellt. Über die Araber wurde die Zuckerproduktion in den Mittelmeerraum gebracht, ausgehend von Ägypten zunächst nach Syrien und Zypern, später nach Sizilien und Spanien. Seit dem 15. Jahrhundert wurde das Zuckerrohr auf den Kanarischen Inseln angepflanzt und von dort nahm es Kolumbus in die Neue Welt mit. „Der erste Zucker, der um die Jahrtausendwende über die Republik Venedig aus dem Orient nach Mittel- und Nordeuropa kam, diente als Gewürz und Medikament. (…) In seiner Funktion als Gewürz fand er allmählich Eingang in die herrschaftliche Küche, wo man ihn neben dem vergleichsweise billigen Honig zum Würzen von Fleisch, Fisch und Gemüse verwendete, gleichberechtigt neben anderen Zutaten wie Pfeffer oder Koriander. (…) Im Spätmittelalter hatte 1 kg Zucker den Wert von 100 kg Weizen" (Merki 2001, S. 262). Der Preis sank mit der allmählichen Verlagerung der Produktion aus dem östlichen in den west-lichen Mittelmeerraum sowie weiter Richtung Atlantik. Seit dem 16. Jahr-hundert weitete sich das Angebot aus, denn Zucker entwickelte sich schnell zu dem wichtigsten Exportartikel der neuen Kolonien. Mit dem Preissturz wurde seine Stellung in der herrschaftlichen Küche aufgewertet, wobei Honig als traditionelles Süßungsmittel zunehmend verdrängt wurde. Mit dem 17. Jahrhundert entwickelte sich die Vielfalt der Verwendung im Hinblick auf süße Desserts wie kandierte Früchte und Marzipan für zeremonielle Kontexte. „Ebenfalls ins 17. Jahrhundert fällt die Erfindung neuer exklusiver Süßigkeiten: Likör, Limonade, Praline, Speiseeis – Genüsse, die zuerst am französischen Hof zelebriert wurden und von denen die Masse der Bevölkerung höchstens träumen konnte. Der Konsum von Zucker blieb in Westeuropa bis ins 18. Jahrhundert, in Mittel- und Ost-europa bis ins 19. Jahrhundert hinein auf Haushalte adeliger und reicher Bürger beschränkt" (Mintz 1987; Wiegelmann 1986 nach: Merki 2001, S. 263). Darüber hinaus ist eben nicht zu vergessen: Mit der Verbreitung der kolonialen Heißgetränke Kaffee, Kakao und Tee verbreitete sich auch Zucker, weil die Getränke ohne Zucker als wenig genießbar galten (Merki

2001, S. 263). Die hohe Bedeutung des süßen Geschmacks in der gegenwärtigen Ernährung lässt sich in der Einschätzung Merkis nicht getrennt von der Geschichte der kolonialen Produktion und Vermarktung des Zuckers in der Frühen Neuzeit betrachten. Der koloniale Rohrzucker wurde zu einem wichtigen Statussymbol der sozialen Eliten. Das Repräsentationsstreben der höfischen und großbürgerlichen Eliten nutzte den Zucker über den geschmacklichen Genuss auch zu ästhetischen Zwecken. Der Reichtum wurde über fantasievolles Zuckerwerk sichtbar, wenn z. B. riesige Burgen aus Zuckerguss als Dekoration auf den Tafeln zur Schau gestellt wurden. Im Glanz dieser Kunst sonnte sich auch der Zuckerbäcker, der sich als Konditor einen Namen machte. In bäuerlichen Haushalten dagegen wurde Zucker seltener genutzt, z. B. bei hohen Festen im Sinne des „demonstrativen Konsums" (Veblen 1997). Der bräunliche Zucker wurde vor dem Servieren gut sichtbar auf den Hirsebrei gestreut, anstatt ihn gleich mitzukochen. Damit wurde sichtbar, dass sich der Haushalt auch Herrenspeisen leisten konnte (Merki 2001, S. 264 f.). Nach und nach verlor der Zucker an symbolischer Bedeutung und wurde umso wichtiger für die tägliche Ernährung.

▶ Sehen Sie sich den Film „Ottolenghi und die Versuchungen von Versailles" aus dem Jahr 2021 an. Für eine Ausstellung über das Schloss Versailles hat der derzeit sehr berühmte Koch Yotam Ottolenghi im Metropolitan Museum of Art in New York ein extravagantes Dessert-Buffet ganz im Sinne des Mottos geschaffen. Yotam Ottolenghi und sein Team wurden filmisch begleitet und daraus ist ein Dokumentarfilm entstanden, der Ottolenghi mit fünf Spitzenkonditor*innen bei der Herstellung von Kuchen und anderen Süßspeisen zeigt, basierend auf Traditionen des französischen Schlosses Versailles. Der Dokumentarfilm ermöglicht einen Einblick in das Verständnis für Geschichte und Kunst. „Eine Orgie des Backens, ein Fest für die Augen!" (MFA-Film 2021). Yotam Ottolenghi hat allein in Deutschland über 1,5 Mio. Exemplare seiner Koch- und Süßspeisenbücher verkauft, in London betreibt er erfolgreich sechs Restaurants und Yotam Ottolenghi wird als „Guru" der kulinarischen Kunst bezeichnet (MFA-Film 2021).

Erst in der zweiten Hälfte des 19. Jahrhunderts wurde der Zucker zu einem mehr oder weniger alltäglichen Nahrungsmittel und dieser Schritt vom Genuss- zum Nahrungsmittel erfolgte zuerst in England. Zum einen galt England vom 17. bis 19. Jahrhundert als herausragende Zucker(handels)macht. Im 18. Jahrhundert hatte sich der Tee bereits als wichtigstes Genussmittel durchgesetzt und die Engländer*innen kannten seit Langem süße Getränke wie Ale oder Met. Somit waren sie bis zu einem gewissen Grad geschmacklich vorgebildet. Zum anderen war England jedoch das erste sich industrialisierende Land und das bedeutete sowohl steigende Kaufkraft breiterer Bevölkerungsschichten als auch technisch-organisatorische Verbesserungen in der Zuckerwirtschaft, z. B. zentralisierte Plantagen. Darüber hinaus schaffte Großbritannien 1874 seine Zuckerzölle endgültig ab und öffnete somit seinen einheimischen Markt für den billigen kontinentaleuropäischen Rübenzucker (Merki 2001, S. 263). „Die immer breitere Verwendung und der wachsende individuelle Konsum von verarbeiteter Sucrose zwischen 1650 und 1900 wurden ermöglicht durch eine lange Kette von Errungenschaften, zu deren wichtigsten zweifellos die immer ausgefeilteren der Zuckerchemie und eine reichere wissenschaftliche Kenntnis der bemerkenswerten Vielseitigkeit des Zuckers zählten" (Mintz 1987, S. 221 f.). Die sich daran anschließende immens ansteigende weite Verbreitung des Zuckers erhielt mit der Industrialisierung einen Schub, weil sich der energetische Wert der Ernährung der sozialen Unterschichten markant erhöhte. Die Energiebilanz ließ sich sowohl direkt verbessern als auch indirekt über die Verbesserung des Geschmacks der alltäglichen und bis dahin oft eintönigen Kost. „So macht erst der Tee, der mit Zucker gesüßt war, das fade Pausenbrot bekömmlich; dem gleichen Zweck diente die Marmelade, die im ausgehenden 19. Jahrhundert selbst auf dem Frühstücksbrot der ärmsten Engländer nicht mehr fehlen durfte" (Mintz 1987 nach: Merki 2001, S. 263).

Der Zucker als Beschleuniger der Industrialisierung in Großbritannien
Mit der sich ausbreitenden Industrialisierung sank der Ernährungsstand jeweils massiv, wenn auch die Frau bzw. Mutter in der Fabrik arbeitete, denn ihr fehlte die Zeit in der Essenspause, den bis dahin verbreiteten und weitaus nahrhafteren Brei oder alternativ dazu Suppe zu kochen. Die Mahlzeiten „Frühstück" und „Mittagessen" entwickelten sich zu Brot-und-Butter-Mahlzeiten. Wenn die Schulpause zeitlich nicht mit der Essenspause der Mutter zusammenfiel, wurden die Kinder als sog. „Schlüsselkinder" dazu gezwungen, sich ihre Butterbrote selbst schmieren zu müssen. „Allein

schon der Zeitdruck, unter dem die Hausfrau stand, erklärt hinlänglich die Entscheidung für eine mindere Kost. Es war eher der Zwang, Zeit zu sparen, als die Notwendigkeit, den Ernährungsstand einzuschränken oder aufrechtzuerhalten, der die Entscheidung diktierte" (Campbell 1966, S. 58 f. nach: Mintz 1987, S. 159).

Im Jahr 1905 sahen die Marmeladenfabrikanten ihren größten und lukrativsten Markt in der Arbeiterklasse, für die nun Marmelade zur Lebensnotwendigkeit geworden war als Ersatz für die teurere Butter. Die Ausnahme stellten die teureren Konserven von Blackwell und Chivers dar. Sie blieben als Luxusartikel unerschwinglich (Torode 1966, S. 122 f. nach: Mintz 1987, S. 160). Weißbrot und Tee als weitere Luxusgüter (und lediglich Beigaben neben vielen anderen Nahrungsmitteln) der Oberschicht entwickelten sich im Verlauf von nur hundert Jahren zum Kennzeichen von Armeleutekost. Dabei war nicht die soziale Nachahmung der bedeutendste Grund für die Ausbreitung, vielmehr entwickelten sie sich für die ärmeren Schichten oft zur einzigen Kost, „(…) stellten sie jenes irreduzible Minimum dar, jenseits dessen es nur noch das Verhungern gab" (Burnett 1966, S. 62 f. nach: Mintz 1987, S. 159). Sie waren paradoxerweise zu den billigsten Nahrungsmitteln geworden, mit denen sich am Leben gehalten wurde. „(…) ein Tasse Tee ließ aus einer kalten Mahlzeit nicht nur in gewisser Weise eine warme werden, sie war auch Nahrung und Labsal" (Burnett 1966, S. 62 f. nach: Mintz 1987, S. 159). Für die Entwicklung in Großbritannien fasst Mintz zusammen, dass im 19. Jahrhundert die Entscheidung für die Ernährung sowohl durch das entstehende Zeitkorsett der Fabrikarbeit als auch nach Kostengesichtspunkten getroffen wurde. Darüber hinaus verursachten Brennmaterialien einen weiteren wesentlichen Anteil an den Kosten für die Ernährung. Demzufolge stieg die Attraktivität ungekochter Speisen. Die Arbeitsteilung innerhalb der Familie prägte die Entwicklung britischer Speisevorlieben ebenfalls, denn mit einer außerhäusig erwerbsarbeitenden Frau wurde der Speisezettel der Familie trotz vergrößerten Familieneinkommens begrenzter eben aufgrund der fehlenden Zeit für die Zubereitung. „Ein heißer Tee ersetzte bei den Kindern zu Hause wie bei den Erwachsenen am Arbeitsplatz oftmals eine warme Mahlzeit" (Mintz 1987, S. 160 f.) und mit Zucker lieferte der Tee die notwendige Energie. Für schlechtere Zeiten allerdings verbreitete sich seit 1840 Sirup als Ersatz für Butter auf dem Brot bzw. als Ersatz für Zucker im Tee (Mintz 1987, S. 159). Sucrose, von Ortiz als „Lieblingskind des Kapitalismus" bezeichnet (Ortiz 1947, S. 267 ff. nach Mintz 1987, S. 250) hat den Übergang von einer Gesellschaftsform zu einer anderen gleichsam in sich kondensiert: Mit der ersten Tasse gesüßten heißen Tees, getrunken von einer*m englischen Arbeiter*in, wurde die Transformation einer ganzen Gesellschaft zu einer Neugestaltung ihrer ökonomischen und sozialen Basis urbildhaft vorweggenommen (Mintz 1987, S. 250).

Zucker in Form von verarbeiteter Sucrose ist 1900 für die britische Kost zu einem bedeutenden und festen Bestandteil der Ernährung geworden. In der Küche und bei Tisch wird er zu zahllosen Speisen gegeben. In Verbindung mit bitteren Getränken konsumiert nahezu jede*r Brite*in ihn täglich. In haltbaren Esswaren, wie z. B. Marmelade, Keksen und Kuchen, ist er ebenso verarbeitet, wie er auch in den Tee gehört. Zucker fehlt nicht bei geselligen oder zeremoniellen Essen zu verschiedenen Feiertagen des Jahres, ebenso wie nicht auf ihn verzichtet wird bei Feiern anlässlich der Geburt oder dem Tod von Menschen. Mit der Zwangsrationierung des Zuckers während des Ersten Weltkriegs wurden vor allem die ärmeren und weniger gut gestellten Brit*innen besonders hart getroffen, weil insbesondere sie „(…) sehr früh und geradezu bedrückend nachhaltig Geschmack an gesüßtem Tee, an Pudding mit Sirup oder mit Vanillesoße, an Keksen, an Marmeladenbroten, Bonbons und Schokolade fanden" (Mintz 1987, S. 221 f.). Der Zucker, der seit einigen Jahrzehnten mehr oder weniger die Grundlage der Ernährung der ärmeren Bevölkerung darstellte, brach damit weg. Die wohlhabenderen Schichten traf es weniger hart, da ihre Ernährungsweise auf vielfältigeren Grundlagen basierte (Mintz 1987, S. 221 f.).

Während der Zucker die Industrialisierung in Großbritannien beschleunigte und neue gesellschaftliche Bedingungen mit ermöglichte, hat die Industrialisierung des Zuckers mit der Vielzahl an Produkten neue Ernährungsweisen beeinflusst und Verzehrsituationen hervorgebracht. Die Industrialisierung und die daraus folgenden Lebensweisen, die auf Basis des Zuckers entstehen konnten, zeichnet Mintz am Beispiel der gesellschaftlichen Zeitnot nach. „Eine völlig neue Sichtweise von einer gegebenen Situation – zum Beispiel die Erkenntnis, permanent in Hetze zu sein – kann den Betroffenen dazu bewegen, neue Dinge auszuprobieren" (Mintz 1987, S. 229). Für Mintz steht manche Entwicklung außerhalb umfassender Analysen, weil nicht detailliert bis in das Einzelne rekonstruierbar ist, wenn Menschen sich dem Neuen oder Modernen zuwenden und eingelebte Traditionen hinter sich lassen. Menschen haben den Wechsel vollzogen „(...) vom altmodischen braunen Hutzucker zu weißem raffinierten Zucker in Pappschachteln oder Tüten, von regionalen Getränken zur überregionalen Coca Cola, vom hausgemachten Zuckerwerk zu um im Laden erhältlichen Süßwaren; aber wir wissen viel zu wenig darüber, welche Schritte oder Veränderungen dies im Einzelnen impliziert" (Mintz 1987, S. 229). Dabei kann Essen als Verhaltensweise betrachtet werden, die jenseits ihrer Zweckhaftigkeit für andere Verhaltensweisen steht. Mintz charakterisiert die Modernität durch eine „Polysemie" des Essens und erklärt sie an der speziellen Eigenart der Kost, die die Arbeit hervorgebracht hat und als deren Kennzeichen betrachtet werden kann. Energiereiches und leichtes Essen verdeutlicht die Partizipation am modernen Leben und ist nicht etwa nur als Ausdruck zu verstehen, modern zu leben (Barthes 1975 nach: Mintz 1987, S. 246). In früheren Zeiten wurden lediglich festliche Anlässe durch in bestimmter Weise organisiertes Essen gekennzeichnet und hervorgehoben. Darüber hinaus zeigt sich in Statistiken die Verbindung von der Entwicklung eines Landes und dem Prozentsatz des außerhäuslichen, industriellen Gebrauchs von Zucker. Die Formel dazu lautet: Je industrialisierter ein Land ist, desto höher ist auch die industrielle Verwendung von Zucker. Einerseits wächst der Konsum außer Haus (z. B. in Restaurants, Imbissstuben, Kantinen, Theatern) und andererseits wächst der Verzehr von Fertignahrung im Haus selbst an. „Diese durchaus differenten Formen des Sucrosekonsums in vorgefertigten Speisen haben einiges miteinander gemein: beide sind sie Reaktionen auf allgemeine soziale Kräfte und beide treten sie auch in Entwicklungsländern auf. Die Tatsache, dass Gesellschaften, die ihren Pro-Kopf-Konsum von Zucker schnell und kräftig steigern, zugleich vom häuslichen zum außerhäuslichen Konsum übergehen, zeigt an, dass die Bürger dieser Gesellschaften genötigt sind, mehr Mahlzeiten außer Haus und mehr vorgefertigte Speisen innerhalb des Hauses einzunehmen" (Mintz 1987, S. 230 f.).

Allgemeine gesellschaftliche Prozesse spiegeln sich im Charakter und Umfang des Sucrosekonsums vor allem im Hinblick auf die Vielseitigkeit des Zuckers wider. Die verschiedenen Verwendungszwecke gelten als Indikator für die Besonderheiten der Entwicklung. Sucrose wird sowohl im Haushalt verwendet zur Herstellung von Zuckerwerk, Marmelade, Kuchen als auch außerhäuslich industriell verwendet, z. B. bei der Fabrikation von Backwaren sowie anderen vorgefertigten Nahrungsmitteln, unabhängig von der Geschmacksrichtung süß (z. B. Salatsoßen, Brotaufstriche, Ketchup). Mit dieser Vielseitigkeit hat Zucker nicht nur unzählige Gerichte, sondern auch fast alle Küchen erobert. „Die Spur, die der Zucker in der modernen Geschichte zurückgelassen hat, zeigt seine Beteiligung an einem Geschehen, in dem Massen von Menschen und Ressourcen durch soziale, ökonomische und politische Kräfte, welche höchst aktiv die ganze Welt umgestalteten, in eine produktive Verbindung miteinander gestürzt wurden. Die technischen und menschlichen Energien, die dabei frei wurden, waren in der Weltgeschichte ohnegleichen und erwiesen sich in vielen ihrer Wirkungen auch als nutzbringend. Und dennoch, der Stellenwert des Zuckers in der modernen Ernährung, die merkwürdig unmerkliche Aushöhlung der Kontrolle des Einzelnen über das, was sie essen, die den Esser zum Konsumenten in Massenproduktion gefertigter Nahrung macht, statt daß er deren Kontrolleur und Koch ist, die vielfältigen Kräfte, die bestrebt sind, den Konsum in Kanälen zu halten, die überschaubar genug sind, um der Nahrungsmittelindustrie ihre Profite zu garantieren, die paradoxe Einengung der Auswahl, die der einzelne hat, sowie der Möglichkeit, sich dieser Entwicklung entgegenzustellen, die im Gewand wachsender Annehmlichkeit, Bequemlichkeit und ‚Freiheit' daherkommt – alle diese Momente zeigen das Ausmaß, in dem wir auf unsere Autonomie in Fragen unserer Ernährung verzichtet haben" (Mintz 1987, S. 246 f.). Konsumbezogen gehört der Zucker zu einer der ersten Waren, die den Wandel eines Luxusguts in einen Bedarfsartikel vollzogen. Der Wandel von einer Rarität in eine Massenware, deren Transformation auch dem Kapitalismus selbst eine konkrete Form gab. Über fünf Jahrhunderte lässt sich eine uneinheitliche, jedoch geografisch bemerkenswerte Entwicklung erkennen. Die Verbreitung des Zuckers begann in einer ersten Phase als Rarität, Arznei oder Gewürz und die Produktion fand irgendwo weit weg statt, erschien nicht zuletzt dadurch mysteriös und geheimnisvoll. In der zweiten Phase wurde er zu einer teuren Ware, basierend auf der Produktion aus Zuckerrohr in den überseeischen tropischen Kolonien und von Bürger*innen konsumiert, „(…) die proletarisiert wurden, ohne zu Proletariern zu werden (was bedeutet, dass es sich um entrechtete Arbeiter handelte, die aber noch nicht ausschließlich von Lohnarbeit lebten)" (Mintz 1987, S. 231). Die dritte Phase des Zuckers machte ihn zur kostspieligen Ware, die von Arbeiter*innen mit unterschiedlichem Status (auch schon proletarische) produziert wurde, bis er schließlich in der vierten Phase der Entwicklung ein billiger Massenartikel wurde: Zucker aus Rübenzucker wurde innerhalb der nationalen Grenzen der jeweiligen Staatsmacht zu einem großen Teil von Proletarier*innen für Proletarier*innen hergestellt, um ab jetzt weltweit auf einem „freien Markt" ver- und gekauft zu werden (Mintz 1987, S. 231).

Voraussetzungen für den phänomenalen Erfolg des Zuckers lagen in seiner Eigenschaft als Kalorienlieferant und seiner großen funktionalen Flexibilität. Zucker wurde deshalb zu „(…) einem Schrittmacher der modernen, industriellen Ernährung, wobei industrielle Ernährung vor allem zwei Dinge meint: 1) die

Verpflegung außer Haus und 2) die industriell gefertigte Nahrung. Der Zucker hat im England des 19. Jahrhunderts dazu beigetragen, die alte, agrarische Mahlzeitenordnung aufzulösen, die um das in der Familie zubereitete und eingenommene Essen zentriert war. Als eine Art Avantgarde des fast food begünstigten sowohl die schnelle Zwischenmahlzeit mit Tee als auch die schnell bestrichene Marmeladenschnitte eine Zeitökonomie, deren Rhythmus durch das Diktat der Fabriken bestimmt war" (Mintz 1987 nach: Merki 2001, S. 265). Darüber hinaus breitete sich der Zucker über die entstehende Lebensmittel-industrie aus und verhalf z. B. der Tafelschokolade, Softdrinks, Speiseeis und Kondensmilch als Fertigprodukten mit der industriellen Herstellung seit der zweiten Hälfte des 19. Jahrhunderts zu ihrem massenhaften Konsum. „Zu Beginn des 20. Jahrhunderts war der industrielle Verbrauch im Unterschied zum häus-lichen Verbrauch verschwindend klein. (…) heute ist das Verhältnis bei einem weit höheren Konsum ziemlich genau umgekehrt" (Merki 2001, S. 265).

Nachdem sich der Zucker während der Industrialisierung so stark ausgeweitet hat und selbst industrialisiert und für die Herstellung vieler Nahrungsmittel auf unterschiedliche Weise verwendet wurde, gibt es wiederkehrend die Aufforderung aufgrund gesundheitsbezogener Gründe, möglichst selten stark verarbeitete und zuckergesüßte Lebensmittel und wenn überhaupt nur in Maßen zu verzehren. Auf zuckergesüßte Getränke sollte zugunsten von Wasser oder ungesüßten Tees ver-zichtet werden. Die Zufuhrempfehlung für freie Zucker fordert eine mindestens 25 %ige Verringerung (Ernst et al. 2018, S. 27). Da sich Zucker in der täg-lichen Ernährung so breitgemacht hat, wird es zur Herausforderung, sich nicht ausschließlich im süßen Bereich zu ernähren. Der süße Geschmack allein entlarvt den Zucker nicht: Bei jedem Lebens- bzw. Nahrungsmittel, bei jedem Fertig-gericht wird es zur Aufgabe, erst einmal dem Anteil des Zuckers auf die Spur zu kommen. Der übermäßige Verzehr von Zucker, ob offen erkannt oder ver-steckt, führt zum Verlust des Geschmacks für andere, weniger deutliche Reize. Der Genuss des Zuckers geht verloren, sodass mit der Forderung auf Ver-zicht von Zucker bzw. zuckerhaltigen Lebens- und Nahrungsmitteln oder eine angestrebte Reduzierung des Zuckers in der täglichen Ernährung zum Ziel hat, „(…) die Süßschwelle zu senken: Es gilt, weniger süße Limonade zu trinken, weniger Fruchtjoghurt zu essen, der mit immerhin durchschnittlich neun Würfeln Zucker gesüßt ist, oder weniger oft ein süßes Frühstück einzunehmen. Denn selbst die, die auf gezuckerte Heißgetränke verzichten, sind immer noch den versteckten Zuckern ausgeliefert und kommen damit im Durchschnitt auf eine Menge von mehr als 35 kg Zucker im Jahr" (Sonnenschein 2004, S. 66 f.). Dabei sind die ursprünglichen Boten des Zuckers die Heißgetränke Tee, Kaffee oder Kakao gewesen, die dem Zucker den Sprung in das alltägliche Leben verschafft

haben und wie die Ausbreitung in Großbritannien gezeigt hat, ihn sogar als
Beschleuniger der Industrialisierung mit ihren immensen Auswirkungen auf die
gesellschaftliche Zeitstruktur und Mahlzeitensysteme einschätzen (Sonnenschein
2004, S. 66 f.; Mintz 1987). Inzwischen hat Zucker massiv an Ansehen eingebüßt,
und die Aussage „Zucker ist ein lustvoller Genuss, wenn man ihn zu handhaben
weiß" (Sonnenschein 2004, S. 67) deutet auf die gesellschaftlich akzeptierte
(gesundheitsgefährdende) Bedrohung hin, die von ihm auszugehen scheint
beim Überschreiten bestimmter Schwellen im Konsum. Für die Soziale Arbeit
wächst damit die Verantwortung, sich in den von ihr mitgestalteten Erziehungs-
und Sozialisationsprozessen in ihren Arbeits- und Handlungsfeldern damit auseinanderzusetzen, ob und welche Aufgaben für den professionell gestalteten
Umgang mit Zucker und den daraus produzierten Waren entstehen.

5.2   Über den Zugang zum Zucker und die Verteilung von Süßigkeiten in der Sozialen Arbeit – Die Aufgabe eines verantwortungsvollen Konsums?!

Der Zucker ist durch die Industrialisierung zur Massenware als Lieferant
schneller Energie geworden und gleichzeitig vervielfältigten sich seitdem
auch die Verwendungszwecke des Zuckers. Der Konsum von Zucker ist also
nicht nur als vorübergehender Ersatz von Kantinen bzw. als Möglichkeit zur
„Außerhausverpflegung" für Arbeiter*innen beliebt geworden, vielmehr hat er
sich über seine zahlreichen Verarbeitungsformen in die tägliche Ernährung ein-
geschrieben. In welchen Nahrungsmitteln bzw. Fertiggerichten oder Getränken
Zucker auf welche Weise verarbeitet wurde, bleibt für die meisten Konsument*innen verborgen, selbst wenn die Inhaltsstoffe auf der Rückseite der
Verpackung deklariert sind. Diese versteckten Zucker sorgen wiederkehrend
für Aufregung, weil sie nicht eindeutig ersichtlich und in einigen Produkten
eben auch überhaupt nicht zu schmecken sind. Für Soziale Arbeit wird Zucker
ganz allgemein, allerdings auch in all seinen Variationen in Ernährungsfragen
bedeutend, wenn sie sich insgesamt kritisch mit Fragen der Ernährung auseinandersetzt. Oft steht der Zuckerkonsum im Gegensatz zu Ernährungsweisen,
die den Anspruch auf eine gesunde, nahrhafte Ernährung erheben. Damit entsteht
die Auseinandersetzung mit Zucker in all seinen Variationen und vor allem auch
in dem direkten Zusammenhang mit Erziehungs- und Sozialisationsprozessen, in
denen über die Quantität und damit verbunden den freien Zugang zu Süßigkeiten
und Softdrinks in der stationären Kinder- und Jugendhilfe entschieden wird.
Süßigkeiten, aber auch Schokolade oder Eiscreme sind beliebte Zugaben zur

Ernährung, mit denen Kinder von klein auf in der Erziehung und Sozialisation in Berührung kommen. Dabei werden Süßigkeiten im alltäglichen Zusammenhang nach wie vor oft als Belohnung oder Bestrafung genutzt und ansonsten möglichst vorenthalten, da ihr Konsum eigentlich als unerwünscht gilt und ihr übermäßiger Konsum für hohes Körpergewicht und als Ausgangspunkt von Essstörungen, wie z. B. Adipositas, verantwortlich gemacht werden.

▶ **Süßwaren und Süßigkeiten**
Unter dem Begriff Süßwaren wird eine vielfältige Produktpalette zusammengefasst. Dazu gehören Süßigkeiten, wie z. B. Schokolade, Bonbons, Lakritze oder Feine Backwaren, wie z. B. Kekse, Waffeln oder Markeneis. Unter Knabberartikel werden z. B. Chips, Flips, Salzstangen und Nussmischungen zusammengefasst, von denen die wenigsten mit einem süßen Geschmack verbunden werden. Honig, Konfitüren, süße Joghurt-Erzeugnisse, Limonaden und ähnliche Lebensmittel gehören allerdings trotz ihres süßen Geschmacks nicht zu den Süßwaren. Im Lebensmittelrecht ist geregelt, welche Mindestanforderungen ein Produkt erfüllen muss, damit es z. B. als Schokolade, Schokoladenerzeugnis, Zuckerware, Feine Backware, Knabberartikel oder Markeneis verkauft werden darf. Süßwaren werden in verschiedene Kategorien eingeteilt:

- Schokolade, Schokoladenerzeugnisse und Kakao
- Feine Backwaren
- Bonbons und Zuckerwaren: Bonbons, Dragees, Fruchtgummi, Lakritze, Eiskonfekt, Marzipan, Krokant, Nugat, Schaumzuckerwaren, Brause- und Getränkepulver, kandierte Früchte, gebrannte Mandeln sowie dragierte Nüsse
- Knabberartikel: Chips, Flips, Salzstangen, Kräcker, Nussmischungen
- Markeneis: Eiscreme, Milchspeiseeis, Fruchteis sowie Sorbets. Der gefrorene Zustand ist charakteristisch für die Produkte.
- Kaugummi
- Rohmassen: Marzipan, marzipanähnliche Massen wie Persipan, Nuss-Nougatmassen, Nugatcreme und Haselnussmark gehören zu den Rohmassen (Bundesverband der Deutschen Süßwarenindustrie e. V. o. J.).

Inzwischen erweitert sich das Angebot um Produkte mit weniger oder solche ohne Zucker und um fettreduzierte Varianten. Darüber hinaus werden viele Produkte in Mini- und Kleinpackungen hergestellt für einen portionsgerechten Genuss zwischendurch und unterwegs (Bundesverband der Deutschen Süßwarenindustrie e. V. o. J.). Süßwaren und Süßigkeiten werden oft synonym verwendet, obwohl Süßigkeiten nur eine Kategorie von weiteren ausmacht und darüber hinaus nicht alle Kategorien über den süßen Geschmack identifizierbar sind.

Von klein auf kommen Kinder über ihre Umwelt mit der Warenwelt der Süßwaren und insbesondere mit Süßigkeiten in Verbindung. Süßwaren bzw. Süßigkeiten sind eher als Zusatz zur Ernährung zu verstehen und weniger als essenziell notwendiger Nährstofflieferant. Auch unabhängig von der angeborenen Vorliebe für den süßen Geschmack findet die Gewöhnung an das Süße als Zusatz zur täglichen Ernährung selbstverständlich statt. Die Ausbreitung und der Konsum von Zucker werden problematisiert und damit einhergehend findet zunehmend auch die Auseinandersetzung darüber statt, ob Kinder einen eigenen selbstbestimmten Zugang zu Süßigkeiten haben sollten oder ob sie möglichst nicht selbst entscheiden sollten, wie viel und wann sie Süßigkeiten konsumieren. Das Erlernen eines verantwortungsvollen Umgangs mit Zucker, der entweder sehr offensichtlich in Form von Süßwaren bzw. Süßigkeiten daherkommen kann oder sich in allen möglichen weiteren Nahrungsmitteln versteckt hält, erhöht damit noch einmal den Anspruch an die damit in Verbindung stehende Erziehung und Sozialisation. Ob jemand einen sogenannten „süßen Zahn" entwickelt, wie Mintz es den Brit*innen über ihre zuckerlastige historische Entwicklung bescheinigt oder eben nicht, hängt ganz entschieden davon ab, welchen Stellenwert Zucker in der jeweiligen Gesellschaft hat und wie sich zu seinem Konsum verhalten wird.

Die wahrscheinlich genetisch bedingte Aversion gegen Bitterstoffe im Säuglingsalter zum Schutz vor giftigen und ungenießbaren Stoffen auf der einen Seite und die ausgesprochen positiven Reaktionen auf süße Substanzen von Säuglingen andererseits werden als angeborene Vorlieben aus der Evolution des Menschen erklärt. „Kohlenhydrate, das heißt Zucker, sind eine sichere und schnelle Energiequelle, die lebensnotwendig sind für den gesunden Organismus. Es wundert daher nicht, dass Muttermilch deutlich süß schmeckt und der Säugling allein durch den Geschmack zum Trinken animiert wird. Sogar durch den Gesichtsausdruck signalisieren uns Babys, wie gerne sie Süßes mögen" (Fehrmann 2009, S. 24 f.). Jenseits dieser angeborenen Präferenzen sind die individuellen Geschmacksvorlieben jedoch anerzogen, denn mit der Ernährung eines Babys in den ersten Lebensmonaten wird der Grad der Akzeptanz für Süßes im Kindes- und Erwachsenenalter bestimmt. Je süßer die Ernährung, desto höher die Akzeptanz für den süßen Geschmack und damit wäre dann auch der Grundstein für die Gier nach stark zuckerhaltigen Lebensmitteln gelegt (Fehrmann 2009, S. 24 f.). „Der größere Teil der Sozialisationsprozesse in der Primärsozialisation und auch später geschieht über Prozesse der Habitualisierung. Nicht Zwang und Anpassung, sondern Gewöhnung und Übernahme von Denk- und Verhaltensmustern sind kennzeichnend für die Sozialisation. Die Position der Familie im gesellschaftlichen Hierarchiegefüge prägt den gesamten Lebensstil" (Reitmeier 2013, S. 139). Kinder nehmen die Vorlieben, Haltungen und Umgangsformen der Eltern gegenüber Lebensmitteln, Kochen und Formen des Genusses in sich auf. Dazu gehören grundlegende Techniken und Praktiken der Nahrungszubereitung und Aufnahme sowie die Internalisierung bestimmter Körper- und Geschlechterbilder inklusive ihrer ernährungstechnischen Auswirkungen. Damit verbunden sind auch die geeigneten Orte und Zeiten der Nahrungsaufnahme sowie die soziale Bedeutung bestimmter Lebensmittel, wie z. B. Süßigkeiten, die als Belohnung für erwünschtes Verhalten eingesetzt werden können. Mit den verschiedenen Formen der Nahrungsaufnahme sind bestimmte Regeln und Manieren einzuhalten und Kinder lernen die verschiedenen sozialen Funktionen des Essens kennen (Prahl und Setzwein 1999, S. 123 nach: Reitmeier 2013, S. 141). „Kinder eignen sich die Lebenspraxis ihrer Eltern an, sie reproduzieren und verfestigen auch die ungleichen sozialen Verhältnisse, in die das Kind hineingeboren wird fortlaufend. (…) Die Praxisformen der Eltern werden vom Kind übernommen und nachgeahmt" (Reitmeier 2013, S. 141). Gegenwärtig fällt das Ideal der Familie im gesellschaftlichen Denken wieder mehr ins Gewicht, und der Traum von inniger Verbundenheit im familiären Zusammenhang ist wieder packender geworden, während parallel dazu auf der Ebene der konkreten Praktiken im Hinblick z. B. auf den eigenen Geschmack, eigene Lebensrhythmen oder Orte für die eigene Intimität ein steter Anstieg der Individualisierung zu verzeichnen ist. Diese beiden sozialen Logiken sieht Kaufmann zusammenprallen und zunehmend offensichtlicher. Die Zuspitzung macht sich an der Ernährung der Kinder fest. „Sollen die Eltern ihre Erziehungsprinzipien an sie weitergeben und darauf bestehen (regelmäßige Essenszeiten, Tischmanieren, gemeinsame Mahlzeiten, abwechslungsreiche, gesunde Ernährung) oder aber die Wünsche ihrer Kinder respektieren (zwischendurch etwas naschen, Süßigkeiten, vor dem Fernseher essen)?" (Kaufmann 2006, S. 157). Wobei sich die Frage stellt, ob nicht auch die Eltern entlang der Erziehungs- und Sozialisationserkenntnisse die Wünsche der Kinder nach Süßigkeiten mitgeprägt haben. Abgesehen von diesem Einwand gibt es aus Sicht Kaufmanns auf die Frage ohnehin keine gute Antwort, die im Rahmen allgemein anerkannter Werte einzubetten wäre. „Denn auf die Wünsche der Kinder hören heißt nicht nur, dass man bei Limonade und Bonbons nachgibt, die schlecht für ihre Gesundheit sind. Es heißt auch, sie als Persönlichkeiten anzuerkennen, die inzwischen ebenfalls das Recht auf ein gewisses Maß an Autonomie haben. Eine Tendenz zur persönlichen Autonomie, die die Gesellschaft insgesamt so kräftig durcheinander wirbelt, dass nichts sie stoppen kann. Nicht einmal die am wenigsten davon überzeugten Eltern kommen umhin, dies zu akzeptieren. Und die am festesten Überzeugten müssen trotz allem der Autonomie Grenzen setzen, ein Minimum an kollektiven Prinzipien durchsetzen" (Kaufmann 2006, S. 157). Dabei ist fraglich, ob angesichts der Pluralisierung und Individualisierung dieses Minimum an kollektiven Prinzipien überhaupt vorhanden ist. In Bezug auf Ernährung scheint Kaufmann sie zwischen dem Nachgeben bei Limonade und Bonbons sowie der gefährdeten Gesundheit zu sehen.

Trotzdem bemühen sich Eltern darum, ihren Kindern das Erlernen von Autonomie zu ermöglichen und zwar sehr früh in der Kindheit. In Bezug auf die Ernährung entdeckt Kaufmann den ersten Beitrag zum Autonomieerwerb „(…) durch die Verwaltung von kleinen, scheinbar bedeutungslosen Räumen wie einer Bonbonschublade, Keks- oder Getränkevorräten in einem Zimmer, die von den Eltern geduldet werden und als winziges Bruchstück der Ernährungspraxis in einem Territorium verankert sind, über das das Kind offiziell die Verantwortung übertragen bekommen hat. Die Bonbonschublade ist dafür ‚Behälter des Vergnügens' und zugleich ‚ein Beweis dafür, dass es sich selbst Regeln geben kann' (Diasio 2002, S. 254). Denn die gewährte Freiheit, sich etwas daraus zu nehmen, darf nicht gegen bestimmte Regeln verstoßen, die die Eltern festgelegt haben" (Kaufmann 2006, S. 164). Der Erfolg dieser Autonomie-Übung erlebt im Verlauf des Heranwachsens der Kinder zunehmend eine größere materielle Basis. Dazu gehört z. B. Essen im eigenen Zimmer, Snacks mit Freund*innen beim Anschauen eines Films am Computer. Das absolute Symbol der Autonomie besteht darin, einen eigenen Kühlschrank im Zimmer zu haben und damit zu spüren, „(…) dass es nicht nur bequem ist, einen solchen Einrichtungsgegenstand zu besitzen, sondern dass er ihnen auch das Gefühl gibt, am Ende der Kindheit angelangt zu sein. Aufgrund der durch materielle Tatsachen gekennzeichneten Einführung eines selbst verwalteten Territoriums, das einige Ernährungspraktiken umfasst" (Kaufmann 2006, S. 163 f.). Diese Erweiterungen der individuellen Zonen und Zeiten sind jeweilig selbstverständlich auszuhandeln und werden oft erst nach langen, zermürbenden Kämpfen erlangt (Kaufmann 2006, S. 164). Zu diesen Erkenntnissen zur Autonomieerlangung, wie Kaufmann sie versteht, passen die aus ernährungswissenschaftlicher Perspektive formulierten Erkenntnisse zur Taschengeldverwendung.

Der Taschengeld-Konsum

Im Jahr 2009 haben Schönberger und Schmitt Ergebnisse einer Studie veröffentlicht, in der sie sich mit dem Taschengeld und dem darauf basierenden Konsum von Kindern und Jugendlichen im Hinblick auf den ungesunden bzw. übermäßigen Konsum von Süßigkeiten und Fast Food auseinandergesetzt haben. Nahezu jedes Kind und fast jeder Jugendliche erhält gegenwärtig in Deutschland Taschengeld und zum Teil auch weit mehr, als in Empfehlungen ausgesprochen wird. Die Kinder und Jugendlichen geben ihr Taschengeld z. B. für Freizeitaktivitäten, Handy und Mode sowie auch häufig für Süßigkeiten und Fast Food aus. Sie finanzieren sich also Dinge, die sie zu Hause vielleicht in Maßen genießen dürfen oder möglicherweise überhaupt nicht bekommen oder von denen sie denken, dass diese als angesagt gelten und ihnen Zugehörigkeit in ihrer Peergroup einbringen. Schönberger und Schmitt stellen sich die Frage, ob wohl weniger Taschengeld einen geringeren Süßigkeiten- und Fast-Food-Konsum nach sich zöge und zugleich eine gesündere Ernährung zur Folge hätte. Oder ob nicht doch ein sehr viel breiteres Ursachen-Wirkungs-Geflecht zugrunde liegt, dessen Zusammenhänge bisher zu wenig eindeutig geklärt sind (Schönberger und Schmitt 2009, S. 1). In der Kids-Verbraucher-Analyse (KVA) (2009) zeigt sich, dass 94 % der Sechs-bis 13-Jährigen monatlich Taschengeld oder kleine Geldzuwendungen als Belohnung für gute Noten oder Mitarbeit im Haushalt in Höhe von durchschnittlich 21,87 EUR erhalten. Im Vergleich zum Jahr 2002 erhöhte sich der Betrag um rund 3,50 EUR. Die Zehn- bis 13-Jährigen bekommen dabei 2009 29,88 EUR und die Sechs- bis Neunjährigen erhalten 13,75 EUR (Schönberger und Schmitt 2009, S. 1).

22,86 Mrd. EUR werden 2009 von sechs- bis 19-jährigen Kindern und Jugendlichen ausgegeben, davon werden rund 20,5 Mrd. EUR von den 13-bis 19-Jährigen ausgegeben. Der überwiegende Anteil des Geldes wird in Kleidung, Ausgehen und Handy investiert. Die Ausgaben für Essen und Trinken sind im Vergleich dazu relativ gering, denn 1,3 Mrd. EUR werden für Fast Food und etwa 857 Mio. EUR für Süßigkeiten ausgegeben. Die Häufigkeit, mit der Kinder und Jugendliche Süßigkeiten und Fast Food kaufen, relativiert den scheinbar geringen Betrag. Bei den Sechs- bis 13-Jährigen geben rund 53 % ihr Geld für Süßigkeiten aus und 24 % für Fast Food bzw. Essen unterwegs. Der prozentuale Anteil an Ausgaben für Süßwaren sinkt zwar mit zunehmendem Alter, doch gleichzeitig steigt der

Erwerb von Getränken und Fast Food. Schönberger und Schmitt kommen zu dem Schluss, dass die teils beachtlichen Summen, über die Kinder und Jugendliche verfügen, ihnen durchaus ermöglichen, ihre Ernährung (mit) zu gestalten. Dabei ist es nicht ungewöhnlich, sich Geld für Fast Food zu leihen. Die Studie „Jugend und Geld" aus dem Jahr 2005 gibt an, dass 6 % aller Kinder und Jugendlichen verschuldet sind, und Fast Food wird mit 25 % aller Nennungen als häufigster Grund für die Verschuldung angegeben. Schulden für Ausgehen und Kleidung folgen mit jeweils 16 %, wobei Ausgehen und Essen nicht so ganz voneinander zu trennen sind. Über die Zusammenhänge soziokultureller und individueller Bedingungen sowie der daraus folgenden Verschuldung ist nichts bekannt (Schönberger und Schmitt 2009, S. 2).

In Bezug auf die selbstständige Entscheidung, wofür das Geld ausgegeben wird, dürfen rund 60 % der Sechs- bis Neunjährigen und 88 % der Zehn- bis 13-Jährigen ihr Taschengeld selbstständig ausgeben. 21 % der Sechs- bis Neunjährigen dürfen so viele Süßigkeiten kaufen, wie sie möchten, und 45 % der Zehn- bis 13-Jährigen. „Auch beim dazuverdienten Geld haben Kinder maßgeblich Mitspracherecht. In vielen Familien entscheiden Eltern und Kinder zwar gemeinsam, was mit dem Geld gekauft wird (48 %), ein fast ebenso großer Anteil entscheidet jedoch selbst darüber (44 %)" (Schönberger und Schmitt 2009, S. 3). Mit der Höhe der verfügbaren Geldmenge wird auch der Grad an Selbstversorgung mitbestimmt, der für Kinder und Jugendliche dadurch möglich wird. „Mit steigenden Beträgen können selbstbestimmt ganze Mahlzeiten bestritten und durch Fast Food, Süßigkeiten, Knabberartikel, Getränke und Eis ersetzt werden. Ob, bei welchen Kindern und Jugendlichen und warum aus der Möglichkeit eine Tatsache wird, ist noch nicht geklärt. Unbestritten ist jedoch, dass mit der steigenden Möglichkeit, sich selbst zu versorgen, auch die Gefahr zunimmt, dass die Qualität der Ernährung sinkt. Das ist Grund genug, eine Beschäftigung mit vielen noch ungeklärten Fragen anzustoßen, die darauf abzielt, konkrete Maßnahmen für Eltern sowie für Kinder und Jugendliche zu entwickeln" (Schönberger und Schmitt 2009, S. 5). Dazu gehört auch die Auseinandersetzung mit Fragen, was eigentlich vom Taschengeld bezahlt werden sollte und ob darin auch essenzielle Dinge wie z. B. Schulsachen, Kleidung oder auch Essen finanziert werden müssen? Darüber hinaus erhalten Kinder oft zusätzlich zum Taschengeld

Verpflegungsgeld, von dem die Höhe und die tatsächliche Ausgabe nicht bekannt sind (Schönberger und Schmitt 2009, S. 5).

Eltern fördern zunehmend die Selbstständigkeit und Autonomie ihrer Kinder und sehen sie als gleichberechtigte Partner*innen mit eigenen Wünschen an. „Diese Tendenz scheint einer wichtigen soziokulturellen Entwicklung zu folgen. (…) Diese Entwicklung greift scheinbar auch bei der Ernährung: So stimmen laut LBS Kinderbarometer 2007 zwar rund 50 % der Kinder völlig zu, dass ihre Eltern sehr auf regelmäßige Mahlzeiten und gesunde Ernährung achten" (Schönberger und Schmitt 2009, S. 3). Je älter die Kinder werden, desto mehr verändert sich das Verhalten der Eltern. Während Eltern bei Kindern der 4. Klasse noch stärker auf regelmäßige Mahlzeiten und eine gesunde Ernährung achten, hat dieses Verhalten bei Kindern in der 7. Klasse bereits nachgelassen. Schönberger und Schmitt haben mehrere Ideen zu der nachlassenden Aufmerksamkeit bezüglich der gesunden Ernährung. Eltern trauen ihren Kindern mit zunehmendem Alter auch in Sachen Ernährung eine größere Selbstständigkeit zu und legen dementsprechend die Verantwortung für eine gesunde Ernährung stärker in deren Hände. Es könnte sich dahinter jedoch auch Resignation verstecken, da die Kinder mit zunehmendem Alter machen, was sie wollen, unabhängig von den Anstrengungen der Eltern. Ein weiterer Aspekt entsteht durch die zunehmende Berufstätigkeit beider Elternteile, die die wachsende Selbstverantwortung der Kinder beschleunigt, weil sie unweigerlich stärker auf sich allein gestellt sind (Schönberger und Schmitt 2009, S. 3). Schönberger und Schmitt werfen insgesamt eine Reihe an Fragen auf, die sie in Zusammenhang mit Taschengeld, steigendem Selbstversorgungsgrad als entwicklungsgerechte Entwicklung und erwünschten Konsum von gesunden Nahrungsmitteln und Vermeidung von Süßwaren bringen (Schönberger und Schmitt 2009, S. 5). Wenig ist über diesen Zusammenhang bekannt, abgesehen von den Konsumausgaben über das Taschengeld, die als bedenkenswert hoch eingeschätzt werden. Das Taschen- und Verpflegungsgeld sollte viel stärker von wachsenden Verbraucher*innenkompetenzen, vermittelt in Elternhaus und Schule, begleitet werden, damit Kinder und Jugendliche eine größere Auswahl haben und sich eventuell auch gegen Süßigkeiten und Fast Food entscheiden können (Schönberger und Schmitt 2009, S. 5).

Die Verwendung des Taschengelds für Süßigkeiten und Fast Food einerseits und die Förderung der Selbstständigkeit und Autonomie andererseits decken sich für Schönberger und Schmitt mit ihrem Anspruch an eine gesunde Ernährung nur wenig. Besondere Aufmerksamkeit verdienen jedoch das Bedürfnis nach Süßigkeiten bei den jüngeren Kindern und ihre Entscheidung, das Geld für Süßigkeiten ausgeben zu wollen. Alternativ könnten sie das Geld ebenso für etwas anderes ausgeben wollen und von ihren Eltern als Versorgende eigentlich auch verlangen, sie doch selbstverständlich mit so viel Süßigkeiten (und Fast Food) auszustatten, wie sie möchten. Schönberger und Schmitt ziehen die Verantwortung der Eltern für die Versorgung der Kinder mit den Lebens- und Nahrungsmitteln, für die sich die Kinder interessieren, kaum in Erwägung. Damit legen sie fest, dass Eltern selbstverständlich für die gesunde Ernährungsweise ihrer Kinder verantwortlich sind und damit für eine ausgewogene Ernährung zu sorgen haben (siehe auch Diskursanalyse um dicke Kinder bei Fuhs 2003). Es stellt sich jedoch eine weitere bedeutende Frage. Warum verspüren Kinder das Bedürfnis, sich von ihrem Taschengeld selbstbestimmt Süßigkeiten kaufen zu wollen und nicht mehr von den jeweilig gegenwärtig bedeutsamen Konsumartikeln, wie es mit den Bereichen Handy und Mode bereits angeklungen ist? Damit stellt sich auch die Frage: Für welche Ernährung sind die Eltern zuständig und wie hoch sollte der Anteil an Süßwaren bzw. Süßigkeiten sein? Wenn Kinder sogar noch ihr Taschengeld dafür einsetzen, könnte es sein, dass ihnen der Anteil an Süßwaren in der täglichen Ernährung nicht ausreicht. Oder haben sie entlang des Autonomieverständnisses von Kaufmann nicht die Gelegenheit gehabt, dieses in Bezug auf Süßigkeiten hinreichend zu lernen? Oder ist in der Erziehung und Sozialisation bereits der „süße Zahn" angelegt worden, sodass die Gier nach Süßem immer spürbar ist, oder verhält es sich noch vollkommen anders: Gibt es vorübergehende Phasen, in denen Süßigkeiten eine größere Bedeutung haben, die mit zunehmendem Heranwachsen zugunsten von Fast Food und Peergroups verschwinden (siehe auch die Auseinandersetzung mit Fast Food bei Schmidt 2018 und 2019)? Viele Fragen bleiben offen, weil sie bisher zu wenig wissenschaftlich in das Zentrum der Aufmerksamkeit gerückt werden. Das Bedürfnis nach Süßigkeiten und der Wunsch nach selbstbestimmter Befriedigung bei Kindern sind ganz bestimmt viel eher in der Geschichte geweckt worden, denn für Bernfeld wird es auch Ende der 1920er-Jahre ein bedeutendes Thema.

Siegfried Bernfeld formuliert 1929 den Anspruch aller Kinder auf Schokolade, unabhängig ihrer Klassenzugehörigkeit oder ihres Status. Dieses Recht auf Schokolade gelte für alle Kinder, eben auch für „arme proletarische, auch Heimzöglinge" (Bernfeld 1929b, S. 243), und diese Erkenntnis gehört für ihn ebenfalls in einen größeren Zusammenhang, in dem es insgesamt um eine Abkehr von einem Anstaltssystem geht, in dem Kinder und Jugendliche, neben Prügelstrafen oder Arrest, auch Bestrafungen über Essensentzug erlebt haben (Bernfeld 1929b, S. 239). Die sog. Liebespädagogik Bernfelds umfasst noch mehr als das Recht auf Schokolade, denn sowohl die Leitung als auch die Erzieher*innen stellen sich gegen das bisher geltende System und verpönen es, vor allem kommt sie „(…) ohne Prügelstrafe, ohne Arrest, ohne Essensentzug aus" (Bernfeld 1929b, S. 239). Die Frage der Ernährung ist dabei nicht zu unterschätzen, da sie bei vielen Kinder und Jugendlichen unbewusst mit Liebesfragen verknüpft ist. Über die körperliche Bedeutung hinaus ist sie zur seelischen Lebensfrage geworden, die erst einmal aufgelöst werden müsse, um überhaupt erziehen zu können (Bernfeld 1929a, S. 252). Bernfeld betont die für ihn insgesamt zu abwertenden Einstellungen der Pädagogik gegenüber den Ernährungsinteressen von Kindern. Ernährungsinteressen der Kinder und Jugendlichen werden aus seiner Perspektive abgetan und zu wenig pädagogisch eingeschätzt, wenn sie lediglich unter den Aspekten der Maßlosigkeit, Gier, Naschhaftigkeit, Nörgelei und Disziplinlosigkeit betrachtet würden. „Nach dieser negativen Bewertung glaubt sie das Recht zu haben, sich ihren ‚höheren Aufgaben' widmen zu können" (Bernfeld 1929a, S. 252). Fragen rund um das Versorgungsgeschehen werden als vergeblich und schon gar nicht als pädagogisch relevant eingeschätzt.

Seine pädagogischen Überzeugungen gehen von einem grundsätzlichen Unterschied in der Stellung des*der Erziehers*in aus. „Früher war er ihr Gegner, sie mussten sich vor ihm hüten, ihre Gruppe vor ihm verbergen, sie wussten, dass ihr Ziel als ein niedriges (Näscherei), ihre Mittel als verbrecherisch (Diebstahl) verurteilt hätte – jetzt ist er ihr Führer, das heißt, er ist mit ihnen im Ziel solidarisch; er ist nicht durch Wertungen von ihnen differenziert, verurteilt nicht ihre Ziele (Wertungen) als kindische oder verwerfliche Naschhaftigkeit, Begehrlichkeit und setzt keine angeblich höheren Wertungen, sondern ist in Ziel und Wertung auf ihrem eigenen Niveau" (Bernfeld 1929b, S. 245). Unabhängig davon, ob Einrichtungen einen besonderen Wert auf die Ernährung legen – es kann noch so ausreichend, schmackhaft und abwechslungsreich sein –, können trotzdem Diebstähle vorkommen. In diesem von Bernfeld geschilderten Fall geht es um Schokoladendiebstähle. Ausgehend von der Erkenntnis, dass Diebstahl häufig ein vorübergehendes Symptom der Vorpubertät darstellt, zeigt der Schokoladen-Diebstahl auch Mut, Umsicht sowie die Geschicklichkeit der Kinder (Bernfeld 1929b, S. 240). „In einem Heim, das an die 150 Zöglinge, Knaben und Mädchen, Waisen, Gefährdete, Verwahrloste von 4 bis 14 Jahren umfasst, wird ein Junge von sieben Jahren dabei ertappt, der auf dem Schulweg in einem Laden Schokolade stahl. (…) Dieser Diebstahl ist ihnen eine schwere Enttäuschung; die Erzieher betrachten ihn als eine tiefe Erschütterung des moralischen Niveaus und glauben nicht, dagegen mit jenen milden Mitteln der neuen Erziehung ausreichend anzukämpfen. Sie sind aber unschlüssig, was zu tun sei und berufen vorerst den Schülerrat ein, der seit kurzem besteht, ohne dass er irgendeine Lebendigkeit oder Bedeutung in der Anstalt erlangt hätte. Die Sitzung verläuft ohne innere Anteilnahme der Kinder und führt zu keinem definitiven Ergebnis. Die Erzieher hatten nicht verfehlt, ihren Abscheu vor der Handlungsweise der Jungen auszudrücken und fanden durchaus die, wie nicht zu bezweifeln war, heuchlerische Zustimmung der Zöglinge. Doch nachts wurde es unruhig im Knabenschlafsaal, es gab ein Reden, Aufstehen, Konferenzen im Abort – und morgens gestand ein Junge im Auftrag seiner Komplizen einem Funktionär des Schülerrats: Seit gut vier Wochen stehlen sie, ihrer etwa 12, mit bestem Erfolg in den Läden der Schulumgebung täglich Schokolade. Dieser Fall verdient unsere Aufmerksamkeit, weil er durchaus typisch ist, und in der Tat oft so eingetreten ist" (Bernfeld 1929b, S. 239). Dieser Fall verunsichert die Erzieher*innen im Hinblick auf ihre für sie nun geltenden pädagogischen Mittel des Verweises, der Ermahnung sowie des Entzugs kleiner Vergünstigungen, die die Disziplin aufrechterhalten sollen, und bezweifeln vielleicht ihre Abkehr von den Mitteln des alten Systems, wie eben die Prügelstrafe, den Arrest oder Essensentzug. Bernfeld schlägt vor, weder Kostverbesserungen noch Taschengeld einzuführen, sondern die Kinder in die Lage zu versetzen, ihre Ziele selbstständig mit Mitteln zu erreichen, die legal sind und eben keine unangenehmen Folgen haben, wie Diebstahl eben unpraktische und unangenehme Folgen außerhalb des Heims (Schule, Polizei, Jugendamt) haben würde (Bernfeld 1929b, S. 244). „Solcher Wege gibt es zahlreiche und naheliegende; zum Beispiel könnte man den Kindern folgendes Mittel vorschlagen: Die kleine Diebesbande verwandle sich in eine Theaterspielbande, lade monatlich zu einer Aufführung ein, spiele vor ihnen auf Teilung des Eintrittsgeldes und schaffe so eine Kasse für legitime Schokoladekäufe" (Bernfeld 1929b, S. 244). Kindern müsse grundsätzlich ermöglicht werden, Schokolade für sie erreichbar zu machen, z. B. durch die Schaffung pädagogischer Situationen, in denen Kinder sich die Schokolade verdienen können, z. B. durch eine Theatergruppe. Die daraus entstehenden Einnahmen könnten zur freien Verwendung bzw. zum Schokoladeneinkauf genutzt werden. Kinder würden sich ansonsten andere, vielleicht illegale Wege suchen, um an die Schokolade zu kommen.

Grundsätzlich zeigt Bernfeld mit diesem Beispiel mehrere bedeutende Aspekte auf. Zum einen wird Naschhaftigkeit nicht als niederes Ziel bewertet. Vielmehr betont Bernfeld ein Recht der Kinder auf Schokolade und dieses Bedürfnis ist ernst zu nehmen, wenn auch illegale Wege als wenig geeignet angesehen werden. Verständigungsmöglichkeiten zwischen Kindern und Erzieher*innen werden dadurch geschaffen, dass die Bedürfnisse der Kinder nicht bewertet werden. „Kinder haben ein Recht auf Schokolade, auch arme proletarische Kinder, auch Heimzöglinge. Wenn die Erzieher erklärten: ‚Ihr habt ein Recht auf Schokolade – sie zu stehlen ist aber nicht der geeignete Weg; er führt zu allerhand Komplikationen, wie Ihr seht' (nicht aber: ‚er ist an sich verwerflich') – dann sind sie und die Zöglinge auf einer und derselben moralischen Ebene, dann sind Verständigungsmöglichkeiten offen" (Bernfeld 1929b, S. 243). Zum anderen bedeutet die Anerkenntnis des Rechts auf Schokolade nicht unbedingt die institutionelle Verpflichtung, Schokolade mit in die tägliche Ernährung der Einrichtung aufzunehmen. Wenn das Heim oft und reichlich Schokolade anböte, würden zwar die Diebstähle aufhören, „(...) aber damit wären sie noch lange nicht auf ein höheres seelisches Niveau gehoben, und durch nichts wäre ausgeschlossen, daß sich eine Bande bildete, die Kaugummi stiehlt" (Bernfeld 1929b, S. 243 f.).

Mit diesem Beispiel von Siegfried Bernfeld aus dem Jahr 1929 werden mehrere für Soziale Arbeit bedeutende Erkenntnisse möglich. Über lange Zeiten war es selbstverständlich, Kinder und Jugendliche in stationären Heimeinrichtungen mit Essensentzug zu bestrafen, darüber hinaus galt Schokolade als Luxus, der nicht allen Menschen gleichermaßen zugestanden wurde (und den sich auch nur wenige leisten konnten). Schokolade wurde eben auch zur Belohnung bzw. als Verstärker für erwünschtes Verhalten eingesetzt. Darüber hinaus möchte Bernfeld den Kindern die Überzeugung vermitteln, dass sie auch selbst in der Lage sind, sich auf legalem Weg ihre Bedürfnisse befriedigen zu können. Bernfelds bedenkenswerte Ideen, verdeutlicht am Beispiel Schokolade als Objekt des Luxus für Kinder aus schwierigen Lebenslagen und mit dem Verständnis für das kindliche Bedürfnis zu naschen, werden in der Heimerziehung der 1950er- und 1960er-Jahre nicht berücksichtigt.

In der Studie von Kuhlmann zur Heimerziehung in den 1950er- und 1960er-Jahren, in der auch das Essen bzw. Essenstrafen oder der Zwang zum Essen bestimmter Nahrungsmittel thematisiert wird, findet sich auch der Hinweis auf Belohnungen in Form von Schokolade oder sogar die regelmäßige Gabe von Schokolade einmal wöchentlich, unter der Bedingung, in der vorausgegangenen Woche nicht aufgefallen zu sein. Ein ehemaliges Heimkind erinnert sich daran zurück: „‚(...) Und dann ... gab es freitags ...immer Schokolade ...Und die faul waren, ja, kriegten nichts. (...) Das sind also auch Dinge, die man für sein Leben behalten hat, ne (...)' (Interview Isenburg)" (Kuhlmann 2008, S. 53). Insgesamt gehört auch die Nennung von Schokolade zu den wenigen Belohnungen, über die berichtet wurde, neben Geld oder „Fleißkärtchen" für gute Zeugnisse (Kuhlmann 2008, S. 141).

Zur symbolischen Bedeutung bzw. Erreichbarkeit und Verbreitung von Schokolade zu unterschiedlichen Zeitpunkten in der Gesellschaft insgesamt empfiehlt sich die Auseinandersetzung von Schirrmeister zur Geschichte der Schokolade (2010, S. 175 ff.) oder auch zur Eiscreme (Visser 1998). Darüber hinaus wäre es ergiebig, insbesondere den Zusammenhang von Süßigkeiten, Schokolade oder Eiscreme und die Erziehung von Kindern noch einmal grundsätzlicher zu beforschen im Hinblick auf sozialpädagogisch relevante Fragen. Mit der Herkunft des Zuckers und der Schokolade als luxuriöse Genussmittel für Erwachsene sind sie allgegenwärtig scheinbar vielmehr mit der Kindheit verbunden. Das lässt sich auch an bestimmten Traditionen zeigen, die inzwischen eng mit der Süßigkeitengabe verknüpft sind.

Süßes oder Saures?!

Zu Halloween am 31. Oktober 2021 fand sich ein interessanter Aufruf unter „Netzfundstück ‚Keine Süßigkeiten'" von Eltern, der mit der folgenden Ansage an die Nachbar*innen für Aufregung sorgte. „Liebe Nachbarn, wenn am 31. Oktober wieder unsere kleinen Halloweengeister unterwegs sind und bei Euch klingeln, dann denkt doch bitte daran, dass wir uns an einige Regeln halten wollen. Also bitte keine Süßigkeiten, sondern Gesundes wie Trauben, Paprika-, Gurken- oder Kohlrabisticks oder ein paar Nüsse bereithalten. Wir haben vor zwei Jahren tütenweise ungesunden Kram entsorgen müssen, den die Kinder bekommen haben. Vielen Dank und einen gruseligen Abend! Familie xx" (focus 2021, Zugegriffen: 01.11.2021). Zu Halloween ist es inzwischen auch in Deutschland zur Tradition geworden, dass sich Kinder verkleiden, durch die Straße ziehen, an den Häusern klingeln und nach Süßigkeiten verlangen. Die Kinder verkleiden sich zumeist als Gespenster, Vampire oder Hexen, fordern an den Haustüren „Süßes sonst gibt's Saures" und bekommen dafür Süßigkeiten. Auf Twitter wurde das nachbarschaftliche Schreiben diskutiert und kritisiert. Dabei gab es sowohl Zustimmung und Verständnis für die Eltern als auch Spott und Häme. Das Argument, dass die Mengen an gesammelten Süßigkeiten sowieso nicht von den Kindern gegessen werden und früher oder später weggeworfen würden, stärkt den Aufruf, während sich die Kritiker*innen vor allem an den gesunden Alternativen störten (focus 2021, Zugegriffen: 01.11.2021). ◄

Halloween hat sich erst in jüngerer Zeit verbreitet, während das Martinssingen bzw. Martinisingen in protestantischen Gegenden bereits seit längerer Zeit von Kindern am 10. November eines jeden Jahres begangen wird.

Martinssingen – Martinisingen

Am Martinstag hat sich der Brauch des Martinssingen zum Fest des heiligen Bischofs Martin von Tours am 11. November entwickelt. Als sog. Heischebrauch erhalten Kinder dabei für ihren Gesang mit Martinslaternen Geschenke. Das Martinssingen ist vor allem in bestimmten Gegenden verbreitet mit lokal verbreiteten Namen, wie z. B. Schnörzen, Gripschen, Kötten oder Dotzen im Rheinland. Ab dem 18. Jahrhundert entwickelte sich überwiegend in protestantischen Regionen das Martinisingen mit dem nun im Mittelpunkt stehenden Reformator Martin Luther, der am Martinstag (11. November 1483) getauft wurde und den Namen des Tagesheiligen erhalten hatte. „Die Kinder tragen ihre für den Martinszug gebastelten Laternen und ziehen in Gruppen, kleinere Kinder auch mit ihren Eltern, von Haus zu Haus. Dort singen sie dann eines der traditionellen Martinslieder. Von den Zuhörern wird dann erwartet, Süßigkeiten, Obst, Gebäck oder andere kleine Präsente bereitzuhalten, die den Kindern als Belohnung für ihren Gesang übergeben werden. In manchen Gegenden wird bei den Nachbarn und vor anderen Privathäusern gesungen. In anderen Gegenden werden Ladengeschäfte bevorzugt" (wikipedia o. J.c.). ◄

Ein weiteres Beispiel für das bewusste Schenken von Süßigkeiten erleben Kinder, wenn sie ihren ersten Schultag haben und sie von ihren Eltern eine Schultüte überreicht bekommen.

Schultüte – Zuckertüte

Eine Schultüte, in manchen Regionen Deutschlands auch Zuckertüte genannt, besteht überwiegend aus Pappe in Form einer Spitztüte, die Schulanfänger*innen zur Einschulung geschenkt bekommen und in denen sich Geschenke, z. B. Süßigkeiten und weitere kleine Geschenke, z. B. Buntstifte oder anderes Schulmaterial, befinden. Seit dem 19. Jahrhundert ist der Brauch in Deutschland bekannt und er stammt im Wesentlichen aus Sachsen und Thüringen. Der bisher früheste Hinweis findet sich in der Autobiografie des Pastorensohns Karl Gottlieb Bretschneider, der 1781 oder 1782 in Gersdorf bei Hohenstein-Ernstthal in Sachsen eingeschult wurde. Weitere Nachweise finden sich 1801 im thüringischen Benshausen, Jena (1817), Dresden (1820) sowie Leipzig (1836). In seinen Kindheitserinnerungen („Als ich ein kleiner Junge war") beschreibt Erich Kästner den Inhalt seiner Schultüte (erster Schultag 1906 in Dresden): „Bonbons, Pralinen, Datteln, Osterhasen, Feigen, Apfelsinen, Törtchen, Waffeln und goldene Maikäfer" (Kästner 2009, o. S.).

Schultüten haben sich von Mitteldeutschland aus verbreitet und Berlin gehört zu den ersten Städten außerhalb der Ursprungsgebiete, in denen Schultüten gebräuchlich wurden. In früheren Zeiten brachten die Pat*innen sie mit und heute überwiegend die Eltern. In manchen Gegenden ist der Name „Zuckertüte" gebräuchlicher aufgrund der Füllung (wikipedia o. J.b). ◄

In der gegenwärtigen Heimerziehung stellt sich auch wiederkehrend die Frage, wie viel Süßigkeiten vertretbar sind vor dem Hintergrund, eine ausgewogene Ernährung mit einem begrenzten Budget zu entwickeln, sodass auch gleichzeitig der Autonomiegewinn für Kinder und Jugendliche erreicht wird. In Bezug auf aktuelle Erkenntnisse aus der Heimerziehung werden in dem Projekt „Powerfood – Ernährung in Jugendhilfeeinrichtungen" der Parikom gGmbH in Kooperation mit dem Paritätischen Sachsen und der Landesarbeitsstelle Schule-Jugendhilfe Sachsen e. V. (LSJ Sachsen e. V.) bedeutsame Ziele verfolgt. Ausgangspunkt des Projekts war das Fehlen jeglicher Daten zur Höhe der Verpflegungspauschalen und ob diese überhaupt ausreichend sind. Während zu Unterbringungsdauer, Alter der untergebrachten Kinder und Jugendlichen sowie zur Hilfeart in Sachsen statistisches Datenmaterial vorliegt, lässt sich nichts darüber aussagen, wie die Kinder und Jugendlichen verpflegt werden. Obwohl Jugendhilfeeinrichtungen in Sachsen wiederkehrend beklagten, dass die Pauschale zu gering sei.

Vor diesem Hintergrund startete das Projekt „Powerfood – Ernährung in Jugendhilfeeinrichtungen". Das Gesamtprojekt wird gefördert durch den Verband der Ersatzkassen in Sachsen (vdek), der beim Ausbau von Prävention und Gesundheitsförderung insbesondere sozial benachteiligte Personen im Blick hat, um einen Beitrag zur Verminderung sozial bedingter Ungleichheit von Gesundheitschancen zu leisten (Parikom 2019, S. 9). „Die stationären Jugendhilfeeinrichtungen in Sachsen erhalten derzeit für die einzelnen Kinder/Jugendlichen eine Verpflegungspauschale pro Tag. Zum aktuellen Zeitpunkt liegt diese bei einer Höhe von 4,95 EUR bis 5,54 EUR und ist altersunabhängig. Kinder und Jugendliche zwischen 1 und 18 Jahren haben jedoch sehr unterschiedliche Bedarfe bezüglich der aufzunehmenden Kalorien- und Nährstoffmengen" (Parikom 2019, S. 9). Diesen unterschiedlichen Bedarfen hat sich das Projekt vor allem gewidmet und diese ausdifferenziert. Darüber hinaus wurden ebenfalls Kriterien zu sozial bedeutenden Aspekten des Essens formuliert. Im Hinblick auf das Thema Süßigkeiten wurden Rahmenkriterien und der Umgang mit Süßigkeiten für die stationäre Kinder- und Jugendhilfe formuliert. Süßigkeiten sind grundsätzlich erwünscht:

- „Süßigkeiten dürfen sein
- maximal eine Hand voll Süßigkeiten pro Tag
- bei kleineren Kindern gemeinsam mit dem Betreuer/der Betreuerin die Süßigkeiten und Menge auswählen
- Limonaden, Fruchtsäfte haben oft einen hohen Zuckergehalt, besser: ungesüßte Getränke (Tee, Wasser, mit Wasser verdünnte Direktsäfte)" (Parikom 2019, S. 13).

Die jeweilige Gesamtverzehrmenge für die Kinder bzw. Jugendlichen ist für alle anderen Lebensmittelgruppen nach Altersgruppen ausdifferenziert worden, und für eine bessere Transparenz sind die Mengenangaben nach den einzelnen Lebensmittelgruppen aufgeschlüsselt und tabellarisch als Tages- und Wochenbedarf angegeben worden.

Im Projekt wurden die Mengen entlang von Berechnungsgrundlagen entwickelt und in detaillierten Warenkörben dargestellt. Die Warenkörbe lassen bestimmte Lebensmittel außen vor, wie z. B. Tee, Kaffee- und Kakaopulver, Puddingpulver, Salz, Zucker, Gewürze, da diese Lebensmittel in der täglichen Anwendung nur in sehr geringen Mengen zum Einsatz kommen und dennoch auf Vorrat angeschafft werden müssen. „Ebenso sind Süßigkeiten bzw. geduldete Lebensmittel nicht aufgeführt. Diese Lebensmittel gehören jedoch bei den Kindern und Jugendlichen zum Alltag und finden sich ebenfalls in den Empfehlungen des Forschungsdepartments für Kinderernährung wieder. Geduldete Lebensmittel bzw. Süßigkeiten werden mit maximal 10 % des täglichen Kalorienbedarfs angegeben und entsprechen circa einer Handvoll Süßigkeiten. Zu beachten ist jedoch, dass hierzu auch süße Aufstriche wie Honig, Marmelade, Schokocreme, Kuchen und Kekse, Getränke wie Orangenlimonade als auch Chips oder Pommes frites zählen. Somit ist es wichtig, im Gesamtbudget mindestens 10 % für die Anschaffung dieser Lebensmittel zu berücksichtigen" (Parikom 2019, S. 15 f.). Unter Süßigkeiten werden weitere Nahrungsmittel gefasst, die über die Definition von Süßwaren hinausreichen: süße Aufstriche, Kuchen, Getränke sowie Pommes frites. Zum einen ist an dieser Arbeitshilfe auffallend, dass die Genussmittel Tee, Kaffee, Kakao sowie Zucker nicht mit in den Warenkorb hineingenommen wurden aufgrund ihrer geringen Mengen, obwohl sie jeden Tag konsumiert werden, und zum anderen gehören Süßigkeiten zwar in den Alltag der Ernährung, doch gleichzeitig soll ihr Konsum nicht mehr als 10 % des täglichen Kalorienbedarfs ausmachen. Vermutlich haben viele diesen Prozentanteil bereits nach dem Frühstück mit einem Marmeladen- und Schokocremebrot erreicht.

Die Arbeitshilfe stellt eine sinnvolle Idealformulierung dar und dennoch wird deutlich, welche Fragen darüber hinaus sozialpädagogisch zu bearbeiten sind. Diese betreffen die Erwünschtheit und das Maß von Genussmitteln, darunter auch die vielfältigen Formen, in denen Zucker täglich auf den Tisch kommt, sowie selbstverständlich deren Finanzierung. All diese Nahrungsmittel gelten als Bestandteile gesellschaftlich eingelebter Mahlzeiten und sind deshalb auch für Erziehungs- und Sozialisationsprozesse besonders bedeutsam. Parikom spricht sich für einen verantwortungsvollen Umgang aus, während Rose in einer Studie in stationären Einrichtungen vor allem eine alles durchdringende Gesundheitsnorm festgestellt hat. Diese erweist sich als besonders zentral für das professionelle Sprechen und Handeln, wenn zum Frühstück Milch und Müsli angeboten werden, eine warme Mahlzeit vor allem auch Gemüse und Salat umfasst sowie als Zwischendurch-Snack Obst und Gemüse-Sticks sowie als Getränke Saftschorlen und Wasser im Überfluss offen zur Verfügung stehen. Der weitverbreitete Kodex gesunder Ernährung spiegelt sich in dem Nahrungsangebot wie auch in den dazugehörigen Speisetabus: „Knabbergebäck wird selten angeboten, ebenso Kuchen, Eis, Schokolade, Softdrinks und Süßigkeiten. Zucker- und Kakaomengen werden begrenzt. Auch müssen die vom Taschengeld finanzierten oder von den Eltern geschenkten Süßigkeiten bis zu einem bestimmten Alter im Heim abgeliefert werden, von dem sie dann kontrolliert in kleinen Dosierungen an die Kinder wieder ausgegeben werden" (Rose 2019, S. 7). Die Fachkräfte halten die Kinder und Jugendlichen dazu an, die erwünschten Lebensmittel zu konsumieren, unabhängig von ihrem Widerwillen. Die aus diesem „Gesundheitsregime" resultierenden ständigen Konflikte belasten die Beziehung zwischen Kindern und Institution (Rose 2019, S. 7). Dieses von Rose als Gesundheitsregime bezeichnete Vorgehen der Fachkräfte kann auch mit dem unreflektierten Zusammenprall unterschiedlicher Konsummuster zusammenhängen, die zu Beginn in Kap. 2 auch schon unter der Frage des Geschmacks als herkunfts- und schichtspezifische Prägung thematisiert wurden.

In empirischen Studien über den Nahrungskonsum in Deutschland findet sich die Gegenüberstellung zweier Konsummuster: „(…) eines, dessen Eigenart von Lebensmitteln und Speisen geprägt wird, die als leicht und zart gelten, und eines, das genau umgekehrt als schwer und grob wahrgenommen wird (…). So verbrauchen Haushalte mit höherem Einkommen ‚mengenmäßig mehr Käse, Quark, Vollmilch und Joghurt, mehr Eier, Obst, Tomaten und anderes Gemüse und Butter, dagegen weniger Kartoffeln, Brot und Margarine' (Köhler 1991, S. 17). In unteren sozialen Lagen werden demgegenüber im Allgemeinen weniger frisches Gemüse und Obst konsumiert und dafür mehr fett- und zuckerreiche Lebensmittel und solche, die als sättigend angesehen werden" (Barlösius 2016,

S. 121 f.). Die Gegensätzlichkeit der Konsummuster ist jedoch auch geprägt von einer relationalen Charakterisierung, also einer mal, mehr mal weniger sichtbaren Gegensätzlichkeit.

Diese strukturell ähnlichen Konsummuster bezüglich des Zeichencharakters „mager-verfeinert – exquisit" contra „fett – schwer – kräftig-nahrhaft" lassen sich auch in weiteren europäischen Ländern finden, z. B. in Großbritannien oder Finnland, der Schweiz sowie Frankreich. Der Fettkonsum liegt in sozial benachteiligten Lagen höher als in privilegierten, und ein Unterschied zeigt sich auch beim Gemüse- und Obstverzehr, der in den oberen sozialen Schichten stärker verbreitet ist, während in den unteren Lagen mehr Salz, Zucker, Brot und Kartoffeln verzehrt werden. Sekundäranalysen von Ernährungsstudien aus 15 europäischen Länder zeigten, mit kleinen Abweichungen, überall die sich gegen-überstehenden Geschmacksmuster. Das eine gilt als „gesund" und wird mit einem höheren Bildungsniveau verbunden und ein weiteres als „ungesund" bewertet sowie mit geringen Bildungsabschlüssen verbunden (Prättälä et al. 2002, S. 104 nach: Barlösius 2016, S. 121 f.). „Das hohe Maß an ‚europäischer' Übereinstimmung soll aber nicht darüber hinwegtäuschen, dass die nationalen Unterschiede, wenn der mengenmäßige Konsum miteinander verglichen wird und nicht das Konsummuster, die sozialen Differenzen oftmals überwiegen" (Barlösius 2016, S. 121 f.). In der „europäischen Gleichförmigkeit" zeigt sich weniger die des Konsums als vielmehr die kulturelle Umsetzung sozialer Differenzierungs-prozesse auf dem Gebiet des Essens, was wieder zurückführt zu der Frage nach der vermittelnden Instanz zwischen sozialer Position und dem Habitus beim Essen (Barlösius 2016, S. 121 f.).

Darüber hinaus ist weiterhin von Bedeutung, dass Reaktionsweisen auf Not und Mangelsituationen in der Versorgungslage in verschiedenen Ländern ähnlich begegnet wird. „Auf Lebensmittel und Speisen, die innerhalb der Küche zentrale Bedeutung haben, wird kaum verzichtet, weshalb die Charakteristik einer Küche, deren Eigengeschmack, auf den sich auch die Überzeugung der kulturellen Über-legenheit der eigenen Küche bezieht, deutlicher hervortritt. In traditionellen Gesellschaften sind dies kohlenhydratreiche Speisen und in Wohlstandsgesell-schaften beispielsweise Fleisch und zuckerhaltige Getränke. Insgesamt wird jedoch der bisher gewohnte Kochstil beibehalten, und Einsparungen werden nur innerhalb des Stils vorgenommen. Diese bestehen darin, Lebensmittel, die nicht zur täglichen Mahlzeit gehören, wegzulassen oder durch preiswerte zu substituieren, weiterhin sich auf die Nahrungsmittel zu konzentrieren, die als Grundnahrungsmittel betrachtet werden, und auf solche, die als unverzichtbare und preisgünstige Genüsse gelten" (Barlösius 2016, S. 144). Die Reduktion von Lebensmitteln, ohne den gewohnten Kochstil aufzugeben oder auf einen kulturell geringwertiger angesehenen zu wechseln, bedeutet, für sich und andere möglichst Kontinuität vorzutäuschen. „Die Umstellung, das Balancieren von Zentrum und Peripherie, folgt somit nicht nur ökonomischer Rationalität, sie berücksichtigt insbesondere die kulturelle Eigenart der Küche, weshalb an dem gewohnten und geschätzten Geschmack möglichst lange festgehalten wird" (Barlösius 2016, S. 144).

Mit diesen Erkenntnissen zur sozialen Differenzierung könnte in der stationären Heimerziehung das von Rose als vorherrschendes Gesundheitsregime bezeichnete Vorgehen bei der Ernährung zugunsten einer größeren Freiheit in der Auswahl aufgelöst werden, wenn in einem ersten Schritt die verschiedenen Muster und Überzeugungen nachvollzogen und erkannt werden können und in einem zweiten Schritt die vielleicht vorherrschenden Vorstellungen basierend auf erlernten Mustern auf allen Seiten hinterfragt und mehr gemeinsame Entscheidungen bezüglich der Ernährung getroffen werden könnten.

Die Gesundheitsüberzeugungen beim Essen haben zudem, wie Barlösius gezeigt hat, zum einen ihre Wurzeln in der biochemisch orientierten Ernährungswissenschaft, die Kochtraditionen und historisch gewachsene Esskulturen durch eine physiologisch orientierte „Ernährungsrationalität" ersetzen will, und zum anderen werden dafür verhaltenswissenschaftliche Inhalte seit den 1950er-Jahren verstärkt in die Ernährungswissenschaft integriert (Barlösius 2016, S. 70 f.). Die Verhaltensforschung etablierte sich langsam und stetig, während die Dominanz der Biochemie bestehen blieb. Die naturwissenschaftliche Perspektive wurde über die Verhaltensforschung relativiert und Ernährungsverhalten überwiegend als sozial überformtes Verhalten definiert, basierend auf der Vorstellung durch den Hunger- und Sättigungsmechanismus regulierten Verhaltens. Die darauf entsprechend aufbauenden Ernährungsempfehlungen beziehen keine weiteren für das Essen bedeutenden Aspekte mit ein und es erfolgt bisher auch kaum Einmischung aus anderen Disziplinen, wie z. B. der Sozialen Arbeit, die in einem hohen Maße Gemeinschaftsverpflegungen organisiert oder daran beteiligt ist. Doch auch die Gesundheitsförderung dringt erst langsam in den Bereich des Essens vor und wird lauter, wenn es um die Betonung genussvollen Essens und der damit einhergehenden Steigerung der Lebensqualität und Zufriedenheit geht, was wiederum gesundheitsfördernd wirkt. „Unabhängig davon, ob die Nahrungsmittel und die Art der Nahrungsaufnahme nach ernährungswissenschaftlicher Definition eher als ungesund eingestuft werden. Gesundheitsförderung hat ebenso erkannt, dass erzwungene Arten des Essens langfristig zu Unsicherheiten und Ablehnung führen können" (Walther 2015, S. 197).

In der Gesundheitsförderung bestehen plurale Vorstellungen von Gesundheit und Wohlbefinden im Zusammenhang mit Genusserleben, die sich vor allem auch auf unterschiedliche Vorstellungen von Frauen und Männern bezüglich gesunden Essens beziehen oder Kinder- von Erwachsenenvorstellungen unterscheiden. Essen ist für jeden Menschen über die physische Notwendigkeit hinaus mit vielfältigen bedeutsamen Aspekten verknüpft, wie z. B. Identität, Zugehörigkeit, Kultur, Gemeinschaft, Selbstständigkeit, Unabhängigkeit, Genuss, Gesundheit, Nachhaltigkeit, Lebensrhythmus. Die Aufzählung könnte um viele weitere ebenso bedeutende Perspektiven erweitert werden, die für Menschen wichtig sein können; vor allem auch im Hinblick auf die Ausprägung ihrer eigenen Ernährungsbiografie. Kinder und Jugendliche in stationären Einrichtungen der Kinder- und Jugendhilfe, aber auch darüber hinaus in weiteren Arbeits- und Handlungsfeldern Sozialer Arbeit sind durchgängig gefährdet, über ihre Umwelt Ausgrenzung zu erfahren, und deshalb sollten sie insbesondere unterstützt werden, ihre eigenen Vorlieben zu entdecken und die bereits entdeckten auch genussvoll weiterführen zu können. Ernährungs- und essbezogenes Lernen erstreckt sich über die gesamte Lebensspanne, wobei dieses in den wenigsten Fällen innerhalb organisierter Lernarrangements stattfindet. Bisher werden die überwiegenden Kenntnisse in Form informeller Lernarrangements erworben (Klein 2018, S. 278). Die Kritik von Barlösius an der verhaltenswissenschaftlichen Ausrichtung der Ernährungswissenschaft ist berechtigt, wenn diese als Gesundheitsnorm oder -regime in Arbeits- und Handlungsfeldern der Sozialen Arbeit realisiert werden, anstatt auf mehr Teilhabe im Bereich Essen vor allem im lebensweltlichen Kontext zu setzen. In der Konzeption der Gesundheitsförderung werden zwei Ansatzpunkte zur Förderung von mehr Teilhabe an Gesundheit benannt: erstens im Bereich der Schaffung gesundheitsförderlicher Lebenswelten und zweitens in der Entwicklung persönlicher Kompetenzen. Gesundheitsförderliche Lebenswelten schaffen unterstützende Umweltbedingungen, wobei als Grundlage die enge Verbindung zwischen Mensch und Umwelt für einen sozialökologischen Weg zur Gesundheit angesehen wird. Gesundheitsförderung schafft sichere, anregende und befriedigende Arbeits- und Lebensbedingungen und macht den Schutz der natürlichen und sozialen Umwelt sowie die Erhaltung der natürlichen Ressourcen zu ihrem Thema. Der Lebensweltansatz als Kernstrategie der Gesundheitsförderung bezieht dabei alle Lebensbereiche mit ein. Gesundheit wird im Alltag hergestellt und aufrechterhalten. Daraus folgt für die Gesundheitsförderung, ebenfalls im Lebensalltag anzusetzen und diesen gesundheitsförderlich zu gestalten (Kaba-Schönstein 2018, o. S.). Die Überschneidungen von gemeinsamen Zielen im lebensweltlichen Kontext könnten dabei von Bedeutung für Essensfragen in der Sozialen Arbeit werden, um sich mit Fragen der Gesundheit im Rahmen von Gesundheitsförderung noch einmal neu danach auszurichten, jenseits sozialer Differenzierung und verhaltenswissenschaftlich genormter Gesundheitsideen, mit Essen Genuss und Wohlbefinden und damit auch die Förderung von Selbstachtung (Bettelheim 1989) zu ermöglichen. Dazu gehören dann auch Nahrungsmittel, die zwar Genussmittel heißen, aber schon lange nicht mehr mit Genuss in Verbindung gebracht werden, Genuss auch noch einmal neu zu entdecken ist. Tee, Kaffee, Schokolade sowie Zucker in allen möglichen Süßwarenvariationen gehören damit unbedingt in die Warenkörbe und Vorratsschränke der Sozialen Arbeit sowie als Ziel von Autonomie als ein Baustein von Wohlbefinden.

Fazit

Zucker in vielen verarbeiteten Formen bestimmt die Lebenswelten in Bezug auf die Ernährung mit, die eben auch als Erziehungs- und Sozialisationslebenswelten eine Vielzahl an Berührungen und konsequenten Entscheidungen im Hinblick auf Autonomiegewinn erfordern. Dabei hat sich der Zucker selbstverständlich als Grundnahrungsmittel in versteckter Form eingeschlichen und mischt vor allem als Süßware bzw. Süßigkeit mit, wenn es um spezielle Bräuche in der Kindheit geht, wie z. B. die Schultüte oder Halloween. Der im Überfluss genutzte Zucker könnte auch als gerechte Verteilung verstanden oder als Angekommensein im Wohlstand verstanden werden, da sich ein ehemaliges Luxuslebensmittel so veralltäglicht hat. Mit der Industrialisierung wurde die massenhafte Verbreitung des Zuckers begonnen, weil er als schneller Energielieferant die Entwicklung vorantrieb. Seine industrielle Verarbeitung hingegen beeinflusste die beschleunigte Entwicklung der Erwerbsarbeitsgesellschaft, weil von nun an eine schnellere Versorgung der Familie über Fertiggerichte möglich wurde. Nahrungsmittel beeinflussen Gesellschaften viel mehr, als ihnen zugetraut wird. Und diese Erkenntnis hat auch für die Soziale Arbeit zu gelten, sie ist viel stärker beeinflusst vom Essen und der Ernährung, als ihr bewusst ist. ◄

Fragen zur Wiederholung

1. Haben Sie bereits einmal probiert, den Zuckergehalt Ihrer täglichen Nahrung zu berechnen?
2. Würden Sie einen freien Zugang zu Süßigkeiten in Einrichtungen Sozialer Arbeit unterstützen oder setzen Sie lieber auf Zuteilung einer Handvoll täglich? Begründen Sie Ihre Entscheidung!
3. Welche Erkenntnis in Bezug auf Zucker erscheint Ihnen für Soziale Arbeit am bedeutendsten?

Literatur zur Vertiefung

Bernfeld, Siegfried. 1929b. Strafen und Schulgemeinde in der Anstaltserziehung. In *Siegfried Bernfeld, Sämtliche Werke: in 16 Bänden*, Hrsg. U. Herrmann, Band 11, 239–249. Weinheim/Basel: Beltz.

Merki, Christoph Maria. 2001. Zucker. In *Genussmittel. Eine Kulturgeschichte*, Hrsg. Thomas Hengartner und Ch. M. Merki, 259–289. Frankfurt/Main/Leipzig: Insel.

Mintz, Sydney. 1987. *Die süße Macht*. Frankfurt/Main: Campus.

Literatur

Allianz. 2015. Infografik. Zucker in Zahlen. https://gesundheitswelt.allianz.de/gesundheit-ernaehrung/abnehmen-diaet/infografik-zucker-in-zahlen.html, Zugegriffen: 03.11.2021.

Barlösius, Eva. 2016. *Soziologie des Essens. Eine sozial- und kulturwissenschaftliche Einführung in die Ernährungsforschung*. 2., völlig überarb. und erw. Aufl. Weinheim: Beltz Juventa (Grundlagentexte Soziologie).

Barthes, Roland. 1975. Toward a psychology of contemporary food consumptions. In *European diet from preindustrial to modern times*, Hrsg. Elborg Forster und R. Forster, 47–59. New York: Harper und Row.

Bernfeld, Siegfried. 1929a. Die Ernährungsfrage in Erziehungsanstalten – Zur Psychologie der Revolten. In *Siegfried Bernfeld, Sämtliche Werke: in 16 Bänden*, Hrsg. U. Herrmann, Band 11, 249–255. Weinheim/Basel: Beltz.

Bettelheim, Bruno. 1989 [1974]. *Der Weg aus dem Labyrinth. Leben lernen als Therapie*. München.

Bundesministerium für Ernährung und Landwirtschaft (BMEL). Statistik der Versorgungsbilanzen, https://www.bmel-statistik.de/ernaehrung-fischerei/versorgungsbilanzen/zucker-glukose/. Zugegriffen: 03.11.2021.

Bundesverband der Deutschen Süßwarenindustrie e. V. o. J. Warenkunde Süßwaren, https://www.bdsi.de/warenkunde/. Zugegriffen: 26.11.2021.

Burnett, J. 1966. *Plenty and want*. London: Thomas Nelson.

Campbell, R. H. 1966. Diet in Scotland, an example of regional variation. In *Our changing fare*, Hrsg. T. C. Barker, J. C. McKenzie und J. Yudkin, S. 47–60. London: MacGibbon und Kee.

Ernst J. B., Ulrike Arens-Azevêdo et al. für Deutsche Adipositas-Gesellschaft, Deutsche Diabetes Gesellschaft und Deutsche Gesellschaft für Ernährung. 2018. *Quantitative Empfehlung zur Zuckerzufuhr in Deutschland*. Bonn.

Fehrmann, Susanne. 2009. *Die Psyche isst mit. Wie sich Ernährung und Seele beeinflussen*. München: Knaur Taschenbuch.

Focus.de. 2021. Netzfundstück. https://www.focus.de/panorama/welt/netzfundstueck-keine-suessigkeiten-eltern-kassieren-mit-halloween-regeln-fuer-nachbarn-kritik_id_24378880.html. Zugegriffen: 01.11.2021.

Fuhs, Burkhard. 2003. Dicke Kinder. Eine Internet-Recherche Anmerkungen zu einem unterschätzten Körperdiskurs. *ZBBS Heft 1/2003*, S. 81–104.

Kaba-Schönstein, Lotte. 2018. *Gesundheitsförderung 3: Entwicklung nach Ottawa.* (letzte Aktualisierung am 15.06.2018). doi:https://doi.org/10.17623/BZGA:224-i035-1.0.

Kästner, Erich. 2009 [1957]. *Als ich ein kleiner Junge war.* Dresden: Hellerau.

Kaufmann, Jean-Claude. 2006. *Kochende Leidenschaft. Soziologie vom Kochen und Essen.* Konstanz: UVK.

Klein, Anika. 2018. Ernährungs- und essbezogenes Lernen im Alter. In *Alter(n)-Lernen-Bildung. Ein Handbuch*, Hrsg. Renate Schramek und C. Kricheldorff et al., 278–288. Stuttgart: Kohlhammer.

Kochend-heiss. 2020. Was ist nun ein Lebensmittel und was ein Nahrungsmittel?" Lebensmittel = Nahrungsmittel. Der Unterschied. https://www.kochend-heiss.de/2020/02/04/lebensmittel-gleich-nahrungsmittel-der-unterschied/. Zugegriffen: 10.10.2021.

Köhler, Barbara M. 1991. *Gibt es eine soziale Differenzierung des Ernährungsverhaltens? Sekundäranalytische Untersuchungen sozialer Bestimmungsgrößen des Ernährungsverhaltens Erwachsener.* WZB-Discussion Paper, 91–208. Berlin: Wissenschaftszentrum Berlin für Sozialforschung.

Kuhlmann, Carola. 2008. *„So erzieht man keinen Menschen!" Lebens- und Berufserinnerungen aus der Heimerziehung der 50er und 60er Jahre.* Wiesbaden: VS.

Liebenstein, von Stephanie. 2017. Dickenaktivismus in Deutschland. Die Gesellschaft gegen Gewichtsdiskriminierung e.V. In *Fat Studies in Deutschland. Hohes Körpergewicht zwischen Diskriminierung und Anerkennung*, Hrsg. Lotte Rose und Friedrich Schorb, 16–31. Weinheim: Beltz Juventa.

MFA-Film: 2021. Ottolenghi und die Versuchungen von Versailles. https://www.mfa-film.de/kino/id/ottolenghi-und-die-versuchungen-von-versailles/. Zugegriffen: 03.11.2021.

Ortiz, Fernando. 1947. Cuban counterpoint. New York: Knopf.

Parikom gGmbH. 2019. *Arbeitshilfe. Damit gute Ernährung in der Jugendhilfe gelingt. Rahmenkriterien und Warenkörbe für eine ausgewogene Ernährung in Jugendhilfeeinrichtungen.* Dresden.

Prahl, Hans-Werner und M. Setzwein. 1999. *Soziologie der Ernährung.* Opladen: Leske + Budrich.

Prättälä, Ritva und Gun Roos et al. 2002. Food and Nutrition Policies and Interventions. In *Reducing Inequalities in Health: A European Perspective*, Hrsg. Johan Mackenbach und M. Bakker, 105–143. London: Routledge.

Reitmeier, Simon. 2013. *Warum wir mögen, was wir essen. Eine Studie zur Sozialisation der Ernährung.* Bielefeld: Transcript.

Rose, Lotte. 2019. Pädagogisches Handeln im Alltag am Beispiel des Essens. In *Arbeitshilfe. Damit gute Ernährung in der Jugendhilfe gelingt. Rahmenkriterien und Warenkörbe für eine ausgewogene Ernährung in Jugendhilfeeinrichtungen*, Hrsg. Parikom gGmbH, 7–8. Dresden.

Schirrmeister, Claudia. 2010. *Bratwurst oder Lachsmousse? Die Symbolik des Essens – Beobachtungen zur Esskultur.* Bielefeld: Transcript.

Schmidt, Friederike. 2019. Jugend und Schnellrestaurants. In *Pädagogische Anthropologie der Jugendlichen*, Hrsg. S. Blumenthal, S. Sting und J. Zirfas, 288–302. Weinheim/München: Beltz Juventa.

Schmidt, Friederike. 2018. Fast Food Restaurants. In *Pädagogische Heterotopien: Von A bis Z.*, Hrsg. D. Burghardt und J. Zirfas. 82–93. Weinheim, Basel: Beltz Juventa.

Schönberger, Gesa und Schmitt, Nicole. 2009. Ich ess' was mir gefällt. *Fakten, Trends und Meinungen Gesunde Ernährung interdisziplinär aufbereitet, Dr. Rainer Wild-Stiftung,* Ausgabe 2/2009.

Sonnenschein, Ulrich. 2004. Die süße Last. Warum uns schmeckt, was ungesund ist. In *In aller Munde. Ernährung heute,* Hrsg. Utz Thimm und K.-H. Wellmann, 59–68. Frankfurt/Main: Suhrkamp.

Statista.de. Pro-Kopf-Verbrauch von Zucker in Deutschland. https://de.statista.com/statistik/daten/studie/175483/umfrage/pro-kopf-verbrauch-von-zucker-in-deutschland/. Zugegriffen: 03.11.2021.

Torode, A. 1966. Trends in fruit consumption. In *Our changing fare,* Hrsg. T. C. Barker, J. C. McKenzie und J. Yudkin, 115–134. London: MacGibbon und Kee.

Veblen, Thorstein. 1997 (1899). *Theorie der feinen Leute. Eine ökonomische Untersuchung der Institutionen.* Frankfurt/Main: Fischer.

Visser, Margaret. 1998. *Mahlzeit! Von den Erfindungen und Mythen, Verlockungen und Obsessionen, Geheimnissen und Tabus, die mit einem ganz gewöhnlichen Abendessen auf unseren Tisch kommen.* Frankfurt/Main: Eichborn.

Walther, Kerstin. 2015. Essen ist mehr als nur Nahrungsaufnahme. Gesunde Ernährung aus der Perspektive von sozialer Gesundheitsarbeit. In *Nachhaltige Ernährung lernen in verschiedenen Ernährungssituationen,* Hrsg. Johanna Schockemöhle und Margit Stein, 195–210. Bad Heilbrunn: Klinkhardt.

Wiegelmann, Günter. 1986. Zucker und Süßwaren im Zivilisationsprozess der Neuzeit. In *Unsere tägliche Kost,* Hrsg. H.-J. Teuteberg und G. Wiegelmann, 135–152. Münster: lit.

Wikipedia (dt). o. J.a. Saccharose. https://de.wikipedia.org/wiki/Saccharose. Zugegriffen: 17.11.2021.

Wikipedia (dt). o. J.b. Schultüte. https://de.wikipedia.org/wiki/Schultüte. Zugegriffen: 27.11.2021.

Wikipedia (dt). o. J.c. Martinssingen. https://de.wikipedia.org/wiki/Martinssingen. Zugegriffen: 28.11.2021.

Ziegler, Eugen. 1987. *Zucker. Die süße Droge.* Basel/Boston: Birkhäuser.

Erweiterte Aussichten für Soziale Arbeit über die Genussmittel Kaffee, Tabak und Zucker

6

Zusammenfassung

Der Konsum von Genussmitteln in der Sozialen Arbeit birgt weit mehr Herausforderungen in sich, als auf den ersten Blick erkennbar ist, vor allem wenn es darum geht, z. B. Adressat*innen eine Tasse Kaffee zu Beginn eines Treffens anzubieten oder gemeinsam mit ihm*ihr eine Zigarette zu rauchen oder aber in Erziehungsprozessen darüber zu entscheiden, wie autonomes Handeln in Bezug auf den Konsum von Süßigkeiten sozialpädagogisch sinnvoll vermittelt erworben werden kann. Damit ist zugleich auch das Feld des Genusses und Geschmacks eröffnet, wenn es einerseits um die individuelle Herausbildung und Förderung geht sowie andererseits Geschmacksfragen über sozial ungleich verteilte Lebensverhältnisse festgelegt werden. Fragen des Geschmacks betreffen über soziale Differenzierungen auch Stigmatisierung und Normierung gleichermaßen. Darüber hinaus steht in Essensfragen allgemein und in Bezug auf den Genuss insbesondere auch die Auseinandersetzung der Sozialen Arbeit mit gesundheitsbezogenen Aspekten zur Disposition, die jedoch zunehmend stärker mit den bereits erarbeiteten Erkenntnissen der Sozialen Gesundheitsarbeit bzw. Gesundheitsförderung sinnvoll zusammengebracht werden könnten.

Genussmittel haben in der Sozialen Arbeit unterschiedliche Bedeutungen und die vorliegenden Thematisierungen in den voranstehenden Kapiteln zeigen die hohe Diversität, die sich auf Basis bereits vorliegender Studien (z. B. zu Hausbesuchen bei Gerull (2013; 2014) oder Goffmans (1972) zu totalen Institutionen) oder theoretischen Thematisierungen (wie z. B. in Bezug auf das Gastlichkeitsritual) mit verschiedenen Schwerpunkten ausdifferenzieren lassen. Diese

C. Meyer, *Genussmittel und Soziale Arbeit,* Basiswissen Soziale Arbeit 12, https://doi.org/10.1007/978-3-658-37139-5_6

vorliegende Auseinandersetzung versteht sich als Beginn, dem noch viele weitere Blickwinkel hinzugefügt werden könnten und Forschungsfragen inklusive dazugehöriger Forschungen folgen sollten. Am Beispiel der Genussmittel Kaffee, Tabak und Zucker Bedeutungen für Soziale Arbeit herauszuarbeiten lässt sich als weiteren Baustein verstehen, sozialpädagogisch relevante Fragen, die täglich im Rahmen von Essens- bzw. Verzehrsituationen entschieden werden, als Kernfragen der Sozialen Arbeit aufzudecken. Am Beispiel von Kaffee und Zucker wurde genau diese primordiale Verknüpfung sichtbar gemacht mit den daraus entstehenden Fragen für Soziale Arbeit. Fragen der sozialpädagogischen Beziehung sind mit Gastlichkeitsfragen verknüpft worden und haben damit auch noch einmal Blickwinkel der aufsuchenden Arbeit erweitern können. Darüber hinaus wurde die Schaffung einladender Atmosphären in Zusammenhang gestellt mit den Anfängen von Arbeitsbündnissen sowie die Betrachtung niedrigschwelliger Einrichtungen, die wiederum auch an die historisch bekannten Kaffeetrinkrunden erinnern. Von Interesse ist dabei auch wiederkehrend, wie Soziale Arbeit mit ihren konzeptionellen Ideen an kulturell bedeutsame Praktiken anknüpft, um Adressat*innen zu erreichen und um ihnen zur Seite zu stehen oder mit ihnen auf diese Weise neue Optionen zu entdecken.

Die ebenfalls als bereits historisch zu bezeichnende Verbindung des gemeinsamen Konsums von Tabak und Kaffee sowie ihren unterschiedlichen Funktionen lässt sich auch in Goffmans Analyse und der von ihm beschriebenen Zigarettenordnung mit ihren verschiedenen Bedeutungen des Rauchens (oft in Verbindung mit einem Kaffee) in totalen Institutionen wiederfinden. Zur abschließenden Illustration erfolgt noch einmal eine konkrete Erinnerung an einige Szenen bei Goffman, in denen auch wiederkehrend die Zusammengehörigkeit der verschiedenen Genussmittel bei unterschiedlichen Gelegenheiten auftaucht. Die erste Szene betrifft die Verteilung der Süßigkeiten und Zigaretten an die hinausgehenden Patient*innen nach dem regelmäßig stattfindenden Wohltätigkeitsfest im Theatersaal, von denen manche überhaupt erst kurz vor Schluss kamen, um im Hinausgehen von den Zigaretten und Süßigkeiten zu profitieren (Goffman 1972, S. 215), die zweite Szene bezieht sich auf die Bezahlung von kleinen Gefälligkeiten, wenn die Patient*innen den Wärter*innen Zigaretten, Süßigkeiten oder Getränke aus der Kantine holten und als Bezahlung einiges davon abbekamen (Goffman 1972, S. 215). Die letzte Szene findet in der Stationsküche statt, wenn die Patient*innen für sich nach dem Frühstück von dem übrig gebliebenen schwarzen Kaffee welchen aufwärmten und gemeinsam mit einer „echten" Zigarette eine halbe Stunde in einer entspannten Atmosphäre für sich genossen (Goffman 1972, S. 233). Genussmittel gelten in totalen Institutionen als Luxusgüter und so kommt es nicht selten vor, dass ihr

Besitz z. B. im Gefängnis absurde Formen annimmt (Goffman 1972, S. 293). In totalen Institutionen zeigt sich brennglasartig, was noch einige Jahrhunderte zuvor gesamtgesellschaftlich gegolten hatte: Genussmittel waren bestimmten gesellschaftlichen Schichten vorbehalten, die sich diese als Luxusgegenstände eben auch leisten konnten. Durch die absichtsvolle, institutionelle Verknappung werden Genussmittel zu beliebten Gütern, unabhängig davon, ob sie außerhalb der totalen Institution für die Insass*innen auch schon von Bedeutung waren oder nicht. Das Begehren wird durch die Verknappung und Rationierung sichtbar größer. Mit steigendem Wert der Genussmittel erhöht sich auch der Einsatz, den Insass*innen bereit sind, für ihren Erwerb zu bezahlen.

Die von Lipinsky (2015) im Studierendenmilieu durchgeführte Untersuchung hingegen zeigt, welch weitere Vielfalt an Bedeutungen das Rauchen zur Kontaktanbahnung, zur Zugehörigkeit zu einer Gruppe oder für die vorübergehende Herstellung einer Gemeinschaft ausfüllen kann und welche Differenzsetzungen hergestellt werden in Abgrenzung zum eigenen Konsum, wenn es um die Feststellung geht, man*frau würde selber gar nicht „richtig" rauchen. Die Erinnerung an die vielfältigen Ergebnisse der Untersuchungen von Goffman und Lipinsky betont an dieser Stelle noch einmal, wie vielfältig das Rauchen von Zigaretten betrachtet werden kann, wenn jenseits einer biomedizinischen Sichtweise Fragen gestellt werden und eben keine Problematisierung des Rauchens über soziale Differenzierungen erfolgt in dem Sinne, dass Rauchen als Einstiegsdroge eingeschätzt wird oder aber stigmatisierende Prozesse erfolgen über die Zuschreibung, dass sich das Raucher*innenmilieu vor allem aus Jugendlichen unterer sozialer Schichten oder Statusgruppen zusammensetze (Groenemeyer 2012; Quensel 2009).

Die Genussmittel Zucker und Kaffee bedienen weitere bedeutende Aspekte für Soziale Arbeit im Hinblick auf Arbeitsweisen und auch konzeptionelle Überlegungen, die insbesondere für die Vergesellschaftungsmöglichkeiten von Kaffeerunden in niedrigschwelligen Angebotsbereichen Sozialer Arbeit gelten, während der Zucker in diesem Zusammenhang als Süßungsmittel dem vermehrten Kaffeekonsum historisch aufgeholfen hat und immer noch auch mit unterschiedlichen Deutungen hinsichtlich des Adressat*innenkreises belegt ist. Zudem wird Zucker als gesundheitsgefährdender Stoff eingeschätzt, der auch schon als Droge verhandelt wurde (Ziegler 1987). Vor allem, wenn Zucker als Konservierungsstoff vielfältig in einer großen Bandbreite an Nahrungsmitteln eingesetzt wird, ist er als solcher nicht immer offensichtlich erkennbar als der Stoff, der er eben auch ist: ein Energiebringer ohne weiteren Nährwertgewinn. Mintz beschreibt anschaulich am Beispiel des Zuckers und mit Blick auf die weiteren Genussmittel, dass sie als Ausdruck einer wachsenden Konsumfreiheit des einfachen Volkes und seiner Möglichkeit einzuschätzen sind, etwas für die Erhöhung ihres eigenen Lebensstandards tun zu können (Mintz 1987, S. 216 f.). Die Zusammenfassung von Mintz zur Verbreitung der Genussmittel, allen voran des Zuckers, verdeutlicht die Symbolkraft der Genussmittel für den Wandel insbesondere am Beispiel der britischen Gesellschaft. „Tabak, Zucker und Tee waren die ersten Waren im Kapitalismus, die mit ihrer Verwendung die komplexe Vorstellung vermittelten, man könne anders werden, wenn man anders konsumiere. Diese Vorstellung hat nur wenig zu tun mit Ernährung oder mit Vorlieben oder mit ‚süßen Zähnen', und auch mit Symbolen hat sie weniger zu tun, als es den Anschein hat. Hingegen ist sie eng verknüpft mit dem fundamentalen Wandel Englands von einer hierarchischen mittelalterlichen Ständegesellschaft zu einer sozialdemokratischen kapitalistischen Industriegesellschaft. Die darin enthaltene These, die fundamentalen Veränderungen im Tempo und im Charakter der Arbeit und des Alltages seien es gewesen, die die Veränderungen in der Ernährung bewirkt hätten, lässt sich nur schwer oder überhaupt nicht belegen. Hinzu kommt die Behauptung, der Charakter der neuen Nahrungsmittel habe bei ihrer schließlichen Aufnahme eine entscheidende Rolle gespielt. Nun, die einstigen Luxusgüter für Oberschichten, aus denen der britische Kapitalismus Bedarfsartikel für die Arbeiterklasse machte, sind tatsächlich Substanzen besonderer Art. In Gestalt von Alkohol oder Tabak ermöglichen sie es, von der Realität vorübergehend Abstand zu nehmen, zudem töten sie quälende Hungergefühle ab. Als Kaffee, Kakao oder Tee regen sie zu größerer Leistung an, ohne Nahrung zu liefern. In Form von Zucker liefern sie nicht nur Kalorien, sondern steigern, kombiniert mit diesen oder anderen Substanzen, auch deren Attraktivität. (…) Ein arbeitsreiches Leben sah mit seiner Hilfe weniger aufreibend aus; in der Erfrischungspause erleichterte er tatsächlich oder scheinbar den Übergang von der Arbeit zur Erholung und umgekehrt; er sorgte für mehr Völle- oder Sattheitsgefühle als komplexe Kohlehydrate dies vermochten; er ließ sich leicht mit anderen Nahrungsmitteln verbinden, deren Bestandteil er bisweilen war (wie z. B. bei Tee und Keksen, Kaffee und Brötchen, Kakao und Marmeladenbrot). (…) Kein Wunder, dass die Reichen und Mächtigen ihn so liebten und kein Wunder, daß auch die Armen ihn lieben lernten" (Mintz 1987, S. 219 f.). Jenseits dieser komplexen Zusammenschau über den Einfluss der Genussmittel auf die Entwicklung der britischen Gesellschaft nahmen Menschen Genussmittel, wie eben den Zucker, in das Gefüge ihres Alltagslebens auf, verliehen ihnen Bedeutung und unterwiesen sich wechselseitig in der Freude an ihrem Verzehr inklusive komplexer werdender Vorstellungen darüber, wie z. B. zur Gastlichkeit und entwickelten Praktiken sowie weitere Dinge, wie z. B. Kaffeegeschirr, um sie zelebrieren zu können (Mintz 1987, S. 216 f.).

Doch nicht zuletzt die in der Gegenwart überflussartige, alltägliche Verbreitung aller Genussmittel, deren Konsum vor allem jedoch im Hinblick auf das Rauchen und den Konsum des Zuckers wiederkehrend problematisiert wird, drängt sich der Sozialen Arbeit unweigerlich die Auseinandersetzung mit Fragen der Gesundheit auf. Diese Auseinandersetzung hat bisher vor allem einen Schwerpunkt über die Aufgaben der Sozialen Arbeit im Gesundheitswesen gebildet (Homfeldt und Sting 2018) und sich offenbar zu wenig sichtbar als Querschnittsaufgabe etabliert, obwohl Fragen der Gesundheit in der Historie mit Sozialer Arbeit eng verzahnt waren (Homfeldt 2018a, o. S.). Viele Fachkräfte in der Sozialen Arbeit in den verschiedenen Arbeits- und Handlungsfeldern jenseits des Gesundheitswesens arbeiten sich allerdings täglich an Fragen der Gesundheit ab. In Bezug auf essensbezogene Gesundheitsfragen werden diese Auseinandersetzungen eher normativ aufgelöst und weniger angelehnt an fachlich inhaltlich breit orientierten Perspektiven zur Gesundheit. Ansonsten würde Rose nicht wiederkehrend in ihren Studien Gesundheitsnormierungsansprüche der Sozialen Arbeit herausarbeiten, die in den von ihr untersuchten stationären Einrichtungen der Kinder- und Jugendhilfe wiederkehrend auftauchen und sie zu der Erkenntnis veranlassen, es würde essensbezogen ein Gesundheitsregime vorherrschen (Rose 2019).

Ansprüche an Gesundheit bilden nicht nur im Zusammenhang mit Essensfragen ein Kernthema in der Sozialen Arbeit. Soziale Arbeit im Gesundheitswesen verhält sich mit ihrem biopsychosozialen Ansatz komplementär zum biomedizinischen Krankheitsverständnis und gilt als etabliert. Wenn in sozialberuflichen Tätigkeiten Gesundheit und Krankheit Schwerpunkte darstellen, wird von sozialer Gesundheitsarbeit gesprochen und wenn diese im sozialrechtlich normierten Gesundheitswesen erbracht werden von Sozialer Arbeit im Gesundheitswesen. Soziale Arbeit hat dabei ihre Notwendigkeit und ihren Nutzen im Gesundheitswesen entfaltet, ebenso wie ihre gesundheitsfördernden Möglichkeiten und Wirkungen im Sozialwesen (Homfeldt und Sting 2018). Der Umfang und Stellenwert der Sozialen Arbeit sind jedoch sowohl relativ wenig bekannt im Gesundheitswesen als auch in der Sozialen Arbeit selbst, trotz eines Anteils von einem Fünftel der berufstätigen Sozialarbeiter*innen und Sozialpädagog*innen in diesem Berufsfeld. Das hat nicht zuletzt mit der wenig entwickelten Verknüpfung der Sozialgesetzbücher untereinander zu tun. Am Beispiel des einschlägigen § 20a SGB V (Gesetzliche Krankenversicherung, § 20a Leistungen zur Gesundheitsförderung und Prävention in Lebenswelten) lässt sich die hohe Relevanz für die Soziale Arbeit gut aufzeigen, dennoch gerät Soziale Arbeit nach wie vor kaum in den Blick zur Übernahme dieser Aufgaben. Auf der anderen Seite bezieht sich das Kinder- und Jugendhilfegesetz SGB VIII relativ wenig auf Gesundheitsförderung und gesundheitliche Prävention (Homfeldt und Sting 2018, S. 571). Teilweise bestehen zudem starke adressat*innenbezogene Überschneidungen von Kinder- und Jugendpsychiatrie sowie Kinder- und Jugendhilfe, doch die Kooperation zwischen beiden Feldern erweist sich auch nach wie vor als voraussetzungsvoll. Die Nahtstelle zwischen Kinder- und Jugendhilfe sowie dem Gesundheitswesen ist allerdings von großer Bedeutung aufgrund der psychisch und körperlich belasteten Kinder und Jugendlichen in der stationären Kinder- und Jugendhilfe. In der Zusammenarbeit zwischen den verschiedenen zuständigen Professionen wird erheblicher Optimierungsbedarf gesehen (Homfeldt 2018a, o. S.).

Jenseits dieser Feststellung zeigt sich auch für die Bewältigung und Gestaltung der lebensweltlichen Aufgaben die Notwendigkeit für Soziale Arbeit, sich intensiver mit Gesundheit und ihren verschiedenen Aspekten auseinanderzusetzen. Überschneidungen gibt es mit der lebensweltlich orientierten Gesundheitsförderung, die jedoch auch noch zu selten in den Mittelpunkt der Betrachtung gestellt wird. Das hängt an den unterschiedlichen Verständnissen und Zielsetzungen in Bezug auf Gesundheit. „Während soziale Gerechtigkeit, soziale Teilhabe und Daseinsvorsorge zentrale Eckpunkte für die Soziale Arbeit sind, die wiederum vielfach mit Gesundheit und Krankheit verwoben sind, geht es den Gesundheitsdiensten vorrangig um Prävention, Krankheitsbewältigung und Gesundheitsförderung" (Homfeldt 2018a, o. S.). Das von der Sozialen Arbeit vertretene biopsychosoziale Gesundheitskonzept steht einem biomedizinischen Erklärungsansatz gegenüber. Die Medizin betont das Körperliche und die Soziale Arbeit das Psychosoziale, sodass der Sozialen Arbeit im Gesundheitswesen die Aufgabe des Gesundwerdens und Wohlergehens zufällt. Soziale Arbeit konzentriert sich im Gegensatz zu Medizin und Pflege auf das Soziale von Gesundheit und Krankheit. Darüber hinaus bemüht sie sich um die Wahrnehmung und das Verstehen der Person in ihrer Lebenswelt, weil Gesundheit über das Aufgabenfeld der Medizin hinaus ein sämtliches Lebensbereiche durchziehendes Kriterium der Lebensqualität darstellt und das biopsychosoziale Wohlbefinden beeinflusst (Dörr 2010, S. 936 nach: Homfeldt 2018a, o. S.).

Soziale Arbeit als Gesundheitsarbeit
Der Beitrag der Sozialen Arbeit als Gesundheitsarbeit vor Ort wird von Homfeldt insbesondere hervorgehoben, weil sie bei Einzelnen und Familien, u. a. im Öffentlichen Gesundheitsdienst und Krankenhaus sowie in der Suchtprävention oder Psychiatrie Angebote macht, die Menschen

darin unterstützen, ihre eigenen Belange besser verstehen und gestalten zu können. „Viele der professionell für nötig befundenen Unterstützungsangebote können nach wie vor aber nur punktuell, nicht aber flächendeckend (z. B. im Öffentlichen Gesundheitsdienst) angeboten und umgesetzt werden. Vor diesem Hintergrund ist es oftmals nur sehr eingeschränkt möglich, die Handlungsfähigkeit und das Vertrauen der AdressatInnen in ihre eigene Handlungswirksamkeit zu stärken und Personen darin zu unterstützen, gesundheitsbezogene Beeinträchtigungen zu bewältigen. (…) Registrierbar ist, dass trotz ansteigender Beschäftigtenzahlen im Gesundheitswesen und ungeachtet des intensiven Bemühens der Klinischen Sozialarbeit der Sozialen Arbeit immer noch eine relativ schwache Stellung zukommt, nicht nur wegen einer allmächtig wirkenden Medizin oder machtvoller Gesundheitswissenschaften, sondern vor allem aufgrund noch immer nicht gänzlich entfalteter eigener professioneller Standards" (Homfeldt 2018a, o. S.).

Soziale Arbeit im Gesundheitswesen sollte also auf professionelle Standards setzen, mit denen gemeinsame interprofessionelle Kooperationsperspektiven möglich würden, und zwar vor allem im Hinblick auf

- „ein klares Profil der beteiligten Professionen mit ihren konzeptionellen Grundlagen,
- ein abgestimmtes Aufgabenverständnis,
- Zielgruppenspezifika,
- sichtbar formulierte Grenzen der Kooperation,
- einen gemeinsamen Blickwechsel von einer Anbieter- zu einer Akteursperspektive,
- eine Differenzakzeptanz der jeweiligen professionellen Ansätze der sozialen Dienste mit ihren wissenschaftlichen Bezügen,
- die Zugrundelegung einer gemeinsamen Haltung zu Diagnostik und Hilfeplanung und
- eine Orientierung an gemeinsamen ethisch-moralischen Prinzipien" (Homfeldt 2018b, S. 1196).

Die von Homfeldt geforderten professionellen Standards der Sozialen Arbeit im Gesundheitswesen würden in den Überschneidungsbereichen zwischen z. B. Psychiatrie und Kinder- und Jugendhilfe unterstützend wirken, vor allem würden sie jedoch auch für eine deutlichere Sichtbarkeit in den gesundheitsbezogenen Querschnittsaufgaben sorgen, wenn es darum geht, Gesundheit in lebensweltlichen Zusammenhängen zu fördern mit den Schwerpunkten im Bereich des Psychosozialen, mit den Aufgaben des Wohlergehens und Gesundwerdens.

In diesem Zusammenhang kommt dem sozialpädagogisch relevanten Gesundheitsverständnis eine hohe Bedeutung zu, wenn im Diskurs um gesunde Ernährungsweisen wiederkehrend die einseitige Konzentration auf Fragen des physiologischen Nährwertes auffällt, während Aspekte z. B. des Genusses nahezu vollständig vernachlässigt werden. Soziale Arbeit sollte sich im Rahmen ihrer Essens- und Versorgungsverantwortlichkeiten, die ebenso all die aufgeworfenen Fragen rund um die Genussmittel betreffen, aus ihrer Verantwortung auch für das gesundheitsförderliche Wohlergehen grundlegend mit den sinnlichen, genuss- und geschmacksbasierten Bedürfnissen von Menschen beschäftigen, damit Essen und Ernährung Spaß und Freude bereiten können. Essen sollte viel stärker auf die Kombination aus Gesundheit, Geschmack sowie Wohlbefinden setzen. Der Genuss würde in den Vordergrund gestellt und somit ein intensives Sinn-Erleben mit den dazugehörigen Aspekten, wie z. B. Zeit, Erfahrungen, Lust sowie Sinnlichkeit, verfolgt. Mit der Betonung des Genusses werden Widerstandsressourcen mit positiven Wirkungen verbunden, die Wohlbefinden und Lebensqualität als elementare Bestandteile von Gesundheit stärken können. Genusserleben ist eingebettet in Erfahrungen der Lebenswelt und dieses drückt sich in Lebensstilen unterschiedlich aus mit einer Vielzahl an Bedeutungen. In der Gesundheitsförderung wird deshalb genussvolles Essen betont, da es die Lebensqualität und Zufriedenheit steigern kann und nicht zuletzt aufgrund dessen gesundheitsfördernd wirkt. Erzwungene Arten des Essens (z. B. über verhaltenswissenschaftlich angelegte Angebotsformate), so die Erkenntnis der Gesundheitsförderung, können langfristig zu Unsicherheiten und Ablehnung führen, unabhängig davon, ob die Nahrungsmittel und die Art der Nahrungsaufnahme nach ernährungswissenschaftlicher Definition als gesund oder eher als ungesund eingestuft werden (Walther 2015, S. 197).

Die von Homfeldt geforderten und präzise formulierten professionellen Standards für Soziale Arbeit im Gesundheitswesen könnten ebenso hilfreich sein, wenn solche als Ausgangspunkt für das Aufgabenfeld im Bereich Essen und Soziale Arbeit formuliert würden im Hinblick auf die Überschneidungsbereiche mit der Gesundheitswissenschaft, vor allem aber auch der Ernährungswissenschaft. In einer Untersuchung zu nachhaltigen Effekten von Sinnesschulungen im Bereich der Ernährungswissenschaft zeigt sich doch tatsächlich der Alltag als beste Sinnesschulung, wenn es darum geht, Sensibilisierungen für eine Vielfalt an Geschmäckern in Erziehungs- und Sozialisationsprozessen zu schaffen. Geschmackspräferenzen werden wesentlich von Erfahrung und Gewöhnung geprägt und da diese alltäglich beim Essen zu Hause, im Kindergarten oder in der Schule über die Verzehrsituationen stattfinden, werden diese Institutionen zuständig für Sinneserfahrungserweiterungen. Kindern und Jugendlichen sollte also eine breite Palette an Produkten angeboten werden, sowohl verarbeitet als auch unverarbeitet, saisonal sowie regional. Hauptsache vielfältig, damit möglichst ein Variantenreichtum an Geschmäckern abgespeichert werden kann und damit auch eine durchgehende Offenheit etabliert wird gegenüber neuen, von den üblichen Erfahrungen abweichenden Geschmackseindrücken. Was der Alltag an Vielfalt und Abwechslung anbietet, entscheidet dann über die Vielfältigkeit in der Sinnesschulung und Präferenzbildung (Höhl 2015, S. 4).

Körperliches und emotionales Wohlbefinden wird durch viele Faktoren bestimmt, z. B. durch Freude und Genuss, die entspannend wirken und die Gesundheit fördern. Dabei wird den Mahlzeiten am Tagesende eine große Bedeutung für die Steigerung des Wohlbefindens zugewiesen, wenn sich z. B. in einem Restaurant verabredet oder Schokolade gegessen wird. Dem Faktor Genuss kommt eine bedeutende Rolle zu und zwar nicht nur in Bezug auf das angenehme Erlebnis selbst, d. h. vor allem den sensorischen Genuss, vielmehr geht es auch um die Erwartung auf etwas Angenehmes und die Erinnerung daran (Schönberger und Schmitt 2008, S. 1 f.). Dabei ist das, was als Genuss empfunden wird, abhängig von der kulturellen Prägung, denn die Vielfalt der sinnlichen Wahrnehmungen erklärt sich entlang Plessners an der „Totalrelativität der Empfindungsqualitäten" (Plessner 1980, S. 295 nach: Barlösius 2016, S. 86). Die Wahrnehmung der Sinne hängt davon ab, mit welchen Reizen sie konfrontiert werden, die im Wesentlichen kulturelle Hervorbringungen sind. Aus der Isolierung der Empfindungsqualitäten erschließt sich nicht das Vermögen der Sinne, denn in der menschlichen Kultur ist vergegenständlicht, was aus den Sinnen als nur irgendwie Verwertbares herausgelockt wird. „Was die Sinne können, lässt sich dort am besten studieren, wo an sie die höchsten Anforderungen gestellt werden. Für die Nase und den Geschmack ist dies insbesondere die Kochkunst. Aber auch die anderen Sinne sind daran beteiligt: Die Esskultur repräsentiert ein sinnliches Gesamtkunstwerk. Beim Kochen vergegenständlichen sich Geschmack, Geruch, Gesichtssinn, Tastsinn und manchmal sogar das Gehör. Wir richten die Speisen appetitlich an, achten darauf, dass die Lebensmittel farblich miteinander harmonieren, schmecken sie mit Salz oder Zucker ab, kochen sie al dente, und bei Chips achten wir darauf, dass sie im Mund

krachen. Wir sehen: ‚Unsere Sinne wirken beim Aufbau der Wahrnehmungs-
welt zusammen', und jeder Sinn zeigt im ‚Wahrnehmungsding', was er kann und
welche Aufgabe er erfüllt" (Plessner 1970, S. 239 nach: Barlösius 2016, S. 86).
    Aus psychologischer Perspektive wird das dynamische Verständnis von
Genuss ebenfalls abhängig vom gesellschaftlichen Wandel betont und vor diesem
Hintergrund festgestellt: „Was man genießt, kann verschieden sein. Aber egal
was man genießt, Genuss ist immer sinnlich, lustvoll und reflexiv, (…) Genuss
ist immer an unsere Sinne gebunden. Wir schmecken, sehen, hören, riechen
oder tasten etwas, das uns Genuss bereitet. Auch angenehme Erinnerungen
können Voraussetzung für Genuss sein. Genuss ist immer auch mit Lust verbunden" (Schönberger und Schmitt 2008, S. 1 f.). In Abgrenzung zur Sucht,
die auch durch das Lustprinzip gesteuert wird, fehlt jedoch das gewisse Maß
an Eigensteuerung. Genuss wird wahrgenommen und bewusst erlebt, ist also
reflexiv und die Befriedigung der Bedürfnisse wird bewusst gesteuert. Genuss
ist also mit einem gewissen Maß an Selbstkontrolle verbunden (Schönberger und
Schmitt 2008, S. 1 f.), wobei das Essverhalten jedoch nicht allein durch die Vernunft bestimmt wird. Die Psychologie unterscheidet zwischen „essen" und „sich
ernähren". Mit beiden Begriffen wird zwar der Vorgang der Nahrungsaufnahme
bezeichnet, doch sie sind unterschiedlich belegt. „Essen" wird eher mit positiven
Emotionen wie Genuss oder Gemütlichkeit in Verbindung gebracht, währenddessen „Ernährung" eher mit den kognitiv-rationalen, gesundheitsbezogenen
Wirkungen der Nahrungsaufnahme verbunden wird. „Menschen essen anders, als
sie sich ernähren sollten – und das wissen sie. Kognitiv hat die Ernährungsauf-
klärung gewirkt, das emotional gesteuerte Essverhalten hat sie allerdings kaum
berührt. Dies führt dazu, dass Menschen trotz aller Informationen nicht anders
essen, als Konsequenz aber häufig Schuldgefühle empfinden, wenn sie statt zum
Apfel zur Torte greifen. Wir versuchen ständig, unseren Körper unter Kontrolle
zu halten und unserem Wunsch nach Genuss nicht nachzugeben" (Schönberger
und Schmitt 2008, S. 3 f.). Barlösius (2016) aus soziologischer, Walther (2015)
und Homfeldt (2018a, 2018b) aus einer gesundheitsförderlichen sowie Rose
(2019) aus Perspektive der Sozialen Arbeit haben bereits auf die eingeschränkte
Wirksamkeit verhaltenswissenschaftlich intendierter Beeinflussung des Gesundheitsverhaltens beim Essen hingewiesen.
    Die Formel, nach der Genuss zwar kurzfristig das Wohlbefinden steigert, lang-
fristig aber zu Übergewicht und ernährungsbedingten Krankheiten führt, ist eine
unzulässige Verkürzung des komplexen Zusammenhangs rund um den Genuss.
„Es ist allerdings zu bezweifeln, ob dieser Automatismus zwangsläufig zum
Zuge kommt. Vor allem da Genuss, wie Lutz (1993) ihn definiert, auch immer
durch Selbstkontrolle und Maßhalten gekennzeichnet ist. (…) Genuss sollte nicht

Normabweichung vom Ideal sein, sondern integrativer und akzeptierter Bestandteil unserer Lebensgestaltung. Erlauben wir uns also, das Stück Torte nicht
nur als Lieferant von 400 kcal mit hohem Fettanteil zu sehen, sondern als lust-
volles Erlebnis, das zu unserer Lebensqualität beiträgt und unser Wohlbefinden
fördert" (Schönberger und Schmitt 2008, S. 4 f.). Die pluralen Vorstellungen in
der Gesundheitsförderung von Gesundheit und Wohlbefinden im Zusammenhang
mit Genusserleben haben auch unterschiedliche Vorstellungen z. B. zwischen
verschiedenen Geschlechtern oder Lebensaltern einzubeziehen sowie die vielfältigen bedeutsamen Aspekte, die über die Identität, Zugehörigkeit, Kultur,
Gemeinschaft, Selbstständigkeit, Unabhängigkeit, Gesundheit, Nachhaltigkeit
oder den Lebensrhythmus entstehen. Weitere ebenso bedeutende Perspektiven
sind vorstellbar, die das Genusserleben im Rahmen der Ausprägung einer eigenen
Ernährungsbiografie beeinflussen (Klein 2018).

Der Zucker in seiner (teilweisen unsichtbaren) Angebotsvielfalt prägt vor
allem die Erziehungsaufgaben und fordert sie heraus. Vor allem mit ihm werden
Gesundheitsfragen und -ansprüche verhandelt, die wiederkehrend zu Ver-
unsicherungen führen und damit vor allem möglichst auf Vermeiden und weniger
auf das Erlernen eines verantwortungsvollen Konsums setzen. Mit Genussmitteln
im Allgemeinen werden offensichtlich Fragen der Gesundheit verbunden und
diese Verknüpfung betrifft wiederkehrend auch die Abgrenzung zur Sucht oder
zu sozialen Problemen. Damit wird noch einmal offensichtlicher, dass die Auseinandersetzung mit Fragen der Gesundheit, die Genusserlernen und -erleben
im Rahmen des Wohlbefindens in der Sozialen Arbeit in den Mittelpunkt stellt,
bedeutend mehr Raum einnehmen sollte.

Darüber hinaus erscheint für die zukünftige Weiterentwicklung von Bedeutung,
deutlicher zur Kenntnis zu nehmen mit entsprechenden Konsequenzen, dass
Lebens- und Nahrungsmittel Gesellschaften viel mehr beeinflussen, als ihnen
zugetraut wird und demzufolge reflektiert wird. Diese Erkenntnis hat auch für
die Soziale Arbeit zu gelten: Ihre täglichen Aufgaben sind viel mehr beeinflusst
vom Essen, als ihr bewusst ist. In der Konsequenz müsste sich Soziale Arbeit
durchgängig ganz konkret z. B. deutlicher zu Wort melden, wenn es darum
geht, viel zu niedrig angesetzte Verpflegungspauschalen zu hinterfragen, in
denen Genussmittel, wie z. B. Kaffee, Tee oder Zucker, z. T. kaum eine Berücksichtigung finden. Es müssten selbstverständlich mehr fachlich sichtbare Auseinandersetzungen mit den verschiedenen Funktionen des Essens erfolgen, denn
die Betrachtung sozialpädagogisch relevanter Funktionen der Genussmittel, wie
in dem vorliegenden Band zu Kaffee, Tabak und Zucker erfolgt ist, verdeutlicht
ihren hohen Stellenwert für die Soziale Arbeit. Eine große Vielfalt an Lebens- und
Nahrungsmitteln gehört in die alltägliche Lebenswelt, zu der auch der Konsum

von Genussmitteln mit ihren je historisch bedingten Ausbreitungen und Auswirkungen auf die sozialen Gefüge von Gesellschaften gehört. Der Umgang und
das Erlernen eines verantwortungsvollen Umgangs setzen deren uneingeschränkt
ermöglichten Konsum voraus. Die Fachkräfte, die in den unterschiedlichen Einrichtungen für die Gemeinschaftsversverpflegung von Kindern und Jugendlichen
im Alltag und ihren Lebenswelten zuständig sind, haben sich mit einigen weiteren
Themen auseinanderzusetzen, um einen verantwortungsvollen Umgang vermitteln
zu können. Für die Entwicklung sozialpädagogischer Perspektiven stehen weitere
Themen an, mit denen sich intensiver in Theorie und Praxis befasst werden sollte,
z. B.:

- die Gestaltung des Alltags in Bezug auf Genussmittel und deren Konsum,
- die Verbindung von Autonomie- und Genusslernen: Einen verantwortungsvollen Umgang vermitteln und Autonomie lernen ermöglichen heißt auch:
  Genießen lernen,
- Fragen der Gesundheits- und Ernährungswissenschaft stärker fachlich
  reflektiert einzubinden,
- Auseinandersetzungen mit den Verpflegungspauschalen und welche Versorgung für eine sozialpädagogisch relevante genussorientierte, das Wohlbefinden im Aufwachsen stärkende Ernährung bereitgestellt werden müsste,
- Alltags- und Festessen berücksichtigen im Hinblick auf die unterschiedlichen
  Verpflegungen,
- professionelle Standards zum sozialpädagogisch verantwortetem Essen in
  stationären Einrichtungen auf der Basis disziplinärer Auseinandersetzungen zu
  entwickeln,
- professionelle und disziplinäre Beschäftigung mit Gastlichkeitsvorstellungen
  und konzeptionellen Ideen rund um den Kaffeetisch in aufsuchenden bzw.
  niedrigschwellig angelegten Einrichtungen,
- Zielsetzungen zum Genusslernen und Wohlbefinden entwickeln jenseits des
  sozial festgelegten Geschmacks mit dem alle ernährungsbiografisch aus-
  gestattet in die Einrichtungen kommen (Fachkräfte wie auch Adressat*innen),
- Konzeptentwicklungen, die dem Totalphänomen „Essen" von der Planung des
  Essens über den Einkauf, die Zubereitung sowie die Verzehrsituationen sozialpädagogisch gerecht werden.

Alle genannten Aspekte bieten zugleich die Möglichkeit, sich sowohl über
theoretisch-forscherische Zugänge mehr Wissen über die Verbundenheit des
Essens mit der Sozialen Arbeit zu verschaffen als auch sofort in der Praxis der
Sozialen Arbeit an verschiedenen Punkten anzusetzen und sich darüber aus-

zutauschen, zu welchen inhaltlich-sozialpädagogisch relevanten Aspekten des Essens unbedingt zu verhandeln ist, oder festzustellen, welche gemeinsamen Fragen zu stellen sind. Die theoretische Auseinandersetzung hat erst einmal mehr Spielräume des Nachdenkens und Verwerfens zur Verfügung, während in professionellen Kontexten bereits täglich Entscheidungen dazu getroffen werden, die jedoch sozialpädagogischer ausgefüllt werden könnten.

In diesem Buch sind viele Aspekte, die bisher immer so eindeutig auf der Hand lagen, einmal umgedreht worden, nicht mehr nur die mit Genussmitteln verbundenen Fragen von Gesundheit sind thematisiert worden, sondern die fachlich relevanten Fragen, die dann eben noch einmal auch ein Mehr an Möglichkeiten der Betrachtung und daraufhin die Auswahl und Bereitstellung oder Verteilung eröffnen. Die Vielfalt der Aufgaben, die für Soziale Arbeit in alle Richtungen entsteht, ist deutlich geworden. Dabei geraten immer auch zentrale Fragen der Sozialen Arbeit in den Mittelpunkt der Betrachtung, wenn es darum geht, einen Beitrag zu leisten zu mehr sozialer Gerechtigkeit im Hinblick auf z. B. das Ermöglichen von Zugängen, das Aufdecken ungerechter Verteilungen oder das Nachzeichnen von Stigmatisierungsprozessen über soziale Differenzierungen. Genussmittel sollten für Adressat*innen jederzeit zugänglich und verfügbar sein, ohne dabei Fragen der Gesundheit in den Vordergrund zu rücken. Vielmehr werten diese im Rahmen der Erhöhung des Genusses und Wohlbefindens Genussmittel auf und sie können als Beitrag zur Auseinandersetzung mit Geschmacksfragen, verantwortungsvollem Konsum sowie gerechten Verteilungen genutzt werden.

Die Auseinandersetzung mit Genussmitteln bringt jedoch noch einen weiteren Aspekt hervor, der in einem letzten Punkt angerissen wird und zur weiteren Inspiration dienen soll. Viele verschiedene zu beforschende Themen und Fragen im Bereich der Genussmittel in der Sozialen Arbeit sind angesprochen worden, die vor allem in der bisherigen Forschung vorwiegend über zwei Sinne, die sog. höheren Sinne bearbeitet werden. Denn in den bisherigen Forschungen der Kultur- und Sozialwissenschaften geht es überwiegend mit dem Schwerpunkt auf der Bedeutungsanalyse um die symbolische Ausdeutung, z. B. von Dingen, Räumen, Praktiken, die dann typischerweise in wissenschaftliche Texte und Schriftsprache gesetzt wird. Offensichtlich bieten sich schriftsprachliche Daten an und vor allem scheinen die sog. „höheren Sinne", der Hör- und Sehsinn, geeigneter und leichter zugänglich als die sog. „niederen Sinne", der Geschmacks-, Geruchs-, Gleichgewichts- und Tastsinn. „Wenn es auch common sense ist, dass uns unser Wissen über die Welt grundsätzlich über unsere Sinne vermittelt ist, sind nicht alle Sinne gleichwertig in soziologischen Betrachtungen repräsentiert. In der Bedeutungsanalyse schriftsprachlicher Daten schleicht sich damit sozusagen auch ein Rationalitätsbias in der Analyse ein, wie er auch u. a. im Zuge des Emotional Turn kritisiert wird" (Eisewicht et al. 2021, S. 6). Mit dem von Eisewicht et al. eingeführten Sensorial Turn soll an ganz konkreten empirischen Gegenständen und in forschungspraktischem Interesse nach der Bedeutung der Sinne für diverse Forschungszugänge und -felder gefragt werden (Eisewicht et al. 2021). Mit diesem Sensorial Turn eröffnen sich für Forschungen im Bereich der Sozialen Arbeit und Essen ganz neue Möglichkeiten, z. B. Genuss- und Geschmackserleben aus der Perspektive Sozialer Arbeit zu beforschen und damit zu Ergebnissen zu kommen, die neue Aussagen wagen, wenn es darum geht, die gemeinsame Tasse Kaffee oder die gemeinsame Zigarettenpause in das sinnlich erweiterte Zentrum der Betrachtung zu rücken. Im Verlauf des Forschungsprozesses würde über das Geschmackserleben hinaus das Sichtbarmachen durch Begreifen, Schmecken und Riechen verfolgt und damit eine erweiterte Gegenständlichkeit in die Forschung der Sozialen Arbeit in Bezug auf das Essen hineinkommen. Vor allem in ethnografischen Settings, die essensbezogene Forschungsfragen verfolgen, fällt bisher die Einseitigkeit auf. „Bedenkenswert ist schließlich, dass die ethnografische Co-Präsenz der Forschenden im Feld des Essens häufig nicht den faktischen Mitverzehr der Speisen einschließt. Ethnograf_innen beschreiben zwar praktisch teilnehmend ‚von außen' das Essen der Anderen, ohne dass sie aber an den Sinneseindrücken der Speise selbst teilnehmen und diese als ethnografische Daten einfangen. Dies verwundert umso mehr, als die Ethnografie programmatisch gerade auf die gesamte Sinnlichkeit der Körpersensorik als Erfassungsinstrumente ausgerichtet ist (Schulz 2015), faktisch aber in den Essensforschungen die forscherischen Erfahrungen der ausschließlich leiblich spürbaren Prozesse des Genusses, Ekels, Völlegefühls oder der Sättigung ausgeschlossen werden. Damit wird eine spezifische Datenqualität, die im Kontext des Kulinarischen aus der Sache heraus besonders aufschlussreich sein könnte, als Analysematerial strukturell ausgeschlossen. So kommen zwar visuelle Beschreibungen sozialer Praktiken des Essens zustande, ohne dass jedoch ein maßgeblicher Kern des Essens – nämlich Leiblichkeit, Gefühle, Haptik, Gustatorik, die einvernehmliche oder zwanghafte Überschreitung von Körpergrenzen – überhaupt erziehungswissenschaftlich thematisiert und bspw. phänomenologisch, praxistheoretisch, ethnopsychoanalytisch oder autoethnografisch analysiert werden kann" (Rose et al. 2021, S. 269). Der erziehungswissenschaftlichen Essensforschung bleibt damit die soziale Akteursschaft des Essensobjekts selbst bisher verschlossen. Darüber hinaus wird sie vorerst keine Stellung beziehen können zu den Erkenntnissen der Ernährungsforschungen, die maßgeblich genau um die Substanzialität kreisen, weder um die damit verbundenen Nährstoffgehalte inklusive ihrer physiologischen Wirkungen noch um das Erlernen des „Mögens" bestimmter Lebensmittel (Rose et al. 2021, S. 269).

Stoller hat die Entwicklung zu einer Vernachlässigung der Sinne für die Ethnografie als grundlegenden Wandel wissenschaftlicher Darstellung eingeschätzt. Diesem dadurch entstandenen Defizit in der Datenqualität sowie der dadurch entstehenden Lücke in der Analyse und Beschreibung soziokultureller Phänomene versucht der Sensorial Turn zu begegnen (Stoller 1989 nach: Eisewicht et al. 2021, S. 8). Eine Neujustierung in zweierlei Hinsicht wird erforderlich. Zum einen betrifft es die methodische Frage nach der Geeignetheit des Instrumentariums in der Datenerhebung und -analyse und zum anderen die Frage nach der Theorie, ob die zur Verfügung stehenden Begriffe und Perspektiven den Daten adäquat und angemessen sind. Neujustierungen lassen sich an dem Ranking der präferierten Methoden festmachen, wenn Beobachtungen und Selbsterfahrungen gegenüber Interviewdaten bzw. aus situationsenthobenen Interviewsituationen bevorzugt werden. Eigene Sinneseindrücke und die anderer lassen sich so besser erfassen (Howes und Classen 2014 nach: Eisewicht et al. 2021, S. 8). Darüber hinaus wurden bereits sinnesspezifische Erhebungsformen entwickelt und ausprobiert, z. B. die Rekonstruktion von „Smellscapes" durch „Smell Walking and Mapping" (Perkins und McLean 2020 nach: Eisewicht et al. 2021, S. 8) oder „Soundwalking" (Paquette und McCartney 2012 nach: Eisewicht et al. 2021, S. 8). Die Analyse entsprechender Daten verfolgt zwei begrifflich-theoretische Stoßrichtungen: 1. Inwiefern ist sinnliche Wahrnehmung, aber auch die Hierarchie der Sinne in bestimmten Feldern, Situationen usw. sozial konstruiert, d. h. gesellschaftlich bedingt und historisch veränderlich? Und 2. Inwiefern prägen diese Wahrnehmungen ihrerseits Kulturen und die Entwicklung, Aneignung und Etablierung bzw. Rekonstruktion kultureller Praktiken? (Eisewicht et al. 2021, S. 8).

In der Reflexion der eigenen Forschungsarbeit betreffen diese Fragen auch die Forschenden selber. Wenn die Sinne den Zugang zur Welt moderieren, dann beeinflussen sie die Forschenden in ihrer Sinnes-Sozialisation, Sensibilität sowie Schulung der Sinne ebenso maßgeblich. Mit dem Sensorial Turn wird nicht nur eine methodische und theoretische Weiterentwicklung verbunden, vielmehr werden auch die Notwendigkeit der Reflexion und Schulung der Sinne der forschenden Person selbst notwendig (Eisewicht et al. 2021, S. 6 f.). Der Sensorial Turn versteht sich als eine verstärkte Hinwendung zur Bedeutsamkeit der Sinne für Fragen nach der Verfasstheit „sozialer Tatbestände" und „sozialen Handelns" und macht in der Folge die Entwicklung methodischer und theoretischer Werkzeuge nötig, um sich zu etablieren und eine entsprechend ausgerichtete Forschung zu institutionalisieren. Die Begründung für einen solchen

Turn und seine Notwendigkeit liegt darin, der Forschung eine gewisse „Blind-heit" gegenüber sinnlichen Aspekten der zu untersuchenden Phänomene zu bescheinigen und ihn als Kritik am Linguistic Turn zu verstehen, der jedoch den Fokus auf die inzwischen „herkömmliche" sozialwissenschaftliche Forschung auf Basis schriftsprachlicher oder darin übersetzbarer Daten hervorgebracht hat (Eisewicht et al. 2021, S. 6). Diese Daten sind jedoch aus Perspektive des Sensorial Turns hinsichtlich ihrer sinnlichen Qualitäten reduziert und ermög-lichen demzufolge unzureichende Analysen. Der Sensorial Turn versteht sich auch als Erweiterung des Visual oder Sonic Turns, „(…) indem die zu unter-suchenden Phänomene in der Breite dessen, wie sie von Menschen wahrnehmbar, d. h. sinnlich erfahrbar sind, einzuholen sind. Explizit kritisiert der Sensorial Turn damit auch die dominante Fokussierung auf das Visuelle (oder andere Einzel-sinne) als nicht gegenstandsangemessene Reduktion – oder in den Worten Francis Halsalls ‚One sense is never enough' (2012)" (Eisewicht et al. 2021, S. 7).

Der Sensorial Turn in der sozial- und kulturwissenschaftlichen Forschung kann auch von hohem Interesse für sämtliche Essensfragen in der Sozialen Arbeit sein und nicht nur bezogen auf die Schwerpunktsetzung, die über die Genuss-mittel im Bereich des Geschmacks im vorliegenden Zusammenhang aufgemacht wurde. Die allgemein bestehende Lücke haben Rose et al. bereits für die ethno-grafische Forschung in diesem Bereich beschrieben, nicht zuletzt aufgrund des Fehlens der Substanzialität oder des Schmeckens im forschungsmethodischen Kontext. Der Sensorial Turn ermöglicht das Entdecken ganz neuer Zusammen-hänge, weil Forschungsdesigns möglich werden, die sich über die sehenden und hörenden Bereiche hinaus auch in den haptischen, geschmacklichen sowie riechenden bewegen und somit in bisher unbeachteten Zusammenhängen, basierend auf vielfältigen Methoden erhobenes Datenmaterial bearbeiten können.

Vor allem in der Sozialen Arbeit könnte die Öffnung in Richtung aller Sinne für Forschungsfragen eine Bereicherung darstellen, da Soziale Arbeit als personenbezogene Dienstleistungsarbeit bisher auch vor allem auf Sehen und Hören setzt und so weder auf ihre dinglichen Aspekte (siehe auch: Material Turn) noch auf die Sinne in ihrer Fülle als Datenlieferanten setzt. Durchaus lohnenswert könnten Überlegungen sein, in denen alle Sinne in Forschungsdesigns berück-sichtigt würden, und noch ist offen, welche Forschungsfragen entstehen würden und wie Fragen der Sozialen Arbeit beforscht werden könnten. Diese Fragen gilt es weiterzuverfolgen und weiter auszuloten, um den sinnlichen Erfahrungsraum des Essens in der Sozialen Arbeit über die materiellen und sinnlichen Erfahrungs-qualitäten des Essens erfassen zu können.

Literatur

Barlösius, Eva. 2016. *Soziologie des Essens. Eine sozial- und kulturwissenschaftliche Einführung in die Ernährungsforschung.* 2., völlig überarb. und erw. Auf. Weinheim: Beltz Juventa (Grundlagentexte Soziologie).

Dörr, Margret. 2010. Gesundheitsförderung in stationären Angeboten der Kinder- und Jugendhilfe: Heime als Orte für Salutogenese. In *Mehr Chancen für gesundes Aufwachsen. Gesundheitsförderung und gesundheitsbezogene Prävention in der Kinder- und Jugendhilfe. Materialien zum 13. Kinder- und Jugendbericht*, Hrsg. Sachverständigenkommission 13. Kinder- und Jugendbericht, 925–986. München: DJI.

Eisewicht, Paul, R. Hitzler und L. Schäfer. 2021. Horizonterweiterung oder neue Scheuklappen? Zum Sensorial Turn in den Sozialwissenschaften. In *Der soziale Sinn der Sinne. Die Rekonstruktion sensorischer Aspekte von Wissensbeständen.* Reihe Erlebniswelten, Hrsg. Paul Eisewicht, R. Hitzler und L. Schäfer, 3–19. Wiesbaden: Springer VS.

Gerull, Susanne. 2014. *Hausbesuche in der Sozialen Arbeit Eine arbeitsfeldübergreifende empirische Studie.* Opladen: Barbara Budrich.

Gerull, Susanne. 2013. Hausbesuche in der Sozialen Arbeit: Traditioneller Ansatz – zu wenig reflektiert? In *Widersprüche*, Nr. 127, März 2013, S. 51–62.

Goffman, Erving. 1972 [1961]. *Asyle. Über die soziale Situation psychiatrischer Patienten und anderer Insassen.* Frankfurt/Main: Suhrkamp.

Groenemeyer, Axel. 2012. Drogen, Drogenkonsum und Drogenabhängigkeit. In *Handbuch Soziale Probleme*, Hrsg. Günter Albrecht und A. Groenemeyer, 433–494. Wiesbaden: Springer VS.

Halsall, Francis. 2012. One sense is never enough. *Journal of Visual Art Practice*, 3(2), 103–122.

Höhl, Karin. 2015. Gesünder essen mit Sinnesschulungen? *Fakten, Trends und Meinungen Gesunde Ernährung interdisziplinär aufbereitet. Dr. Rainer Wild-Stiftung*, 2015 Ausgabe 1/2015, 1–5.

Homfeldt, Hans Günther. 2018a. Soziale Arbeit im Gesundheitswesen. https://www.socialnet.de/lexikon/Soziale-Arbeit-im-Gesundheitswesen. Zugegriffen: 06.12.2021.

Homfeldt, Hans Günther. 2018b. Kooperation der Kinder- und Jugendhilfe mit der Gesundheits- und Behindertenhilfe und der Schule. In *Kompendium Kinder- und Jugendhilfe. Bd. 2*, Hrsg. Karin Böllert, 1193–1212. Wiesbaden: Springer VS.

Homfeldt, Hans Günther, und St. Sting. 2018. Gesundheit und Krankheit. In *Handbuch Soziale Arbeit. Grundlagen der Sozialarbeit und Sozialpädagogik*, Hrsg. Hans-Uwe Otto, H. Thiersch, et al., 6., überarb. Auflage. 566–578. München: Reinhardt.

Howes, D., und C. Classen. 2014. *Ways of sensing.* London: Routledge.

Klein, Anika. 2018. Ernährungs- und essbezogenes Lernen im Alter. In *Alter(n)-Lernen-Bildung. Ein Handbuch*, Hrsg. R. Schramek, C. Kricheldorff et al., 278–288. Stuttgart: Kohlhammer.

Lipinsky, Anke. 2015. *Richtig rauchen. Zur medikalen Logik und kulturellen Praxis des Zigarettenrauchens.* Münster/New York: Waxmann.

Lutz, Rainer. 1993. Genuß und Genießen. In *Genuß und Genießen*, Hrsg. Rainer Lutz, 11–18. Weinheim/Basel: Juventa.

Mintz, Sydney. 1987. *Die süße Macht.* Frankfurt/Main: Campus.

Paquette, D., und A. McCartney. 2012. Soundwalking and the bodily exploration of places. In *Canadian Journal of Communication*, 37(1), 135–145.

Perkins, C., und K. McLean 2020. Smell walking and mapping. In *Mundane methods*, Hrsg. H. Holmes und S. M. Hall. Manchester University Press.

Plessner, Helmuth 1980: *Anthropologie der Sinne. Gesammelte Schriften, Bd. III.* Frankfurt/Main: Suhrkamp.

Plessner, Helmuth 1970: Anthropologie der Sinne. In *Philosophische Anthropologie.* 187–251. Frankfurt/Main: S. Fischer.

Quensel, Stephan. 2009. *Wer raucht, der stiehlt… Zur Interpretation quantitativer Daten in der Jugendsoziologie. Eine jugendkriminologische Studie.* Wiesbaden: VS.

Rose, Lotte, M. Schulz und F. Schmidt. 2021. Kinder und ihr Essen Erziehungswissenschaftliche Perspektiven zur Pädagogizität des Essens. In *Pädagogisierungen des Essens. Kinderernährung in Institutionen der Bildung und Erziehung, Familien und Medien*, Hrsg. Lotte Rose, M. Schulz und F. Schmidt, 244–282. Weinheim und München: Beltz Juventa.

Rose, Lotte. 2019. Pädagogisches Handeln im Alltag am Beispiel des Essens. In *Arbeitshilfe. Damit gute Ernährung in der Jugendhilfe gelingt. Rahmenkriterien und Warenkörbe für eine ausgewogene Ernährung in Jugendhilfeeinrichtungen*, Hrsg. Parikom gGmbH, 7–8. Dresden.

Schönberger Gesa und Nicole Schmitt. 2008. Wie viel Genuss tut gut? *Fakten, Trends und Meinungen Gesunde Ernährung interdisziplinär aufbereitet. Dr. Rainer Wild-Stiftung*, Ausgabe 1/2008, 1–5.

Schulz, Marc. 2015. ‚Sinnliche Ethnografie' als Fiktion und ‚Augen-Ethnografie' als Praxis. Anmerkungen zum ethnografischen Wahrnehmen und Erkennen als epistemologisches Problem. In *Zeitschrift für Qualitative Forschung* 16, H. 1, 43–55.

Stoller, Paul. 1989. *The taste of ethnographic things. The senses in Anthropology.* University of Pennsylvania Press.

Walther, Kerstin. 2015. Essen ist mehr als nur Nahrungsaufnahme. Gesunde Ernährung aus der Perspektive von sozialer Gesundheitsarbeit. In *Nachhaltige Ernährung lernen in verschiedenen Ernährungssituationen*, Hrsg. Johanna Schockemöhle und M. Stein, 195–210. Bad Heilbrunn: Klinkhardt.

Ziegler, Eugen. 1987. *Zucker. Die süße Droge.* Basel/Boston: Birkhäuser.

Printed in the United States
by Baker & Taylor Publisher Services